图书在版编目(CIP)数据

吐鲁番与丝绸之路经济带高峰论坛暨第五届吐鲁番学国际学术研讨会论文集/吐鲁番学研究院　吐鲁番博物馆编.—上海：上海古籍出版社，2016.11
　ISBN 978-7-5325-7808-5

Ⅰ.①吐… Ⅱ.①吐… Ⅲ.①吐鲁番市—地方史—国际学术会议—文集 Ⅳ.①K294.53-53

中国版本图书馆CIP数据核字(2015)第227651号

吐鲁番与丝绸之路经济带高峰论坛
暨第五届吐鲁番学国际学术研讨会论文集

吐鲁番学研究院　吐鲁番博物馆　编

上海世纪出版股份有限公司
上海古籍出版社　出版

(上海瑞金二路272号　邮政编码200020)

(1)网址：www.guji.com.cn
(2)E-mail:guji1@guji.com.cn
(3)易文网网址：www.ewen.co

上海世纪出版股份有限公司发行中心发行经销
常熟人民印刷有限公司印刷

开本889×1194　1/16　印张15　插页10　字数502,000
2016年11月第1版　2016年11月第1次印刷
ISBN 978-7-5325-7808-5
K·2106　定价：88.00元

如有质量问题，请与承印公司联系

顾 问

谢辰生　冯其庸　陈国灿　孟凡人　荣新江　丹　青

编委会

主 任

芒力克·斯依提

副主任

肖建武　王卫东　谢　强

策 划

赵　强　王霄飞

主 编

王霄飞

副主编

陈爱峰　汤士华　陈新勇

编 委（以姓名拼音字母为序）

阿力木·热西提　艾里肯·巴拉提　曹洪勇　陈爱峰

陈新勇　李　刚　李亚栋　刘立刚　吕恩国　汤士华

王　龙　王霄飞　吾买尔·卡德尔　武海龙　徐东良

于银山　再同古力·阿不都热合曼　张　勇　张永兵

祖力皮亚·买买提

图版一

1. 发掘以前的K18（中央左部，山部能宜2008年摄）

2~3. 吐峪沟东崖的石窟（奥登堡探险队摄，艾尔米塔什博物馆［圣彼得堡］藏），左上的方形塔是K18

4. 发掘以前的吐峪沟东崖的石窟（山部能宜2005年摄，K18在左方）

5. K18中心柱的前面（图版3的局部）

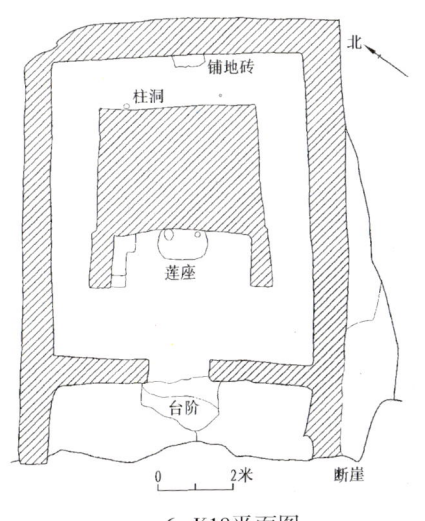

6. K18平面图

图版二

1. 中心柱南面（可见光［两张，处理］和红外线［两张，处理］照片合成）

2. 北甬道外墙（可见光［两张，处理］和红外线［两张，处理］照片合成）

3. 中心柱北面（可见光［三张，处理］和红外线［三张，处理］照片合成）

图版三

1. 中心柱后面南端上部（可见光）

2. 中心柱后面南端上部（红外线［处理］）

3. 中心柱后面南端下部（可见光）

4. 中心柱后面南端下部（红外线［处理］）

5. 中心柱后面南端上下部接合（红外线［处理］）

6. 南甬道外墙西胁侍（可见光［处理］、红外线［处理］照片合成）

7. 中心柱后面南部（可见光）

8. 中心柱后面南部（红外线［处理］）

9. 中心柱后面南部（可见光［处理］、红外线［处理］照片合成）

10. 中心柱南侧面东胁侍

图版四

1. 中心柱南侧面中央的佛
（可见光［处理］、红外线［处理］照片合成）

2. 中心柱后下部分的北部的柱头（可见光）

3. 中心柱后下部分的北部的柱头（可见光、红外线照片合成［处理］）

4. 格伦威德尔临摹的柱头

5. 北甬道外墙的三角垂带和圆形纹（红外线［处理］）

6. 中心柱后面的北端（可见光）

7. 中心柱后面的北端（可见光、红外线照片［处理］合成）

图版五

1. 人物2—4（可见光）

2. 人物2—4（红外线［处理］）

3. 人物2—4（可见光、红外线照片［处理］合成）

4. 中心柱南侧面东胁侍
（可见光、红外线照片［处理］合成）

5. 人物1—3（可见光［两张］接合）

6. 人物1—3
（红外线［两张，处理］接合）

7. 人物1—3（可见光［两张，处理］和
红外线［两张，处理］照片合成）

图版六

1. 人物3—5（可见光［两张］接合）

2. 人物3—5（红外线［两张，处理］接合）

3. 人物3—5（可见光［两张，处理］和红外线［两张，处理］照片合成）

4. 人物5—7（可见光）

5. 人物5—7（红外线［处理］）

6. 人物5—7（可见光、红外线照片［处理］合成）

7. 人物7—8（可见光［两张］接合）

8. 人物7—8（红外线［两张，处理］接合）

9. 人物7—8（可见光［两张，处理］和红外线［两张，处理］照片合成）

10. 人物1—8（图版伍—7、图版陆—3、图版陆—6、图版陆—9接合）

图版七

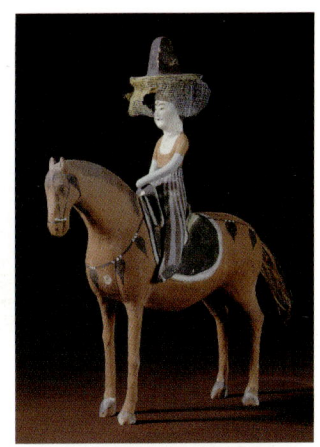

1~8. 唐代仕女骑马俑

9. 克孜尔第224窟八王分舍利

10. 北庭西大寺S105殿八王分舍利

11. 雅尔湖千佛洞外景

图版八

1~3. 鄯善洋海墓地出土的3件皮囊

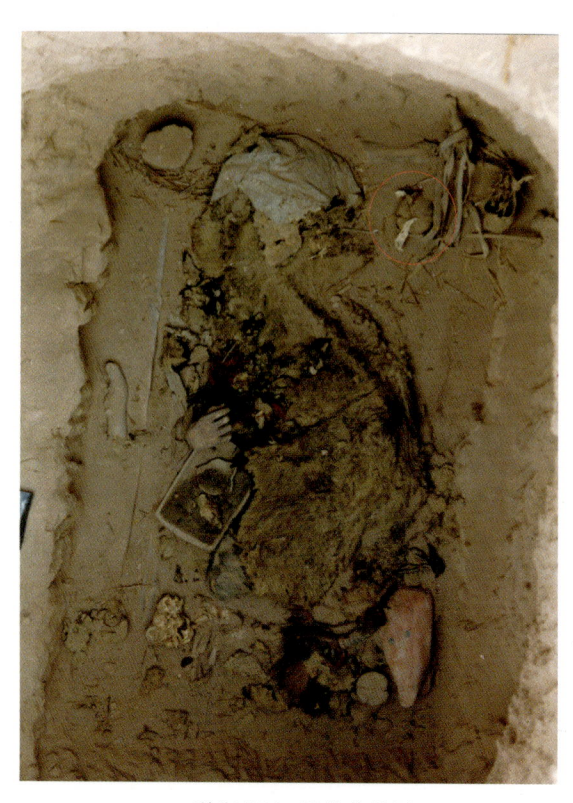

4. 洋海墓地1号墓墓葬图

5. 唐高祖献陵陪葬墓之一的李邕墓内马球图壁画

6. 唐乾陵章怀太子李贤墓中的马球图壁画

7. 新疆吐鲁番阿斯塔那230号墓出土的泥塑打马球俑

目 录

丝绸之路经济与文化

关于"丝绸之路经济带"与吐鲁番学的一点思考 ………………………………… 柴剑虹 1

An accident of economics? Cultural transfer on the Silk Road — the contribution of speakers of Iranian languages ………………………… Desmond Durkin-Meisterernst 5

古代丝绸之路对世界经济的重大贡献及启示 ……………………………… 贾丛江 15

Trade in the Tarim ………………………………………………… Susan Whitfield 21

丝绸之路的维吾尔族传统文化与古籍文献简况 ……………… 艾尔肯·伊明尼牙孜 40

阿斯塔那187号墓出土的仕女骑马俑所反映的丝绸之路经济带文化内涵研究
……………………………………………………………… 阿丽娅·托拉哈孜 49

《高昌张武顺等葡萄亩数及租酒帐》再研究——兼论高昌国葡萄酒的外销 ……… 裴成国 56

丝绸之路历史与语言

对吐鲁番地名发展演变规律的探讨——吐鲁番古代地名研究之一 ……………… 陈国灿 66

跋西州"白涧屯"纳粮帐中的"执筹数函" ………………………………… 朱雷 74

吐鲁番出土文书所见中古基层行政体系 …………………………………… 刘再聪 76

唐西州高昌城西水渠考(续)——中古时期西域水利研究之八 ………………… 李方 89

单于、可汗、阿干等词源探讨 …………………………………………… 谭世宝 95

"Stater" and "drachm" in Sogdian and Bactrian weight inscriptions ……… Nicholas Sims-Williams 102

New primary sources concerning the socioeconomic character of the Old Uighur society
— The materials preserved in the Arat estate in Istanbul (work in progress)
……………………………………………………… Simone-Christiane Raschmann 109

回鹘文(哈密本)《弥勒会见记》新发现的敬品第二叶
………………………………… 迪拉娜·伊斯拉非尔 伊斯拉非尔·玉苏甫 116

吐鲁番雅尔湖千佛洞5号窟突厥文题记研究 ……………………… 张铁山 李刚 125

土地买卖制度由清末到民国的演变——以吐峪沟所出尼牙子家族买地契为中心
……………………………………………………………………… 乜小红 刘丽 134

北凉高昌太守阚仁史迹钩沉 ………………………………………………… 杨荣春 143

淝水战后河西地域集团政治动向考察——兼述吐鲁番文书"白雀"年号归属问题 ………… 魏军刚 152
拓展吐鲁番学军事领域研究大门，助推吐鲁番学迈进中期发展阶段
　　——写在《吐鲁番唐代军事文书研究》出版之际 ………… 陈习刚 159
基于正史《西域传》的西域地域范围演变探微 ………… 苟翰林　马丽平 169

丝绸之路考古与文物

额敏县也迷里古城遗址墓葬出土颅骨的人种研究 ………… 王　博　董　红 176
高昌回鹘佛教图像研究补证 ………… 霍旭初 181
吐峪沟 K18 壁画的数码复原 ………… 山部能宜 194
说"七" ………… 刘学堂 199
吐鲁番阿斯塔那墓地出土镇墓神兽研究 ………… 鲁礼鹏 205
吐鲁番鄯善洋海墓地出土马球考 ………… 陈新勇 218
吐鲁番出土双头鸟纹样与佛教"共命鸟"无涉 ………… 刘　政 225

吐鲁番与丝绸之路经济带高峰论坛暨第五届吐鲁番学国际学术研讨会综述 ………… 汤士华 233

关于"丝绸之路经济带"与吐鲁番学的一点思考

柴剑虹

"丝绸之路经济带"是我国新一代领导集体在国际、国内新形势下提出的伟大战略构想。2013 年 9 月 7 日,习近平主席在哈萨克斯坦纳扎尔巴耶夫大学的演讲中提出:为了使欧亚各国经济联系更加紧密、相互合作更加深入、发展空间更加广阔,可以用创新的合作模式,共同建设"丝绸之路经济带",造福各国人民。随着"丝绸之路"的成功申遗,"丝绸之路经济带"与文化遗产保护、研究、开发、利用及文化学术交流的密切关系已经越来越清晰地呈现在我们面前;它和吐鲁番学研究的紧密关联也应越来越为学界认同。

众所周知,开拓于我国汉代的丝绸之路,从隋唐时期基本稳定了南、北、中三道起,吐鲁番就已经成为古代丝绸之路的重要"门户"。实际上,在相当长的历史阶段,吐鲁番作为一个因经济贸易、文化交流而兴盛的多民族聚居地区,其文化的丰富多彩,在多元一体的中华传统文化的形成、发展过程中产生了重要作用。"吐鲁番学"的研究对象,主要就是以吐鲁番地区为中心并辐射到整个西域地区的文化遗存与文明传承。

与"世界学术之新潮流"敦煌学相同,吐鲁番学的形成与发展,也与 19 世纪后半期东、西方各国探险家、考察团对我国西北地区的探查活动密切相关。应该说,从 19 世纪后半期到 20 世纪初,和田、楼兰、库车、吐鲁番等地,比敦煌地区更早地吸引了更多东西方列强的关注。其负面效应是众多古迹遗址被盗掘,大量珍贵文物被劫掠境外;其正面效应是一门国际性的新学问"吐鲁番学"由此兴起,吐鲁番对新疆经济开发、文化振兴、学术研究的重要性成为我国各界有识之士的共识,尤其是 20 世纪三四十年代"西北科学考察团"的工作,为在新的历史阶段运用新的合作模式进行学术研究和文化交流展示了前景。

我国学者,尤其是长期在新疆地区生活和工作的各族学者,在以文物保护与资料搜集整理为基础的吐鲁番学的研究中付出了艰辛的努力,取得了很大的成绩。在新形势下,如何进一步拓展视野,更新方法,挖掘资料,梳理信息,开创研究新局面,便成为摆在学者专家面前的首要任务。在此,仅就我本人的初步思考,提出一些粗浅的认识,以就教于学术同道。

一、观念、视野与研究方法问题。吐鲁番学是否是一门国际性的学问,它与敦煌学的有机关联,答案尚不明确。1983 年成立中国敦煌吐鲁番学会之际,学界对这个问题就有不同的认识。有的学者就认为吐鲁番学属于"西域学"的范畴,和位于玉门关、阳关之内的敦煌属于不同的地域文化,不应"捏合"在一起;至于它与"丝路学"、龟兹学、于阗学乃至"国学"的关联,亦罕有周密分析。其关键所在,还是没有用丝绸之路这条贯通欧亚的大动脉,首先将中国境内的敦煌、高昌、伊吾、龟兹、楼兰、和田和长安、洛阳等璀璨的"文化明珠"串通一气;没有对丝绸之路上文化大交融的过程与结果进行科学、细致的分析研究。我国晋唐时期的吐鲁番地区,与敦煌一样,既是一个进行国际经济贸易的集散地,也是一个几大古老文明（包括多种宗教）交汇的重镇。进行吐鲁番学研究,应该更新观念,拓展视野,充分彰显吐鲁番的地域特点和优势。鉴于吐鲁番地区的文化遗存特别丰富,不仅因为气候、地理环境的特点使得地下文物保存条件较好,而且明显体现出文化交融、互补互鉴的特色,因此,如何改进研究方法,运用文物考古学、社会学、人类学、民族学、宗教学、语言学、文献学、图像学等学科知识进行比较、分析,综合探究,也成为摆在我们面前的重要课题。与敦煌研究一样,对吐鲁番地区的文化遗存,也应该进行系统的源流研究、特质研究与比较研究,而且,这三方面的研究是相辅相成的。吐鲁番既然是文明交汇的"门户",我们自然应当将研究视野拓展到丝路西段的古波斯、希腊、罗马和埃及文明,延伸至以汉字文化圈为主的东北亚文化。例如吐鲁番地区出土了大量的各种材质载体的伏羲、女娲图像,它们与先秦神话、民间传说、楚辞、汉画像砖石以及唐代祭祀礼仪、习俗等的关系,应该有比较、系统综合的研究。

二、信息资料的系统化与科学整理分析问题。中国敦煌吐鲁番学会建立伊始,就着手委托一位副秘书长在新疆筹建吐鲁番学资料中心,并给予了资金支持。遗憾的是,该中心在乌鲁木齐一直未能建成;而在吐鲁番地区文物局、吐鲁番学会、吐鲁番学研究院各位同仁的努力之下,目前设在吐鲁番的资料中心已经初具规模。但是,我们还必须认识到,相比较于北京、兰州的两个资料中心,吐鲁番学资料中心的建设在丰富性、系统化与特色化上还亟待加强。一百多年来已经出土面世的吐鲁番文物还比较分散,除入藏吐鲁番地区的文物应该有完整、系统、科学的统一编目外,散藏于国内外其他博物馆与研究机构的,在无法尽快实现其"回归故土"之前,也应想方设法搜集其信息资料。例如黄文弼先生在《吐鲁番考古记》中列举的西北科学考察团所获文物资料,有许多被分藏于"秘阁",有些则不知下落。如当年德国人劫掠的伯孜克里克、吐峪沟等千佛洞的壁画,除毁于二战战火外,已知有不少藏在柏林、圣彼得堡的博物馆（这几年龟兹研究院已经做了大量的调查、搜集工作;日本龙谷大学博物馆则已经根据他们所搜集的资料,数字化复原制作了伯孜克里克第15窟全窟图像）。如此等等,都应该下大力气去搜集、整理。流失的文物图像、文献资料的搜寻、整理工作,关系到吐鲁番学研究的实质性进展,不可忽视。我们还必须重视吐鲁番所出少数民族文献资料的整理、分析工作,尤其要关注其中双语、多语文献的释读、比照工作,一定要培养掌握少数民族古文字的专家学者和相应的计算机系统开发人才来直接参与吐鲁番学资料库的建设工作,这关系到它的完整性与特色化。

三、我们需要一部翔实、科学、简明的《吐鲁番文化史》与一部兼有学术性、可读性的《吐鲁番地域文化通览》。多年来,有关吐鲁番历史文化的学术论著数以百千计,其中多数为对吐鲁番出土文物的介绍、探究,对出土文书的整理研究（包括文书编年）,也有如《高昌史稿》这样优秀的断代史著作,当然也不乏一些普及读物。这些都是很有学术与文化传播价值的。但是,我们还缺乏研究吐鲁番历史文化的通史性论著。今年新出版了杨富学、陈爱峰合著的《吐鲁番宗教史》,得到学界好评,这是令人鼓舞的好开端。十年前,陈国灿教授在为吐鲁番地委组织专家学者编撰的《吐鲁番史》的《前言》中指出:"进入新世纪后,全面、系统地阐明并编撰《吐鲁番史》的条件已经成熟。在此之前,虽然已有一些著作先行涉及吐鲁番的历史文化,但毕竟各有其侧重点,或过于简略,或过于专深,或专重于文书编年,或流于传闻故事。因此,编写一部详略适度,既有学术内涵,又能雅俗共赏的符合吐鲁番历史实际的著作,就显得十分必要了。从这个角度出发,《吐鲁番史》的编撰应该是一件非常有意义的事情。"从该书所设的八章目录看(详见"吐鲁番学研究院网站"所刊),各历史阶段均设有论述该时期吐鲁番地区宗教、文化、艺术的专节,但恕我浅陋,因为至今我还没有读到这部《吐鲁番史》的具体内容,这些方面的文字恐怕占据的比例较小;而且全书是否实现了陈国灿教授提出的"详略适度,既有学术内涵,又能雅俗共赏"的要求还需要学界和广大读者予以评判。近几年来,我参加由中央文史馆立项统领、各省区文史馆具体组织编撰的《中国地域文化通览》的审读工作,其中"新疆卷"已于近期正式出版。作为纵述文化发展历史、横叙特色文化的通览性著作,其中心内容是"文化",当然也必然涉及政治、经济、军事等方面。遗憾的是,就我多次参加审读、讨论一直到最后读到的定稿来看,其中关涉吐鲁番地区的内容较少(如其中涉及吐鲁番地区的插图仅占全部图版的十分之一),很难概览吐鲁番的历史文化。自从自治区1965年开始组织学者编撰《新疆简史》至今,已经过去了近半个世纪;《新疆通史》的编撰工作也已进行多年,但似乎进展并不快。因此,我建议不妨由吐鲁番学研究院牵头,先编纂一册能充分体现地域文化特色的《吐鲁番地域文化通览》(或"概览")。在此基础上,继续做好编撰一部能重在阐述各民族文化交融、传承,内容翔实、科学、简明的《吐鲁番文化史》的工作。

四、研究宗旨与加强国内外学术交流的问题。今年3月28日,习近平主席在联合国教科文组织总部的演讲中精辟地指出:"文明因交流而多彩,文明因互鉴而丰富。文明交流互鉴,是推动人类文明进步和世界和平发展的重要动力。""推动文明交流互鉴,需要秉持正确的态度和原则。"即坚持文明的多彩、平等和包容。毫无疑问,这也应该成为我们吐鲁番学研究应予遵循的宗旨。吐鲁番地区文化遗存所呈现的多彩多元,是一个有目共睹的客观事实。从石器时代到近代,在这个地区生活和经由此地西往东来的各族先民,都或先或后、或多或少地为吐鲁番地区的文明建设做出了各自的贡献,都添加了不可或缺的浓墨重彩,形成了"吐鲁番特色"。一条波澜壮阔、源远流长的历史长河,是由无数条干流、支流(包括潜流、逆流)汇聚而成的,融会贯通成为奔腾不息的前进主流。今天我们回顾历史文化的发展进程,研究其方方面面,应该以平等精神和包容心态来取其精髓,弃其糟粕。前引习主席的讲话中强调:"文明交流互鉴不应该以独尊某一种文明或者贬损某一种文明为前提。""各种人类文明在价值上是平等的,都各有千秋,也各有不足。世界上不存在十全十美的文明,也不存在一无是处的文明,文明没有高低、优劣之分。"在新的历史时期,"经济一体化"与文化的多元化是人类文明发展相依共存的总趋势。"欧洲文化中心论"、以某国文化价值观为标准、大国沙文主义和狭隘的民族主义等,都应为我们所摒弃。至于宗教极端思想的歪曲历史、毁灭文化、破坏社会稳定,必须坚决抵制和批判。

在吐鲁番学的研究中,我们同样应该运用"创新合作"的模式来加强与国内外研究机构与个人的学术交流。这种交流,包括人才交流、信息公开、资料互补、项目合作、成果分享。这方面吐鲁番研究院已经做了不少努力,但还应大力加强,需要制订具体计划,有长远眼光、有政府支持。我建议除了定期或不定期举办国际或国内学术研讨会外,吐鲁番学研究院应该将学术交流列为重要的日常工作任务,特别要主动和国内外其他学术机构进行密切联系与洽商,建立合作机制。如国内与龟兹研究院、龟兹学会,与敦煌研究院、国家博物馆、中国人民大学国学院、中央民族大学等;国外与德国、日本的几家博物馆和研究机构、俄罗斯艾米尔塔什博物馆及圣彼得堡东方文献研究所等。同时,也要充分发挥专家委员会的作用,做到"召之即来,来之能战",不赞成"挥之即去,徒有虚名"。最近,中国敦煌吐鲁番学会"丝绸之路专业委员会"在西安成立,目的也是为了依托"丝绸之路经济带"这个大背景,立足敦煌吐鲁番学会这个大平台,来推进相关研究。我也建议吐鲁番研究院要有学者来参加这个专业委员会,参与撰写"丝绸之路学系列丛书",加强实质性的合作。

上述几点思考与设想,不当之处,敬请批评指正。

(2014年9月初于北京)

An accident of economics? Cultural transfer on the Silk Road — the contribution of speakers of Iranian languages[①]

Desmond Durkin-Meisterernst

(Turfanforschung, Berlin)

The contribution of speakers of Iranian languages to cultural transfer along the Silk Road is a phenomenon that has become increasingly clear during the last hundred years, particularly with the discovery of texts in Middle Iranian languages in various sites between Iranian-speaking countries and India on the one hand, and China and the Tarim Basin, and especially Turfan, on the other. The Middle Iranian language, Sogdian, is particularly prominent in this exchange and another Middle Iranian language, Khotanese, is the language of a Buddhist kingdom. A number of religions are represented in this cultural exchange, Buddhism being the most prominent, but Manichaeism, Christianity and Zoroastrianism are also represented. The period of this exchange is during the whole of the first millennium CE, during which the languages themselves also underwent change and, in some cases, died out or were replaced by other related and unrelated languages.

It must be noted that the main sources are religious texts which, in themselves, are often deliberately constructed to make little or no direct reference to their locality or refer only to their locality of origin. The reverence with which translators treated the originals usually means that they did not modify the texts to include references to the new localities. This can have a number of consequences, including attempts to disguise elements of the local language by relating them to the more prestigious language, but also to a certain general anonymity of the texts even in local languages. Nevertheless, we do get much information from the languages themselves, through observing loanwords and other borrowed features. Reports by Buddhist travellers provide information as do other sources such as chance survivals of letters.

It is remarkable that some of the earlier translators of Buddhist texts into Chinese were Iranians, such as

---

[①] More than a hundred years ago, Pelliot devoted a ground-breaking article to this subject: P. Pelliot: Les influences iraniennes en Asie Centrale et en Extrême-Orient. In: Revue d'Histoire et de Littérature Religieuses N. S. 3, 1912, 97–119. E. G. Pulleyblank surveyed the field in Chinese-Iranian relations, i. In pre-Islamic times, in: Encyclopaedia Iranica V. California 1992. 424–431. See also the survey by R. E. Emmerick: Buddhism i. In pre-Islamic Times. In: Encyclopaedia Iranica IV. London/New York 1990, 492–496; R. E. Emmerick, P. O. Skjærvø: Buddhism iii. Buddhist literature in Khotanese and Tumshuqese. In Encyclopaedia Iranica IV. London/New York 1990, 499–505; R. E. Emmerick, M. Macuch: The Literature of Pre-Islamic Iran. London 2009 (especially Y. Yoshida: Buddhist Literature in Sogdian, pp. 288–329 and M. Maggi: Khotanese literature, 330–417) and the articles in M. de Chiara, Maggi, G. Martini (eds.): Buddhism among the peoples of Central Asia. Wien 2013 (Österreichische Akademie der Wissenschaften. Phil.-hist. Klasse. Sitzungsbericht, 848. Band). I would like to thank my colleagues at the Turfanforschung in Berlin (Y. Kasai, Chr. Reck, S.-Chr. Raschmann, A. Yakup) for a discussion on this topic.

Anshigao and Anxuan in the 2nd c., who apparently were Parthians.① This of course does not apply to the famous Kumarajīva in the 4th century, who was the son of a Kashimirian father and a Kuchean mother. The same applies to another Kashmirian monk, Buddhayaśas of the 5th c. CE. Buddhism spread from northwestern India into Afghanistan and, from there, to the Tarim Basin and as far as inland China. Although Buddhism also spread in the upper reaches of the Amu Darya (Ai Khanum, Termez, Balkh) and from there even to Herat, Marw and Sistan, it does not seem to have reached Sogdiana.

Three Iranian-language Buddhist cultures are known: Bactrian, Khotanese and Sogdian.

Bactrian is the first Iranian language on the routes of Buddhism as this religion made its way towards eastern Central Asia. If Kanishka's vast kingdom was not already Buddhist — and it was never more than only partly so, of course — his conquests in India at the beginning of the 2nd c. CE brought him and his realm into control of Gandhāra with its extensive Buddhist culture. Some of Kanishka's gold coins have Kanishka's title on the front ('Kanēšk, King of Kings, Kušān'); and on the back a depiction of the Buddha and the inscription 'Budd'.

But did Buddhist texts in the Middle Indian language Gāndhārī simply pass through the Bactrian-language area or did Bactrian leave linguistic traces on them? The few Bactrian Buddhist texts that have survived essentially reproduce Middle Indian features.② They do not seem to have introduced any specifically Bactrian

---

① See E. Zürcher: The Buddhist conquest of China. Leiden 1972, e. g. p. 23 ff and pp. 46 - 55. On p. 61 he gives details about the visit of a Chinese monk Zhu Shixing (Zürcher: Chu Shih. hsing) to Khotan in the second half of the third century: "It is the first recorded case of a Chinese leaving his country in quest of Buddhist scriptures, and the first clearly localized Chinese account of Buddhism in Central Asia." On p. 62 he comments farther: "It is therefore quite probable that at the time of Chu Shih-hsing's arrival in or shortly after 260 Khotan was already the stronghold of Mahāyāna in Central Asia, in contrast with the predominantly Hinayānistic Northern centre of Kucha." It is however quite unclear to what extend the local languages, Khotanese and Tocharian, were already being used in these Buddhist centres. Maggi 2009 (in Emmerick / Macuch 2009), 337ff suggests a fifth-century date for the beginning of Buddhist literature in Khotanese and states: "Buddhist scriptures previously used by the Khotanese would have been in Indian languages, Gāndhārī and Sanskrit." (p. 339) This implies that Buddhism was initially restricted, in Khotan and elsewhere in the Tarim Basin, to a small number of people with the necessary linguistic competence. This suits the earlier rather exclusive form of Hīnayāna Buddhism. Emmerick 1990, 495 stresses the connection between Iranians and Khotan in particular and the rise of Mahāyāna Buddhism, a more inclusive form of the religion. This is very likely to have been an important factor in the development of Buddhist texts in Khotanese. However, Maggi 2009 (in Emmerick/Macuch 2009), 341 - 2 points to evidence for Mahāyāna Buddhism in Khotan already in the 3rd c., probably well before the first Buddhist texts in Khotanese. Maggi (p. 339) also follows a suggestion by Nattier 1990 (J. Nattier: Church language and Vernacular Language in Central Asian Buddhism,. In: Numen 37, 1990, 195 - 219) that the translation of Mahāyāna texts into Chinese was the catalyst for the inception of Buddhist literature in Khotanese.

② See the editions by N. Sims-Williams: Bactrian Documents from Northern Afghanistan II: Letters and Buddhist Texts. London 2007, 174 - 177, where he suggested the Indian equivalents quoted here. In text 'za' the following features can be observed:
1. range of sibilants. Bactrian can distinguish <σ> and <т>, /s/ [~/č/] and /š/:
s for s in σαρβοβοδδανο for sarva-buddha- za 1, βωδοσατφο bodhisattva- za 7
and ś in λωγοασφαροραζο lokeśvarāja- za 3, s. Karashima's avalokitasvara [Note -g-!], ρ[α]σμοραζο Raśmirāja za 5, σακομανο śākyamuni za 6, μανοσιρο BHS manjuśirī-; cf. Khot. Manuśria-; za 8 - 9, βησραμανο vaiśramaṇa za 11, πισασανο piśāca-(?) za 15, σακο śakra za 16
š in ιακτανο yakṣa- za 11, ρακτο rakṣā- za 18
Does this text reflect Bactrian two sibilants or Middle Indian three?
2. final vowels lost:
λωγοασφαροραζο 3, σακομανο 6, δηβαγγακαρο Dīpaṃkara- za 5, βοδδο buddha- za 5, βωδοσατφο bodhisattva- za 7
Is this primarily a Bactrian or a Middle Indian feature?
3. Bactrian ending of the pl. -ān:
σαρβοβοδδανο za 1, ιακτανο za 11, ρακτ[α]σανο za 12, κινδαρανο za 13, πισασανο za 15, δηβανο deva- za 17 （转下页）

element and therefore do not indicate that Bactrian itself became a language of Buddhism, a medium for the transmission of Buddhist texts to other cultures. Any Bactrian Buddhist texts were apparently for local use only. It seems therefore that any Bactrian monk who entered the Tarim Basin would have brought Indian texts with him (in the earlier period Middle Indian texts, after the 3rd – 4th c. CE Sanskrit texts). At most he might have contributed a Bactrian explanation to the adaptation of the texts into the languages of the Tarim Basin, such as Tocharian or Khotanese, and into Chinese. The process of translation was a collective one: one person read the original, he or another made a translation into an intermediary language or into the targeted language; with the help of a farther intermediary or after a discussion, as necessary, another person wrote down the final version. That this could go wrong is shown not only by nearly incomprehensible Buddhist texts in Chinese or Sogdian, for example, but also in a report about an unsuccessful attempt to translate a Buddhist text with the help of a Nestorian Christian in the 8th c. CE.①

On a more general level of cultural exchange that is not directly involved in the transmission of a religion, we can point to a number of Bactrian loanwords in Tocharian texts. Presumably these reflect the prestige of Bactrian as the language of the central part of the Kushan Empire and may be restricted in time to the earliest period, even before Tocharian was first written down.

The most impressive Iranian-language Buddhist culture is in fact the Khotanese Buddhist kingdom, attested in the reports of the Buddhist travellers Faxian, Song Yun and Huanzang and in a great body of Buddhist literature, including a massive work, the book of Zambasta (Ysambasta) that is, to a certain extent at least, a Khotanese production based on Indian models. The poet stresses this, comparing Khotanese, Indian, Kashmiri and, significantly, even Chinese Buddhist texts:

Zambasta 23.1 – 5 (in Emmerick's 1968 translation, slightly modified)

1 Success. I worship all the Buddhas, the whole Law of the Buddhas.

All the *mahāsattva*-Bodhisattvas, may they all protect me!

2 I intend to translate it into Khotanese for the welfare of all beings, this tale of how the *deva* Buddha descended from the *trāyastriṃśa*-gods.

3 How too King Udayana ordered an image to be made for him, how many virtues accrued to him,

---

(接上页) 4. special forms:

λωγοασφαροραζο 3, 6 (without rāj): asvar(a)- or aśvar(a)-?

κινδαραρανο kinnara- (Singh. Kiṅdurā) za 13: -nn- > -nd-

μητραγο maitreya za 7: γ = palatalised g?

Additionally, in the text 'zb' we find a number of occurrences of ποναδο: punna + ād 3rd sing. subj. of the verb 'to be': '(whatever) merit may be'. Sims-Williams, glossary p. 257: OInd. púṇya-, Pālī puñña-, Pkt. Puṇṇa-.

Σαοκομανο zb 10 śākyamuni-; ραδανοκ-ωταμο zb 12 – 13 ratnakottama-, but -d-!; σανδαροβανο zb 13 candrabhānu- but -dar- < -dra-; ραδανοζαυο zb 14 ratiṃjaha(?).

① M. Nakata: The Buddhist Circle in Chang'an and the Movements amongst Central Eurasia during the Latter Half of the Eighth Century (in Japanese). In: Tōzai gakujutsu kenkyūjo kiyō 44 (2011), 153 – 189 which I accessed with the kind help of Y. Kasai. There Nakata shows that it was not just a question of trying to get a Christian to help to translate a Buddhist text which was essentially very foreign to him but, in fact, an attempt to develop an intermediary vocabulary which could have been used to persuade other Chinese Christians to turn to Buddhism. In any case, this difficult experiment failed, but we know of other such cases. In particular, in 731 Manichaeans presented a Chinese text for approval at the imperial court and represented themselves in it in a very Buddhist and Taoist manner.

you should listen now to this.

4 But such are their deeds: the Khotanese do not value the law at all in Khotanese (*hvatanau*).

They understand it badly in Indian (*hiṃduvau*). In Khotanese it does not seem to them to be the Law.

5 For the Chinese the Law is in Chinese (*ciṅgau*). In Kashmirian (*kaspärau*) it is very agreeable, but they learn it in Kashmirian that they also understand the meaning of it.

It is quite fitting then, that not only were Middle Indian texts found to the east and north-east of Khotan in Niya-Caḍota and elsewhere, but Dutreuil de Rhins and Grenard found the Gandhari Dhammapada in 1892 near Khotan.

The Chinese reference is chronologically important and shows that Buddhists in Khotan were well aware of Buddhism in China in the early 6th c. CE or the late 5th c., the probable date for the composition of the Khotanese work. This also allows for the possibility that the direction of the movement of texts was not just from west to east but that Chinese Buddhist texts of whatever origin could have played a role in the Tarim Basin, as we shall see with Sogdian texts below. Duan Qing has shown that this interrelationship too has more than one dimension, because she was able to establish that the Chinese text *Da fangguang fo huayan jing xiuci fen* (Maitrī-bhāvanā-prakaraṇa) which substantially agrees with chapter 3 of the Book of Zambasta was not the source of the Khotanese text but in fact a Chinese version of the Sanskrit text which had been adapted some time earlier into Khotanese. The Chinese version was made by a Khotanese monk Tiyunbanruo (*Devendraprajña) in the 7th c. who brought Sanskrit texts — not Khotanese ones — with him to Luoyang.①

The surviving reports of Chinese pilgrim monks travelling from China to India in search of more information on Buddhism in India and of Buddhist texts in their original language — which by the 5th century was Sanskrit — confirm the strength of Buddhism in Khotan.② Faxian says the following about Khotan: "... is a pleasant and prosperous kingdom, with a numerous and flourishing population. The inhabitants all profess our Law, and join together in its religious music for their enjoyment. The monks amount to several myriads, most of whom are students of the mahâyâna. They all receive their food from the common store."③ In Song Yun's report of his journey to the west (preserved in part in a text by Yang Xuanzhi) the following account of the conversion of the king of Khotan to Buddhism combines a series of important elements: The role of merchants, of wandering monks and the power of images: "Previously, the king of Yu-tian had not believed in Buddhism. A barbarian merchant brought a monk named Pilizhan (Vairocana) to the south of the city and had him wait beneath an apricot tree. ... The king said: 'If you would show me the Buddha, I would then comply with your request.' ... Buddha ... ordered Luohouluo (Rāhula) to change into the shape of a

---

① DUAN Qing: The Maitrī-bhāvanā-prakaraṇa. A Chinese Parallel to the Third Chapter of the Book of Zambatsa. In: M. Macuch, M. Maggi, W. Sundermann (eds.): Iranian Languages and Texet from Iran and Turan. R. E. Emmerick Memorial Volume. Wiesbaden 2007, 39–58.

② See the short survey of Buddhist travel literature in J.-P. Drège: Faxian. Mémoire sur les pays Buoddhique. Paris 2013, ix–xii, with references to a number of travellers of various Chinese and non-Chinese origins.

③ J. Legge: The travels of Fâ-hsien. Oxford: 1886, 16.

Buddha, showing his real appearance in the sky. The king, placing his knees, elbows, and head on the ground (i. e. prostrating himself), immediately had a shrine built underneath the apricot tree and had a portrait of Rāhula painted. ... The king of Yu-tian again had a hall built to house the portrait. Now the reflection of the plate shaped [stupa top] often appeared outside of the house, and all those who saw it would devotedly worship it."① It is little wonder that chapter 23 of the Book of Zambasta quoted above includes the story of the first statue of the Buddha made at the request of King Udayana. In early Buddhist art the Buddha is represented by his footprint or by the wheel of the law.

Compared to the Khotanese kingdom, Sogdian Buddhism is a much more diffuse phenomenon and we can be entirely sure that Sogdiana was never a Buddhist kingdom, in fact, there are very good reasons for doubting any extensive Buddhist presence in Sogdiana. This implies that the considerable Sogdian participation in the spread of Buddhism through eastern Central Asia was a phenomenon of the Sogdian diaspora,② i. e. of Sogdians to the east of Sogdiana and, in the main, of Sogdians who had settled in Kucha, Turfan, Dunhuang and in the areas of northern China where the impressive graves of Sogdian dignatories in Chinese service have been found in the past decades. While most of the names of the Sogdians buried in these graves are Sogdian, Yoshida pointed to an individual Buddhist name as evidence for the adoption of Buddhism by the Sogdian families.③ Sogdians entered the trade networks that were at least originally run by Indians and possibly Bactrians or Parthians. The Sogdian 'Ancient Letters' found in the remains of a Watch Tower to the west of Dunhuang and datable to ca. 314, talk of Sogdian and Indian traders in China (Ancient Letter 2, lines 36–8: ④ "when they reached Luoyang, bo [th the ...] and the Indians and the Sogdians there had all died of starvation."). The ca. 600 Sogdian grafitti from Shatial in the Upper Indus valley beside the Karakorum Highway in Pakistan probably from the 6th c., provide clear evidence for Sogdians on this difficult part of the trade-route between Pakistan and Kashgar, Yarkand and Khotan rather than on the route through Peshawar to Afghanistan. It is clearly significant that the Khotanese poet quoted above specifically mentions Kashmirian Buddhist texts in addition to Indian ones.

The claim on the basis of the Sogdian-language inscription of Bugut (dated to the late 6th c. and the First Köktürk Khaganate) that Sogdians played a significant role in founding Buddhist monasteries, has now

---

① Yang Xuanzhi: A record of Buddhist monsteries in Luo-Yang. Translated into English by Wang Yitong. Beijing: 2007, 265–7. J.-M. Lourme: Yang Xuanzhi. Mémoire sur les monastères Bouddhiques de Luoyang. Paris 2014, XLV 10, 136, suggests the following translation for the last sentences: 'Le roi de Khoten fit alors construire un nouvel edifice pour y arbiter la peinture, et fit en sorte que cette image, quoique placée sous le stūpa renversé, fût constamment visible en dehors du bâtiment. Tous ceaux qui la voient font retour à la foi bouddhique.' Here it is the picture that is visible outside of the building, converting everyone who sees it to Buddhism.

② Y. Yoshida: "Buddhist texts produced by the Sogdian in China". In: de Chiara et al. 2013, 155–179 writes on p. 155 of Sogdian Buddhism as a "colonial" phenomenon, following X. Tremblay with a reference there.

③ Y. Yoshida: The Sogdian version of the new Xi'an inscription. In: de la Vaissière, E. Rombert (eds.): Les Sogdiens en Chine. Paris 2005, 57–72, there p. 68: 'The name of Wirkak's first son, βr'yšmn is a Sogdian form of Skt. Vaiśravaṇa. One may be surprised to find a Buddhist element in this otherwise totally Zoroastrian context of Shi Jun's funerary construction which dates back to the latter half of the 6th century.' However, he also considers: 'Possibly Vaiśravaṇa had become an accepted naturalized syncretic deity in Sogdiana by the sixth century due to Bactrian influence ...'

④ N. Sims-Williams: The Sogdian Ancient Letter II. In: M. G. Schmidt, W. Bisang (eds.): Philologica et Linguistica. Historia, Pluritas, Universitas. Festschrift H. Humbach. Trier 2001, 267–280, p. 271.

been convincing rejected (the phrase RBkw nwm snk' in l. 10 is not 'great samgha (= Buddhist community/monastery) of law' but 'a great stone of law', referring to the inscription itself①), but there is clear evidence for the participation of Sogdian managers in Buddhist monasteries in Kucha. CHING 2013② has shown on the basis of a number of Sogdian names that: 'there was a Sogdian population in Kucha that still observed their traditional beliefs, as indicated by a number of Zoroastrian ossuaries that have been unearthed. On the other hand, ... the presence of at least a few Sogdian Buddhists can be inferred from the personal names in Kucha's Chinese documents. ... There seem to have been a significant number of Sogdian Buddhists living in Kucha under Tang rule. Some of them actively participated in the management of monasteries, and others took part in the interactions between the Chinese and the Kuchaean administrations. These first-hand materials lead us to the conclusion that Sogdian Buddhists represented an important economic and social support for Buddhism in Kucha' (pp. 376 - 377). On p. 346 she cautions that 'the naming after a foreign group may express one's [own] or one's name-givers' strong affection or socio-cultural links to the name in question without necessarily referring to the ethnical origin of the name bearer' but giving such names is in itself strong evidence for the presence and prestige of such foreign groups.

Many of the Sogdian Buddhist texts found in Dunhuang, usually in a good state of preservation, and at Turfan, in a more fragmentary state, are Sogdian translations from the Chinese and can be regarded as later works that were not transmitted by Sogdians from India to China but rather show Sogdians in the diaspora dependent on Chinese Buddhism. While many are in the main Buddhist Indian tradition, some are even 'apocryphal' texts, meaning that they are essentially Chinese Buddhist works with no known Indian originals.③ Nevertheless, even Sogdian Buddhist texts in Dunhuang contain dharanis, Sanskrit-like formulae. Additionally, we can point to the longest surviving Sogdian text from Dunhuang, the *Vessantarajātaka* which can be called Buddhist because that is its general framework but which is essentially a Buddhist tale re-told with great skill by a competent speaker of Sogdian who clearly did not have a written text in a different language in front of him. However, even this text uses some Sanskrit words including the word grāma

---

① Y. Yoshida, T. Moriyasu: Bugut Inscription. In: T. Moriyasu, A. Ochiv: Provisional report of researches on historical sites and inscriptions in Mongolia from 1996 to 1998. Toyohashi 1999, 122 - 125.

② CHING Chao-jung: The activities of Sogdian Buddhists in Kucha. In: de Chiara et al., 2013, 333 - 383.

③ The texts from Dunhuang in Paris were edited by E. Benveniste: Textes sogdiens. Paris 1940 and those in London by D. N. MacKenzie: The 'Sūtra of the causes and effects of Actions' in Sogdian. Oxford 1970 and D. N. MacKenzie: The Buddhist Sogdian etxts in the British Library. Leiden 1976. Some of the these texts are: Or. 82812 (176) Vajracchedikā: 'Weller has shown beyond a doubt that the text is a translation from Kumārajīva's Chinese version of the Sanskrit text' (MacKenzie 1976, 3). Or. 8212 (191) end of 'the Sūtra of the condemnation of intoxicating drink': 'Although the colophon states that the book has been translated from Sanskrit ... at the very least the language has been influenced by that of translations from Chinese ... It is not possible to be certain, but the assumption has been made ... that the Sogdian translation was in fact made from a Chinese original, the mention of 'Indian' perhaps being made subconsciously, or to lend an air or authority to the sūtra.' (MacKenzie 1976, 7). Or. 8212 (159). Part of the Vimalakīrtinirdeśasūtra. 'Weller's exhaustive annotations to this text have shown that it was translated from the Chinese version of the Sanskrit text made in 406 A. D. by Kumārajīva. ... the Sogdian contains many mistranslatioins of the Chinese. In particular, many technical terms of Buddhism are so slavishly rendered as to cast doubt on the translator's understanding of them.' (MacKenzie 1976, 19). Further important texts were added by N. Sims-Williams: The Sogdian fragments of the British Library. In: Indo-Iranian Journal 18, 1976, 43 - 74, Appendix by I. Gershevitch, 75 - 82. See the survey and additional remarks in Yoshida 2013.

(kr"m) "village"①

Provasi 2013② considers the question of an Iranian contribution to the translation process and concentrates on the forms of personal names in Chinese, Sogdian and Khotanese (though without considering Bactrian) texts. However, even in cases of agreement in features between Chinese and Sogdian, he is not able to prove that the feature is due to the Sogdian version rather than representing a Middle Indian feature. He points (p. 278 – 280) to a Chinese text of the 10th c., *Song gaoseng zhuan*, "memoires of eminent priests, compiled in the Song dynasty", composed in 982 – 988 by Zanning which comments specifically on the contribution of speakers of languages of the hu (the Chinese designation for western foreigners), saying: "First, there is direct translation, as for example, when a text from the five regions of India comes directly to China in the east and is translated. Second, there is indirect translation, as for example when a sutra is transmitted north of the mountains to Loulan or Yanqi where, since they do not understand Indic languages, it is translated into a hu language." (quotation slightly modified) The text gives some examples, citing words used in Kashgar (sule) and Khotan (yutian). Provasi interprets *sule* as 'Sogdian' but though this is possible, it is not the only plausible interpretation, as the following reference to the place Khotan, rather than directly to the language Kotanese shows. The text simply refers to two important places in the west of the Tarim Basin. As in Kucha and elsewhere, Sogdian was probably also spoken in Kashgar, but the local language was likely to have been a relative of Khotanese. A more general word of caution is required. Despite the plausibility of what Zanning writes, his mention of Loulan is anachronistic because it was apparently abandoned in the early 5th c., some five centuries previously. Yanqi, the other place-name mentioned in the text, is quite plausible but it should refer not to an Iranian language, but rather to Tocharian. Indeed, in the Tocharian-language area in various sites along the northern route of the Silk Road in the Tarim Basin such as Kizil, Kucha and Yanqi (Karashahr) there is ample evidence for schooling in Sanskrit and translation from Sanskrit to Tocharian. But there is little reason to assume that Tocharian translations exerted much influence on Chinese ones, although individual cases of interaction between monks from there and monks from China can be expected in the same way as the case of the Khotanese monk described above. Provasi (p. 280) wisely restricts himself to a cautious assessment that the Chinese forms of some "proper names and technical terms … could thus represent Iranian pronunciations of Middle Indian forms". This may be due not so much to an intermediary Iranian translation but to an oral contribution by a speaker of a Middle Iranian language to the process of translation between the Indian and Chinese versions.

To continue our survey of Middle Iranian languages: We know of no Buddhist literature in Middle Persian, despite the real possibility that Buddhists may have been present in the ports of southern

---

① S. D. Durkin-Meisterernst: The literary form of the Vessantarajātaka in Sogdian. With an appendix by E. Provasi. In: D. Durkin-Meisterernst, Chr. Reck, D. Weber (eds.): Literarische Stoffe und ihre Gestaltung in mitteliranischer Zeit. Wiesbande 2009, 65 – 89, esp. pp. 70 – 71.

② E. Provasi: Sanskrit and Chinese in Sogdian Garb. In: de Chiara et al. 2013, 191 – 308. My thanks to Y. Kasai for a discussion of some issues raised by this article.

Mesopotamia and could indeed have created an impression at least on Middle Persian-speaking merchants trading with India. We have great difficulties establishing to what extent Buddhism was present in Parthian-speaking areas of north-east Iran (present-day north-western Afghanistan and Turmenistan), but the presence of some old Indian loanwords in Parthian[①] and the fact that they were passed on to Sogdian in Parthian form[②] does show some interaction und presumably dates from Parthian participation in trade with India.

Therefore, with reference to Buddhism we can conclude that some speakers of Iranian languages contributed to the transfer of Buddhism from India to the Tarim Basin and China without actually using an Iranian language. It was their role as merchants on the Silk Road between North-West India/Pakistan or Afghanistan and China that made them reliable translators. Some will have been Buddhists. The prestige that all the Buddhist cultures of Central Asia and China attached to original Indian texts probably made it impossible to insert Iranian texts into the chain of transmission.

Coming from the west, Christianity and Manichaeism were religions with a strong Iranian appearance in Central Asia, even though both are essentially Mesopotamian in origin and therefore initially Aramaic or Syriac in language. The Christian community, even in China, retained Syriac as a sacred language (witness, for example, the Syriac parts of the Chinese Christian inscription in Xian). The liturgy was celebrated in Syriac. Since many (or even most) of the community did not understand Syriac, these sacred texts were paraphrased in local languages such as Sogdian and Old Turkish in Turfan. The Christian communities in the Turfan area used Sogdian because they came from a Sogdian-language area and retained it because the language was still relevant in Turfan; they added Old Turkish because that was the language of members of their communities. From the focus of many of the texts themselves, containing, for example, Sogdian translations of the Acts of the Persian martyrs, we can see that, prior to Sogdiana, the Christian communities were living in Sasanian Iran and used Middle Persian, or were at least familiar with it. We do not have concrete dates for Christianity in Central Asia, but it is clear that, in the west, Marw, in a Parthian-speaking area, was a centre for Christianity by the 6th c. at the latest. The Xian stele, which itself dates to 781, says

---

① Indian loanwords even in Christian Sogdian texts include the terms < fcmbδ > /fčambaδ/ 'world' from Sanskrit *jambudvīpa-* and *samudr* from Sanskrit *samudra-* 'ocean'. Sundermann concluded that these words show the entry of Indian and Buddhist vocabulary into Parthian and from there into Sogdian at such an early date, that these terms became part of normal Sogdian vocabulary and were used by Manichaeans and Christians: W. Sundermann: Die Bedeutung des Parthischen für die Verbreitung buddhistischer Wörter indischer Herkunft. In *Altorientalische Forschungen* 9 (1982), 99 – 113, p. 112: so daß man damit rechnen darf, daß schon in vormanichäischer Zeit, vor dem 3. Jh. u. Z. also, buddhistische kosmogonische Vorstellungen und Begriffe indischer Herkunft über den Bereich der buddhistischen Gemeinde hinaus unter den Parthern verbreitet waren und von den Parthern an die Soghder weitergegeben wurden, bei denen sie nicht nur in buddhistischen, sondern auch in christlichen und manichäischen Literaturwerken belegbar sind. ['so that we can expect that already at a time prior to Manichaeism, before the 3rd c. CE, Buddhist cosmogonical ideas and concepts of Indian origin had spread beyond the area of Buddhist communities to the Parthians and were handed on by the Parthians to the Sogdians, where they are attested not only in Buddhist, but also in Christian and Manichaean literary works.']

② N. Sims-Williams: A Parthian sound-change. In *Bulletin of the School of Oriental and African Studies* XLII 1979, 133 – 136 where he showed that a Parthian sound-law applies to loanwords from Sanskrit such as Parth. cxš'pt /čaxšāpat/ from Skt. śikṣāpada-, precept, command i.e. ś... ṣ to č... š (and Henning kṣ > xš). On the basis of the sound-change this word can be recognized as a Parthian loan-word in Manichaean Sogdian despite being ultimately from an Indian language. And the word entered the Old Turkish literary Buddhist language in this form, i.e. presumably on the basis of the initial predominance of Manichaean literature in Old Turkish which, from the (late?) 10th c. onwards was gradually replaced by Buddhist literature.

that Christianity reached China in 635. Nevertheless, the community in Turfan has, unlike the Manichaeans, no Parthian texts. This may be a dating criterion, because the community has Sogdian and even Modern Persian texts, indicating a trajectory through Sogdiana and a connection to Modern Persian-speaking areas later than the 7th c. It is likely that various groups of Christians, some primarily missionaries, some refugees, arrived in Turfan. The community probably also catered for the needs of merchants and clearly, as with the other religious groups, the trade-networks were the routes by which religions spread because some merchants were either themselves missionaries or supported missionary work.

Beyond the religious texts, the cultural exchange represented by Christian texts in Turfan indicates that subjects such as pharmacology and medicine played a role within this Christian transmission. ①

Manichaeism, from a similar background to Christianity, adopted a completely different approach in abandoning the idea of a sacred language and encouraging translation. While there are a few Aramaic words (e. g. book titles) and phrases in the Chinese Manichaean texts and in the Manichaean literature from Turfan,② the community was free to translate the texts into their own languages. However, either because of lack of resources to make Sogdian and Old Turkish versions or because the languages used by earlier communities retained high prestige, the Manichaean communities in Turfan used Middle Persian and Parthian prose texts and, in particular, hymns in their daily ceremonies. In general, this approach is close to the freedom with which Buddhist texts were translated and gave rise to native-language Buddhist literatures in Khotanese, Tocharian, Chinese, Sogdian, Tibetan, Old Turkish etc. Here too, Indian texts had a particular prestige. The date for Manichaeism in the Uigur Kingdom is 762, when Bügü Khan converted to this religion. Marw was already the object of a Manichaean mission in the 3rd c. during Mani's lifetime and, in the east, the Chinese Compendium has a date 731. Da la Vaissière③ has tried to show that Manichaeism was present in China earlier than that, in the context of Sogdians who also brought their brand of Zoroastrianism with them.

The similarity of the trajectory of Manichaeism with that of Christianity makes the already mentioned fact that no Parthian Christian texts are found in Turfan remarkable. This is probably due, on the one hand, to the primacy of Syriac for Christians and, on the other hand, to the fact that Manichaeism was an elitist religion unlike popular Buddhism and Christianity and relied on the greater learning and sophistication of its adherents to support its difficult multi-lingual literature. At the conference in Turfan in 2012 I argued that Manichaeism was a merchant religion. The roles of Sogdian and Bactrian in the transmission of Manichaeism are not really

---

① See M. Maróth: Ein Fragment eines syrischen pharmazeutischen Rezeptbuches aus Turfan. In *Altorientalische Forschungen* 11 (1984), 115–125 and N. Sims-Williams: Christian literature in Middle Iranian languages. In R. E. Emmerick, M. Macuch (ed.): *The Literature of Pre-Islamic Iran*, 2009, 266–287, esp. p. 285. There he points out 'it is noteworthy that there is an almost total lack of practical and secular documents' and sees the explanation for this in the bi-lingual character of the community. Such texts were in Old Turkish.

② See D. Durkin-Meisterernst: *Aramaic in the Manichaean Turfan Texts*, in M. Macuch, M. Maggi, W. Sundermann (ed.), *Iranian Languages and Texts from Iran and Turan*. Ronald E. Emmerick Memorial Volume. Wiesbaden 2007 [2008] (Iranica 13), 59–74. There reference is also made to the important articles by Y. Yoshida on this subject.

③ E. de la Vaissière: Decouvertes et mises au point. Mani en China au VIe siècle, in *Journal Asiatique* 293.1 (2005), 357–378.

clear. The question remains open whether most Manichaean Sogdian texts were made in Sogdiana or, like Buddhist Sogdian texts, in the diaspora, so that it hard to say if Manichaeism really was present in the Sogdian homeland to any great extent in the period between the 4th and 8th centuries. The fact that one Bactrian fragment in Manichaean script was found in Turfan suggests that the communities in Turfan may have had a Bactrian background and trajectory or at least good connections to Bactria. Again similarly to the Christians, some early Modern Persian Manichaean texts show the links of the Manichaeans in Turfan with Iran. Manichaeim flourished in Turfan during the 9th and 10th centuries but seems to have disappeared in the 11th c. To what extent the Manichaeans in Turfan were in contact with Chinese-speaking Manichaeans in Central China and what connections there were between Turfan and the later Chinese Manichaeans are open questions currently under discussion and sure to yield very interesting results.

Again, the extent of cultural transmission conducted by Manichaeans outside of the purely religious sphere is not clear. Claims have often been made that Manichaeans had a particular role in transmitting texts and tales of Indian origin; but some tales of Indian origin entered the Iranian world through Middle Persian versions, e. g. of *Kalila wa dimna*, the Arabic version of which was based on the Middle Persian version by the doctor Borzoe.[1]

---

[1] See F. de Blois: *On the sources of the Barlaam Romance*, or *How the Buddha became a Christian saint*. In D. Durkin-Meisterernst, C. Reck, D. Weber (eds.): *Literarische Stoffe und ihre Gestaltung in mitteliranischer Zeit*. Wiesbaden 2009, 7–26, esp. 20–24.

古代丝绸之路对世界经济的重大贡献及启示

贾丛江

（新疆社会科学院历史所）

丝绸之路大概是古代人类社会最著名的交通线。这条交通线的历史正如它的名称一样，充满了绚丽和传奇的色彩。它在古代人类社会发展史上所起到的重要作用，是如今它拥有世人皆知的声誉的原因，尤其是它对古代世界经济所做的贡献，是应该得到充分认识和客观评价的。

一、丝绸之路概况

1877年，德国地理学家费迪南·冯·李希霍芬在他的著作《中国——我的旅行成果》中首次将古代东起中国西安和洛阳、西到地中海沿岸的古代东西方交通线，定名为"丝绸之路"。因"丝绸"是这条古代国际商道中最著名的商品，"丝绸之路"最为形象地概括了这条古代商道的内涵。所以，"丝绸之路"之名立即蜚声海内外，成为世所公认的专有名称。

丝绸之路的开通，标志着古代东西方联系、交往的一个新时代的来临。它是在上古时代亚欧大陆各区域的人们冲破地理阻隔、拓展区域交通路线的基础上，以公元前138年和公元前119年中国西汉王朝派遣使臣张骞两次出使中亚和新疆地区为标志，才正式开通的。中国历代中央政府都将丝绸之路作为"官道"设施，在中国境内的沿线路段均设置驿站作为商旅、驿卒停驻之所，又设立烽燧以守卫安全。丝绸之路从此成为连通古代中国和亚欧沿线各国、各民族之间商品交流、政治联系、文化交往的重要交通线，极大地丰富和改变了亚欧内陆各地区的经济社会、物质文明和精神文化，并由此产生了巨大的历史影响。

古代丝绸之路东起中国西安和洛阳，沿河西走廊到敦煌（后为嘉峪关），从敦煌（或嘉峪关）西出分为北、中、南三条主要路线。这三道分出，是和新疆地区独特的自然地理条件相关联的。这三道在历史上有不断变化，但基本上是按地理方位向西延伸。除这三条主干线外，丝绸之路在各地理单元之内还有许多分支路线，分达亚欧内陆各个地区。比如，在中国段后来又开通了"吐谷浑道（河南道）"、"吐蕃道"等。可以说，这条古代交通线几乎将旧大陆的各个地区串联起来。这条古代交通线，之所以频繁见诸史册而被后世广泛关注，其突出原因不是因为它便利易行，而是因为交通环境极端恶劣。这条路线是古代人类克服了诸多自然环境的困难才最终名垂青史的，尤其是丝绸之路中国新疆段，是亚欧内陆交通环境最差的地区。在这片辽阔的区域内，绿洲之间被大片沙漠和戈壁分割、阻断，西天山、帕米尔高原和昆仑山又将西行和南下的路线阻断。人们只有通过开设"官道"、设置驿站、开掘水源等人工措施，才将丝绸之路连通起来，使这条举世闻名的交通路线像一条靓丽而坚韧的纽带，将亚欧大陆各个地理单元串联起来，最终实现了人类交通史上的伟大奇迹。在古代自然经济和前工业社会条件下，这不能不说是一项伟大的奇迹。

现在，人们一般将"丝绸之路"的概念扩大了，即广义的丝绸之路，把古代起自中国而连接世界各地的几条陆路和海路交通线都纳入到"丝绸之路"的范围内：将古代起自中国东南部沿海地区，联通东南亚各地、南亚次大陆、波斯湾沿岸乃至东非海岸的海上交通线，称为"海上丝绸之路"；将古代起自中国四川、云南进入东南亚、南亚次大陆的交通线，称为"南方丝绸之路"；将古代从中原和河西走廊北上蒙古草原，再沿亚欧草原通道一路西行，分别抵达中亚、波斯、东欧的路线，称之为"草原丝绸之路"。总之，丝绸之路已经成为古代中国和世界各地交通往来路线的泛称。

二、古代丝绸之路对世界经济的重大贡献

古代丝绸之路对世界的影响是多领域、多方面的。古代，在人类生产力水平比较低的情况下，在人类实现远距离交通需要克服诸多自然环境方面的困难的情况下，古代丝绸之路却能反其道而行之，用浓重的笔墨书写着传奇，成为人类历史上距离最长、影响最大的交通路线，它的意义已经远远超出了交通路线的范畴。我们在此仅就丝绸之路对世界经济的重大贡献，略作一番探讨。

（一）丝绸之路对沿线各地即亚欧大陆及北非地区各个地理区域的商业发展，起到了巨大的推动作用。

商业的繁荣发展，对一个地区经济社会的发展水平有着巨大的提升作用；商业的繁荣发展，代表着一个地区有更多富余的农产品和手工业产品可供出售。换言之，商业带来的更大利润，能够更有力地促进农业和手工作的发展。可以说，商业是否兴盛，是一个地区整体社会经济发展水平程度的重要标志。这个道理，不仅适用于工业化社会，古代自然经济时代亦是如此。丝绸之路的开通和形成，正是在这种意义上对近两千年来的古代亚欧非大陆的经济发展产生了无法估量的积极影响，极大地促进了不同地理单元之间、地理区域内部社会经济的繁荣和发展，极大地改变了各地社会经济的面貌。

西域地区的商业发展很能说明这个问题。西汉初期，西域无论是农耕区还是游牧区，都有少量的物品交换，不过那主要是自然经济条件下的以物易物，商业发育程度还很低。张骞两次出使后，西汉王朝致力于"招徕远人"，以殷实的国力为基础，在与西域的交往中，或"赍金币帛真数千巨万"，[①] 或赏赐城郭诸国"绮绣杂缯琦珍凡数千万"，[②] 携带大量钱帛的汉朝使臣，向西域城郭诸小国馈赠大量财物，并以之换取出使所用食物和其他必需品。大批使者相望于道，"汉率一岁中使多者十余，少者五六辈"。[③] 汉朝"厚往薄来"招徕远人的政策，使西域及帕米尔（葱岭）以西诸地获得了丰厚的商品利润，激活了当地的商品经济，也极大地刺激了西域及帕米尔以西各地前往内地朝贡的热情。这些使团在承担政治任务的同时，也是官方商团，有些使团甚至"皆行贾贱人，欲通货市买，以献为名"，[④] 一些不属于西域都护管辖、和西汉关系并不亲厚的帕米尔以西诸国，如康居、罽宾等国，为获取朝贡贸易的商业利润，硬要不断向汉朝派遣使

---

① 《史记》卷一二三《大宛列传》，中华书局1982年。
② 《汉书》卷九六《西域传》，中华书局1962年。
③ 《史记》卷一二三《大宛列传》。
④ 《汉书》卷九六《西域传》。

团。我们从文献中可以清楚地看到,到公元前 60 年西汉统一西域以后,当地商业的发展和过境贸易的繁荣,比起西汉初年西域以物易物的简单交换,已不可同日而语,已经初步具备了东西方商业贸易中转站和交流中心的规模。从西域流入内地的商品中,不但有大宗从中亚、南亚、西亚转运来的奇珍土产,也有西域诸城郭生产的物品。疏勒因"西当大月支、大宛、康居道"的丝路要冲位置而成为最早发展起来的商业中心,到西汉后期已"有市列",[①]即专门的商业市场,这背后反映的是过境贸易带动下西域农业、手工业和商业的快速发展。

（二）这条东起中国西安和洛阳,西至地中海沿岸的古代国际商路,以商业利润为驱动力,将亚欧大陆及北非地区沿线各地串联成一个统一的国际市场,最大限度地实现了不同地理单元之间的商品交换。

丝绸之路实现了亚欧大陆及北非地区物质产品的交换,远隔关山的不同地理单元的人们,把当地物产和制造的商品送上这条驼铃悠远的互通之桥,实现了商品的互通有无,极大地改变了人们的物质生活和经济生产,并由此极大地提升了人们的想象力。在这条商道上,来自中国内地的丝绸、漆器、铜镜、金银器等高级消费品,以及茶叶、铁器、药材、调料等生产生活用品,被不断地向西运往各个地区,而来自两关（阳关、玉门关）以西地区的玉石和金青石等各类珠宝,以及马匹、珍禽异兽、香料、颜料、毛皮、毛织品、棉布等各地土特商品,又被不断向东输往内地,在古代生产力落后、人类克服自然环境阻隔的能力有限的情况下,丝绸之路创造了奇迹,将亚欧大陆及北非地区串联为一个统一的市场。在丝绸之路上往来不绝的,除了个体商人外,还有两关以西地区诸国、诸族的朝贡使团。这些兼有商团性质的使团对促进丝路贸易的作用是不能小视的。各国使团以"贡品"的形式向唐朝"奉献"各种土特产品和珍奇异物,而唐朝用"回赐"的方式将相当于"贡品"价值或更高价值的物品"赐予"贡使,这实际上也是一种跨区域的商品贸易形式。据不完全统计,唐代官方文献记载的帕米尔(葱岭)以西地区常年向唐朝派来朝贡使团的国家就有 20 多个的,如拔汗那、曹国、康国、安国、米国、何国、史国、石国、勃律、俱兰、却国、吐火罗、挹怛、石汗那、帆延、识匿、护密、骨咄、俱密、波斯国、天竺国、陀拔斯单、大食、拂林国等,[②]涵盖了西起地中海,东到帕米尔的中亚、南亚、西亚、南欧等地区,这个常年按例多次东来的使团名册,反映了唐代丝绸之路繁荣时期亚欧大陆国际贸易的兴盛景况。

这里需要提及的是丝绸和罗马帝国的关系。丝绸这种古代高档消费品,在很长时期里只有中国内地才能生产。这种质地高贵、色彩绚丽的商品向西方人展现了巨大的魅力,欧洲国家最早就是从丝绸得到对中国的第一印象的,希腊语称中国为"赛里丝"(Seres),是从汉语"丝"音译而来,即丝国。至迟在 1 世纪,罗马人就加入到这条商道的贸易中,不断用罗马金币从帕提亚波斯(即汉文史料中的安息王朝)人手中购买从东方转运到波斯的中国丝绸。据罗马史料,罗马人对中国丝绸非常痴迷,恺撒和大批罗马贵族以及埃及艳后克利奥帕特拉都是丝绸的爱好者,以致于罗马市场上每磅丝绸价值一度高达十二两黄金。由于帕提亚波斯垄断了对罗马、北非的丝绸贸易,导致罗马的大量黄金流入到它的对手帕提亚波斯王朝手中,因此导致元老院曾经制定法律禁止人们穿戴丝绸衣服。在中国、波斯、罗马这三个疆域辽阔的帝国商贸往来中,有一种奇特现象引起了人们的格外关注,即中国历朝传统上一直使用铜钱,而波斯地区从帕

[①]《汉书》卷九六《西域传》。
[②] 据《旧唐书·本纪》《旧唐书·西戎传》《新唐书·本纪》《新唐书·西域传》《册府元龟·外臣部》统计。

提亚波斯王朝到萨珊波斯王朝一直使用银币,而罗马帝国则用黄金铸币。按照常理,铸币的金属越贵重,则持币方越占居贸易优势。但历史的实情却是,以铜为币的中国在东西方贸易中占尽优势,还将这种优势转移到政治领域,其中最主要的原因是中国铜钱背后有丝绸作为硬通货。而波斯人通过垄断丝绸向西中转贸易,也从罗马获取了巨大利润,其中即以来自中国的以丝绸为代表的高档消费品作支撑。正是基于这个原理,内地历朝的铜钱,均可以在西域地区流行使用。

(三)古代各种技术通过丝绸之路实现了跨区域传播,对古代世界经济的发展和进步,起到了重要作用。

丝绸之路是东西方文化交流的代名词。亚欧大陆及北非各地区人们创造出的科学技术成果,都被送上这条五彩斑斓的互惠之桥,实现了人们共享人类优秀文明成果的愿望。丝绸之路为古代各地理单元之间人们的交流提供了极大便利,也为科学和技术成果的跨区域交流带来了可能。在古代中国和帕米尔(葱岭)以西地区之间所实各种技术交流中,很多就是搭了丝绸之路之便车。

西方琉璃制造技术传入中国就是一例。古代中国的琉璃(玻璃)制造技术,一直受到沿丝绸之路西传的西方琉璃制造技术的影响。琉璃制造技术最早出现于距今 4 千多年前的亚美索不达米亚和古埃及,中国从战国以后,也陆续出土过一些本土生产的琉璃制品,但琉璃构成元素不同,且这项技术没有被广泛使用,流传时断时续。北魏太武帝时,大月支国(寄多罗贵霜王朝)"其国人商贩京师,自云能铸石为五色琉璃,于是采矿山中,于京师铸之。既成,光泽乃于西方来者……自此中国琉璃遂贱,人不复珍之"。①

而古代中国向西传播的各种技术,很多也借助了丝绸之路。中国古代科学文化成果主要表现在两个方面,一是制度及制度精神,二是古代发达的技术和工艺。这些都不易为后人所觉察,但是却能够对当时当地社会产生重大提升作用。在长期的封建时代中,中国的生产技术一直处于世界领先水平,很多先进技术和工艺对古代世界社会发展史产生了重大影响。源自中国的造纸术、指南针、火药、印刷术四大发明,都是通过丝绸之路以不同方式传播到世界各地,极大改变了世界历史的面貌。西汉时期,内地先进的铸铁技术和工艺随屯田区的建设传入西域,极大提升了西域及帕米尔以西地区的社会生产力。而东国(中原)公主用冠帽藏带蚕种而使养蚕技术西传的故事,在佛教文献和斯坦因发现于和田地区的木刻板画中都有反映,说明了西域居民对获得这项技术的珍视,也拉开了养蚕缫丝技术外传的序幕。凿井技术早在汉武帝时期就已经传入中亚费尔干纳盆地(大宛国),对改善西域、中亚等内陆干旱地区居民的生产生活,乃至于城郭、聚落的坐落位置,即不用再受必须紧靠河道的限制方面,都做出巨大贡献。

(四)丝绸之路改变了沿线众多地区的社会经济结构。

这种情况在西域(新疆)和帕米尔以西的中亚地区表现尤为突出。古代新疆和中亚是一种典型的绿洲城郭(廓)农业,这和中国内地的大河流域农业区明显不同。新疆和中亚的绿洲之间常被沙漠、戈壁、高山所阻隔,形成一个个相对独立的地理区域。和这种地理区域相适应的政治体制,就是小国寡民的城郭(城邦)体制。绿洲城郭农业和商业贸易之间有着内在依存关系。这种绿洲城郭农业区,一般来讲,生

---

① 《北史》卷九八《西域传》,中华书局 1974 年。

存空间较小、农业生产条件较差、容纳人口数量有限,因此,它要得到繁荣发展必须凭借过境贸易,商业的发展才能为它们带来社会繁荣和财富聚积,而丝绸之路正好切合绿洲城郭农业区的发展需求。由于我们看到了两种历史现象:一是新疆诸城郭的城镇人口数量在城郭总人口中所占比例比内地要大很多。这正是由于从事商业和过境贸易的人口数,以及依赖过境贸易生存的手工业者的人口数比较多。新疆历史上这种社会经济结构和人口比例,正是丝绸之路贸易活动的产物。二是中亚粟特人(九姓胡)闻名于世的重商传统和卓有成效的商业实践。史载其人"生子必以石蜜纳口中,明胶置掌内,欲其成长口常甘言,掌持钱如胶之黏物。……善商贾,争分铢之利。男子年二十,即远之旁国,来适中夏,利之所在,无所不到"。① 粟特人在数百年的时间里,一直是古代亚欧大陆商业业绩最佳、人数最多、财力最强的商人族群,其足迹遍布各地。从中亚经新疆到内地,沿途各城都有他们的聚集点,还在西域修建了一系列城镇,如典合城、新城、萨毗城等,可以说,丝绸之路商贸权力一定程度上是掌握在粟特人手中的。而他们这种重商善贾的传统,正是主动适应绿洲城郭自然环境和善于利用丝绸之路过境贸易的结果。

(五)丝绸之路促进了各种作物品种跨地区的传播。

我们知道,从张骞西使开始,在历史长河中,有一系列的作物品种被引入内地,借助丝绸之路之便宜,不断传入中国内地,如葡萄、苜蓿、石榴、核桃、胡椒、胡麻、胡萝卜、菠菜、胡豆、西瓜、甜瓜等;同时,一些内地传统作物品种也借丝绸之路向外传播,如大米、荞麦、桃树、杏树、梨树、李树等。

三、古代丝绸之路对世界经济产生重大贡献的启示

回顾古代丝绸之路对世界经济所产生的重大贡献力量,我们能够得到许多有益启示。

(一)古代丝绸之路之所以繁荣,中国占据着重要位置。

中国在促进丝绸之路贸易繁荣中的重要作用,主要表现在几个方面。首先,中国内地有国际贸易所需要的重要产品。当时,中国内地是世界上唯一出产丝绸、漆器等高档消费品和茶叶等日用必需品的地方,外部世界对此的需求量特别巨大。其次,中国作为统一的多民族国家,境内社会安定,对帕米尔以东地区的丝绸之路中国段实行着有效的政治军事管理,将其作为官道,在沿线设置驿站、烽燧二合一设施,这是古代最安全也是最方便商旅通行的道路。第三,丝绸之路作为贸易商路之所以能够远距离、长时间存在,是因为其中有巨大的利益空间。产生这种利益空间的一个重要原因,是中国历代中央王朝一直实行"厚往薄来"的朝贡贸易政策,也就是对外经贸政策。对境外的使团和中国边疆少数民族地区使团的"贡品",都给予等值或高于"贡品"价值之上的回报,使各国使团都有巨大利润可以获取。

综上所述,我们知道,古代丝绸之路形成的重要背景,是中国有政治、军事实力维护丝绸之路的安全,中国有经济实力提供物品和资源。

对比当今形势,我们可以发现,目前正是中国推动丝绸之路经济带发展的大好时机。首先,当今中国有政治、军事实力维护丝绸之路经济带沿线的安全。中国和俄罗斯已经建立了战略合作伙伴关系,又有

---

① 《旧唐书》卷一九八《西戎传》,中华书局1975年。

上海合作组织为平台,中国完全有能力保证沿线大部分地区不受恐怖势力和别有用心的国家所策划的政治动荡的影响。其次,今日中国可以为经济带沿线国家提供所需物资。中国政府资金充足,可以对沿线国家进行投资。同时,中国今天已经积累起了不错的工业技术实力和企业管理经验,也可以进行境外投资。而资金、技术、管理都是亚洲内陆国家所急需的。

所以说,当今启动丝绸之路经济带战略,恰逢其时。

(二)互利共赢是古代丝绸之路能长存上千年并名垂后世的原因。

古代丝绸之路是一条互惠共赢之路,它让沿线各国、各族、各地区都获取了利益,实现了互通有无、互利互惠、各取所需的目标。可以说,古代丝绸之路以商业利益为驱动力,将沿线各个地理单元间各政权、各民族打造成了一个经济命运共同体。我们知道,丝绸之路正好处于亚欧草原大通道的南部,内亚草原地区的诸多游牧民族政权,在通过彼此争夺并最终控制了丝绸之路沿线地区后,大都放弃了游牧民族惯于抄掠的旧习,反而积极维护辖区内交通线的安全。这种做法,主观上是为了获取过境贸易商税所带来的巨大利益,但也在客观上保证了所有沿线地区人们的利益。这一个实例,反映出古代丝绸之路在打造沿线经济命运共同体上的成就。

今天,中国政府正在实施丝绸之路经济带战略。我们必须明确,建立在经济互利之上的合作,比之国与国之间的政治友谊,要更为牢固。在实施丝绸之路经济带战略时,中国必须树立互利共赢的基本理念,这才是实现中国长久利益的唯一可行之路。

Trade in the Tarim

Susan Whitfield

(The British Library)

Abstract[1]

The existence of sustained inter-regional trade in Central Asia in the first millennium is not particularly visible in textual sources and its extent, especially its economic impact, remains largely unexplored. But there are clear manifestations in both the material and textual sources of the inter-regional movement and development of religions, arts and technologies in this period. Trade in prestige goods, the so-called Silk Road, involving regular movements of peoples and goods and the creation of surplus wealth, has long been accepted as a significant factor by many although still questioned by some.

This paper will consider the evidence from Buddhist stupas and cave temples in the Tarim Basin and Hexi Corridor in western China dating from the fourth and fifth centuries onwards and reconsider whether trade is indeed a necessary or even essential factor to account for these. If a factor, then what can these artefacts tell us about the extent of trade, the links with local elites and with political power?

Background and Issues

When the geographer Ferdinand von Richthofen (1833 – 1905) first coined the term "The Silk Road" (*die Seidenstrasse*) in 1877 it was in relation to the early period of purported trade between Roman Europe and Han China and referred specifically to the route described by Marinus of Tyre.[2] The interest in historical long-distance trade between Rome, India and China continued with the studies of scholars such as Warmington and Raschke, weighted towards the textual sources and concerned with both land and sea routes.[3] Raschke, with an impressive array of footnotes and a dismissive attitude of the importance of artefacts (677), set about challenging several of the repeated "facts" about Eurasian trade, among them that

---

[1] This paper is to be published in Kristian Kristiansen, Thomas Lindkvist and Janken Myrdal (eds.). *Trade and Civilization in the Pre-Modern World*. Cambridge: Cambridge University Press 2016. A shortened version was given at the conference, 'Turfan and the Silk Road Exonomic Belt' at the Turfan Academy, 19 – 24, October 2014.

[2] Chin 2013, who discusses the plan for a Europe-China railway link. Also see Waugh, 2007. As he points out, Richtofen was also interested in other routes, including by sea.

[3] Warmington 1928 and Raschke 1978.

the technology of sericulture was guarded by China (622 – 623), that there was an imbalance of trade between Rome and China owing to the demand for silk (n. 256) and, most of relevance for this paper, the central idea of the Silk Road itself, significant and sustained long-distance trade in prestige goods.① He argued that the textual evidence suggested only small scale and local trade and that although monks carried and distributed prestige goods they were not part of a trade network. He also argued that there was little Chinese state involvement in trade until the Tang period (618 – 907).②

Raschke accepts that there was prosperity in the oasis kingdoms of Central Asia but argued that this was a product of irrigation agriculture.③ This is an argument also found among scholars questioning the extent of trade in the Roman empire: "The bulk of the population was involved with producing food and the main basis of wealth was agriculture. Village settlements were largely self-reliant and the scale of interregional trade was small. The status of traders was low and external trade involved only prestige goods for elite consumption."④

The most recent expression of scepticism in the extent of prestige trade is by Hansen, arguing in relation to the Tarim and inland China.⑤ She concurs with Raschke in arguing that trade was small scale and primarily local.⑥ She argues that prosperity came from the Chinese state in the payments to their military garrisons.⑦

The early link made by Richtofen between Rome and China with silk as its focus is, in some ways, unfortunate in that it has almost certainly distracted us from other studies, for example, the examination of linked interregional networks trading in a large variety of commodities other than silk.⑧ The absence of direct contact between Rome and China, the focus of Raschke's attack, is not evidence for the lack of interregional trade in prestige goods in Eurasia, yet it is sometimes presented as such owing to this literal linear interpretation of the "Silk Road" concept. Hansen also directs her arguments against what she terms this "conventional view" of the Silk Road.

---

① The term 'Silk Road(s)' was not immediately adopted, as both Waugh and Chin point out (op. cit.). A brief overview of its increasing usage, starting in Japan, China and Korea and then moving to European adoption, is given in Whitfield 2007. This piece also argues that it has some usefulness as a concept in the current nascent stage of scholarship. Warwick Ball dismisses the concept as a 'meaningless neoligism' (Ball 1998). Also see Whitfield 2015: 'Introduction'.

② Whereas Richtofen had argued that there was Chinese involvement in the Han period.

③ 'the sites of Central Asia had for centuries relied for their prosperity on irrigation agriculture' … 'This alone easily explains the wealth and prosperity of this region without assuming an economy based on trade'. (Raschke 1978: 640 – 641)

④ Summarizing the conclusions of Finley 1973 and Jones 1974. Quoted in Ray 1994: 1.

⑤ Hansen 2013.

⑥ 'not much of a commercial route'. 'trade existed but it was limited'. 'Markets existed in these different towns, but they offered far more local goods for sale then exotic imports'. (Hansen 2013: 235 – 237)

⑦ "The massive transfer of wealth from central China to the northwest, where many soldiers were stationed, accounted for the flourishing Silk Road trade when the Tang dynasty was at its strongest, before 755 … these underpinned the region's prosperity" (Hansen 2013: 237). By the 8th century the payments were enormous — 1.8 million bolts of silk to Hexi military command (Arakawa 2013: 250 – 251). This must certainly have been a factor in the region's prosperity although much of the discussion below involves the pre-Tang period as well when relations with the Tarim were not so stable. Raschke also argues that there were large quantities of silk in the Tarim owing to Chinese government policy, in the distribution of which 'plunder and tribute played the primary role' rather than trade. (Raschke 1978: 619)

⑧ Including trade in human goods as well — slaves appear in many of the extant documents. See the Sogdian contract for a female slave discussed by Frantz Grenet "La Commerce des femmes sur la route de la soie" in Whitfield 2009: 34 – 35.

As I have argued elsewhere, rather than by giving validity to this linear interpretation, one it is easy to refute, it would be more useful to explore a broader and more complex definition.① The alternative is to reject the term entirely, as Warwick Ball suggests, but this would be both difficult, given its common usage, and perhaps counter-productive.② It can, as I have suggested, remain useful in our present state of scholarship.③

In recent years a historical archaeology approach has started to challenge some of the early arguments about the Roman-Indian trade links. Tomber, for example, examines archaeological finds from ports to argue for trade through to the seventh century with active involvement of all the regional players, including the Romans.④ But her approach, relying heavily on pottery and coin types and their distribution has yet to be applied to the Tarim states for this period.⑤ The rich potential of isotopic analysis is also in its infancy in this area. It would be rash, for example, to dismiss the glass finds on the Tarim as non-Roman, as Raschke does, now that we have new techniques at our disposal.⑥

This paper takes a historical archaeology approach, but considering built structures rather than pots or coins, namely the Buddhist temples and shrines of the Tarim region. It is not theoretical but speculative, recognizing the need for further systematic studies in economic history, material culture, archaeology, linguistics and textual studies and transmissions. It is intended to build on recent studies — such as that of de la Vaissière — that have sought to change the geographical focus of the "Silk Road" debate from the Europe-China east-west linear axis to a Central Asian interregional hub with the north-south networks also playing an important role. Although not addressing the debate prompted by a World Systems approach as to the nature of pre-thirteenth century world systems, it notes that the Tarim is usually a void on the map in these debates.⑦ As I have explored elsewhere there is certainly, in Beaujard's terms, a "sphere of interaction".⑧ And the primary intention of this paper is to argue that the weight of material and textual evidence is still best

---

① See Whitfield 2015: 'Introduction'.
② Ball 2007: 80. Hugh Pope (205) called it 'a romantic deception'. See also Rezakhani 2010.
③ Whitfield 2015.
④ Tomber 2008.
⑤ There is an extensive study of the bronze age and early iron age by Han Jianye (韩建业:《新疆的青铜时代和早期铁器时代文化》,文物出版社 2007 年,DSHKX 1986/4, 第 78—82 页), Wang Binghua (王炳华:《新疆出土彩陶》), Mu Shunying, Qi Xiaoshan (穆舜英、祁小山:《新疆彩陶》), Guowu(郭物:《新疆史前晚期社会的考古学研究》,文物出版社 1998 年).

Tomber also makes use of evidence from coins and we have Helen Wang's excellent study and comprehensive catalogue (Wang 2004) and a more recent collection of articles (Hansen and Wang 2013). Wang focuses on the use of coins and other money in the Tarim rather than what the distribution of coins can tell about the movement of peoples and her catalogue remains to be fully exploited in an approach such as Tomber's.

⑥ Raschke 1978: 628. Among his arguments is that the glasswares found are too poor quality to justify their trade over a long-distance. However, this is to assume parity of value across cultures. The trade of Chinese porcelain that would have been considered second-rate in China but was highly prized in Europe shows the perils of such an approach. Certain glasswares found in northwest China are now accepted as Mediterranean (see Whitfield 2009: 80 – 83). There is also clear evidence of glass being sent by sea, as in the Hellenistic bowl found in a cc. first century B. C. tomb near Guangdong in southern China (Whitfield 2009: 81 where it is mistakenly listed as Roman). There is also evidence, as Raschke suggests, of local and regional production — such as Sasanian glass. As ever, the picture is complex.
⑦ It might be worth considering the Tarim at different periods in terms of Oka's TSM theory, as discussed in this volume.
⑧ In Whitfield 2014. Beaujard 2010: 'I speak of spheres of interaction when exchanges within an area do not produce a significant transregional division of labor (unlike a world-system).' (9, n. 21) and also see his paper in this volume.

explained by sustained interregional trade in high-value goods and that this explanation cannot be dismissed without more compelling and contrary evidence. The archaeological remains are chosen here because, although inevitably partial, they are plentiful, spread throughout the region and well documented, thanks to the early explorers and more recent archaeology.① Although there remains little consensus about dating this is not pertinent to the main argument of this paper.② This paper is also focused on interregional trade between the Tarim and lands to its west, rather than with China to its east — the latter the main focus of Raschke and Hansen.

The importance of Chinese traditional textual sources is recognized. However, given that, as Holcombe notes, "three subjects that mainstream traditional Chinese historians seldom addressed were trade, Buddhism and foreigners", their relevance in this discussion is of limited value.③ Other evidence is required in order to understand the extent of any distortion and make the necessary adjustments to the Chinese historiographical lens. Other textual sources, such as inscriptions and the Buddhist biographies and manuscripts in the many languages of the Tarim, are also an important source.④

The Material Evidence 1: Buddhist Shrines of the Tarim

The Tarim Basin covers an area larger than any European country apart from Russia. But much is uninhabitable desert and settlements are located on the northern and southern edges of the Taklamakan where meltwater from the mountains creates rich oases. During the first millennium A.D. the major oases were the capitals of small kingdoms. They were culturally, linguistically and politically distinct, although all subject to periodic incursions and control by the empires on their peripheries, the Kushan, Chinese, Tibetan and Turkic (and others thereafter). The kingdoms were centred on Kashgar (Shule), Khotan, the eastern Taklamakan and Lop Desert (Kroraina), Turfan, Korla and Kucha.⑤

The area is rich in archaeology owing to two factors. First, many of the ancient settlements, especially in the south, were abandoned over time probably owing to changing watercourses making them unviable. The abandoned structures were covered by the desert sands: new settlements were built elsewhere thus ensuring the originals were not built over or pillaged for materials. Secondly, the arid nature of the desert enabled preservation of organic materials. However, in the north the ancient sites are closer to newer settlements and

---

① Rhie 2007 – 2010 for an overview and bibliographies of the early explorers. New finds continue to be made. See, for example, the temples at Domoko (Wu 2013).

② Undoubtedly there were chronological and regional variations and developments through the Tarim regarding interaction in the first millennium, and one of the arguments of this paper is that we need to make studies of these before we can some to any firm conclusions.

③ Holcombe 1999: 285.

④ See Neelis 1997, Hartmann 2004, McRae and Nattier 2012 for important discussions on interregional interactions concentrating on inscriptions and manuscripts.

⑤ Scholarship in this area is in its infancy: none of the kingdoms, for example, is the subject of an historical monograph (Zhang and Rong's history of Khotan (1993) follows Rémusat 1820 in being more a compilation of historical sources). For an overview of most of these kingdoms, their archaeology and history see Whitfield and Sims-Williams 2004 and Hansen 2012.

have suffered more from looting and reuse of their material for building and agriculture. Throughout the regions the relic chambers of stupas have all been broken into and almost the only remaining funds are votive offerings of manuscript fragments.① The scouring effects of the wind and sand along with flash floods have also destroyed much. For archaeologists, there is the difficulty of excavating and dating in sand. And many sites almost certainly await sifts in the dunes to be discovered. However, there remain over forty stupas discovered to date and fifteen cave temple sites, the former found in all the Taklamakan kingdoms, the latter almost exclusively in the northern kingdoms.②

The stupa, probably originating in India in about the third century B. C., was a funerary mound covering relics of the Buddha or his disciples. Its function widened over the course of the following centuries: some cover objects used by the Buddha or his disciples, other commemorate actions or events in the life of the Buddha and his disciples, while others symbolize aspects of Buddhist theology or are built as shrines. In all cases, however, the stupa was a focus for ritual, including circumambulation. Stupas often occur together in groups and were also incorporated into Buddhist monasteries and cave temples.

The transmission and development of the stupa in the Tarim is a topic I have discussed elsewhere and so I will only summarize the conclusions here.③ In Gandhara and Central Asia starting from the second or first century B. C. but especially from the first few centuries A. D. we see a development of the stupa from its classical Indian form — a hemispherical dome on a circular base — into a variety of diverse and more complex forms. The stupa was heightened, both by being placed on bases, usually square and increasingly multi-storeyed, and by the verticalisation of the dome from a hemisphere into a parabolic or egg shape. It also becomes more massive and complex, with the bases becoming taller and more adorned and ornamented.

Some of these developments took place progressively and some seemingly in parallel and all emerged over the course of a few centuries across Gandhara and Central Asia. Some seem clearly to be based on textual authority. For example, Kanishka's stupa at Shah-ji-ki-dheri in the Peshawar Valley, Gandhāra, Top-i-Rustam in Balkh, Afghanistan and the Bhamalastupa at Taxila all show a development of the original square base into a cruciform shape owing to the addition of staircases protruding out from the base on each side. This follows a scriptural description found in the third-century *Divyāvadāna* that describes a stupa as having four staircases, three platforms, an egg-like dome as well as the other usual elements.④

The stupas in the Tarim show a similar diversity of forms over the same period, starting from the classical type on a circular base, such as at Topa Tim near Kashgar and shrines M. III. and M. V. at Miran (Kroraina), through to the four-staircased form, seen at Rawak in Khotan, and the tower stupas at Turfan

---

① Stein suggests the robberies took place by the sixteenth century or before based on the sixteenth-century records of MuzāHaider (Stein 1907: 82). He also notes the remains of birds' nests in one of the robbers' tunnels into a Krorainicstupa strongly suggesting the robbery was effected when there were still birds in the area, certainly pre-sixteenth century (Stein 1921: 390).

② These are estimates based on archaeological reports. I am including cave temples as far east as Dunhuang, but not others further east in the Hexi corridor.

③ Whitfield 2016a.

④ Rhie 2007-2010: Vol. 1: 254.

(Gaochang, Sirkip) and Subashi in Kucha. Stein noted the interregional similarities on his first expedition, particularly in relation to the three-storeyed square based form: "The identity of this feature only helps to emphasize still more the close agreement which exists in regard to general architectural arrangement between all the Turkestan stupas examined by me and the corresponding structures extant in the Kabul valley and the Indian north-west frontier."①

Architectural diffusion requires a certain level of infrastructure in the receiving cultures and transmission must always involve complexity.② Both pragmatic and cultural memory might be involved in transmitting architectural styles.③ Building descriptions found in textual sources, such as the one discussed above, and the emulation of paintings and artefacts could also have played a role.④ The builders would also have had to gain knowledge of working with earth and brick to form monumental structures. Apart from builders and patrons, the construction of a stupa would also have involved the support of the local authorities and the community.

Little study has been made of any of the logistics of architecture in the Tarim.⑤ There were settlements here since at least 2000 B. C. with sophisticated grave culture (using wood) but little above ground architecture is extant or studied.⑥ From the second/first centuries B. C. we see the walls, beacon towers and other military buildings built by the Chinese armies with tamped earth, tamarisk, reeds and wood for strengthening, sun-dried bricks and mud plaster.⑦ Stone is not readily available although used for steppe tombs to the north of the Tianshan and Chinese tombs in the east. It is reasonable to assume that local builders were accustomed to using reinforced tamped earth and sun-dried bricks for large structures, but the stupa is a new and more complex style of building.⑧ Their emergence and number strongly suggests that those with knowledge of stupas — both how to build them and their purpose — moved into this region and that Buddhism was established in some of these early Silk Road kingdoms by the first few centuries A. D. Even if some of the early patrons were not local, shrines are not built without a community to maintain and worship at

---

① Stein 1907: 83.

② For a recent set of papers concerning the mechanics of interaction for both the portable and the monumental in the late medieval world see Grossman and Walker 2012.

③ Grossman discusses memory in the context of buildings of the Crusader Mediterranean. She refers to the work of Carruthers on the nature of memory in the European medieval world (Grossman 2012, Carruthers 1998). Chen has discussed the building of stupas as an act of 'continuity with the past' and also looked at communal memory and cultural memory in Buddhist historiography and in the construction of ordination platforms (Chen 2007).

④ In a different context, Redford considers how portable models of architecture eg ceramics "established an intercultural receptivity to large scale architectural forms and the reproduction of these architectural models in new locales" (Redford 2012 and quotation from Grossman and Walker 2012: 9). Stupa models in clay and wood were found in considerable numbers in the Tarim stupas, seemingly as votive offerings as found elsewhere but they might also have a prior role (For some examples see Stein 1921: 158, 161, 931, 1105 etc).

⑤ While Rhie discusses the buildings from a stylistic and art historical point of view she does not cover building practices, transmissions or economics.

⑥ Apart from graves, the remains of tamped earth and brick city walls are the main remains found to date.

⑦ They could have made use of local builders and labourers, including conscripts from local populations.

⑧ There is seemingly little standardisation of brick size across the extant structures. Stein noted the brick sizes of all the structures he excavated, including the stupas, and made a general hypothesis about the larger bricks denoting earlier buildings.

them. ① Faxian, for example, who travelled from 399 – 414, mentions that a community of a thousand monks and their disciples were associated with a stupa holding a Buddha tooth relic. ②

Although we have little evidence of the inspiration and process of building in the Tarim, we have some evidence of the involvement of monks in Buddhist architectural transmission. ③ The Chinese *Biographies of Eminent Monks* devotes a chapter to monks who gain merit, many through building stupas. ④ Chen discusses the building of an ordination platform in 754 in Tōdai-ji, Nara, with the emperor as patron and a monk, Ganjin (688 – 763), as architect. Ganjin designed it after an ordination platform he had seen in the Chinese capital Chang'an (present-day Xi'an), that of Daoxuan. Moreover, Ganjin recorded that he also had Daoxuan's text *Illustrated Scripture on the Ordination Platform*. ⑤ The Chinese monks who travelled in the Tarim reported several accounts of local stupas being built on the demand of monks from foreign lands, such as one near Khotan patronised by the king. ⑥ There is also the case of Xuanzang who, on his return to Chang'an in 645 requested the building of a stupa in Chang'an (also with imperial patronage) modelled on that of King Kanishka. ⑦ These examples show that, in some cases at least, monks acted as the transmitters and designers of new architectural forms and that these forms were intended to act as a link with an existing tradition in another place. ⑧

The emergence of new forms of growing complexity of the stupas in the Tarim and their stylistic affinity to those being built across the mountains to the west suggest multiple active and sustained dialogues between the Gandhāran and Bactrian communities and large, local Buddhist communities. They also suggest Buddhist communities in the region receptive to new styles of stupas, presumably described by travellers or texts or shown in models or paintings. The evidence from the archaeological remains of sizeable and active Buddhist communities is supported by textual sources. A third century Chinese history records a thousand Buddhist stupas and temples in the ancient city of Kucha. ⑨ The account of Buddhist activity in Khotan by Faxian records tens of thousands of monks, great monasteries, gold and silver statues and the existence of small

---

① There is evidence of an influx of settlers in the third century from Gandhara bringing their language and script with them and settling in Kroraina, site of some of the earliest stupas. Zürcher 2012. The manuscripts in Gandhari written in Kharoṣṭhī script often include Indian names, notably those on a length of silk found on a stupa in Miran, seemingly as an offering (Stein 1921: 495 — where he also identifies Iranian names on this piece).

② Probably in Skardu. Legge 1965: 17 – 18.

③ Some manuscripts from the Tarim, Dunhuang and inland China concern the accounts for building caves and monasteries and mention the different workmen involved such as, for example, in 775 in China, earth movers, masons, carpenters, squarers, roofers, door and window makers, plasterers, brickmakers and temporary labourers (Gernet 1995: 18 – 19). See also his discussion on construction and its effects on the community (17).

④ Mentioned by Kieschnick (2003: 161). Although, as Kieschnick also points out, judging by the inscriptions on extant objects in China the majority of donors were lay people (162).

⑤ Chen 2007: 101 – 102.

⑥ Liu 1997: 120 quoting from Songyun's travels. See below n. 63.

⑦ Wong 2012.

⑧ And, in some cases, another time — a link with the past, as discussed by Chen 2007. Kieschnick discusses the role of Buddhists in bridge building (2003: 203ff).

⑨ *Jinshu* (History of the Jin).

stupas in front of the residents' doors.① It is recorded that three thousand Buddhist monks moved from the Tarim to settle under the Northern Wei (386 – 535).② The continued transmission and translation in local languages of Buddhist texts also supports the strength and continuance of these interregional links.③

Buddhism in the Tarim

Although some scholars might question the timings of the growth of Buddhism there is a consensus that by the third and fourth centuries Buddhism was established and flourishing in the Tarim kingdoms.④ This supported by the textual evidence — even the Buddhist-blind Chinese histories — the archaeology, art and architecture. They all point to a large Buddhist population with the surplus wealth that enabled patronage to build and maintain the stupas. There are two issues I wish to discuss first, namely the motivation and means for Buddhists to travel across the Pamirs: why and how Buddhists travelled through the Tarim.

One answer to the question is relatively straightforward: namely, as missionaries. Buddhist missionary activities were given impetus and state sanction under King Aśoka(304 – 232 B. C.), who made Buddhism his state religion after his defeat of Kalinga and vowed to disseminate his faith throughout the world. According to tradition he sent his son and daughter to Sri Lanka and prominent monks to then Afghanistan, to west Asia and the near east, to east Asia and southeast Asia. Inscriptions above cave temples in Sri Lanka support the arrival of Buddhism at this period. From the earliest period therefore Buddhism was a proselytizing faith with a precedent for long distance travel.

There is no evidence for the arrival of Buddhism in the Tarim during King Aśoka's reign, and the impetus and conditions for this propagation eastwards seems to have occurred under the Kushan empire (first to fourth century A. D.). The Kushans had close links with the kingdom of Shule at Kashgar and their influence is seen across to Khotan and Kroraina.⑤ The Kushan rulers, although probably not Buddhists themselves, were supportive of the religion and from the start patronized the building of stupas, notably that of Shāh-jī kī Ḍherī near Peshawar by Kanishka I.⑥ Buddhist monks could take advantage of the security enabled by the diplomatic and military links across the Pamirs by the Kushan to spread their message eastwards to the Tarim states.⑦ As Buddhism became established, monks and lay-believers travelled for other

---

① Legge 1965: 16 – 17.
② Holcombe 1999: 288, citing *Fozutongji*.
③ For references see above n. 22.
④ Zürcher, for example, that the Tarim prior to the third century was a Buddhist wasteland, but does not dispute the influence of Buddhism after this date. He sees a major catalyst being the influx of a Gandharan speaking population at this time — evidenced by the use of Gandharan written in Kharoṣṭhī for the administrative documents discovered in Kroraina. (Zürcher 2012) Walter, in contrast, sees Buddhism as taking hold in Kucha from the first century and being one of the primary factors in the conversion of China from the third century. (Walter 1998)
⑤ And into China — for example, the family of the Kushan lay Buddhist ZhiQian (fl. 222 – c. 253) is reported to have moved to China two generations before he became influential at the the court of the Three Kingdoms Wu (Holcombe 1999: 286).
⑥ Dobbins 1971.
⑦ Warder suggest that it was adherents of the Darmaguptaka sect that led this, as cited by Mukherjee (1996: 14 – 15). He argues that GandhariPrakrit was the language of the transmission, also used in Kroraina in the southern Tarim and written in Kharoṣṭhī script. However, most of the documents discovered to date are administrative archives and not Buddhist.

reasons, for pilgrimage, to source new texts and to learn from teachers. ①

This raises the second question: how were the Buddhist missionaries supported as they moved into and across the Tarim?

By this time Buddhism had developed monasticism in which, in theory, nuns and monks rejected worldly goods and were reliant on donations from lay supporters. ② The supporters acquired religious merit that could be shared with others. From the start merchants and rulers were both courted by the Buddhist communities. In return for donations they would be offered safe travels and refuge en route, along with status and legitimacy. "Buddhism legitimated private commercial wealth as a vehicle for serving sacred needs through generous donations, and Buddhism lubricated foreign exchange by overcoming local prejudice with a radically more cosmopolitan, international perspective". ③ This link is attested in early Buddhist literature, including the story of the Buddha's first two lay disciples, Trapusa and Bhalika, both merchants. They received relics of the Buddha's hair and nails to be enshrined in stupas in their home countries.

This close link with merchants and rulers continued. The Buddha was known as "Great caravan leader" (*mahasarthavaha*) for his role in protecting and leading followers from the world of saṃsāra to the world of enlightenment. The Buddhist teacher Nāgasena explains to King Menander of Bactria that the Buddha "is like a caravan owner to men in that he brings them beyond the sandy desert of rebirths". ④ Xinru Liu observes that "Abundant experience with long-distance trade provided the inspiration for these images of the Buddha as a guide for travellers and merchants". ⑤ And the bodhisattva Avalokiteśvara became the patron saint of seafaring merchants and appears in depictions of Chapter 25 of *The Lotus Sutra* on the cave walls at Dunhuang, for example, protecting merchants travelling by land and sea from bandits and sea monsters respectively.

Ray and Holcombe have shown the links between trade and the spread of Buddhism across India and to southeast Asia and Japan respectively. ⑥ This research is currently being extended by the Buddhist Maritime Project. ⑦ This involves the Archaeological Survey of India working with scholars to map the clusters of monasteries found around trade ports and their hinterland.

The relationship between Buddhists and merchants went further than travelling companions. Scholars have noted the involvement of Buddhism in pawnbroking, usury and investment of wealth. ⑧ Although

---

① The movement was increasingly multi-directional, so monks from inland China, for example, travelled through the Tarim en route to India, bringing back with them not only texts and objects, but memories of Buddhist structures. Most famously, as mentioned above, the seventh-century Chinese monk, Xuanzang, on his return to China asked the emperor to build a stupa in the capital in the style of that of King Kaniskha (Wong 2012).

② For discussions on early Buddhist monasticism in India see Schopen 2004, especially Chapter II, where he discusses some of the ambiguities of this relationship. See also Shaw 2011 and Gernet 1995 for practices in the Tarim and inland China.

③ Holcombe 1999: 280.

④ Rhys-Davids 1890 – 1894: 274. Cited by Neelis in "Buddhism and Trade" online at https://depts.washington.edu/silkroad/exhibit/religion/buddhism/buddhism.html, also see Neelis 2013: 33, n. 96.

⑤ Liu 1997: 114 – 115.

⑥ Ray notes that Buddhist institutions were "ideally suited to act as pioneers in newly settled area but also to provide and identity for and cohesiveness for trading groups" (1994: 5).

⑦ Led by Professor Lewis Lancaster working with the Archaeological Survey of India. See http://youtu.be/liE_AHvFivM.

⑧ See Schopen 2004: 29 – 30, quoting a saying of the Buddha on how to make a loan and how to write a written loan contract. Also see Gernet 1995: 153ff.

monastic rules did not allow private wealth, this was clearly sidestepped by many: Holcombe gives an example of a Chinese official who extorted several million cash (copper coins) from one monk.① There are also numerous manuscripts from the Tarim where monks are involved in contracts. As Gernet points out, "donation and usury — two conflicting practices — became the two principal sources of the Buddhist communities' wealth".② He cites a passage from the Sarvāstivāda Vinaya to show the interesting relationship:

> The merchants of Vaisali sold stupa property for profit in order to pay homage to the stupa. These merchants, about to depart to distant countries in order to enrich themselves, had goods belonging to the stupa in their possession. They said to the bhiksu: "Reverends, this stupa property you ought to use to earn interest to pay homage to the stupa." … The Buddha declared: "I authorize the lay servants of the monastery as well as lay believers to draw interest from the property of the stupa in order to pay homage to them.③

Therefore throughout south and southeast Asia we see a symbiotic link between Buddhists and merchants, enabling both the spread of Buddhism and the growth of trade through this region. If there were merchants making the journey by land through Kushan to the Tarim kingdoms then we could expect to see this pattern of behaviour continued, unless it were not possible. Indeed some textual sources also show a link between the Buddhists with merchants and rulers in this area. For example, as mentioned above, Songyun records the local story about the founding of Buddhism in Khotan when a merchant introduced a monk to the king. The monk subsequently built a stupa with the king's patronage.④ Walter and Ghose discuss the case of Kucha where the ruling elite were the first to absorb and propagate Buddhism.⑤ The king of Kucha is reported to have made a golden throne for Kumārajīva and the kings from afar offered to prostrate themselves to enable him to climb up when they came to the ceremony for the initiation of his former teacher into Buddhism.⑥

Scholars do not dispute the existence of traders in the Tarim. The question lies as to whether this trade was primarily small-scale and local, or whether it included sustained interregional prestige trade.⑦ There is evidence for such trade between the Tarim and inland China for a period before the Silk Road, seen in the Chinese demand for Khotanese jade and its wide use throughout the kingdoms of pre-

---

① Holcombe 1999: 282.

② Gernet 1995: 163.

③ Gernet 1995: 163 n. 33.

④ Liu 1997: 120 quoting from Songyun's travels. Of course, such stories might not accurately reflect local conditions but might be popular stories adapted from India and applied in a Central Asian setting.

⑤ Walter 1998: 5. Ghose 2008: 13.

⑥ Ghose 2008: 13.

⑦ Qualifying the scale of trade is very difficult. Hansen argues 'the actual volume of trade was small', using as an example a document mentioned that a merchant had two cames, four cattle and a donkey. However, a camel load of wool if very different in value from a camel load of musk. Volume is only part of the story and one always restricted by land travel.

unified China.① But there is little evidence to support similar sustained trade between the Tarim and its other neighbours across the Tarim before the Silk Road period.② In terms of those leading the trade, much recent scholarship has concentrated on the role of the Sogdians.③ There is also evidence for the presence of other traders, such as Jewish Radhanites, Persians, Indians and other Central Asians, but Sogdians are believed to have been dominant.④ Only some of these traders were Buddhist, these among the Indians and Central Asians, and also Sogdians living in these areas. But Sogdia itself was probably not Buddhist at this time.⑤

Although evidence for Buddhism in Sogdia at this time is disputed, Sogdian merchants would have been in regular contact with Buddhist culture through their southern routes to the borders of India. Whether they travelled into India or traded with Indian merchants on the frontier is not relevant, they would have passed through Buddhist lands on their way and encountered Buddhism. Some of the other merchants travelling with them seem to have been Buddhist.⑥ And the Buddhist Sogdians living outside Sogdia might also have attached themselves to the Sogdian merchants while travelling through the Tarim.⑦ We know about several such figures because of their importance in spreading Buddhism in China.⑧ De la Vaissière hypothesizes that there importance might have been because such monks were from merchant families and were more inclined to journey into the Tarim. While there is little evidence of anti-Buddhist sentiment in Sogdian society the question remains as to whether they would have supported Buddhist monks wishing to travel with them either as protectors, patrons or both. They might have been more inclined to support fellow Sogdians. There is also evidence of merchants who converted to Buddhism, such as An Xuan. He arrived in Luoyang in central China in 181 as a merchant and there became a monk.⑨

Although nowhere near conclusive for support and patronage, there no evidence that merchants from

---

① Sherratt 2006: 38; Mallory and Mair 2008: 4. Legends in later Tibetan and Chinese sources tell that Khotan was founded during the reign of King Asoka (c. 272 – 231 B.C.) in India. The earliest dated artefacts are coins from the first century A.D. with legends in both Kharoṣṭhī and Chinese (see Wang 2004). Awaiting a systematic study on this but found in different cultures in a pre-united Central Asia, for example, in use of burial suits in southern kingdoms in China (Lin 2012).

② Although there were links with neighbours across the Tianshan to the steppe, as evidenced by burial goods, but the extent of these and the involved of trade has yet to be fully explored.

③ See especially de la Vaissière 2005.

④ De la Vaissière 2005: 180 – 181 He also considers Persian and Jewish merchants — the former are also mentioned as travelling with the Sogdians although he suggests that the Persian mainly controlled the routes west, the common boundary being Merv (just as there might have been a boundary of interest with Indian traders at Shaital). The evidence for Buddhism at Merv has been placed variously from the second century to the fourth century (Callieri 1996 and de la Vaissière 2005: 78). Parthians and others are mentioned as traders by the Chinese "Some of the inhabitants are merchants who travel by carts or boats to neighbouring countries, sometimes journeying several thousand li. The coins of the country are made of silver and bear the face of the king" (Shiji 123: 3162, trans. Watson 234).

⑤ Walter 2006 and Compareti 2008 argue for Buddhism in Sogdia from the Kushan period. De la Vaissière argues there is no evidence until the seventh century and that the Buddhist Sogdians mentioned in the Chinese records were from families who had moved to India and elsewhere (de la Vaissière 2005: 77 – 79).

⑥ For example, de la Vaissière (2005: 180) quotes a Chinese document naming a Tocharian called "Fuyan" which he tentatively translates as "favour of Buddha".

⑦ "In precisely those regions where great commerce and diffusion of Buddhism overlapped." (de la Vaissière 2005: 77)

⑧ Their role was briefly discussed by Zürcher 1995: 23 – 4 who mentioned the role of their language skills, a point picked up by De la Vaissière in relation to the Sogdian émigrés: "These monks learned the Indian languages in the emigration, and this enabled them to translate the Buddhist texts into Chinese." (2005: 78) The Sogdians are listed by Walter (2006: 64 – 66).

⑨ Zürcher 1972: 1, 23. An Xuan was probably a Parthian.

Sogdia, sometimes travelling with merchants who were Buddhist, would have shunned the company of Buddhist monks who wished to travel with them to spread their message. It is a potential scenario although far from proven.①

There is also the question of support and patronage when monks arrived in local towns. Many of the monks probably travelled no further than the Tarim, settling down there or at least spending sustained periods in the local communities.② In the early days before there were large monastic communities, the monks would have required support.③ In South and Southeast Asia we see a situation where rich and influential merchants introduced monks to local rulers, leading to patronage. As discussed above, there is certainly evidence of the early links between Buddhism and the ruling elite.

While more research is required the paucity of sources will probably mean that any conclusions remain speculative and to some extent based on models from Buddhist expansion elsewhere.

The Sogdians are mentioned as early as inscription of Darius the Great as the source of semi-precious stones such as lapis lazuli. And this brings us to the second part of the material culture under consideration, the existence of extensive areas of Buddhist paintings in both stupas and cave temples and the materials required for their production.

The Material Evidence 2: Paintings of the Tarim

Liu has argued that the role of merchants for Buddhists was more than as patrons and protectors, that they were also essential for the supply of the goods required for the practice of Buddhism. Specifically she argues that demand for the seven Buddhist treasures (*saptaratna*) stimulated long-distance trade between northwestern South Asia, Central Asia and China.④

The seven treasures or jewels were materials high in value but low in volume, such as gold, silver, crystal, lapis lazuli, carnelian, coral, and pearls. Such materials are intrinsically valuable and suitable for long-distance trade by land, and Liu suggests that their Buddhist ritual value may have augmented their economic as well as their spiritual worth. Since Buddhist devotees sought these items as suitable donations, the links between long-distance trade and Buddhist monastic networks were strengthened. This created and sustained the demand for these commodities between India and China during the first to the fifth centuries

---

① Of course, monks might also have travelled with diplomatic missions, although these were also often linked to trade and included merchants.

② For example, Dharmagupta who reached Changan in 590 had lived for two years in Shule (Kashgar) and then spent seven years to reach Chang'an, so must have also spent considerable periods in residence at one of more of the other Tarim kingdoms: he travelled along the northern Taklamakan, through Kucha, Karashar, Turfan and Hami. Dharmagupta is recorded in Chinese sources because he reached China: but there were potentially many more monks who decided to settle in the Tarim and whose names do not appear in any extant sources.

③ The model of Buddhist conversion seems to have been more like that of the Jesuits than that of the Dominicans or Franciscans, that is, they sought to convert rulers and the court in the belief that the faith would then be propagated by them to their subjects, rather than converting from the bottom up. Merchants trading in prestige goods had links with the local elite because these elite were their customers.

④ Liu 1997 and 2009.

A. D. .① The processes of expanding lucrative long-distance trade networks and the long-distance transmission of Buddhism were mutually reinforced.

The seven treasures are found in the reliquary chambers of stupas and were used as offering and for decoration of stupas.② The Tarim stupas contained relic chambers, as did their Gandharan and Bactrian prototypes, but all had been robbed before their excavation in the early twentieth century. But the contents of relic chambers in western Central Asia and the Famen Temple in China make it reasonable to assume that these stupas, especially the monumental structures such as Rawak, would have contained high value goods brought from a distance,③ including the relics housed in caskets made of the seven treasures and wrapped in fine silk. Here, however, I want to extend Liu's argument to explore the materials required for the paintings in stupas but particularly in cave temples, which survive in large numbers in this region.

Stupas with ambulatories, such as in the Tarim sites of Miran and Keriya, can be considered as simple temples. The ambulatories of stupas and temple walls incorporated wall paintings, as seen, for example, at stupas in Miran and at temple sites in Keriya and Khotan.④ Most of these are fragmentary but large areas of wall paintings survive in the cave temples of the Tarim and Hexi.⑤ In the Tarim the sites are predominantly in the north, probably dictated by the topography with water-cut gorges suitable for cave excavation close to the places of population, such as near Kucha and Turfan. The sites of population in the south, such as Khotan and Kroraina, were more distant from mountains and the mountains more barren making sites unsustainable. The sites continue along the Hexi corridor, notably at Dunhuang, Maijishan and Binglingsi, into northern and central China. Yungang (mid to late fifth century) and Longmen (late fifth and early sixth century) are the most renowned examples, both built under the patronage of the Tuoba Turkic rulers of the Northern Wei.

The caves in India, Central Asia and the Tarim were richly decorated with paintings and sculptures. The paintings covered all the walls and ceilings, representing a considerable area. For example, it is estimated that the paintings in the DunhuangMogao caves in the Hexi corridor just to the east of the Tarim cover 45,000 m^2 and those at Kizil, one of the fourteen cave sites in the region, originally covered 10,000 m^2.⑥ These are murals rather than frescos, painted onto dry plastered walls.⑦

Both inorganic and organic pigments were used, although there was regional variation. The caves in

---

① Liu focusses on inland China and India, and does not specially address the Tarim region.
② Unfortunately, as noted above, all the stupa excavated to date in the Tarim have been robbed of their relics, possibly even many centuries ago.
③ Raschke suggests that monks might have brought these with them. Patronage evidence from elsewhere — including sites such as Dunhuang and Famen Temple.
④ See Stein 1921: 493ff. for a discussion of the murals at Miran. Many new murals are being discovered in temples, such as at Dandan-Uliq (Zhang et al 2008) and Domoko.
⑤ The interest in cave temples here is concerned with the logistics of their decoration rather than their architectural or artistic influences. I have covered the former elsewhere (Whitfield 2015a) and will not repeat here, although its appearance in the Tarim reinforces and extends the argument made above regarding stupas, that of sustained links between northern India and the Tarim. There are numerous studies approaching the cave paintings from an art historical viewpoint, as well as a growing body of excellent conservation studies.
⑥ The remains of cave 85 at Dunhuang, classified as a large cave, comprise about 350 m^2 of wall paintings, although it is missing part of its antechamber (Wong and Agnew 2013: 85). When complete, this is comparable to Sistine Chapel ceiling, at about 500 m^2.
⑦ For a discussion of murals across a wider SilkRoad area, including West Asia, see Yamauchi et al. 2007.

Kucha, for example, show red from vermillion and red ochre, green from copper minerals such as atacamite and gypsum for white.① From Dunhuang we see all these as well as azurite, minium, other copper compounds, and organic compounds such as indigoid, lac and various yellows.②

Some of the sources for the pigments were not available locally and several were from mines in the western Tianshan and the Hindu Kush.③ Notable is lapis lazuli which we see used in caves from Ajanta and elsewhere in India, through to Bamiyan and then to Kucha, Dunhuang and Maijishan.④ Lapis was mined in what is now eastern Afghanistan⑤ and was exported westwards from earliest time, although there is little evidence of pre-Silk Road use in the Tarim or inland China.⑥ The "extravagent use" of a pigment well known in Europe as being more valuable than gold, immediately struck the German archaeologists who subsequently removed many of the paintings from Kizil.⑦ There is plentiful evidence that lapis was also highly valued in this area and commanded a high price.⑧ Lapis was also used as one of the seven Buddhist treasures and it is probable that its use as a pigment in the Tarim cave temples was introduced by Buddhism. But it soon starts to be used in a secular setting, such as on painted pottery tomb figures in a tomb in Luoyang, central China, of the Northern Wei dynasty (386－534).⑨

The Tarim caves continued to be excavated, decorated and renovated from at least the fourth century for a thousand years.⑩ The scale and constant rate of cave building — and stupa and free-standing temples decoration — would have required a steady and secure supply of pigments or the material to make them.⑪

---

① Li 2010: 49.

② Wong and Agnew 2013: 169－177, which includes a discussion on the issues of identifying organic colorants. See also Appendix 13. A in this volume ["Literary Evidence of the Use of Organic Colorants in Chinese Painting During the Tang Dynasty at Mogao." (381)].

③ Recently some work has been done on isotopic analysis of the lead-based pigments showing the potential for further work in this area to identify the sources, but this is still in its early stages (Brill 2007). Hence the concentration here on one pigment whose primary source is incontrovertible.

④ Gettens 1938; Li 2010: 49－50; Reiderer 1977; Chandra Set 2010; Artioli et al. 2008.

⑤ The source of lapis lazuli is non-controversial. See Schafer 1985: 230－234 for its use in Tang-period (618－907) China.

⑥ For example, used for the eyebrows in the mask of Tutankamen but earlier examples also found in Syria and elsewhere. Possible examples of pre-Silk Road use in China have been found but are disputed (Berke 2010: 229－230).

⑦ "... the extravagant use of a brilliant blue — the well-known ultramarine which, in the time of Benvenuto Cellini, was frequently employed by the Italian painters, and was bought at double its weight in gold." Von le Coq 1926.

⑧ Schafer 1985: 230－4.

⑨ Liu et al. 2013.

⑩ See Li 2010: 49－51 showing the use of lapis in these caves at least through to the 10th century.

⑪ The pigments were probably ground locally although Wiedemann and Bayer suggest that Han blue was available in octagonal pigment sticks (2007: 379). As with architecture in the Tarim, there is little work on the logistics of cave paintings, most referring to Chinese practices. Sarah Fraser's study covers the practice of artists in the design and execution of wall paintings at Dunhuang, but not the supply and funding of the raw materials required. But this must have been a question of concern to rich patrons who wanted to see the work completed. See Schafer 1985 for a discussion of supply. The nineteenth-century painting manual by Yu Feian is a useful source as it refers back to earlier sources and also has chapters on the preparation of pigments with interesting insights into the labour involved. For example: "Xiang you has said: 'Making two hundred grams of cinnabar requires one day of manual labour.' but I feel that it requires two days." (Yu 1989: 56) Lapis is listed as "Granulated blue". but he goes on to say: "Also called Buddha blue … This is a pigment that came to China from the Western Regions." and he says it comes in packages of 2400 grams (g). His chapters on pigment preparation do not discuss lapis. The lack of early Chinese sources on the preparation and use of lapis reinforce the hypothesis that these skills came into the Tarim from India/Central Asia, probably brought with monks and artists.

Even at a conservative estimate, this represents a considerable supply at a considerable cost.① Both need to be considered. Patrons of the caves — whether local rulers, guilds of merchants, pious lay people or monks and nuns — had to ensure the materials were available for the artists. A sustained supply network and considerable funds were required.② And this network and wealth must have been available in the Tarim by the fourth to fifth centuries, if not before, when we see the start of sustained stupa and cave construction.③

This prior condition of a network and surplus could be repeated for most of the other commodities necessary for the decoration and worship at the shrines and cave temples, from the gold and silks used to adorn the many stupas, the seven treasures for the relic chambers and as votive offerings, to the ingredients for the incense used in the frequent public and private ceremonies.

Conclusion

From the material evidence we can identify three factors concerning Buddhism in the Tarim requiring explanation.

1. Regular and sustained interregional movement of Buddhists and others transmitting artistic and architectural styles;

2. Regular and sustained interregional movement of goods used for building, decoration and worship at stupas and temples;

3. Surplus wealth locally to enable the building, decoration and maintenance of stupas and temples.

Borrowing the principle of Occam's razor, trade is the most parsimonious explanation to account for all of these. If we are to reject it as the primary explanation, then we need compelling evidence for its lack and for alternatives and not just lack of supportive textual evidence. I would argue that our scholarly energies would be best concentrated on interrogating the considerable data — textual and archaeological — to test the hypothesis of sustained interregional trade networks around Central Asia and beyond in more detail and not to let Chinese historiography or a too literal understanding of the Silk Road concept divert us.

Bibliography

Agnew, Neville (ed.) 1997. *Conservation of Ancient Sites on the Silk Road: of an International Conference on the*

---

① Because of the lack of work in this area its is difficult to produce any firm figures. Estimates vary as to the amount of blue pigment obtainable from the mineral but are in the region of 30 – 50 g per 500 g to 1 kg.

② Just as the case with architecture, those with a knowledge of Buddhist iconomgraphy, stores and paintings were also required. Walter 1998: 26 – 27 shows something of this in her example of caves at Kizil supported by the king and involving an Indian and Syrian artist and their disciples as painters. In another case, the Khotanese king sent artists to Kizil to help with the caves, suggested a link between the kings of these neighbouring kingdoms.

③ Before the period when Hansen notes that the region was flooded with Chinese silk. There remains both Raschee and Hansen's argument that the wealth of the Kizil rulers, for example, came from irrigation agriculture. This paper does not seek to argue that Chinese silk and agriculture were not factors in the wealth at various places and various times, but rather that these do not preclude trade as another factor.

Conservation of Grotto Sites. Los Angeles: Getty Conservation Institute. Online on http://getty.edu/conservation/publication_resources/pdf_publications/silkroad.html (DOI: 14/4/14).

Agnew, Neville (ed.) 2010. *Conservation of Ancient Sites on the Silk Road: Proceedings from the Second International Conference on the Conservation of Grotto Sites*, June 28 – July 3, 2004, Los Angeles: Getty Conservation Institute, and online on http://www.getty.edu/conservation/publications_resources/pdf_publications/2nd_silkroad.html (accessed 15 April 2014).

Arakawa, Masuhiro (Hansen, Valerie, trans.) 2013. "The Transportation of Tax Textiles to the North-West as Part of the Tang-Dynasty Military Shipment System", *Journal of the Royal Asiatic Society* series 3, 23.2: 245–261.

Artioli, D. Et al. "Mural Paintings of Ajanta Caves: Part II: Non-Destructive Investigations and Microanalysis on Execution Technique and State of Conservation", given at *9th International Conference on NDT of Art*, Jerusalem Israel, 25–30 May 2008. Online at http://www.ndt.net/article/art2008/papers/220Ioele.pdf (DOI 14/4/14).

Ball, Warwick. 1998. "Following the Mythical Road", *Geographical Magazine* 70.3: 18–23.

Ball, Warwick. 2007. *The Monuments of Afghanistan: History, Archaeology and Architecture.* London: I. B. Tauris.

Berke, Heinz et al. 2010. "The Development of Ancient Synthetic Copper-Based Blue and Purple Pigments", in Agnew 2010: 225–33.

Beaujard, Phillipe. 2010. "From Three Possible Iron-Age World Systems to a Single Afro-Eurasian World System", *Journal of World History* 21.2. DOI: 10.1353/jwh.0.0097.

Brill, R. H., et al. 2007. "Lead Isotope Analyses of Some Chinese and Central Asian Pigments", in Agnew 2007: 369–378.

Callieri, Pierfransciso. 1996. "Hepthalites in Margiana: New Evidence from the Buddhist Relics in Merv", in *La Perse e L'Asiacentrale da Alessandro al X secolo*. Accademia Nazionale de Lincei: 391–400.

Carruthers, Mary. 1998. *The Craft of Thought: Meditation, Rhetoric and the Making of Images.* Cambridge: Cambridge University Press.

Chandra Set, Sekhar. "Indian Wall Paintings: Analysis of Materials and Techniques", in Agnew 2010: 336–342.

Chen, Huaiyu. 2007. *The Revival of Buddhist Monasticism in Medieval China.* New York: Peter Lang.

Compareti, Matteo. 2008. "Traces of Buddhist Art Sogdiana", *Sino-Platonic Papers* 181.

De la Vaissière, Étienne. 2005. *Sogdian Traders: A History.* Leiden: Brill.

Dutt, Sukumar. 1988. *Buddhist Monks and Monasteries of India: Their History and Their Contribution to Indian Culture.*

Finley, Moses I. 1973. *The Ancient Economy.* Berkeley: University of California Press.

Fraser, Sarah E. 2004. *Performing the Visual: The Practice of Buddhist Wall Painting in China and Central Asia, 618–900.* Stanford, CA: Stanford University Press.

Gernet, Jacques. 1995. *Buddhism in Chinese Society.* New York: Columbia University Press.

Gettens, Rutherford J. 1938. "The Materials in Wall Paintings from Kizil in Chinese Turkestan", *Technical studies in the Field of the Fine Arts* 6: 281–294

Gettens, Rutherford J. 1938a. "The Materials in the Wall Paintings of Bamiyan, Afghanistan", *Technical Studies in the Field of the Fine Arts* 6: 186–193.

Ghose, Rajeshwari (ed.). 2008. *Kizil on the Silk Road: Crossroads of Commerce and Meetings of Minds.* (Marg Publications 59.3). Mumbai: Marg Publications.

Grossman, Heather E. 2012. "On Memory, Transmission and the Practice of Building in the Crusader Mediterranean", in Grossman and Walker 2012: 481–517.

Grossman, Heather W. And Alicia Walker. 2012. *Mechanisms of Exchange: Transmission in Medieval Art and Architecture of the Mediterranean, ca. 1000 – 1500*. Special Issue of Medieval Encounters. 18' 4 – 5.

Hansen, Valerie. 2012. *The Silk Road: A New History*. Oxford and New York: Oxford University Press.

Hansen, Valerie and Helen Wong. 2013. *Textiles as Money on the Silk Road. Journal of the Royal Asiatic Society* (Special Issue). Series 3, 23.2.

Hartmann, J-U. 2004. "Buddhism Along the Silk Road: On the relationship between the Buddhist Sanskrit Texts from Northern Turkestan and those from Afghanistan", *Turfan Revisited*. Berlin: 125 – 127.

Holcombe, Charles. 1999. "Trade-Buddhism: Maritime Trade, Immigration, and the Buddhist Landfall in Early Japan", *Journal of the American Oriental Society*. 119.2 (Apr. – Jun.): 280 – 92.

Jones, A. H. M. 1974. *The Roman Economy*. Oxford: Blackwell.

Dobbins, K. Walton. 1971. *The Stūpa and Vihāra of Kanishka I.* (Asiatic Society Monograph Series 5/18). Calcutta.

Kieschnick, John. 2003. *The Impact of Buddhism on Chinese Material Culture*. Princeton: Princeton University Press.

Legge, James. 1965. *Record of Buddhistic Kingdoms: Being an Account by the Chinese Monk Fa-Hien of his Travels in India and Ceylon (A. D. 399 – 414) in Search of the Buddhist Books of Discipline* Rpt. New York: Dover Publications. Full text on: http://onlinebooks.library.upenn.edu/webbin/gutbook/lookup? num = 2124.

Li Zuixiong. 2010. "Deterioration and Treatment of Wall Paintings in Grottoes along the Silk Road in China and Related Conservation Efforts." In Agnew 2010: 46 – 55.

Lin, James. 2012. *The Search for Immortaility: Tomb Treasures of Ancient China*. Yale: Yale University Press.

Liu Xinru. 2009. "Buddhist Ideology and the Commercial Ethos in Kusana India", in Simada, Akira and Jason Hawkes (eds.). *Buddhist Stupas in South Asia*. Oxford: Oxford University Press: 177 – 191.

Liu Xinru. 1997. *Ancient India and Ancient China: Trade and Religious Exchanges AD 1 – 600*. Delhi: Oxford University Press: 114 – 115.

Liu Zhaojun et al. "Micro-Raman analysis of the pigments on painted pottery figurines from two tombs of the Northern Wei Dynasty in Luoyang." SpectrochimActa A Mol BiomolSpectrosc. 2013 May 15;109: 42 – 46. doi: 10.1016/j.saa.2013.02.015. Epub 2013 Feb 21.

McLaughlin, Raoul. 2010. *Rome and the Distant East: Trade Routes to the Ancient Lands of Arabia, India and China*. London and New York: Continuum.

McRae, John R. and Jan Nattier. 2012. *Buddhism Across Boundaries: The Interplay of India, Chinese, and Central Asian Source Materials*. (Sino-Platonic Papers 222).

Mallory, J. P and Victor Mair. 2008. *The Tarim Mummies: Ancient China and the Mystery of the Earliest Peoples from the West*. London: Thames and Hudson.

Mather, Richard. 1968. "Vimalakirti and Gentry Buddhism", *History of Religions* 8.1.

Mukherjee, B. N. 1996. *India in Early Central Asia*. Harman Publishing House: New Delhi.

Neelis, Jason. 1997. "Kharosthi and Brahmi Inscriptions from Hunza-Haldeikish Sources for the Study of Long-Distance Trade and Transmission of Buddhism". *South Asian Archaeology* Vol. II: 903 – 923.

Neelis, Jason. 2013. *Early Buddhist Transmission and Trade Networks: Mobility and Exchange Within and Beyond the Northwestern Borderlands of South Asia*. Leiden: Brill.

Raschke, M. G. 1978. "New Studies in Roman Commerce with the East". In *Aufstieg und Niedergang der Romanischen Welt*. 2.9. Berlin and New York: de Gruyter: 604 – 1378.

Ray, HimanshuPrabha. 1994. *The Winds of Change: Buddhism and the Maritime Links of Early South Asia*. Delhi and New York: Oxford University Press.

Redford, Scott. "Portable Palaces: On the circulation of objects and Ideas about Architecture in Medieval Anatolia and Mesopotamia." In Grossman and Walker 2012: 84 - 114.

Rémusat, Abel. 1820. *Histoire de Khotan*. Paris: Doublet.

Rezakhani, Khodadad. 2010. 'The Road That Never Was: The Silk Road and Trans-Eurasian Exchange.' *Comparative Studies of South Asia, Africa and The Middle East* 30.3: 420 - 433.

Rhie, Marylin Martin. 2007 - 10. *Early Buddhist Art of China and Central Asia*, 3 Vols. Leiden: Brill.

Rhys-Davids, T. W. 1890 - 1894. *Questions of King Milinda*. (Sacred Books of the East, vols. 35 & 36). Oxford: Clarendon Press.

Schopen, Gregory. 2004. *Buddhist Monks and Business Matters*. Honolulu: University of Hawaii.

Shaw, Julia. 2007. *Buddhist Landscapes in Central India: Sanchi hill and archaeologies of religious and social change, c. 3rd century B.C. to 5th century A.D.* London: British Association for South Asian Studies, The British Academy.

Shaw, Julia. 2011. 'Monasteries, Monasticism, and Patronage in Ancient India: Mawasa, a Recently Documented Hilltop Buddhist Complex in the Sanchi area of Madhya Pradesh', *South Asian Studies* 27.2: 111 - 130. Online at http://www.tandfonline.com/doi/abs/10.1080/02666030.2011.614409#.U1DyIsfCRNQ (DOI: 14/4/14).

Schafer, Edward. 1985. *The Golden Peaches of Samarkand*. Berkeley: University of California Press.

Sherratt, Andrew. 2006: 38.

Stein, M. Aurel. 1921. *Serindia: Detailed Report of Explorations in Central Asia and Westernmost China*. Oxford: Oxford University Press.

Tomber, Roberta. 2008. *Indo-Roman Trade: From Pots to Peppers*. Duckworth: London.

Von le Coq, Albert. 1926. *Auf Hellas Spuren in Ostturkistan: Berichte und Abenteuer der II. Und III. DeutschenTurfan-Expedition*. Leipzig: J. C. Hinrichs' sche Buch.

Walter, MankoNamba. 1998. "Tokharian Buddhism in Kucha: Buddhism of Indo-European Centum Speakers in Chinese Turkestan before the 10th Century C. E.", *Sino-Platonic Papers* (85). Online on http://www.sino-platonic.org/complete/spp085_tokharian_buddhism_kucha.pdf (DOI: 14/4/14).

Walter, MankoNamba. 2006. "Sogdians and Buddhism", *Sino-Platonic Papers* (174). Online on http://www.sino-platonic.org/complete/spp174_sogdian_buddhism.pdf (DOI: 14/4/14).

Wang, Helen. 2004. *Money on the Silk Road: The evidence from Eastern Central Asia to c. A.D. 800*. The British Museum Press: London.

Warmington, E. H. 1928. *The Commerce Between the Roman Empire and India*. Cambridge: Cambridge University Press.

Waugh, Daniel C. 2007. "Richtofen's 'Silk Roads': Toward the Archaeology of a Concept." *The Silk Road* 5/1 (Summer): 1 - 10.

Whitfield, Susan. 2007. "Was There a Silk Road?" *Asian Medicine* 3.2: 201 - 213.

Whitfield, Susan. 2009. *La Route de la Soie: Un voyage à travers la vie et al mort*. Brussels: Mercator.

Whitfield, Susan. 2015. *Life Along the Silk Road* (rev. ed). Oakland: University of California Press.

Whitfield, Susan. 2016a. "Understanding Buddhist Architectural Transmissions Along the Silk Road Across Central Asia and China", in Richard Etlin (ed.). *Cambridge World History of Religious Architecture: Buddhism*. Cambridge: Cambridge University Press.

Wiedemann, Hans G. And Gerhard Bayer. 2007. "Formation and Stability of Chinese Barium Copper-Silicate Pigments", in Agnew 2007: 379–387.

Wong, Dorothy. 2012. "Xuanzang as an Agent of Artistic Transmission", paper given at "Xuanzang and the 'Record of the Western Regions' (*Xiyuji*) — Constructed Myth and Historical Reality", Cardiff, papers forthcoming edited by Max Deeg.

Wong, Lori and Neville Agnew. 2013. *The Conservation of Cave 85 at the Mogao Grottoes, Dunhuang*. Los Angeles: The Getty Conservation Institute.

Wu Xinhua. 2013. "Archaeological Discoveries in Domoko", IDP News 41 online at http://idp.bl.uk/archives/news41/idpnews_41.a4d#2.

Yamauchi, Kazuya et al. (eds.). 2007. *Mural Paintings of the Silk Road: Cultural Exchanges Between East and West*. London: Archetype.

Yu Feian. 1989. Jerome Silbergerd and Amy MacNair (trans.). *Chinese Painting Colours: Studies of their Preparation and Application in Traditional and Modern Times*. Hong Kong: Hong Kong University Press.

Zhang Guangda and Rong Xinjiang・ミツスュ. 1993. *Yutianshicongkao*(《于阗史丛考》). Shanghai: Shanghai shudian.

Zhang Yuzhong et al. 2008. "A Newly Discovered Buddhist Temples and Wall Paintings at Dandan-Uiliq in Xinjiang", *Journal of Inner Asian Art and Archaeology* 3: 157–170.

Zürcher, Eric. 1972. *The Buddhist Conquest of China*. Brill: Leiden.

Zürcher, Eric. 2012. "Buddhism Across Boundaries: The Foreign Input", in McRae and Nattier 2012: 1–10.

丝绸之路的维吾尔族传统文化与古籍文献简况

艾尔肯·伊明尼牙孜

[新疆维吾尔自治区民族事务委员会(宗教事务局)少数民族古籍办副主任、编审]

新疆维吾尔自治区地处我国西北边陲,被誉为亚洲腹地,是古丝绸之路的重要通道,也是中西方文化交流的重要汇集地。新疆1884年建省之前称西域,1955年新疆维吾尔自治区成立,素有阿尔泰山、天山、昆仑山三山夹准噶尔盆地和塔里木盆地两盆地的天然地形,在166万平方公里美丽富饶的土地上,生活着55个民族,其中维吾尔、哈萨克、回族、蒙古、柯尔克孜、锡伯、满族、达斡尔、塔吉克、塔塔尔、乌孜别克、俄罗斯等12个为世居少数民族。在维吾尔族生活的广大地区从古代至1949年10月1日中华人民共和国成立之间使用过的文字及其记录流传下来的古籍文献,是用字母符号在石碑、皮革、木片、纸张、兽骨上记录本民族历史、文化和传统风俗习惯、日常事务的文字典籍文献。维吾尔族古籍是民族传统文化的重要载体,是维吾尔族传统文化的宝贵财富,是中华民族文化的重要组成部分。维吾尔族古籍展示了本民族传统文化的丰富内涵,反映维吾尔族人民在共同缔造中华民族文明中作出的贡献,从而增强了维吾尔族的自尊心和自信心,对促进我国各民族之间的相互了解及中外文化交流,加强民族地区社会主义精神文明建设,培养维吾尔族人民特别是青年一代的民族自豪感和爱国主义精神有着十分重要的意义。

我将从以下几个方面介绍新疆维吾尔族古籍文献文化简况。

一、维吾尔族族源

维吾尔族是具有悠久历史和文化的古老民族之一。现代维吾尔族主要分布于新疆维吾尔自治区,自治区内有维吾尔族人口1 039.4万,占全区总人口的45.63%。2010年全国维吾尔族人口在少数民族中仅次于壮族、满族、回族和苗族,居第五位(据2010年第五次全国人口普查统计)。

维吾尔族是一个多源的民族,主要是840年后由蒙古迁徙而来的回纥人与当地居民融合而成。维吾尔族人民的绝大多数居住在天山以南的塔里木盆地周围的绿洲,即和田绿洲、喀什噶尔绿洲、库尔勒以及阿克苏河和塔里木河流域是维吾尔族人口最集中的地区。其次,天山东部的乌鲁木齐、吐鲁番、哈密盆地也是维吾尔族较集中的区域。天山以北的伊犁谷地、吉木萨尔、奇台、呼图壁、玛纳斯一带也有为数不少的维吾尔族人定居。此外,分布在新疆维吾尔自治区以外中国境内的维吾尔族有两支,分别定居在现在的湖南省常德地区桃源县、河南省渑池县,北京市等地方也有少量分布。湖南省维吾尔族实际上是维吾尔族的一个部落,在明朝参加明太祖讨伐常德、湘西一带的土司叛乱时,由吐鲁番高昌回鹘王国的将军之一哈拉巴士带领下迁入的。战斗结束后,按明太祖的旨意,他们选定了风景秀美的水乡桃源县作为居住地,一直繁衍至今,大约有1万多维吾尔族人。渑池县的维吾尔族为海牙氏的后代,宋朝末年随蒙古人冬储在渑池县一带定居至今。维吾尔族人的分布状况基本上继承了历史上维吾尔族人口的分布特征,维吾尔族的先民就生活在天山山脉、鄂尔浑河流域、帕米尔高原、昆仑山脉、塔里木盆地、准噶尔盆地、阿勒泰山脉、伊犁河谷和中亚一带。但是,现代中国维吾尔族人口分布区域扩大了,全国30个省、直辖市、自治区均可找到维吾尔族人的足迹。

"维吾尔"(Uyghur)是维吾尔族的自称,含有"联合"、"结合""同盟"的意思。《魏书·高车传》中出现的"袁纥",就是"维吾尔"的首次汉译。不同历史时期的汉文文献对此族名有不同的译写,6世纪末、7世纪初写作"韦纥",788年以前写作"回纥",788年以后至13世纪70年代改写为"回鹘",13世纪70年代至17世纪40年代写作"畏兀儿",17世纪40年代到20世纪初则称"回部"或"回民"。1934年间,为了给新疆的主要民族——"维吾尔"族起一个恰当的汉译称呼以示尊重,开了一次会。在会上大家研究:"维吾尔"族原有名称是"Uyghur",译成"维吾尔"三字为好,他可以表示维护(维)我们(吾)和其他各民族(尔)。1935年正式规定汉文写作"维吾尔",这一译名一直沿用至今。

二、维吾尔族语言文字

在新疆历史上,印欧语系、闪含语系、汉藏语系中的诸多语言并存,在其他地区这种情况则属罕见。文化艺术、宗教方面的情况也是如此。世界三大宗教伊斯兰教、佛教、基督教在此交汇,互相影响,这种情况在世界其他地方很少。新疆地区具有多民族(现有55个民族成分)、多种语言文字[佉卢文犍陀罗语、梵文雅语、吐火罗语、于阗语、据史德语、图木舒克语(也称巴楚语)、粟特语、大夏语、希伯来文波斯语、中古波斯语、帕提亚语、叙利亚语、吐蕃语、突厥语、回鹘语、西夏语、汉语等,德国学者勒柯克在其《新疆的地下文化宝藏》中曾提到从新疆地区发掘有17种语言,24种文字的写本残卷]、多宗教(伊斯兰教、佛教、基督教、天主教、道教、东正教)的文化特征。

维吾尔族语言属阿尔泰语系突厥语族西匈奴语支葛逻禄组。由于社会和历史的各种原因,维吾尔族曾使用过不同的文字。早在6—9世纪,鄂尔浑河流域的漠北维吾尔人就使用突厥文。而在吐鲁番、焉耆、龟兹(库车)一带曾经流行吐火罗语和用波罗米文拼写的吐火罗文。在喀什、和田、若羌一带流行于阗语,2—5世纪用佉卢文(以波斯——阿拉米字母为基础)拼写。8—17世纪今吐鲁番盆地及中亚楚河流域通行古维吾尔文——回鹘文。从11世纪起,喀喇汗王朝改用以阿拉伯字母为基础的哈卡尼亚文。到13世纪逐渐形成老维吾尔文(所谓察合台维吾尔文),并在整个新疆地区得到统一使用,这种文字一直沿用到20世纪20年代。维吾尔人先后使用过梵文、佉卢文、婆罗米文、高昌文、突厥文、回鹘文、摩尼文、粟特文、叙利亚文、焉耆文、龟兹文、汉文、阿拉伯文、波斯文、哈卡尼亚文、老维吾尔文等文字。从收集到的古代写本、墓志、碑文、题跋和印、绣在各种丝织品上的文字、信札,以及19世纪末、20世纪初外国探险家、考古学家从吐鲁番、塔里木盆地盗走的珍贵文物残片的19种类语言24种文字,都可以证明这一点。

突厥汗国时期,维吾尔族的先民回纥等铁勒部落成为突厥的属部,开始采用突厥人使用的粟特文和突厥文。回纥汗国时期,官方文书仍沿用突厥文字。以这种文字书写流传下来的多半是碑铭文献,如《磨延啜碑》(又称《回纥英武威远毗伽可汗碑》或《葛勒可汗碑》)、《鄂尔浑碑》和《九姓回鹘可汗碑》。其中,《九姓回鹘可汗碑》是分别用突厥文、粟特文、汉文三种文字铭刻。突厥文一般从右到左横写,也有从左到右横写的,字母约38—40个,元音有8个。

回鹘西迁后,在粟特文字母的基础上,经过修改补充,用来拼写回鹘语,被称为回鹘文。回鹘文早期由右向左横写,后来改为自上而下直体书写,直体行次多数从左到右。回鹘文有字母18—23个(因时代差异而数目不同),字体分为木刻印刷体、写经体和草体,书写体又分楷书和草书两种。楷书用以书写经典,草书用以书写一般文书。回鹘文是维吾尔族使用时间较长和范围较广的一种文字。自唐代至明代在新疆地区和中亚广泛使用,天山东部的吐鲁番盆地、哈密一带的维吾尔人一直使用到17世纪前后。我国的蒙古文和满文字母,都是在回鹘文字的基础上创制的。回鹘文在拼写法上曾给后来以阿拉伯字母为基础的老维吾尔文以很大影响。

由于回鹘文使用时间长、使用面广,因而也是目前保存下来文献较多的一种文字。19世纪以来,外国探险家、考古队发现了大量用这种文字书写下来的文书。这些文书现被收藏于世界许多国家的图书馆或博物馆内。古代回鹘文留存到现在的著名文献主要有《福乐智慧》、《金光明经》、《乌古斯可汗传》、《玄奘传》、《弥勒会见记》、《牟羽可汗入教记》、《妙法莲花经》和《高昌馆课来文》等,以及大批宗教经典、碑刻、文学作品、雕版印刷品和契约等文化珍品。

9世纪末10世纪初,伊斯兰教传入新疆,由此引发了古代维吾尔族文字的改变。11世纪,在信仰伊斯兰教的喀喇汗王朝上层贵族及宗教人士中,阿拉伯文曾风行一时,但因民间使用阿拉伯文始终存在语言障碍,于是有人采用阿拉伯字母拼写古代维吾尔语暨回鹘语,这就是以阿拉伯字母为基础的老维吾尔文。这种文字在13世纪20年代建立的察合台汗国被当作官方文书使用的文字,因此后人称之为"老维吾尔文"或"察合台维吾尔文"。老维吾尔文不仅字母与回鹘文不同,且书写形式也不同,它从右至左连写。至15世纪,老维吾尔文基本上取代了回鹘文。维吾尔人最初全部接受了阿拉伯文的28个字母,因不能充分表达维吾尔语的语音结构,后来又采用了由波斯人在28个阿拉伯文字母基础上增补了4个字母的波斯文字母表,也就是通常所说的"老维吾尔文"。现行的维吾尔文就是在这一基础上形成的。

维吾尔人在历史上曾先后信奉过萨满教、祆教、佛教、摩尼教、景教、伊斯兰教等多种宗教。

佛教于公元前2世纪前后传入新疆。2—3世纪,佛教已遍布新疆各地,并形成了于阗(今和田)、疏勒(今喀什)、龟兹(今库车)、高昌(今吐鲁番)四大佛教中心,现已发现译成回鹘文的佛教经典和其他著述多达八十种,如《法华经》、《华严经》、《金光明最胜王经》、《金刚经》、《弥勒三弥底经》、《妙法莲华经》、《观无量寿经》、《玄奘传》等。

摩尼教是伊朗古代宗教之一,在3世纪时由古波斯(今伊朗)人摩尼所创。回鹘大规模地信仰摩尼教约在唐宝应二年(763),当时回鹘牟羽可汗从内地带回睿思等四名摩尼教僧侣,并立摩尼教为国教,从此摩尼教在回鹘得到迅速发展。

景教,即基督教之聂斯脱利派,为叙利亚人聂斯脱利所建。维吾尔族先民曾信仰过景教,在喀什、和田、伊犁、吐鲁番、哈密等地考古发现了一些有关景教的文献。

伊斯兰教是维吾尔族全民信仰的宗教。伊斯兰教在维吾尔族中的传播、发展已有1000多年的历史。伊斯兰教在古代维吾尔族中的大规模传播,是在10世纪初期喀喇汗王朝统治者苏图克·布格拉汗信仰伊斯兰教之后。伊斯兰教历七四七年(1347—1348)秃黑鲁·帖木儿登上东察合台汗国宝座并成为伊斯兰教信徒,促使伊斯兰教势力向库车以东地区迅速推进。到16世纪前半叶,哈密等地改奉伊斯兰教后,新疆维吾尔族实现了伊斯兰信仰一元化。从此,伊斯兰教对维吾尔族的经济、政治、文化和生活习俗等方面,均产生了深远的影响。信仰伊斯兰教的维吾尔族群众大多数人属于正统的逊尼派,有一部分人信仰苏菲派教义,在新疆称为依禅派,此外还有少数人信仰什叶派教义。伊斯兰教不仅作为一种宗教,同时也作为一种社会制度、生活方式和文化表现形式,广泛地渗透到维吾尔族的精神生活和社会生活之中,给维吾尔族政治、经济、教育、伦理、语言文字、风俗习惯、文化艺术等方面以广泛深刻的影响。

三、维吾尔族古籍文献简况

在漫长的历史长河中,新疆维吾尔族人民都创造了悠久的历史和灿烂的文化,为共同缔造和发扬中华民族文化做出了巨大的贡献,同时也为我们留下了丰富多彩、卷帙浩繁的民族古籍文献。考古发现,书写在简牍、皮革、绢帛、纸张等材质上,内容涉及政治、哲学、经济、法律、历史、宗教、军事、文学、艺术、语言文字、地理、天文历算、经济、医药学、建筑、生产技术等领域,反映了东方文化与西方文化的联系与交流,也是研究新疆地区社会历史的珍贵史料。因此,我国著名的学者季羡林先生曾说过:"新疆是一块宝地。为什么说新疆是一块宝地? 从世界文明史的角度来看,新疆是中华文化、古希腊文化和古印度文化交汇之地。"

新疆维吾尔自治区少数民族古籍搜集整理出版规划领导小组办公室自1984年成立以来,以"搜集为主","抢救书籍"、"救书"、"救人"、"救科学"的原则进行工作。为了摸清新疆维吾尔族古籍文献资源的家底,先后组织60多批200多人次到全疆各地进行调查摸底工作。与此同时,各地州市古籍办也做了大量调查摸底和搜集工作,各古籍藏书单位也对本单位收藏的维吾尔族古籍文献进行了登记造册。截至目前,全区已搜集、登记造册的维吾尔自治区少数民族古籍共有10 290册(件)。就民族文种而言,有突厥文、回鹘文、龟兹文、波罗米文、阿拉伯文、波斯文、老维吾尔文、邬朵文等种文字。在这批古籍中,书籍类文献居多,口碑文献次之,文书类和碑铭类文献的数量也不少。其中不仅有不少新发现的历史文物价值、学术资料价值及艺术代表价值较高的孤本、珍本,还有一批珍贵文献的复制复印件。

3—4世纪,维吾尔族的祖先们就开始译书、抄书和印刷书籍,在吐鲁番和和田出现了造桑皮纸匠、造纸作坊、印刷师和印刷所。他们还用桑树的嫩芽做纸张。

从对和田、库车、巴楚、敦煌、吐鲁番、托克逊等地进行的考古调查报告中可知,在这些地方的藏经窟中发现了保存完好的佛教、摩尼教文物,在佛寺遗址中发现了许多粘连在一起的残缺不全的写本残片,上面也记载了有关佛教、摩尼教的内容。写本的文种有突厥文、回鹘文、梵文、汉文,页码为汉文,字母为叙利亚文的印刷体和手写体。

9世纪中叶以后,维吾尔人在经济、政治、文化、宗教、社会生活习俗等方面都发生了巨大变化。10世纪到11世纪,出现了河西走廊的甘州回鹘政权,吐鲁番盆地及其周围地区的高昌回鹘政权以及从库车西部到布哈拉,从伊赛克湖到和田的喀拉汗朝政权并存的情况等。喀喇汗王朝著名的维吾尔族诗人玉素甫·哈斯·哈吉甫的作品长篇叙事诗《福乐智慧》、语言学家马赫穆德·喀什噶里的作品长篇巨著《突厥语大词典》、著名文学家诗人艾合买提·尤格纳克作品长篇叙事诗《真理的入门》等维吾尔人古籍文献的产生,标志着维吾尔族文化史上漠北时期的结束和另一个新时期的开始,鲜明地体现了自漠北时期便开始形成的自身文化传统在新条件下的延续、丰富和发展。

自从维吾尔族有了自己的文字,高昌—吐鲁番就成为第一个奠定教育基础的地区。当时,高昌是东西方文化交汇的中心,各种宗教自由发展,有佛寺、学校,藏有大量有关佛教、摩尼教和文学内容的书籍。

在这里发现了一万多种文献。从吐鲁番发掘到的回鹘文、汉文印刷体古籍的情况来看,这些古籍的页码安排、字母的编排法和较高的印刷技术,均便于阅读。从装订的技术来看,有编连、卷手、折叠、经折、包背、线订册页、贝叶、线装、精装,其中精装尤多。这时期,出自高昌汗国的主要作品有《乌古斯可汗传》、《吐鲁番民歌集》等。《乌古斯可汗传》是在古代维吾尔族人民中口头广为流传、具有悠久历史的英雄史诗。高昌回鹘汗国时期有了写本或抄本传世。

14世纪以后,因新的老维吾尔语的形成和发展而开创了老维吾尔文学的新时期。这时重要的诗人有阿塔衣、赛喀克和鲁提菲,他们创作了不少优秀作品,尤其是鲁提菲不仅创作了大量短诗,还写了长诗《古丽与诺鲁孜》(《花儿与春天》)。艾里希尔·纳瓦依是15世纪维吾尔族的一位伟大诗人、思想家,他创作了几千首抒情短诗,还有根据民间故事改编、创作的爱情叙事诗《帕尔哈德与西琳》、《莱丽与麦吉侬》等五部长诗。17世纪末至18世纪,即维吾尔文学后期,维吾尔文学史上又出现了一批很有成就的诗人,具有代表性的诗人主要有赫尔克提,代表作品是《爱苦相依》;翟梨里,代表作品是《漫游记》;诺比提,作品主要有抒情诗集等。这三位抒情诗人的抒情诗作,以爱情诗的形式,抒发了普通人们追求爱的过程中个人情思和喜怒哀乐的感情。长诗清新隽永、形象生动的风格,开创了一代新的诗风,后来的诗人都继承了这一传统。

18世纪后半叶,这一时期杰出的作家、诗人有阿不都热依木·那扎尔、毛拉·毕拉里、泰杰里等。阿不都热依木·那扎尔的主要作品有《爱情长诗集》。诗歌主要歌颂纯真的爱情、友谊、忠诚,歌颂勤劳、勇敢等高尚品质,但诗中的主人公都逃脱不了悲剧的命运。通过爱情悲剧,诗人抨击了封建制度,肯定了人应该有自由和过幸福生活的权利。

19世纪中叶,在维吾尔族古典文学史上出现了反抗清朝统治,反抗沙俄入侵伊犁的诗篇和歌谣。毛拉·毕拉利是继那扎尔之后这一时期比较突出的诗人,作品主要有叙事长诗《清代的农民战争》、《在中国领土上的圣战》、《长帽子玉素甫汗》、《纳祖古穆》等。

维吾尔族音乐源远流长。维吾尔族的音乐继承了古代回鹘人的龟兹乐、高昌乐、伊州乐、疏勒乐和于阗乐的艺术传统,保留着浓厚的民族特色和地域特色。历史上维吾尔族学者写过许多关于音乐的专著,如《音乐大全》、《论音乐》、《音乐的钥匙》、《乐师传》等。遗憾的是这些著作大部分已经散佚,流传下来的不多。在维吾尔族音乐史上,传统大型套曲《十二木卡姆》占有重要地位,它是一部维吾尔民族音乐、舞蹈完美结合的艺术瑰宝。此套曲流传于南北疆各地,演唱风格各具特色,但均保持其基本曲调,包括了古典叙诵歌曲、民间叙事诗歌、舞蹈乐曲和即兴乐曲等340多首。木卡姆因地区不同而分为"喀什木卡姆"、"刀郎木卡姆"、"哈密木卡姆"、吐鲁番木卡姆、"伊犁木卡姆"等。其中"喀什木卡姆"的规模最宏大,形式曲调最为完整。对这套木卡姆的发展与规范,16世纪叶尔羌第二代君主阿布都热西提汗的王后阿曼尼莎汗曾作出了重要的贡献。

早在高昌回鹘王国时期就有戏剧。高昌回鹘王在接见宋朝使臣王延德后,"遂张乐饮宴为优戏至暮"。20世纪初曾在吐鲁番地区发现译成回鹘文的佛教原始剧本《弥勒会见记》抄本的残卷,1959年新疆哈密县发现同一《弥勒会见记》的写本共293页,每页上写有幕数,每幕标明演出场地。20世纪30年代以前,莎车、库车、伊犁、塔城等地的民间艺人在举行各种喜庆活动的时候,常常编演一些小型歌舞剧,针对当时社会上的不合理现象进行抨击、揭露和无情的讽刺、嘲笑。虽然在表演技术上还很不成熟,但却在戏剧艺术方面迈出了大胆的一步。30年代以后,在乌鲁木齐、喀什、伊犁等地建立了俱乐部,戏剧艺术开始发展起来。

维吾尔族的天文历法知识与日常生活密切相关。维吾尔族的祖先在长期从事畜牧业、农业生产的过程中,通过反复观察,根据太阳、月亮和一些星辰的运行变化,逐渐掌握了天体变化的规律,掌握了许多天文学知识。古代维吾尔人根据太阳、月亮、行星的运行规律计算出12年为一个周期,将它称为"穆且勒",每一年用一种动物的名称命名,这12种动物分别为鼠、牛、虎、兔、龙、蛇、马、羊、猴、鸡、狗、猪。迄今发现的较早使用十二纪年的文献是建于8世纪中叶的突厥文《磨延啜碑》和《鄂尔浑碑》。

维吾尔医药学有着悠久的历史,如现存于德国柏林的回鹘文医药学文献,其中有一本内容是医治各种疾病药方的通俗医书。著名的古代维吾尔族医药学著作有《回回医药学文献》、《回回药方三十六卷》、《马合尔哈肉孜米下衣》、《达司吐衣拉儿》、《医学由司比》等。

四、搜集整理出版维吾尔族古籍成果

从1950年开始,国家有关部门和科研单位在全国范围内开展了对维吾尔族社会历史调查,在新疆首先开始了搜集与整理东方音乐瑰宝《十二木卡姆》的工作。其间记录了《木卡姆》歌词2 480余行,喀什的音乐家吐尔迪·阿洪(1881—1956)作出了巨大的贡献。政府多次派人到民间搜集的不少古代手抄本和文献已超过2 000多件,在乌鲁木齐就搜集到了1 400捆档案资料和818本书籍。

1957年,在乌鲁木齐市召开的新疆维吾尔自治区作家协会首次代表大会设立了文学批评和研究会,负责新疆各民族古代文学古籍手抄本的搜集、整理和研究工作。组织人员整理了《突厥语大词典》现代维吾尔语译本,并把《福乐智慧》回鹘文六章译成了现代维吾尔文。此外,还校注了尼扎里的部分长诗,编写了90多部维吾尔古籍文学作品(手抄本)的内容提要,将14世纪的语言学家贾玛尔·喀尔希的名著《苏拉赫词典》从阿拉伯语译成维吾尔语。《真理入门》从古代回鹘文译成了现代维吾尔文。自治区博物馆筹备处编写了《维吾尔族古籍文献目录》,并发表了自治区博物馆收藏的赫尔克特、古穆那木、尼扎里、毛拉·毕拉力、贯云石、萨都剌等诗人的作品。优素夫·赛咯克(1160—1228)的《科学的源泉》一书从阿拉伯语译成了现代维吾尔语,阿拉伯语《突厥语大词典》译成现代维吾尔语,波斯文《编年史》译成维吾尔文。赫尔克特的长诗《爱苦相依》、毛拉·夏克儿的长诗《凯旋之书》、尼扎里的生平及长诗《热碧亚与萨依迪》、毛拉·毕拉里的长诗《长帽子玉苏夫汗》、光天著的《略谈维吾尔族的古典文学》一文、尼扎里的《热碧亚与赛依迪》、谷苞的《元代维吾尔族散曲家贯云石》和《元代维吾尔诗人萨都剌》等文章相继发表。

1957年成立了新疆维吾尔自治区历史考古和古典手抄写本研究学会。1957—1958年新疆学院中文系,1963年新疆大学中文系均开设了《维吾尔古代文学》课程,新疆人民出版社出版了《维吾尔诗歌史》和《维吾尔民众文学》两部著作。

1967—1976年,"文化大革命"期间,搜集整理维吾尔族古籍文献工作被迫中止。1978年后,维吾尔族古文献籍搜集整理出版研究工作恢复并取得了可喜的成绩。1978年9月成立了新疆维吾尔自治区社会科学院整理出版《突厥语大词典》筹备领导小组,经过6年的艰苦努力,成功地译成了《突厥语大词典》1—3卷现代维吾尔文本,1984年由新疆人民出版社正式出版。1980年自治区组织了《福乐智慧》一书的现代维吾尔语翻译出版小组,经过两年努力将其译成现代维吾尔文,1984年由民族出版社出版;后来,郝关中、张宏超、刘宾等人将其翻译成汉文,1986年由民族出版社出版。

1980年起,少数民族古籍搜集整理出版规划工作被纳入了国家的规划。1983年,在新疆维吾尔自治区的首府乌鲁木齐市,举行了自治区首届少数民族古典文学学术讨论会。

公元8—9世纪伊斯兰教传入中亚后,阿拉伯文也随着《古兰经》和其他宗教作品于10世纪传入西域。而随着阿拉伯文的传入,以阿拉伯字母为基础的波斯文也广泛传入西域,操突厥语的西域诸民族开始学习这些文字。从13世纪末到14世纪初,成吉思汗的次子察合台统治了天山北部、南部和中亚,所辖区域的"维吾尔语"被称为"察合台语"。所以,目前新疆藏有一万多本用阿拉伯文、波斯文、察合台维吾尔文撰写、手抄和石印本、铅印本古籍,它见证着永不磨灭的历史。如阿拉伯文的《突厥语大辞典》、《苏拉赫词典》、《科学的源泉》(又名《科学的钥匙》)、《道德指南》、《福乐智慧》、《真理的入门》、《诗体乌古斯传》、《警言集》等,波斯文的《史集》、《尼扎米诗歌集》、《列王记》等,老维吾尔文的《先知传》、《爱情篇》、《哈皮孜突尔克诗集》、《鲁提菲诗集》、《古丽与诺鲁兹》、《赛福里木力克与巴迪玉丽加玛力》、《两种语言的争辩》、《情谊之钟》、《纳瓦依诗事集》和他的各种作品、《斯坎得尔的城堡》、《两种语言的争辩》、《正值人的惊愕》、《帕尔哈德与希琳》、《莱丽与麦吉侬》、《七星图》、《鸟语》、《巴布尔回忆录》、《玉素甫与佐莱哈》、《斯坎得尔之书》、《艾布·纳赛尔·萨曼尼传》、《翟黎里诗集》、《古丽与布力布力》、《艾尔希诗集》、《哈拉巴提双行诗》、《诺比提诗集》、《卡里来与笛木乃》、《麦斯吾吾德与迪里阿拉》等。这些古籍的收藏情况为:新疆维吾尔自治区少数民族古籍办5 400本,新疆社会科学院1 650本,自治区博物馆415本,新疆大学460本,自治区图书馆37本,自治区档案馆40本,自治区文联6本,乌鲁木齐市民宗委古籍办9本,伊犁哈萨克自治州少数民族古籍办208本,吐鲁番地区古籍办275本,哈密地区古籍办340本,阿克苏地区古籍办33本,喀什地区古籍办1 800本,和田地区古籍办475本,克拉玛依市古籍办9本等。此外,民间一些学者、藏书者等也藏有大量古籍。从2004年到南疆地区进行调查摸底的情况来看,各地、州、市、县的档案、文物保护、公安、海关、文化馆、图书馆、清真寺、经文学校等部门和单位也藏有大量古籍。维吾尔族古籍不仅数量多,而且内容丰富、种类繁多,涉及政治、经济、商业、宗教、文化、历史、地理、绘画、雕刻、建筑、装饰、医学、语言、文学、艺术等许多领域。所以,搜集、整理维吾尔族古籍,并编写出版其总目提要是一项非常艰巨、复杂的工作。

新疆维吾尔自治区少数民族古籍搜集整理出版规划领导小组办公室自1984年成立以来,组织专家学者和专业人员,经过认真选题和论证,根据"七五"至"十五"四个五年规划确定的出版项目,陆续整理出版了《福乐智慧》的三种抄本影印本、《五卷集》、《回鹘文弥勒会见记》、《金刚明经》等70多部维吾尔族古籍,它们的出版发行都产生了很好的社会效果,受到学术界的重视。与此同时,各大专院校、科研单位和有关个人利用自己的资源优势,从教学研究和文献整理的角度出发,先后出版的维吾尔族古籍有400多本。所有这些古籍文献的整理出版,既促进了维吾尔族历史文化等方面的学术交流,也反过来促进了维吾尔族古籍事业的发展。总之,这些古代手抄本和文献的整理、刊行和出版,为古代文学研究提供了许多宝贵的材料。

五、维吾尔族编目成果

《中国少数民族古籍总目提要·维吾尔族卷》(第一册)(以下简称《维吾尔族卷》)的编写工作始于

1999年。当年10月,根据国家民族事务委员会《关于印发〈中国少数民族古籍总目提要〉编写纲要的通知》要求,组成了新疆维吾尔族古籍业务小组。于1999年7月召开第一次会议,讨论通过了新疆维吾尔自治区古籍办《关于新疆少数民族古籍总目提要的编写计划》。会议决定新疆维吾尔自治区民族古籍工作从2000年开始以编目为中心,组织和动员一切力量,力争在2005年完成维吾尔族古籍的编目任务。会后,自治区古籍办举办了登录人员培训班,各地、州、市古籍办和各藏书单位的40多名维吾尔族专业人员参加了培训,为维吾尔族古籍的编目工作打下了基础。2000年,自治区古籍办、哈密地区、吐鲁番地区、和田地区古籍办又选派6名专业人员,在新疆大学进修一年察合台语和波斯语,以提高古文字水平。2004年7月12—18日,60多名维吾尔族编目人员参加了全疆少数民族古籍总目提要编写人员培训班。为加快编目工作进度,2005年7月在喀什举办的南疆片区编目人员培训班上,喀什、和田、克州、阿克苏等地、州有50多名维吾尔族编目人员;2008年3月在乌鲁木齐市举办的维吾尔古籍编目人员培训班上,有40名维吾尔族编目人员参加了培训,为我区维吾尔族古籍编目工作奠定了良好的基础。

鉴于全区各大藏书单位和基层档案馆、图书馆等工作进度不大平衡的情况,自治区古籍领导小组第二次会议根据自治区古籍办的报告,于2001年11月以自治区人民政府办公厅的名义下发了《关于做好我区各民族古籍总目提要编写工作的通知》[新政办(2001)178号],要求各地和各部门全力支持维吾尔族古籍的编目工作。2005年8月召开维吾尔—乌孜别克族古籍业务小组暨《维吾尔族卷》编纂委员会会议,会议把编纂维吾尔族古籍总目提要作为今后工作的重点,并认真研究制定了编目、翻译、审定和录入计划,进行明确分工,落实责任到人。2006年9月22日,在乌鲁木齐市召开维吾尔—乌孜别克族古籍业务工作会议,在总结前一阶段工作的基础上,有针对性地安排了下一步工作计划和目标,并协商成立了维吾尔—乌孜别克族古籍协作领导小组以及《维吾尔族卷》编审委员会、编纂委员会和专家小组,讨论通过了《维吾尔族卷》编纂实施方案和著录细则,集体审定了部分目录卡片和整理定稿样式,为按时保质保量完成维吾尔族古籍编目工作奠定了坚实的基础。2008年6月28日至30日,在乌鲁木齐市南山召开《维吾尔族卷》(初稿)专家评审会议。《维吾尔族卷》的编写工作自启动至完成历时近10年。2011年12月由中国大百科全书出版社出版发行。其中不仅包含编写人员和专家学者的艰辛劳动,而且得到《中国少数民族古籍总目提要》编辑委员会、新疆维吾尔自治区人民政府、新疆维吾尔自治区民族事务委员会(宗教事务局)及其少数民族古籍办公室的直接领导、大力支持和具体指导,它是集体智慧的结晶。《中国少数民族古籍总目提要·维吾尔族卷》较全面、真实地反映了维吾尔族现存古籍的全貌。截至2009年底,收到全疆填报的维吾尔族古籍卡片4 500张,经过几次认真筛选,现收录共2 300条,其中书籍类1 563条。彩图有民族习俗、书籍类,计200幅。

《中国少数民族古籍总目提要·维吾尔族卷》是一部第一次系统介绍维吾尔族古籍总体情况、反映维吾尔族古籍概貌的古籍资料书籍。我们是根据编写纲要规定的收录范围予以取舍,以科学性、全面性和代表性为编选原则,并按照维吾尔族书籍、文书、铭刻民间古籍的特点进行分类。它不仅是一部了解维吾尔族历史文化的读物,也是研究维吾尔族政治、经济、历史、宗教、文化的工具书,具有较高的收藏价值和使用价值。它进一步展示了维吾尔族丰富多彩的民族历史文化遗产,反映了维吾尔族人民在缔造中华民族文明中所作出的贡献。本书的出版,将有力地促进各民族间的文化交流,增进民族平等团结,促进民族的进步和文化的繁荣。

六、保护古籍工作方面

80年代,我们将搜集回来的维吾尔族古籍放置在木柜内,并将装有100克花椒的纱布袋置于其中,从而起到防潮、防虫等作用。90年代,用铁皮柜取代了木柜。2003年,我们又换成两面开放的铁皮柜。2010年,我们引进了双门带玻璃的带有通风孔的书柜,书柜中有十个适合放置不同尺寸书籍的可调控隔板,从而改善了维吾尔族古籍的保存条件。但是,维吾尔族古籍的修复工作至今因没有修复设备和修复专业人员而无法开展下去。2008年至2013年,新疆维吾尔自治区少数民族古籍搜集整理出版规划领导小组办公室收藏的维吾尔族古籍中,共有28部古籍分五批被文化部国家古籍保护中心列入《国家珍贵古籍名录》之中,其中著名的维吾尔族古籍《先知传》、《贤人传》、《伊斯坎德尔传》等已被国家古籍保护中心和国家图书馆出版社列入"中华再造善本"二期工程。新疆维吾尔自治区少数民族古籍搜集整理出版规划领导小组办公室将努力改善古籍保护的现有条件,以期早日被列入"全国古籍重点保护单位"名单。

今后新疆少数民族古籍工作的发展方向:为了认真贯彻落实自治区人民政府《关于进一步加强自治区古籍保护工作的实施意见》[新政办发(2007)88号],切实做好我区少数民族古籍的普查、登记和保护工作,进一步推进我区少数民族古籍保护工作的深入开展,我们一方面按照文化部、国家民委、新疆维吾尔自治区人民政府关于新时期、新阶段少数民族古籍保护工作的指导思想,坚决贯彻"保护为主、抢救第一、合理利用、加强管理"的方针,在编目工作的基础上继续做好新疆维吾尔自治区少数民族古籍保护普查登记以及整理、翻译工作。另一方面,加强古籍修复保护、少数民族语言文字等专业队伍的建设,努力培养一支德才兼备、乐于奉献、勇于开拓的少数民族古籍专业队伍,为做好新时期我区少数民族古籍搜集整理修复保护工作打下良好的基础。在二者的基础之上,我们要努力改善古籍保护的环境与设备,从而建立统一的少数民族古籍保护与资料信息中心平台以及古籍保存状况档案数据库,为新疆维吾尔自治区少数民族古籍保护整理出版工作提供全面、准确的信息资源。

阿斯塔那 187 号墓出土的仕女骑马俑所反映的丝绸之路经济带文化内涵研究

阿丽娅·托拉哈孜

(新疆维吾尔自治区博物馆)

一、丝绸之路经济带的概念

丝绸之路经济带,是中国与欧亚各国之间形成的一个在经济合作区域,大致在古丝绸之路范围之内,包括西北陕西、甘肃、青海、宁夏、新疆等五省区,西南重庆、四川、云南、广西等四省市区。2013 年由中国国家主席习近平在哈萨克斯坦纳扎尔耶夫大学演讲时提出。这一地区资源丰富,建设丝绸之路经济带,将对世界经济产生重要影响。丝绸之路经济带,东边牵着亚太经济圈,西边系着发达的欧洲经济圈,被认为是"世界上最长、最具有发展潜力的经济大走廊"。

国家主席习近平 9 月 7 日在哈萨克斯坦纳扎尔巴耶夫大学发表演讲,盛赞中哈传统友好,全面阐述中国对中亚国家睦邻友好合作政策,倡议用创新的合作模式,共同建设"丝绸之路经济带",将其作为一项造福沿途各国人民的大事业。习近平表示,2100 多年前,中国汉代的张骞两次出使中亚,开启了中国同中亚各国友好交往的大门,开辟出一条横贯东西、连接欧亚的丝绸之路。哈萨克斯坦是古丝绸之路经过的地方,曾经为促进不同民族、不同文化相互交流和合作做过重要贡献。千百年来,在这条古老的丝绸之路上,各国人民共同谱写出千古传诵的友好篇章。

习近平指出,两千多年的交往历史证明,只要坚持团结互信、平等互利、包容互鉴、合作共赢,不同种族、不同信仰、不同文化背景的国家完全共享和平、共同发展。

习近平强调,20 多年来,随着中国同欧亚国家关系快速发展,古老的丝绸之路日益焕发出新的生机活力。发展同中亚各国的友好合作关系是中国外交优先方向。我们希望同中亚国家一道,不断增进互信、巩固友好、加强合作,促进共同发展繁荣,为各国人民谋福利。在这条具有历史意义的国际通道上,五彩丝绸、中国瓷器和香料络绎于途,为古代东西方之间经济、文化交流作出了重要贡献。作为经济全球化的早期版本,这条贸易通道被誉为全球最重要的商贸大动脉。

二、丝绸之路的概念

丝绸之路(the Silk Road;the Silk Route),是指西汉(前 202—138)时,由张骞出使西域开辟的以长安(今西安)为起点,经甘肃、新疆,到中亚、西亚,并联结地中海各国的陆上通道(这条道路也被称为"西北丝绸之路",以区别日后另外两条冠以"丝绸之路"名称的交通路线)。因为由这条路西运的货物中以丝绸制品的影响最大,故此得名。其基本走向定于两汉时期,包括南道、中道、北道三条路线。丝绸之路是历史上横贯欧亚大陆的贸易交通线,在历史上促进了欧亚非各国和中国的友好往来,中国是丝绸的故乡,在经由这条路线进行的贸易中,中国输出的商品以丝绸最具代表性。19世纪下半期,德国地理学家李希霍芬(Ferdinand von Richthofen)将这条陆上交通路线称为"丝绸之路",此后中外史学家都赞成此说,沿用至今。张骞通西域后,正式开通了这条从中国通往欧、非大陆的陆路通道(图一)。

图一 古丝绸之路

李希霍芬所指的丝绸之路系"从公元前114年到公元127年,中原与河西地区以及中国与印度之间,以丝绸贸易为媒介的这条西域交通路线"。所谓西域则泛指古玉门关和古阳关以西至地中海沿岸的广大地区。后来,史学家把沟通中西方的商路统称丝绸之路。因其上下跨越历史2 000多年,涉及陆路与海路,所以按历史划分为先秦、汉唐、宋元、明清4个时期,按线路有陆上丝路与海上丝路之别。陆上丝路因地理走向不一,又分为"北方丝路"与"南方丝路"。陆上丝路所经地区的地理景观差异很大,人们又把它细分为"草原森林丝路"、"高山峡谷丝路"和"沙漠绿洲丝路"。丝绸是古代中国沿商路输出的代表性商品,而作为交换的主要回头商品也被用作丝路的别称,如"皮毛之路"、"玉石之路"、"珠宝之路"和"香料之路"。

海上丝路在中世纪以后输出的瓷器很多,所以又名"瓷器之路"。总之,丝绸之路有广义与狭义之分,广义丝路是古代中西方商路的统称,狭义丝路仅指汉唐时期的沙漠绿洲丝路。

关于丝路的起始时间史学界尚无定论,但至迟在公元前5世纪中国丝绸已从陆路传入波斯,再转贩至罗马帝国。公元前4世纪西方古文献中已对蚕丝有了记载,并指明"其丝货有贩至印度者"。公元前3世纪以前,西方已称中国为"赛里斯"(Seres),其拉丁语意为"丝之国"。汉武帝刘彻(前158？—前87)于建元二年(前139)派张骞(前164？—前114)出使西域,"凿空"丝路。元狩四年(前119)张骞再度出使西域,其副使分赴大宛(今费尔干纳)、康居(今阿姆、锡尔两河流域)、大月氏(今阿富汗中西部)、大夏(今阿富汗北部)、安息(今伊朗)、身毒(今印度)、于阗(今和田)、扜弥(今于田东)等地,从此开通丝路。汉武帝又开河西四郡,筑河西长城,起亭障直至盐泽(今罗布泊),与乌孙联姻,设使者校尉(后改西域都护府),移民屯田。汉出使各国使者、商人"相望于道","相属不绝"。中亚、西亚的商人"不绝于时日,商胡贩客,日款于塞下"。新莽时期(9—23年)丝路中断。班超(32—102)在重开丝路中功绩卓著,曾派甘英使大秦(罗马帝国),至条支(今伊拉克)遇西海(今波斯湾)而返,这是汉代中国官员沿丝路西行最远者。

丝绸之路已有2 000余年的历史了,它的魅力是永恒的。今天,古老的丝绸之路沿线众多的历史文物、古迹、壮丽的自然风光和各民族多姿多彩的风土人情,仍然吸引着成千上万来自世界各地的旅游者。中国段丝绸之路沿线的历史文化古迹主要有:被称为世界第八奇迹的秦始皇兵马俑、保存释迦牟尼佛骨的法门寺、敦煌莫高窟、麦积山石窟、长城嘉峪关和汉代烽燧遗址、著名的藏传佛教寺院塔尔寺、丝路重镇高昌故城遗址。

吐鲁番是古丝绸之路上的重镇,曾经是西域政治、经济、文化的中心之一,历史悠久,有四千年的文字记载。文化积淀深厚,从最早的交河故城,到高昌故城、坎儿井、苏公塔、维吾尔古村落,已发现文化遗址200余处,出土了从史前到近代的4万多件文物,出土文献中仅文字就达24种之多。

三、戴帷帽的仕女骑马俑出土的背景及造型艺术

一位雍容华美的仕女骑着一匹绛红色的马,头戴一顶黑色垂黄纱的帷帽,透过面纱可见丰腴的面庞,细长的柳叶眉,挺直的鼻梁,红色的樱桃小口更增添了一份妩媚。仕女上身着粉白色的碎花长袖衣,下身着绿地树叶纹长裙,裙上部齐胸。双脚穿黑色长靴,踩在脚蹬上,昂首挺胸。马身为深褐色,颈部与臂部两侧、马头前额中间饰有白色圆点,圆点内用褐色装饰点缀,马的四蹄呈白色,马笼头以及马身上的装饰均以黑色线条勾画,并在黑色线点下绘有黄色小圆点装饰图案,马的造型优美、矫健,仕女骑马俑具有典型的唐代风格。

另一位仕女骑一匹绛红色的马迎面驶来,头戴一顶黑色垂纱帷帽,面纱半遮半露仕女丰腴而施妆靥的面颊,细长的柳叶眉,挺直的鼻子,红色的樱桃口,面部清秀。上身穿橘黄色的低圆领短袖襦,下身穿蓝棕两色的竖条纹宽松裤。仕女左手放在马鞍前,似牵缰绳状,右手垂于身后。双脚穿黑色长靴,用白色在脚前部勾画出脚蹬,昂首挺胸。马的笼头、面、颈、尾部以及马鞍以黑白两色勾勒,四蹄为黑色。这两件仕女骑马俑的形象、装束洋溢着唐代妇女独具的风韵。令人感叹的是这两件仕女骑马俑所戴的帷帽的四周的纱"帽裙",至今还依然保存,为我们了解唐代帷帽形制及习俗,提供了重要依据。

这两件仕女骑马俑,一件通高35厘米,长30厘米,宽15厘米(图二-1,图版柒-1、2);另一件通高39厘米,长32.5厘米,宽11厘米(图版柒-3~8)。均出自吐鲁番阿斯塔那187号墓,通体为泥质,以彩色颜料勾画人物形象,据有关资料表明这些颜料大多为矿物质颜料。阿斯塔那187号墓的年代为唐西州时期的墓葬。[①]

四、唐代妇女帷帽形制及相关问题

帷帽的前身是围帽,它是一种在藤席编成的笠帽上装一圈纱网帽子,女子外出时戴此帽也可起到障蔽作用。如果去掉帽檐四周垂网,则叫席帽,唐刘存《事始》引《实录》:"以故席为骨而鞔之,谓之席帽。女人戴者,其四网(围)垂下网子,饰以朱翠,谓有障蔽之状。"说的就是这种帽饰。[②]

帷帽产生于隋代,隋以前没有帷帽造型资料记载的出现。《旧唐书·舆服志》云:"阎立本画昭君入匈奴,而妇人有著帷帽者。夫芈属出于水乡,非京华所有;帷帽创始于隋代,非汉宫所作。"[③]唐代著名画家阎立本的《昭君出塞图》中,我们的唐代艺术巨匠为昭君戴了一顶帷帽。识者见此,纷纷指出其误,如

[①] 新疆文物考古研究所:《吐鲁番阿斯塔那第十次发掘简报(1972—1973年)》,《新疆文物》2000年3—4期,第104—127页。
[②] 高春明:《中国服饰名物考》,上海文化出版社2001年,第299页。
[③] (后晋)刘昫等:《旧唐书》卷四五《舆服志》,中华书局1975年,第1950页。

郭若虚《图画见闻志》云："至如阎立本图昭君妃房，戴帷帽以居鞍……殊不知帷帽创从隋代。"①张彦远《历代名画记》中也有同样的批评。

《隋书·吐谷浑传》记："其王公贵人多戴幂䍦，妇人裙襦辫发，缀以珠贝。"②与这两件泥俑同一墓葬还出土了一件彩绘戴幂䍦骑马侍女俑，女俑上身穿红色上衣，下身穿条纹长裙，戴笠帽，头裹黑巾，端坐在一匹赭色高头大马上。马儿四肢修长，呈行走状。女俑头裹的黑巾称幂䍦，起源于西北地区。这种幂䍦用黑色布帛制成，约长至胸际，露出眼鼻，其余部分则全部障蔽。这件彩绘骑马仕女俑，头戴的幂䍦，形制上与我们所知的文献当中的幂䍦有所不同，黑色的布料盖在女俑的席帽上，露出面部，并非全身障蔽。唐早期由于幂䍦的流行，帷帽曾被人们所遗忘。到了高宗时期，又重新流行起来。这是由于唐代是中国封建社会最发达、最繁荣的时代，经济高度发展，促进了精神文明进步，社会风尚也随之变化。这时妇女着妆，则要求简洁轻便，女子外出头上还蒙着幂䍦，显然已不合时宜。因发生了一次大的变改，与幂䍦相比，帷帽具有明显的优点，首先是功能的增加，宽大的席帽可遮阳避雨；其次是戴卸方便；再加之将脸面"浅露"在外。这是唐代妇女为摆脱封建礼教束缚所作的大胆尝试，尽管受到保守势力的反对，但风气一开，已无法挽回。如《旧唐书·舆服志》记："则天之后，帷帽大行，幂䍦渐息。中宗即位，宫禁宽弛，公私妇人，无复幂䍦之制。"③（图二-2 戴幂䍦的唐代妇女）《新唐书·五行一》云："唐初，宫人乘马者，依周旧仪，著幂䍦，全身障蔽。永徽后，乃用帷帽，施裙及颈，颇为浅露，至神龙末，幂䍦始绝，皆妇人预事之象。"④戴帷帽的妇女，在《明皇幸蜀图》中有描绘，画面以山水为主，人物处于陪衬地位，但人物的服饰特征清晰可辨，其中有骑马女子，头上就戴着这种帷帽。（图二-3 戴帷帽的妇女·《明皇幸蜀图》）

本文所谈到的帷帽形制与胡帽的形制非常相似，唐朝中原汉族人们与西北各少数民族、西方各国人民交往频繁，有部分中原汉人为逃避战乱，或来屯垦戍守等来西域，各少数民族迁往内地的也不少，于是胡服有了进一步扩散的机会。中原文化与西域文化相互交融，迸发出奇异光芒。《旧唐书·舆服志》记载："开元初，从驾宫人骑马者，皆著胡服，靓妆露面，无复障蔽。士庶之家，又相仿效，帷帽之制，绝不行用。"⑤胡人服饰对唐代影响很大，首先是来自西域、高昌、龟兹的影响，间接受波斯影响，特别是头戴浑脱帽，身着圆领或翻领小袖，透空软锦靴，外出骑马多戴帷帽、浑脱帽，羊皮制成高顶，尖而圆。（图二-4 浑脱帽·《敦煌壁画》）从隋唐墓室壁画、敦煌壁画人物形象上看，它是一种高顶宽檐，檐下垂一丝网（直垂至颈）的帽子。高宗时流行的帷帽，帽下的垂网已由长变短，将面部浅露于外。后期则是"时世妆"。

在18世纪的欧洲，上流社会妇女穿束腰大摆长裙，头戴与本文所说帷帽形制相同的首服，垂网半遮半露出妇女美丽娇嫩的面颊，一双清如海水的碧眼更充满了一分神秘和高贵的气质。

五、帷帽与幂䍦具有传承性

关于幂䍦，学术界有很多种看法。有人认为，它是一种大幅方巾，用轻薄透明的纱罗制成，披体而下，

---

① （宋）郭若虚：《图画见闻志》卷一《叙论》，人民美术出版社1963年，第14页。
② （唐）魏徵等：《隋书》卷八三《吐谷浑传》，中华书局1973年，第1842页。
③ （后晋）刘昫等撰：《旧唐书·舆服志》志第二十五，第1957页。
④ （宋）欧阳修等：《新唐书》卷三四《五行一》，中华书局1975年，第876页。
⑤ （后晋）刘昫等：《旧唐书》卷四五《舆服志》，第1957页。

遮蔽全身。有人认为,它是一种衣帽相连的斗篷一类的装束,由于西北风沙大,人们远行时骑马用它围裹身体,障蔽风尘。又有人认为,它是男女通服,开元年间(713—741),妇女普遍穿胡服,戴浑脱帽;盛唐以后,女衫衣袖日趋宽大,衣领有圆的、方的、斜的、直的……①

幂䍠本来是西域人民的一种服饰,《隋书·附国传》记载:"其俗,以皮为帽,形圆如钵,多带幂䍠。"②《隋书·吐谷浑传》:"王公贵人,多戴幂䍠,妇人裙襦辫发,缀以珠贝。"北朝以后,传入中原地区,被当地汉民族所接受,男女通用,作骑马出行之用。《旧唐书·舆服志》记载:"武德、贞观之时,宫人骑马者,依齐隋旧制,多著幂䍠。虽发自戎夷,而全身障蔽,不欲途路窥之。"说的就是这种情况。③

汉族妇女在接受西域传入幂䍠风俗时,外出时还利用旧的帷帽。这一时期帷帽以藤篾编成,造型和斗笠相同,有围帽檐,还缀有一圈纱罗,妇女出行时使用,可作障蔽。初唐时,由于幂䍠的时兴,戴帷帽者逐渐减少。高宗时,帷帽又重新兴起,并取代了幂䍠。④ 日本东京国博物馆收藏的唐代绘画《树下人物图》中,妇女左手高举,正在脱卸蒙在头上的面幕,这一场面反映的就是妇女幂䍠。(图二-5 唐代绘画《树下人物图》,图二-6 出自《清明上河图》,图二-7 出自山西芮域永乐宫元代壁画;图二-8 出自《胡笳十八拍图》)

图二

---

① (唐)魏徵等:《隋书·附国传》,第1858页。
② (唐)魏徵等:《隋书》,第1842页。
③ (后晋)刘昫等:《旧唐书·舆服志》,第1957页。
④ 周汛、高春明:《中国古代服饰大观》,重庆出版社1995年,第47页。

幂罗与社会礼教有很大关系。在人类社会发展进程中,妇女有流行蔽面或遮面的风俗,就是用巾帕遮盖面部。最早在周代的文献中就有记载,《礼记·内则》规定,男女之间不相授受,不能同用一口水井,同用一张床寝席,同用一件衣衾。女子外出必须障蔽其面,用以蔽面用巾帕,也是一种首服。汉代妇女承袭周代遗风,"金华紫罗面衣"。金华即金花,可见当时面衣的制作还颇为讲究。魏晋南北朝妇女的面衣,就逐渐开始使用纱、罗、縠制作,使整个脸全部被遮住,为了自己的脸面不被看清,而自己又能透过这层罗纱看到外面,当时的面衣多采用黑色或黄色,晋人《搜神记》有"衣黄色,冠黄冠,戴黄盖,乘小马,好疾驰"的记载。[①]

随着伊斯兰教的产生和东渐,幂罗与帷帽就带上了浓重的宗教寓意,信奉伊斯兰教的妇女必须戴面纱,不能将容颜展露于世人,因此幂罗与帷帽就成了伊斯兰教不可缺少的用具,幂罗就有了浓郁的宗教色彩。阿拉伯半岛及东欧洲国家妇女出远门时必须穿着幂罗,以免被男士窥视。她们的面衣是一大幅方巾,有的通体用轻薄透明的罗纱制成,披体下,遮蔽全身。有的只是在方巾面颊部分用轻薄透明的纱罗,其余部分用高密度厚质的织物。新疆境内信仰伊斯兰教的民族,如维吾尔族妇女所用的面衣一般为大幅透孔的棉质方巾或丝(毛)织物,而哈萨克民族则使用棉质地白色棉布特制成面巾,哈萨克语则称其为克米协克,[②]并在其面部周围施绣,一般使用平绣、十字绣等。而世居于中国西北部地区的甘肃、宁夏境内信奉伊斯兰教的少数民族如撒拉族、裕祜族、回族等民族,妇女面衣一般也为特制面衣,所使用的材料均为丝绒、乔其纱绒面料,色彩为黑色或绿色,其形制与本文所述幂罗相同,这说明帷帽与幂罗具有传承性。

六、阿斯塔那的帷帽垂纱

阿斯塔那187号墓出土的两件帷帽,所用垂帷均为透孔的淡黄色纱。纱,古代又写作沙、裟,是质地最为轻薄的丝织物,《古今服纬》注曰:"周礼之素沙,后世字作纱,言其孔可漏沙也,此帛类之至疏者。"[③]纱类织物中最轻薄的所谓轻容,《唐类苑》:"轻容,无花薄纱也。"唐王建《宫词》:"嫌罗不著爱轻容。"故轻容实际上是一种极为轻盈透明的素纱织物。

本文所涉及的帷帽垂纱,是未经练染的丝,纱的孔眼由经纬纱疏松均匀排列交织而成。中国古代也常称有均匀分布方孔的、经纬纱捻度很低的平纹薄型丝织物为纱。纱分提花、不提花两种,在纱织物上还可施以印染、刺绣和彩绘。纱类织物轻薄透明,结构稳定,是最早出现的丝织品种之一。中国战国时期《周礼》中已载有"素纱"即名目。长沙马王堆出土的素纱单衣,阿斯塔那出土白色绞缬纱、绛色印花纱、黄色鸳鸯缬纱、绿色骑士狩猎印花纱和天青敷金彩轻容纱,都采用特殊的穿筘方法,即两根丝纱穿一筘,再空一筘,以此形成清晰的方形孔眼。

唐宋时期纱的品种极多,唐代有吴纱、轻容纱、花鼓歇纱,宋代有艾虎纱、天净纱、三法纱、暗花纱、粟地纱、茸纱。元明以来开始生产的妆花纱是用于多色彩纬和孔雀毛等特种纤维加工而成纱线,以回纬挖梭的方法织造,织物绚丽多彩。

这两件仕女骑马俑的服饰反映出及其浓郁的盛唐风格,紧身袒胸的半臂襦,长裙曳地衫的下摆裹在

[①] 干宝:《搜神记》卷十二,王云五主编:《图书集成》,商务印书馆1936年,第83页。
[②] 李肖兵:《中国西域服饰研究》,新疆人民出版社1995年,第276页图524、图529、图530。
[③] 雷鐏述,雷学淇释:《古经纬服》,王云五主编:《图书集成》,第1483页。

裙腰里。诗人孟浩然作过这样的诗句："坐时衣裳萦纤幕,行即裙裾扫落梅。"与本文女俑的风格吻合。唐代社会生活丰富,化妆艺术日益进步,妇女面部施粉,两颊侧面施斜红,额眉间施花钿,嘴角两旁点,称之为妆靥。花钿妆是一种独具风格的妆,又称花子、媚子,施于前额眉心。这两尊仕女俑白皙丰腴的脸颊,两弯浓黑的眉毛,额际点花钿,鼻梁端正,小口朱红,浓丽多姿,是唐代仕女的肖像。[①]

---

① 李肖兵:《中国西域服饰研究》,第160页。

《高昌张武顺等葡萄亩数及租酒帐》再研究*
——兼论高昌国葡萄酒的外销

裴成国

（西北大学历史学院　陕西师范大学中国西部边疆研究院博士后）

5世纪中期至7世纪中期存在于今天吐鲁番盆地的高昌国是一个典型的丝绸之路绿洲王国。高昌郡的丝织业因为十六国时期中原及河西的生产无法满足丝路贸易的需求而获得了一个迅速发展的契机，①高昌国时期粮食和葡萄酒生产的相当部分直接供应往来客使、商旅消费。② 高昌国农业生产与丝绸之路贸易之间的密切关联还可以从哪个角度去探索和揭示？笔者此文将通过对葡萄酒生产及征收有关文书的重新研究揭示高昌国葡萄酒生产与丝路贸易之间的密切关系。

如《高昌高乾秀等按亩入供帐》等帐簿所显示，③高昌国的租酒征收零碎而分散，并不集中收支，租酒有明确的征收标准，即亩纳三斛。④ 在这一类租酒簿之外，还有一件与葡萄酒征收有关的特殊帐簿，即《高昌张武顺等葡萄亩数及租酒帐》（以下简称《张武顺帐》），⑤此件文书是本文的研究重点。

《张武顺帐》出自阿斯塔那320号墓，共有四件残片组成，不详纪年。同墓出土有义和五年（618）赵善庆墓志和延和十年（611）举麦券，《张武顺帐》的年代不会晚于义和五年。文书第二残片的背缝有"延明"、"延意"押署。同墓又出《高昌符养等葡萄园得酒帐》文书两片，字体与格式均与《张武顺帐》不同。关于《张武顺帐》学界已经有多篇专论文章，唐长孺、⑥吴震、⑦孙振玉、⑧關尾史郎、⑨卢向前、⑩卫斯、⑪宋

---

* 本文系教育部人文社会科学研究青年基金项目《吐鲁番出土契约的文书学和历史学研究》（12YJCZH163）和《从移民到乡里——公元7—8世纪唐代西州基层社会研究》（13YJC770068）的阶段性成果。

① 参见吴震《吐鲁番出土文书中的丝织品考辨》，《シルクロード学研究》Vol.8《トルファン地域と出土絹織物》，2000年；收入《吴震敦煌吐鲁番文书研究论集》，上海古籍出版社2009年，第651—653页。

② 裴成国：《高昌国社会经济文化新论》第二章《丝绸之路与高昌经济》，北京大学历史学系2011年博士论文。

③ 唐长孺主编：《吐鲁番出土文书》壹，文物出版社1992年，第199—200页。

④ 同类的租酒征收帐簿还有《高昌和婆居罗等田租簿》[《吐鲁番出土文书》（壹），第275—278页]、《高昌张众养等按亩入供斛斗帐》[《吐鲁番出土文书》（壹），第202页]、《高昌五塔等寺计亩入斛斗簿》[《吐鲁番出土文书》（壹），第298—299页]。"吐鲁番文书整理小组"及早期的研究者多认为这些文书涉及的是粮食作物的田租征收，谢重光最早指出这些亩纳三斛的征收物应该是租酒。谢重光：《麴氏高昌赋役制度考辨》，《北京师范大学学报》1989年第1期，第82—83页。

⑤ 唐长孺主编：《吐鲁番出土文书》壹，第324—329页。

⑥ 唐长孺首先指出此件文书涉及的是葡萄园租酒，唐长孺：《新出吐鲁番文书简介》，《东方学报》第54期，1982年；收入《山居存稿》，中华书局1989年，第319—320页。

⑦ 吴震：《麴氏高昌国土地所有制形态试探》，《新疆文物》1986年第1期，后收入《吴震敦煌吐鲁番文书研究论集》，第509—510页；吴震：《吐鲁番出土"租酒帐"中"姓"字名实辨》，《文物》1988年第3期，后收入《吴震敦煌吐鲁番文书研究论集》，第583—589页。

⑧ 孙振玉：《试析麴氏高昌王国对葡萄种植经济以及租酒的经营管理》，《吐鲁番学研究专辑》，"敦煌吐鲁番学会"新疆研究资料中心编印发行，1990年，第218—239页。

⑨ ［日］關尾史郎：《〈高昌田畝（得、出）銀錢帳——吐鲁番出土文書〉札記（一〇）》（下），《吐鲁番出土文物研究会会报》第71号，1991年，第4—6页。

⑩ 卢向前：《麴氏高昌和唐代西州的葡萄、葡萄酒及葡萄税》，《中国经济史研究》2002年第4期，第110—120页。

⑪ 卫斯：《关于吐鲁番出土文书〈租酒帐〉之解读与"姓"字考》，《西域研究》2003年第2期，第44—52页。又刊《西域研究》2005年专刊，第98—106页。

晓梅等先生都进行过研究,①但都未能揭示此件文书的性质。原文书为四断片,兹迻录文书如下以便分析。

(一) 60TAM320:01/8

(前缺)

1 ☐☐☐☐☐☐☐☐☐☐☐亩,无租。张武顺桃(萄)贰亩陆☐
2 ☐☐☐☐☐亩,租了。法贞师桃(萄)叁亩陆拾步,储酒伍酐(斛),
3 ☐☐☐贰酐(斛)。康寺僧幼桃(萄)半亩,租了。康安得桃(萄)陆拾步,
4 ☐☐桃(萄)半亩,无租。索祐相桃(萄)陆拾步,租了。康崇相桃(萄)贰
5 ☐☐储酒伍酐(斛),得酒壹姓有拾酐(斛)。康众憙桃(萄)壹亩☐☐
6 ☐☐☐酒贰酐(斛)☐☐☐☐☐☐☐☐☐☐

(后缺)

(二) 60TAM320:01/1(a)

(前缺)

1 ☐☐☐☐☐☐☐☐☐☐☐拾步,租☐
2 ☐☐☐☐☐☐☐☐☐酐(斛)。任阿悦☐
3 ☐☐☐☐☐☐☐☐伍酐(斛),得酒两姓☐
4 ☐☐☐☐☐☐☐☐伍酐(斛)。出提憨寺桃(萄)壹☐
5 ☐☐☐☐☐☐☐亩半,储酒肆酐(斛),有酒捌
6 ☐☐☐☐☐酐(斛)。焦庆伯桃(萄)半亩,租了。王☐
7 ☐租了。史寺☐☐☐☐叁亩半陆拾步,储酒伍酐(斛)
8 ☐捌酐(斛)。觧特☐☐☐☐亩陆拾步,有酒陆酐(斛)。王阇☐
9 ☐壹☐陆拾步,有酒陆酐(斛)。☐☐桃(萄)壹亩陆拾步,租了。
10 ☐桃(萄)壹亩,租了。苏子悦桃(萄)☐☐☐租。焦文崇桃(萄)壹亩,租了。☐
11 ☐桃贰亩陆拾步,租了。☐☐☐桃(萄)壹亩陆拾步,有酒叁☐
12 ☐庆则桃(萄)贰亩半,储酒伍☐,☐酒两姓有贰拾陆酐(斛)。将崇☐
13 ☐半亩陆拾步,有酒伍酐(斛)。崇☐师桃(萄)半亩玖拾步,租了。王
14 ☐壹亩半,有酒伍酐(斛)。宋增儿桃(萄)壹亩半,租了。白赤头桃壹亩半,有

---

① 宋晓梅:《高昌国——公元五至七世纪丝绸之路上的一个移民小社会》,中国社会科学出版社2003年,第160—162页。

15　　□□□桃(萄)贰亩,储酒捌酙(斛),得酒两姓有叁拾酙(斛)。康欢□□□

16　　□□□桃壹亩陆拾步,无租。韩延□□□

(后缺)

(三) 60TAM320:01/2

(前缺)

1　　□□□酒陆姓有捌拾酙(斛)。王子相桃壹亩半,租了。龙□□

2　　□□步,得酒陆酙(斛)。索寺德嵩桃贰亩,储酒捌酙(斛),得酒壹姓

3　　□□寺桃(萄)壹亩半,储酒拾伍酙(斛),得酒叁姓半有伍拾酙(斛)。张仲祐桃(萄)壹

4　　□□步,无租。毛保谦桃贰亩半,储酒□酙(斛),无酒。显真师桃(萄)壹亩半陆拾□

5　　□壹姓有拾伍酙(斛)。袁保祐桃(萄)贰□□无租。麹寺尼愿崇桃(萄)贰亩,得酒□

6　　□拾肆酙(斛)。将众庆桃(萄)壹亩得酒□□阿猨桃(萄)贰亩,无租。张延嵩桃(萄)□

7　　□拾步,无租。张愿伯桃(萄)壹亩半□□欢桃(萄)壹亩,租了。氾延受桃(萄)

8　　□酒伍□,得酒壹姓有拾贰酙(斛)。□□桃(萄)壹亩半,得酒伍酙(斛),

9　　□□□租。王祐儿桃(萄)□□酒壹姓有拾肆酙(斛)。辛阿元□

10　　□□□延伯桃(萄)□□柒酙(斛)。白寺真净桃(桃)壹亩陆

11　　□□□□□□寺桃(萄)贰亩陆拾步,□酒柒□

12　　□□□□□□寺桃(萄)贰亩半陆拾□,储

13　　□□□□□□有酒两姓得贰拾①

14　　□□□□□善愿无桃(萄),得酒

15　　□□□□□奴子贰

16　　□□□□僧保桃(萄)

(后缺)

(四) 60TAM320:01/3

(前缺)

---

① 本行首字"有"系笔者据文书图版所补,"有酒"数量中出现"姓",仅见于此例。"姓"后的"得"字或为"有"之误。

1　▭人抚军 寺 桃(萄)伍亩六十步,储酒叁拾酊(斛),得酒拾壹姓有壹佰肆拾 贰 ▭

2　▭ 无 桃(萄),得酒两姓有贰拾柒酊(斛)。史伯悦桃(萄)壹亩陆拾步,无租。吕马▭

3　▭ 租 了。主簿尸罗桃(萄)壹亩半,得酒肆酊(斛)伍兜(斗)。张法儿桃(萄)壹亩半 ▭

4　▭ 相嵩桃(萄)壹亩半,储酒伍酊(斛),得酒壹姓半▭

5　▭ 隆 叙桃(萄)叁亩, 无 租 。▭

(后缺)

　　本件文书的基本登录格式是先记某户有葡萄园若干亩,再登记该户酒的情况。酒的情况,可以整理出如下几种:① 租了;② 无租;③ 得酒若干斛;④ 有酒若干斛;⑤ 储酒若干斛,得酒若干斛;⑥ 储酒若干斛,有酒若干斛;⑦ 储酒若干斛,无酒。此外还有⑧ 某户无葡萄园,得酒若干斛。要理解此件文书,关键是要阐明其中的名词如"储酒"、"得酒"、"有酒"、"有桃无酒"、"无桃得酒"等的含义。文书中出现了表示酒的数量的"姓"字,关于"姓"字,吴震先生认为是一种容器,可容十至十五斛。① 笔者认为此观点可以成立。吴震先生认为"无租"是租"因故蠲除","租了"是"租已纳讫","储"指原有贮酒,"得酒"指"新酿得酒","有酒"指"现实存有的酒数","有桃无酒"的原因"或因园是新辟尚未收获","无桃得酒"或是自己无葡萄园(非园主)但从他人处来经营者。② 对于其中的"得酒",一些研究者们的观点有相似之处,如關尾史郎认为是官府可以得到的酒,③卫斯认为是必须上交的酒。④ 两者表述的差异,其实反映了对文书性质的不同理解。如何理解"得酒"的含义对厘清此件文书的性质至关重要,⑤相比较而言,關尾史郎的观点更可取。对于这件文书的性质,吴震先生认为:"从'无租'、'租了'看,这无疑是官府收租酒的簿帐,租额多少,似非(至少不仅仅是)据葡萄园亩数多少而定,而以产酒多少为据。否则无需记明得(有)酒若干,更不必将'无桃'而得酒者列入。因此,这租酒的性质与其说是地租,毋宁说是酒税。"⑥吴震先生对此件文书的理解亦有许多未安之处,以下作一申说。

　　笔者同意吴震先生对"无租"、"租了"、"储酒"的解释,但他认为"得酒"指"新酿得酒","有酒"指"现实存有的酒数",笔者难以赞同。我们注意到许多葡萄园主并未登录"有酒"的信息;如果"有酒"是"现实存有的酒数",那么"得酒"应当也是"有酒"的一部分。但实际上,我们看到"得酒"的数字绝大多数都在十余斛以上,而"有酒"的数字绝大多数少于十斛,并且存在园主有"储酒"和"得酒",而无"有酒"的登录,这些都证明吴震先生对"得酒"和"有酒"的解释难以成立。吴震先生对"得酒"的解释无助于正

---

① 吴震:《吐鲁番出土"租酒帐"中"姓"字名实辨》,第585—587页。见卫斯认为"姓"是"罂"或"甏"的通假字,见卫斯《关于吐鲁番出土文书〈租酒帐〉之解读与"姓"字考》,第51—52页。
② 吴震:《麹氏高昌国土地所有制形态试探》,《吴震敦煌吐鲁番文书研究论集》,第510页,吴震先生的解释不无可商榷之处(详后文)。卫斯对吴震的解释多有异议,但其说多有未安,卫斯:《关于吐鲁番出土文书〈租酒帐〉之解读与"姓"字考》,第48页。
③ [日]關尾史郎:《〈高昌田畝(得、出)銀錢帳——吐鲁番出土文書〉札記(一〇)》(下),第6页。
④ 卫斯:《关于吐鲁番出土文书〈租酒帐〉之解读与"姓"字考》,第48页。
⑤ 卢向前认为"得酒为得浆造酒之意,亦含有从他人处得新酿酒之意",《麹氏高昌和唐代西州的葡萄、葡萄酒及葡萄酒税》,第118页。
⑥ 吴震:《麹氏高昌国土地所有制形态试探》,《吴震敦煌吐鲁番文书研究论集》,第510页。

确理解这件文书的性质。我们仍需要从总体上重新研究这件文书。

首先,通览这件文书,凡葡萄园面积之后注"无租"或"租了"的人户都无关于酒的信息登录;而有"储酒"、"有酒"、"得酒"记录的人户,全都不载其"无租"或"租了"的情况,无一例外。① "无租"正如吴震先生指出的系"因故蠲除",吐鲁番春季多大风,夏田券和夏葡萄园券中多会对此类自然灾害的可能性予以特别说明。② 如果遭遇风灾等灾害,葡萄园减产或绝收,蠲除田租应当是合乎情理的;没有"无租"标注的应当都系需要缴纳租酒的人户,那么为何除了"租了"之外的人户,其他人户的情况都未注明? 笔者认为,凡是未注明者都系租酒已纳入者,默认此点,所以不再标注。③ 这组文书虽然标明了若干人户"无租"、"租了"的情况,但租酒纳入者的具体信息则完全不载,与《高昌高乾秀等按亩入供帐》等租酒文书很不同。所以此组文书登录的重点并非租酒,而是租酒缴纳完毕之后各人户的葡萄酒保有情况。④ 注明"租了"的人户,没有关于酒的信息著录,说明他们纳入租酒之后没有剩余,既无"储酒"(历年所贮藏的酒),也无"有酒"(当年新酿的酒);而只标注"无租"的人,说明他们没有"储酒",也不会有"有酒"的情况。租酒纳入既然已经在此之前完成,本组文书中的"得酒"当与租酒无关。

其次,我们来考察有酒人户的情况。吴震先生解释"有桃无酒"的原因"或因园是新辟尚未收获",此说似有未安。这例"有桃无酒"的人户,文书中记作"毛保谦桃贰亩半,储酒口酙(斛),无酒"。既然有储酒,说明很可能此"桃贰亩半"往年已有产出,将"无酒"解释为"新辟尚未收获",恐难成立。卢向前先生指出,"无酒"是"无新酿之酒",⑤"有酒"实指"新酿的酒"。这户"有桃无酒"的毛保谦应当是在租酒纳讫之后当年新酿的酒全部用尽,没有剩余。至于"无桃得酒",吴震先生解释为"或是自己无葡萄园(非园主)但从他人夏来经营者",笔者认为这个解释有合理的地方。但有个问题需要指出,高昌国的葡萄园租佃,都会注明"赀租百役,仰田主了",即经营权转让,但田租仍由田主缴纳,⑥经营者没有缴租的义务。该组文书中有"无桃得酒"的登录,⑦也反证其并非租酒帐。根据前文所述,租酒有固定的缴纳标准,按照文书中人户保有的葡萄园面积即可计算出应当纳入的租酒数量,显然与"得酒"数额不符,并且相去甚远,⑧这就进一步说明其并非租酒帐。

文书中登录了葡萄园主"得酒"、"储酒"、"有酒"情况,但重点其实是"得酒"的情况,理由如次。首先,"储酒"和"有酒"的数量都比较小,绝大多数都是十斛以下,"有酒"有一例数量是"两姓",当在二十

---

① 此组文书有残缺,凡可辨读的部分,确无例外。需要提示的是,文书中有"无桃得酒"的情况,没有葡萄园,自然没有租酒的问题,不在这里讨论的范围之内。
② 注明类似条款的契约很多,如《高昌义和三年(616)氾马儿夏田券》(《吐鲁番出土文书》贰,文物出版社 1994 年,第 101 页)中注明"风虫贼破,随大比列"。此外,时代稍早的《翟疆辞为共治葡萄园事一》(《吐鲁番出土文书》壹,第 51 页)中载"今年风虫,蒲桃三分枯花"。
③ 无葡萄园者,无须缴纳租酒,故不在此限。
④ 卢向前指出:"对于此件文书,编者认为是《葡萄亩数与租酒帐》,一些学者也有同样的观点。但依笔者看来,它既与酒租有关,又是一份葡萄种植和葡萄酒储藏、酿造的调查记录。"这个观点在对文书性质的理解上有进步,但由于作者没有正确理解"得酒"的含义,没有揭示租酒与"得酒"的关系,也就没能彻底揭示此组文书的性质。卢向前:《麴氏高昌和唐代西州的葡萄、葡萄酒及葡萄酒税》,第 117 页。
⑤ 卢向前:《麴氏高昌和唐代西州的葡萄、葡萄酒及葡萄酒税》,第 118 页。
⑥ 如《高昌二人合夏葡萄园券》,《吐鲁番出土文书》壹,第 390 页。
⑦ 关于"无桃得酒"的解释,似乎也还有另外一种可能性,即该户主,既无葡萄园也没有经营葡萄园,但通过其他途径获得了葡萄酒。如后文所论《高昌延寿九年(632)范阿僚举钱作酱券》中,范阿僚所举借的贰拾文银钱即以葡萄酒偿付,作为债主的一方,即便自己本身并无葡萄园,也可以通过这种途径获得葡萄酒。
⑧ 關尾史郎也认为葡萄园面积与纳入额并无对应关系,进而认为此件文书并非租酒帐,關尾史郎:《〈高昌田畝(得、出)銀錢帳——吐魯番出土文書〉札記(一〇)》(下),第 6 页。

斛以上,包含此例在内,十斛以上者仅有三例;"得酒"的数量绝大多数都在"一姓",即十斛以上。其次,"储酒"的数量有两例为十五斛和三十斛,但都不记其"姓"数,但"得酒"数量在十斛以上者,则必记其"姓"数,形成鲜明对比,显然这件帐簿中对"得酒"的登录包含了更多信息。如上文分析,文书并非租酒帐,故而此件文书的标题宜改作《高昌张武顺等葡萄亩数及得酒帐》。

既然非租酒帐,那么这组文书是什么性质呢?其"得酒"数量该如何理解呢?没有缴纳租酒义务的葡萄园经营者也登录在这个帐簿中,其意义何在呢?我们注意到,该组文书中除"无租"、"租了"之外其他有酒著录的人户,并非都有"得酒"的记录。如第三断片的"毛保谦桃贰亩半,储酒囗酐(斛),无酒","鲜特囗囗囗囗囗囗亩陆拾步,有酒陆酐(斛)"都不言"得酒"。官府制作这件帐簿可以看出其目的之一是要掌握租酒纳入之后民众的有酒情况。其中的"得酒"部分,数量最大,是登录的重点。關尾史郎先生认为"得酒"是"官府可以得到的酒",既然并非租酒,也就没有强制性,官府要想得到,自然不能无偿;而是否交给官府,决定权应当在民众。笔者推测不错的话,官府只能采取收购的办法,而不能采取强制措施。以上所举两户一户有"储酒"、另一户"有酒",但数额都不过几斛,可能因自己所剩不多,拟留作自用,而没有卖给官府。因而就出现了上述有"储酒"、"有酒"但无"得酒"记录的情况。①"无桃得酒"的人户也登录在案,因为官府也收购了他们的酒。笔者认为《张武顺帐》登录的是高昌国官府在百姓租酒纳入之后调查及收购百姓存酒的情况。

对于保有葡萄酒数额巨大的民户来说,出售给政府是他们生产葡萄酒以获取收益的实现途径之一,对于本无葡萄园而租佃经营者亦是如此。兹迻录《高昌延寿九年(632)范阿僚举钱作酱券》如下:

1. 延寿九年壬辰岁四月一日,范阿僚从道人元囗囗囗
2. 取银钱贰拾文,到十月曹(槽)头与甜酱拾陆酐(斛)伍
3. 兜(斗),与诈(酢)叁酐(斛),与糟壹酐(斛)。甜酱曲(麴)梅(霉),瓮子中取。到十月
4. 曹头甜酱不毕,酱壹兜(斗)转为苦酒壹兜(斗)。贰主囗
5. 同立卷(券),券城(成)之后,各不得返悔,悔者壹囗囗囗囗
6. 悔者。民有私要,要行贰主,各自署名为信囗。
7.   倩书赵善得
8.   时见张善祐
9.   临坐康冬冬②

如果我们转换角度,这件契约也可以看作是道人元某向范阿僚买甜酱,③只是甜酱并非即时交付,而是葡

---

① "得酒"这种说法,在其他文书中也有出现,如阿斯塔那154号墓所出《高昌供酒食帐》中有外来使节"得酒"的记录[如"大官得酒三升"《吐鲁番出土文书》(壹),第368页],彼处"得酒"的含义与本件文书中的情况显然不同,应另当别论。按,"得酒"一语在当时应当并非特定的专门术语,并非只在特定的场合中才使用,这应当也是本件文书之所以难解的原因之一。与《张武顺帐》同出自阿斯塔那320号墓的《高昌苻养等葡萄园得酒帐》与《张武顺帐》有重出人名,但文书中涉及的"得酒"似为租酒。文书残缺,难以详论。
② 《吐鲁番出土文书》贰,第197页。
③ 甜酱是葡萄酒制作过程中"踏浆"工艺的制成品,甜酱经不完全发酵成为"酢",完全发酵则为"苦酒",发酵所用酒母既是契约中提及的甜酱曲霉。关于此件契约的理解和葡萄酒的酿造工艺,参见卢向前《麹氏高昌和唐代西州的葡萄、葡萄酒及葡萄酒税》,第116—117页。陈习刚认为,酢是一种干型红葡萄酒,苦酒是一种干型白葡萄酒或桃红葡萄酒,陈习刚:《吐鲁番文书中的"酢"、"苦酒"与葡萄酒的种类》,《西域研究》2010年第3期,第75页。

萄成熟甜酱做成之后。这件契约中的道人元某可能自己没有葡萄园,所以提前订立了这样的契约,得到甜酱之后也不排除用于经营出售。《张武顺帐》中就出现了寺院和寺院的僧侣,道人元某可能趁范阿僚急需用钱之时贷钱与彼,但要求其用甜酱偿付,然后加工之后卖出酒,[1]其中当有收益赚入。[2] 如果自己保有葡萄园,再如道人元某这样通过其他途径买入,那么就会出现一些保有葡萄酒数额相当可观的人户或寺院,并且数额与他们自己的葡萄园亩数没有对应关系。这可能就是我们看到的这件张武顺葡萄园亩数帐簿上反映出的现象的成因。

王国官府收购葡萄酒之后不排除部分用于个人消费,但更大量的应当是贩卖取利。关于这一点,目前尚未能在吐鲁番文书中发现资料可以证明。但同为绿洲王国时代稍早的鄯善王国的佉卢文书中留存了此类资料,对我们的研究亦有参考价值。

对于鄯善王国的研究,凭藉的主要资料除遗址的考古学研究之外,还有相当数量的佉卢文和汉文出土文献。[3] 就数量而言,佉卢文文献是塔里木盆地至今为止考古发现数量较大的一种非汉文文献,总数在1 103件以上。[4] 其中有许多涉及葡萄酒的征收、支用等情况,第329号文书就是一例。关于此件文书,巴罗(T. Burrow)和林梅村的释译有不同之处,先分别迻录二人的释译再作分析判定。

巴罗的释译:

His Majesty, etc ... And now the business of the wine has come up at Calmadana. When this letter of command shall arrive there, forthwith wine (capable of being carried) by five camels is to be sent here in the hand of this Caulgeya. The load of one camel is 1 milima 1 khi, so that he can measure out 1 milima complete in Calmadana. From there [...] together the wine is to be taken. This wine should be taken to Calmadana on the fifth day of the fourth month, By no means let there be any [...] of the wine.[5]

林梅村的释译:

---

[1] 契约中元某要求范阿僚提供"甜酱曲霉",很可能就是用于酿酒。卢向前:《麴氏高昌和唐代西州的葡萄、葡萄酒及葡萄酒税》,第116页。

[2] 武敏先生在研究高昌私人作坊时也注意到了这件契约,认为范阿僚是酿造业的作坊主,向道人举钱二十文,可能用来扩大生产,定期以生产实物偿付,范阿僚所造的酱、醋并非为自家食用,而是为市场提供商品。参见武敏《5世纪前后吐鲁番地区的货币经济》,《新疆经济开发史研究》上册,新疆人民出版社1992年,第235页。武敏先生与笔者的视角不同,但也强调酒的销售和收益功能。实际上,范阿僚用近二十斛甜酱和酢,另加一斛糟抵偿贰拾文银钱,每斛甜酱仅抵银钱一文,与其他文书,如《高昌口污子从麹鼠儿边夏田、鼠儿从污子边举粟合券》(《吐鲁番出土文书》贰,第251页)中以租酒四斛五斗抵充银钱二十四文相比,价格非常低(虽然前者仅是初级加工品的甜酱,但价格也仍然偏低),说明此件契约对范阿僚不利,而对道人元某很有利。

[3] 集中收录、释译早期出土佉卢文文献的著作有 Kharoṣṭhī Inscriptions, Discovered by Sir Aurel Stein in Chinese Turkestan, Part Ⅰ-Ⅲ, Transcribed and Edited by A. M. Boyer, E. J. Rapson, E. Senart and P. S. Noble, Oxford: Clarendon Press, 1920,1927,1929. 这三部分于1997年被合并重印,Cosmo Publications, New Delhi,1997. 此书只有转写,没有英文翻译;T. Burrow, A Translation of Kharoṣṭhī Documents from Chinese Turkestan, The Royal Asiatic Society, London, 1940; T. Burrow, "Further Kharoṣṭhī Documents from Niya", Bulletin of the School of Oriental Studies, University of London, Vol. 9, No. 1(1937), pp. 111 – 123(此文的中文译本参见刘文锁《沙海古卷释稿》书后附录,中华书局2007年,第368—388页);林梅村《沙海古卷——中国所出佉卢文书(初集)》,文物出版社1988年。后期出土佉卢文的释译、研究情况参见刘文锁《沙海古卷释稿》的介绍,第9—12页。尼雅遗址早期出土汉文文献的情况参见林梅村《楼兰尼雅出土文书》,文物出版社1985年;后期出土汉文文献情况参见中日共同尼雅遗迹学术考察队编著《中日共同尼雅遗迹学术调查报告书》第二卷"本文编",1999年。

[4] 刘文锁:《沙海古卷释稿》,第1—2页。

[5] T. Burrow, A Translation of Kharoṣṭhī Documents from Chinese Turkestan, p. 62.

皮革文书正面

1. 威德宏大、伟大之国王陛下敕谕州长索阇伽,汝应知悉朕之谕令。

2. 朕处理国事之时,汝应日夜关心国事,小心戒备。若抒弥和于阗有什么消息,汝要向朕,伟大之国王陛下

3. 禀报。现在且末酿酒业盛行。当此谕令到达汝处时,务必即刻将

4. 五头橐驼(所能驮载)之酒交左尔格耶,日夜兼程送来。每头橐驼可驮载一弥里码一硒,所以,彼在且末即可将一弥里码计量出来。从汝处

5. ……和酒一起运来。此酒务必于4月5日运至且末。绝不允许任何酒……

6. ……

唯3月25日

皮革文书背面

致州长索阇伽

两件释译的不同点之一是,巴罗的版本中按照其对国王敕谕释译的一般原则,凡敕谕开始部分涉及国王头衔和敕谕对象官员的部分都予以省略,林梅村的版本则将这个开头部分也一并译出。巴罗的版本还省略了随后的一句话:"朕处理国事之时,汝应日夜关心国事,小心戒备。若抒弥和于阗有什么消息,汝要向朕,伟大之国王陛下禀报。"这句话频繁地出现在当时的很多敕谕之中(如272号、289号、291号、333号、341号、349号等文书中也有同样内容),巴罗因为文书内容雷同,因而未予释译。此外,还有一个重要不同,就是巴罗释作现在且末"葡萄酒生意盛行"的地方,林梅村释作"酿酒业盛行"。我们无法去核实佉卢文的原文来判定两种译释方案孰是孰非,但根据文书内容我们也不难裁定。不管哪个译本,此件敕谕的内容都大致清楚,即国王要求立刻用五匹骆驼驮载葡萄酒交由左尔格耶于四月五日之前运抵且末。其原因应当是且末的"葡萄酒生意盛行"才更符合逻辑。虽然许多相关细节我们不得而知,但是国王紧急发出敕谕调发葡萄酒到酒生意盛行的且末,应当是为将酒出售取利。①

鄯善王国葡萄酒的外销功能在431号文书中也有反映。先迻录该件文书译文如下:

此文件系有关耶呋村之酒事。耶呋村人三年之suki酒应分别计量出来。Apsu舍凯之人及耶呋村之全村人原有之suki酒各为19硒。酒现已征收二年。第三年,vasu suvesta摩里伽曾来一信说,

---

① 卫斯研究了329号文书,并指出:"国家通过酒局将税酒收归国家,再通过商运销售到周边的且末、楼兰、于阗等国家。""透过此件简牍我们也可以看出,酒的商业收入对精绝国经济所起的支撑作用,否则,王廷不会如此重视葡萄酒的外销。"(卫斯:《从佉卢文简牍看精绝国的葡萄种植业——兼论精绝国葡萄土地所有制与酒业管理之形式》,《新疆大学学报》2006年第6期,第70页)按,佉卢文文书的整体年代应当在三世纪中期到四世纪中期(孟凡人:《楼兰鄯善简牍年代学研究》,新疆人民出版社1995年,第383页;刘文锁:《沙海古卷释稿》,第12—14页),精绝国则在东汉时已经为鄯善国所灭,尼雅出土的佉卢文文书中虽然也有很多精绝的地名(Cad'ota),但所指应当是鄯善王国的精绝州,也即凯度多州,与精绝王国是前后继承关系。所以卫斯利用佉卢文简牍研究的只能是鄯善王国的情况,而非精绝国的情况。

此酒应全部出卖,以购衣服和被褥。关于此酒,啰苏将价款带来,为五岁之马一匹,彼以该马换得酒5硒及agisdha2,另有第二匹马由ageta色钵伽从此处带至汝处,由suvesta摩里伽收取。① (后省)

反映葡萄酒交易最核心一句话是"此酒应全部出卖,以购衣服和被褥",其中所指的葡萄酒系两年间在耶吠村所征收,至于为谁购入衣服和被褥,文书没有明言,但应当不是为王室,也不是为耶吠村的当地居民,可能性之一是为刚到的外来人口,比如佉卢文文书中常常提到的难民。② 关于葡萄酒交易的对象,文书中也没有提及,周边其他国家和政权应当是最有可能的选项之一。③ 关于此项交易的过程,文书中透露的信息不太明确,但似乎是要先将葡萄酒出卖以购入马匹,才可以购入希望的衣服和被褥,似乎以马作为货币。但在其他文书中也不乏直接以酒类作为货币直接进行交易的例子。如307号文书中称"若谷物须用酒类购买,就请购买",④又如574号文书所涉及的土地买卖是用酒和马匹偿付。⑤

西域诸国多盛产葡萄及葡萄酒,史书多有记载。⑥ 高昌国立国较周边诸国晚,自《魏书》始有传,也记载其"多蒲萄酒",⑦并曾向梁武帝进献过冻酒。⑧ 研究者认为,"冻酒"技术是一种优质葡萄酒的酿造工艺,源于南北朝时期的吐鲁番,⑨由此可见当时高昌国葡萄酒酿造技术的高超。唐代西州土贡中就有"蒲萄五物"包括"酒、浆"等。⑩ 吐鲁番当地葡萄种植历史悠久,因为得天独厚的地理和气候条件,出产高质量的葡萄和葡萄酒,至今仍是闻名世界的葡萄和葡萄酒产地。中古时期高昌国大规模的葡萄酒生产,正如时代稍早的鄯善王国一样,除了供本地消费,还应有大量用于供应市场需求。高昌国的葡萄酒生产在一定程度上是一种商品化生产,官府从民户手中购得大量葡萄酒,转而投入市场销售,周边政权如突厥等应当是高昌国葡萄酒外销的重要对象。⑪ 玄奘西行经西突厥统叶护可汗衙时受到招待,饮食即有葡萄

---

① T. Burrow, *A Translation of Kharoṣṭhī Documents from Chinese Turkestan*, pp. 87–88. 此件文书林梅村《沙海古卷》未予收录。这里的译文参考王广智所译,略有改订。巴罗著,王广智译:《新疆出土佉卢文残卷译文集》,韩翔、王炳华、张华主编:《尼雅考古资料》,1988年,第25页。
② 在其他许多文书中我们可以看到政府安置难民的措施。
③ 佉卢文文书中出现了许多当时鄯善国周边的地名,如于阗、扜弥、龟兹、焉耆等;鄯善王国是否存在蚕桑丝织业目前还难下定论(学术界的意见尚未统一,参见殷晴《丝绸之路与西域经济》,中华书局2007年,第168页;刘文锁《沙海古卷释稿》,第72—73页)。尽管如此,佉卢文文书中存在许多关于丝绸使用情况的信息,如660号文书系丝绸的交付、支用帐(林梅村:《沙海古卷》,第247—248页),489号文书显示寺院僧人违反戒律要罚数额不等的丝绸(T. Burrow, *A Translation of Kharoṣṭhī Documents from Chinese Turkestan*, p. 95);35号文书显示鄯善国的丝绸来源之一应当是"汉地"的商人(林梅村:《沙海古卷》,第50页;参见刘文锁《沙海古卷释稿》,第81页)。由以上信息,我们可以概见当时的鄯善王国与周边地区贸易的相关情况,而葡萄酒应当也是这种贸易的商品之一。
④ 林梅村:《沙海古卷》,第295页。
⑤ T. Burrow, *A Translation of Kharoṣṭhī Documents from Chinese Turkestan*, p. 115.
⑥ 参见余太山《两汉魏晋南北朝正史"西域传"所见西域诸国的物产》,《两汉魏晋南北朝正史西域传研究》,中华书局2003年,第285—286页。
⑦ 《魏书》卷一〇一,中华书局1974年,第2243页。
⑧ 参见王素、李方《〈梁四公记〉所载高昌经济地理资料及其相关问题》,《中国史研究》1984年第4期,第131—135页。
⑨ 陈习刚:《高昌冻酒与冰酒起源》,《农业考古》2008年第8期,第247—257页。
⑩ 《新唐书》卷四〇《地理志》,中华书局1975年,第1046页。
⑪ 西域周边其他绿洲国家如龟兹、焉耆等都产葡萄及葡萄酒(参看上引余太山《两汉魏晋南北朝正史"西域传"所见西域诸国的物产》一文),即便进口葡萄酒,数量亦应很小;但作为与高昌国关系密切的北方游牧族群,人口众多并且作为丝绸贸易的中继者积累了大量财富,应当是高昌国葡萄酒的重要外销对象。关于游牧国家作为丝绸贸易中继者的研究,参见松田寿男《アジアの歴史:東西交渉からみた前近代の世界像》,(东京)岩波书店1992年,第171页;关于游牧国家积累的大量财富及其消费情况,参看[日]森安孝夫《シルクロードと唐帝国》,(东京)讲谈社2007年,第340—342页。《高昌高乾秀奉亩入供帐》中"玄领寺"的入供记录中有"九月七日,二[ ]供作希瑾信"[《吐鲁番出土文书》壹,第200页]。按,"希瑾"应当即"忔希瑾",也就是"俟斤"、"颉斤"。(参见姜伯勤《高昌文书中所见的铁勒人》,《文物》1986年第12期,第55页,后收入《敦煌吐鲁番文书与丝绸之路》,文物出版社1994年,第107页);大谷文书1040背《高昌年次未详(6世纪后期或7世纪前期)头六捡等書信信物入歴》[池田温:《中国古代籍帐研究》,(东京)东京大学出版会1979年,第331页;(转下页)

浆、葡萄、刺蜜。①刺蜜是高昌国的特产，②葡萄和葡萄浆也可能来自高昌国。统叶护可汗消费之葡萄和葡萄浆可能来自高昌国奉赠，其他突厥部落很可能与高昌国存在葡萄酒交易。葡萄酒的商品化生产和销售应当是高昌国银钱的重要来源，也是高昌国从丝路贸易中获利的重要方式。

丝绸之路贸易的本质是一种奢侈品贸易。③ 高昌国外销的葡萄酒是否应当算作是奢侈品？如果高昌国的葡萄酒外销没有采用队商贸易的形式，那么这种交易能否归入丝绸之路贸易的范畴？笔者认为如果执着于概念界定而将这种贸易排除在丝绸之路贸易范畴之外，恐怕有失妥当。如果高昌国的葡萄酒贸易也可归入丝绸之路贸易的范畴的话，④那么丝路贸易与高昌国百姓之间的密切关联是无论如何也无法否认的。对《张武顺帐》及相关文书的重新研究，让我们窥见了高昌国葡萄酒生产及外销的历史事实，为重新审视丝绸之路绿洲国家的经济性质，探讨丝绸之路贸易与绿洲国家间的关系都提供了新的依据。

（接上页）《大谷文书集成》第一卷，(东京)法藏馆1984年，第9页，图版一]记"迦匕贪旱大官，作珂顿信金钱一文。作王信青马一匹，书一酙，绫二叠，酒一驼"。按，此件文书中的"作珂顿信"、"作王信"与"作希瑾信"的结构相同，即高昌致"珂顿"和"王"的信物(此处承關尾史郎先生教示)，其他礼物如金钱、马、酒等也是随附之物，这证明突厥是当时高昌国葡萄酒的流向之一。姜伯勤先生认为金钱是由西突厥汗庭携往高昌，方向正好相反，恐误。姜伯勤：《敦煌吐鲁番文书与丝绸之路》，第9—10页。荒川正晴先生也指出其方向是从高昌输入西突厥，荒川正晴：《ユーラシアの交通・交易と唐帝国》，(名古屋)名古屋大学出版会2011年，第94—96页。

① 慧立、彦悰著，孙毓棠、谢方点校：《大慈恩寺三藏法师传》，中华书局2000年，第28页。
② 《魏书》、《周书》、《隋书》、《北史》诸书《高昌传》皆有记载。
③ [日] 森安孝夫：《シルクロードと唐帝国》，第68—70页。
④ 关于丝绸之路贸易许多学者进行过归纳概括。如榎一雄概括丝绸之路国际贸易的特征为：由于地理、气候等原因，丝绸之路贸易路途艰险；以队商贸易为其组织形式；以正式的或者名义上的朝贡贸易的方式进行等(榎一雄：《シルクロード国際貿易史の特質》，1985年进讲草案，收入《榎一雄著作集》第五卷，(东京)汲古书院1993年，第3—10页)。刘欣如将丝绸之路贸易分为朝贡贸易、官方关市贸易和市场贸易三种，Xinru Liu, *Ancient India and Ancient China: Trade and Religious Exchanges, AD1–600*, New Delhi: Oxford University Press, 1988, pp. 76–81. 荒川正晴则强调队商贸易和绿洲国家内部的商人必须加以区分；队商贸易以奢侈品为中心，而绿洲国家内部的交易则以日常的商品为中心。绿洲国家之间可能存在的粮食等日常必需品交易与奢侈品交易，其性质也是不同的。参见荒川正晴《オアシス国家とキャラヴァン交易》，(东京)山川出版社2003年，第10—13页。如果我们将目光投向高昌国之外的时空，罗马帝国时代的商船在对阿拉伯半岛、波斯湾周边、印度西海岸等地的贸易中就装载着地中海地区的产品如葡萄酒、各式与饮酒有关的容器等(Xinru Liu, *The Silk Road in World History*, Oxford University Press, 2010, p. 35)。毫无疑问，葡萄酒也是丝绸之路贸易中的重要商品之一。

对吐鲁番地名发展演变规律的探讨*

——吐鲁番古代地名研究之一

陈国灿

(武汉大学出土文献与传统经济研究所)

吐鲁番地区的地名,由古至今,变化很大,从本地出土的古代社会文献记载看,古代的汉文地名,如柳中、蒲昌、赤亭等,在今天的吐鲁番已经完全找不到了。今天吐鲁番地区的地名,都是现今当地维吾尔族群众用维语发音的地名,如 Lukchun,清代译为汉字作鲁克沁;① Pichan,清代译为汉字作辟展;②Chiktam,清代译为汉字作齐克腾木或七克台。③ 这些维语地名,如果根据出土的历史文献记载,结合当地的历史遗迹留存加以考察,就会发现今天的鲁克沁就是古代的柳中,辟展就是古代的蒲昌,七克台就是古代的赤亭。名称仍是原来的名称,只是由于维族发音的音转,再经清人的汉译,使得一些古地名变得面目全非了。从这一背景看,吐鲁番地区的地名,古今的变化并不大。可见,对吐鲁番地区地名的研究,离不开对其地的历史演变作追根溯源的考察,从考察中摸清地名的发展演变规律,才能正本清源,揭示各个地名的渊源。

一、吐鲁番出土汉文文献中所见地名的特征

对于新疆的地名,有种观点认为:"一般说来,本地民族语文地名是早于汉文地名的。"④但对吐鲁番地区说来却并非完全如此,相反,倒是许多汉文地名早于本地民族语文地名。

吐鲁番盆地高温少雨,其农作物全靠天山积雪下泄的沟渠水和盆地自涌的泉水来灌溉成长,有水才有生命。故这里的古代居民,多选择有水灌溉的一片片小绿洲居住。秦汉时盆地的居民主要是车师人,人数很少,《汉书·车师前国传》载有"户七百,口六千五十"。⑤ 他们选择的主要生活中心地,是两河相交的交河台地。其他也是少数有水源的地方,留存至今的地名很少。绝大多数是未开发的地方,也不存在本地民族语文地名问题。

对吐鲁番盆地开始进行开发的是两汉时期,随着戊己校尉在盆地的屯田,以及带来的后续发展,由内地来到盆地的居民逐渐增多,势必出现许多新的居民点,于是也就产生了许多新的地名,这些地名的出现,也是由于受到各种因素的影响而形成的。

---

* 课题项目:新疆吐鲁番地区文物局吐鲁番学研究院课题"吐鲁番古代地名研究"阶段性成果。(项目批准号:TX2012—001)
① 冯承钧原编,陆峻岭增订《西域地名》,中华书局1980年,第39页。
② 《西域地名》,中华书局1980年,第76页。
③ 同上书,第20页。
④ 于维诚:《新疆建置沿革与地名研究》,新疆人民出版社1986年,第33页。
⑤ 《汉书》卷九六下《西域·车师传》,中华书局1962年,第3921页。

一种是由历史事件因素导出的地名。如"高昌",史籍中最早提到的是《汉书·西域传》。① 对于此地何以名"高昌",人们通常遵循《北史·高昌传》的说法:"或云:昔汉武遣兵西讨,师旅顿弊,其中尤困者因住焉。地势高敞,人庶昌盛,因名高昌。"② 王素在《高昌史稿》(统治编)中,已指出这是一种"望文生义的解说"。他对高昌一名的来源,提出了新的看法,认为"高昌壁最初应为敦煌县高昌里派出士卒之居地"。③ 因为驻于高昌壁的戊己校尉,虽由朝廷设置,其具体事务实由邻近的敦煌郡太守领导,屯田士卒也由敦煌派出。而敦煌早有"高昌里"的建制,这已为敦煌新出土的282号汉简所证实。该简文载:

> 郡仓居摄三年正月癸卯转两,入粟小石卌一石六斗六升大。
> 居摄三年四月壬辰大煎都步昌候史尹钦、隧长张博受。就人敦煌高昌里滑护,字君房。④

此简的意思是:敦煌郡仓于居摄三年(公元8年)正月癸卯转出粮一车,计有粟小石卌一石六斗六升多,四月壬辰大煎都步昌候史尹钦、隧长张博接受,雇请的赶车人是敦煌县高昌里的滑护,字君房。由此简知西汉的敦煌就有高昌里的建制。戊己校尉属敦煌郡管辖,其屯田士卒,当首先从敦煌抽调,这些士卒随戊己校尉到车师前国屯戍,应是按原居地籍贯编排组织的,其中由敦煌高昌里派出的士卒应该很多,他们独立编组,成为一个军事单位,在高昌这块宽阔的地方筑壁居住,为表示对故乡高昌里的怀念,于是便将此壁名之为高昌壁,用故乡地名呼所居之壁垒,实乃顺理成章之事,这恐怕才是高昌得名之真正原因。

田地城:是汉代戊己校尉屯田比较集中的地方。前凉张骏统治时,由于"戊己校尉赵贞不附于骏,至是,骏击擒之,以其地为高昌郡"。⑤ 对于此事,《初学记》卷八引梁顺野王《舆地广记》称:"咸和二年,置高昌郡,立田地县。"所云的"至是",乃指东晋咸和二年,即公元327年事。高昌建郡,其下除高昌县以外,就是田地县,显然是由于屯田开发出大片田地而立名。田地一名见于史籍记载,较早者如《梁书》,该书卷五四《高昌国》记"其国……置四十六镇"中,列有"田地"。⑥ 吐鲁番出土的北凉至高昌国文书中,多有记载。如阿斯塔那382号墓所出《北凉真兴七年(425)高昌郡兵曹白请差直步许奴至京牒》,牒文中有:"请奉教,依前次遣许奴往。奴游居田地,请符文往录。"⑦ 此县名一直沿用到高昌王国晚期,延寿年间《高昌侍郎焦朗等传尼显法等计田承役文书》中有"侍郎焦朗传:张武隽寺主尼显法田地隗略渠桃一亩半役,听断除"。⑧ 田地县至唐时改名柳中县。

酒泉城:关于此城的记载最早见于甘露元年《譬喻经·出广演品·出地狱品题记》,此记云:

---

① 《汉书》卷九六下《西域·车师传》:"元始(公元1—5年)中,……(车师后王)姑句……驰突出高昌壁,入匈奴。"中华书局1962年,第3924页。这应是史籍上所见有关高昌地名最早的记载。
② 《北史》卷九七《西域·高昌传》,中华书局1974年,第3212页。
③ 王素:《高昌史稿(统治编)》,文物出版社1998年,第72—73页。
④ 吴礽骧、李永良、马建华释校:《敦煌汉简释文》,甘肃人民出版社1991年,第28页。
⑤ 《晋书》卷八六《张骏传》,中华书局1974年,第2238页。
⑥ 《梁书》卷五四《高昌国传》,中华书局1972年,第811页。对此四十六镇,冯承钧《高昌城镇与唐代蒲昌》认为:"高昌城镇不应多至四十有六,《梁书》'四'字疑衍。"见《西域南海史地考证论著汇辑》,中华书局1957年,第85页。钱伯泉《高昌国郡县城镇的建置及其地望考实》(《新疆大学学报》1988年2月号)认为《周书·高昌国传》作"国内总有城一十六",四十六镇当为一十六镇。
⑦ 柳洪亮:《新出吐鲁番出土文书及其研究》,新疆人民出版社1997年,第7页。
⑧ 《吐鲁番出土文书》(录文本)第四册,文物出版社1983年,补第64页。

> 甘露元年三月十七日于酒泉城内斋丛中写讫。此月上旬汉人及杂类，被诛向二百人。愿蒙解脱，生々信敬三宝，无有退转。①

此"甘露元年"，原来多认定为是前秦甘露元年（359），②吴震先生依据鄯善吐峪沟所出《维摩经义记甘露二年沙门静志题记》认为，题记中的酒泉城"并非河西肃州治所之酒泉城，乃高昌地区之酒泉城"。甘露元年应是阚伯周在柔然支持下攻灭沮渠安周政权、称王高昌所建年号，时为公元460年，流血事件发生在酒泉城。吴震氏认为酒泉城的"营建与得名可能与沮渠无讳、安周兄弟进入高昌有关。来自河西酒泉的无讳兄弟部众中当有不少原居酒泉郡者，连同无讳兄弟及其家族成员在进入高昌后，皆聚居于此酒泉城。在柔然军队攻杀安周这一战役中，酒泉城如果不是首要打击目标，也是重要攻击目标之一"。③ 对于酒泉城源于酒泉郡移民聚居的推论，颇具合理性。此城在高昌城东南二十里，④高昌国时建县，吐鲁番出土《高昌某年传始昌等县车牛子名及给价文书》中，就有"酒泉令阴世咬宣"多起。⑤ 近年在鄯善洋海下村唐墓所出的从唐总章二年（669）到武后长安三年（703）酒泉城人吕懃子的一批契约文书，⑥表明此城居民一直延续到唐代。

第二种是由地形地貌因素产生的地名。"交河"一名汉代已有，《后汉书·车师前王传》载："车师前王居交河城，河水分流绕城，故号。"⑦

位于今连木沁之临川城也是如此，由于建在水旁而名临川，所临之川即今二塘沟，高昌王国时期就已存在，如阿斯塔那48号墓所出《高昌临川等城丁输额文书》中，有"临川贰拾肆人"，与横截、威神、永昌等城并列。⑧ 此地由于北控二塘沟，同时又当蒲昌往西州干道上，直到唐开元年间，都在此城驻军防御，此事见于吐鲁番出土的《唐开元二年三月一日蒲昌县牒为卫士麹义遏母郭氏身亡准式丧服事》。此牒文前，有蒲昌府折冲都尉王温玉的批示："知和均既替姜德临川城防御，牒城并牒和均知。"⑨正显现其地位之重要。

吐峪沟，古代名为"丁谷"，这也是由于流向此谷的水，由东西二谷而来，形成汉文"丁"字形状，故名为丁谷。魏晋以后这里已是多种宗教汇聚之地，如吐鲁番出土的《高昌章和五年（535）取牛羊供祀帐》有"取屠儿胡羊一口，供祀丁谷天"。⑩直到唐代，佛教仍以"丁谷寺"著称于世，出土的《唐丁谷某寺惠净与弟书》中有"惠净且在丁谷坐夏"。⑪

赤亭一名也是以地貌立名。唐代在火焰山的极东端山上建军事亭塞，由于山为红砂岩，《通典》记为

---

① 陈国灿、刘安志编：《吐鲁番文书总目（日本收藏卷）》，第493页，东京书道博物馆藏吐鲁番文书038号。
② ［日］池田温：《中国古代写本识语集录》录文第76页，图版2。
③ 吴震：《敦煌吐鲁番写经题记中"甘露"年号考辨》，刊《西域研究》1995年第1期，第17—27页。
④ 阿斯塔那42号墓所出《唐西州高昌县授田簿》中载有"城东卅里酒泉辛渠"、"城东廿里酒泉辛渠"、"城东廿里酒泉璨渠"、"城东南里酒泉璨渠"[《吐鲁番出土文书》（录文本）第六册，第243—269页]。璨渠，由高昌城东廿里的酒泉，流向城南廿里的酒泉，由此可证实酒泉城在高昌城东南20里的地方。
⑤ 《吐鲁番出土文书》（录文本）第三册，文物出版社1983年，第290—292页。
⑥ 陈国灿：《鄯善新发现的一批唐代文书》，载《论吐鲁番学》，上海古籍出版社2010年，第200—217页。
⑦ 王先谦：《后汉书集解》卷八八《西域·车师前王传》，中华书局影印本1984年，第1031页。
⑧ 《吐鲁番出土文书》（录文本）第三册，第93页。
⑨ 陈国灿：《日本宁乐美术馆藏吐鲁番文书》，文物出版社1997年，第42—43页。
⑩ 《吐鲁番出土文书》（录文本）第二册，文物出版社1981年，第39页。
⑪ 陈国灿：《斯坦因所获吐鲁番文书研究》，武汉大学出版社1994年，第454页。

"赤石山",①故将此亭塞取名为赤亭。唐著名诗人岑参在《火山云歌送别》中说:"火山突兀赤亭口,火山五月火云厚。"②即是对此地的描写。赤亭既是镇名,也是烽名,还是馆驿名。类似的地名尚有龙泉驿、白水镇、狼泉烽、悬泉烽等。

第三种是由物产出现的地名。如白芀,《梁书·高昌传》作白力,《北史·高昌传》作白棘。《资治通鉴》唐宣宗大中十二年正月条载:王式"至交趾,树芀木为栅,可支数十年"。胡三省注云:"昔尝见一书从艹从力者,读与棘同。棘,羊矢枣也,此木可以支久。"③可见,白芀为一种植物。可能此地盛产白棘,故将此居民点名之为白芀。此地到唐代改名为蒲昌县,并为县治所在地。

柳中,此名汉代就已经出现,《后汉书·车师前王传》称"交河去长史所居柳中八十里",④西域长史为何居此?这是因为"柳中皆膏腴之地",⑤可能因有大片柳林存在而得名。

交河城西南十五里的盐城,以其地产盐而立名。《北史·高昌传》载:"出赤盐,其味甚美。复有白盐,其形如玉,高昌人取以为枕,贡之中国。"⑥可能即此地所产。钱伯泉氏认为此城在车师时代就已出现,名为"兜訾",他说:"车师人为'胡'种,其语言同于匈奴和突厥,突厥语称盐为吐訾(Tuz),与兜訾音同,所以兜訾城即盐城。"⑦此说有一定的道理。不过,车师人应属吐火罗语言系统,《汉书·郑吉传》载郑吉"击破车师兜訾城,功效茂著",⑧证实兜訾城确为车师时的城名。到了高昌王国时,此城已改名为盐城,并建为县制,吐鲁番出土文书《高昌章和十一年(541)都官下柳婆、无半、盐城、始昌四县司马主者符为检校失奴事》即证实了这一变化。⑨

银山镇乃唐时所设,吐鲁番所出文书《唐神龙元年(705)天山县录申上西州兵曹为长行马在路致死事》载有:"谨连银山镇公验如前,请申州者。依检银山镇状……"⑩徐松《西域水道记》在叙述唐西州至焉耆之银山道时云:"又南折而西,行库穆什大山中一百五十里。库穆什者,回语谓银也,故唐人谓之银山。"⑪由此知银山镇是由于此地产银而得名。

第四种是在高昌国时期已经存在,但其具体含义不明的地名,如无半、笃进、柳婆、由宁等,大多在盆地西部,有可能是继承了车师原来的胡语地名发音而来。荣新江认为:"'柳婆'、'南平'其实都是一个胡语地名的不同音译,柳婆更接近原来的胡语(应当是 Lampu)。之所以麹氏高昌改用'南平'的译音,这可能是同时取汉语'南部平定'的意思,因为柳婆一地在高昌王国的南境,故此用'南平'这样一个音、义两通的地名取代汉语意思不甚佳的'柳婆'。"⑫此说不仅合理,而且还勾勒出了吐鲁番一些含义不明地名的来历及其演变。又如笃进,荣新江认为其源于阚氏高昌送使文书中的"喙进","最初也是一个当地胡语

---

① 《通典》卷一九一《边防典》"车师高昌附"载:"其国北有赤石山,山北七十里有贪汗山"。王素认为:"此处的赤石山,唐岑参诗称为火山,吐鲁番出土文献称为'赤山',即现在横卧高昌故城北部著名的火焰山。"(王素:《高昌史稿·交通篇》"高昌的行政地理",文物出版社2000年,第5页)。
② 陈铁民、侯忠义:《岑参集校注》,上海古籍出版社1981年,第171页。
③ 《资治通鉴》卷二四九唐宣宗大中十二年正月条,中华书局1972年,第8066页。
④ 王先谦:《后汉书集解》卷八八《西域·车师前王传》,中华书局影印本1984年,第1031页。
⑤ 王先谦:《后汉书集解》卷八八《西域传》,第1022页。
⑥ 《北史》卷九七《西域·高昌传》,第3212页。
⑦ 钱伯泉:《高昌国郡县城镇的建置及其地望考实》,《新疆大学学报》1988年2月号。
⑧ 《汉书》卷七〇《郑吉传》,第3006页。
⑨ 《吐鲁番出土文书》(录文本)第二册,第29页。
⑩ 陈国灿:《斯坦因所获吐鲁番文书研究》,第256页。
⑪ 徐松著,朱玉麒整理:《西域水道记》卷二,中华书局2005年,第114页。
⑫ 荣新江:《吐鲁番新出送使文书与阚氏高昌王国的郡县城镇》,《敦煌吐鲁番研究》第十卷,第36页。

的音译","到麹氏高昌时期,可能是嫌其不雅,遂改作'笃进'"。① 另外,还有"万度"、"其养"、"阿虎"等,②这些多是盆地西部的早期地名,可能都源于车师时代的胡语称呼。至少到高昌国前期,大多已改作汉义的地名而存在。正如荣新江所指出的:"目前所见麹氏高昌在这一地区所立县的名称,除泞林外,如安乐、龙泉、永安、盐城,都是纯汉语意义的地名,它们很可能是从原车师人的胡语地名改变的,或者是原语的意译,这是很值得思考的现象。"③这已是一千五百多年前的地名演变,如果说要用公元9世纪来到盆地的回鹘语去追寻这些汉名县的起源,显然是本末倒置的做法。

综上所论,吐鲁番地区,特别是盆地东部地区,许多地名的出现都源于汉人的开发,古代汉人定居点的形成及其对住地的命名,才是盆地东部地名根源之所在。至于西部,原有的一些车师王国的胡语地名,到高昌王国时,也逐渐改成为汉义的地名了。

二、吐鲁番地名因居民民族语言的改变而音变

纵观有文字记载以来的历史,在吐鲁番盆地居住时间最长且居于统治地位的民族有两个,一个是汉族,一个是回鹘(维吾尔)族。以公元9世纪为分界线,9世纪以前的近一千年,由戊己校尉屯田开始,继而高昌郡、高昌王国,直到唐朝的西州,是汉人对盆地进行开发、建设、经营的时期,盆地大多数的地名都诞生在这一时期中,故其地名都具有汉文、汉义的特征。9世纪中,回鹘人南迁来到盆地,建立西州回鹘王国,全盘继承了汉人在盆地留下的物质和文化遗产,其中也包括对地名称呼的继承。792年,吐蕃虽然暂时占领了西州,可是西州的汉族居民仍在,新移徙到此的回鹘人自然接受了汉民对既成地名的称呼。

然而,由于回鹘人使用的是突厥语系的语言文字,对原有的汉地名在表述上只能用译音方式来表达,如高昌作Qoco或作Khoco,④蒲昌作Pichan,⑤柳中作Lukchun,⑥交河城作Yarkhoto,⑦临川作Lamjin或Lemchin,⑧丁谷作Toyug,⑨赤亭作Chiktam,⑩盐城作Yamshi,⑪银山作Kumush等。⑫ 从所列这些回鹘语地名看,除银山为意译、临川半音译半意译外,大部分地名都是对原汉名的直接音译。

承继汉文地名的传统一直贯穿于整个西州回鹘王国时期,多年前在吐峪沟出土的一件在公元1051年前后用汉文写成的《造佛塔记》,记中载有多位参与修造佛塔的回鹘王国官员,其中有"宰相摄西州四府五县事、清信弟子伊难主……"⑬"西州四府五县"是指唐初建西州以后,在吐鲁番盆地建立的高昌、交河、柳中、蒲昌、天山等五个县,和相继建立的前庭、岸头、蒲昌、天山等四个府兵折冲都尉府。表明西州回

---

① 荣新江:《吐鲁番新出送使文书与阚氏高昌王国的郡县城镇》,《敦煌吐鲁番研究》第十卷,第36—37页。
② 见于新出《阚氏高昌永康九年、十年(474、475)送使出入、出马条记文书》,荣新江、李肖、孟宪实主编:《新获吐鲁番出土文献》上册,中华书局2008年,第163页。
③ 荣新江:《吐鲁番新出送使文书与阚氏高昌王国的郡县城镇》,《敦煌吐鲁番研究》第十卷,第41页。
④ 冯承钧原编,陆峻岭增订:《西域地名》,第77页。
⑤ 《西域地名》,中华书局1980年,第76页。
⑥ 同上书,第59页。
⑦ 同上书,第105页。有一种意见,认为突厥语"雅尔"为断崖之意,故其地又名雅尔河,实际这已是唐以后的事。
⑧ 《西域地名》,第58页。
⑨ 同上书,第97页。
⑩ 同上书,第20页。
⑪ 同上书,第104页。
⑫ 同上书,第57页。
⑬ 陈国灿、伊斯拉菲尔·玉苏甫:《西州回鹘时期汉文〈造佛塔记〉初探》,《历史研究》2009年第1期。

鹘在统治西州后,不仅对唐代的这套行政建制未做改变,而且由国之宰相兼摄管理,直到 11 世纪仍是如此。既然唐西州的行政建制仍在行用,其县、府的地域名称也必然在继续使用。

吐鲁番出土的回鹘文文献中有众多的契约文书,根据刘戈氏的研究,认为这些契约"文书中的格式套语都是13—14世纪高昌社会中存在的事物"。因此,她判断出"29件回鹘文买卖文书都是13—14世纪的文书"。① 在这些回鹘文契文中,都提到了一些行政地域界限的概念,如在《阿狄赫达干卖地契》中,写有:"其售价我们是这样商谈的,我们以在高昌地区(qocu)以西流通的两侧有边儿、中间有印章的一百个官布成交了。"②在《萨比卖地契》里,写有:"售价官布我们这样商谈了:我们以高昌(qocu)西流通的两端有边儿的、中间有图章的三千五百棉质官布成交了。"③使用的都是"高昌(qocu)"这个老地名,而且规定官布流通的地界只在高昌以西的地面。另外,在《奥孜迷失·陀赫里勒等人卖地契》中,写的是:"我们以柳中(lukcung)西部流通的、盖有皇印的一百七十个双面儿通用的棉布成交了。"④这里说的地界,与一份回鹘文《清帐收据》中所写相似,即"八十个柳中(lukcung)西流通的棉布我已全部收到了"。⑤ 这里的官布,是仅在柳中以西区域流通的棉布。与高昌一样,是作为行政区划单位而出现的。再一次证明了回鹘人对西州汉文地名称谓的继承。

13世纪,西州回鹘王臣属于蒙元政权,王被封为"亦都护",元宪宗朝建立"别失八里行尚书省",将盆地归为二十四城加以管理,甚至有时用汉字书写这些城名,如元《通制条格》中的"女多渰死"条载:

至元十三年(1276)七月初二日,钦奉圣旨:亦都护根底,塔海不花、亦控不花两个根底,火州、吕中、秃儿班为头贰拾肆个城子里官人每根底……⑥

圣旨中的"火州"实是 qocu 的汉字译写表述,"吕中"实是 lukcung 的汉字译写表述,"秃儿班"实是 turban 的汉字译写表述。译音本无定字,如将回鹘语音的地名再转译成汉文,就必然会出现百花齐发的现象。此处经元人的转译,原汉名的高昌,变为了火州,在元人《长春真人西游记》中写作和州,在《元史》中有作哈喇火州者,也有哈喇霍州、哈喇和州、哈喇禾州者。⑦ 原汉名的柳中,变成了吕中,宋人《王延德行记》译作六种,《元史》作鲁古尘,《西域行程记》作鲁陈城。⑧ 原汉名的永安,变成了秃儿班。

到了清朝乾隆重新统一西域后,盆地的地名又在元人汉译的基础上作了调整,如哈喇火州改写成了哈剌和卓,并由《西域图志》加以确定,行用至今。又如吕中,改译成鲁克沁,由《新疆识略》所确定,行用至今。其他如蒲昌(Pichan),清代新译作辟展。交河(Yarkhoto),清代《西域图志》新译作招哈和屯,而《辛卯侍行记》又作雅尔河。对于早已变为汉名的笃进(Toksun),《新疆识略》则译作托克逊。

总的看来,从汉晋到唐宋,再到元明清,吐鲁番的地名经历了一个历史的演化过程,即从汉晋高昌时

---

① 刘戈:《回鹘文契约文书初探》,(台湾)五南图书出版公司2000年,第173页,前言第4页。
② 李经纬:《吐鲁番回鹘文社会经济文书研究》,新疆大学出版社1996年,第42—46页。
③ 同上书,第47—50页。
④ 李经纬:《吐鲁番回鹘文社会经济文书研究》,第119页。
⑤ 同上书,第225页。
⑥ (元)《通制条格》卷四"女多渰死"条,浙江古籍出版社1986年,第63—64页。
⑦ 《西域地名》,第77页。
⑧ 同上书,第59页。

期的地名创建期,到回鹘民族语言变称期,再到元明清回鹘语音地名汉译期。在后一时期里,尽管汉文译出书写表述各异,但万变不离其宗,这个宗就是地名原创的汉文名,这就是吐鲁番地名发展演变的基本规律。只有遵循这一规律,就能揭示每一地名及其变化的来龙去脉,而不至于单纯从民族语音上去对一些地名作牵强附会的解释。

三、对盆地大小古城遗迹恢复原名的期待

吐鲁番盆地至今保存着大小古城遗迹数十座,①目前除高昌故城、交河故城已明确外,绝大部分的古城遗址均有待确定。而吐鲁番出土文献中记载的郡、县、乡名和镇、戍、烽名有上百处,这是确定这些古代故城名的依据。运用古代地名发展演变的规律,对数十座千年前的故城名进行研究,其结果是不难确定的。考古新发现的实践也印证了这一点。

斯坦因曾在阿斯塔那墓地掘获一批墓表墓志,其中有一方《武周神功元年(698)范羔墓志》,写有:"西州高昌县武城城上轻车都尉、前城主范羔之灵。正月二日亡,春秋七十有四,殡葬武城东北四里。"②指明了武城在本墓西南四里的地方。武城见于高昌国时期的《武城墌作额名籍》,③墌作人数至少百人以上,应是为修建武城城而征发的名籍。高昌国时称之为城,入唐后为乡。出土的《唐永昌元年(689)西州高昌县籍坊勘地牒》中,记两处的田亩都在"城西十里武城渠",④与范羔墓志文中的武城方位大体相合。侯灿依据范羔墓志所记,曾亲往实地调查,"在今高昌故城之西北阿斯塔那古墓区之西南约两公里有古城遗址,应是武城城址,属高昌都城的附廓县。"⑤

1971年在今胜金口北面,有一名乌尔塘的地方,出土了《高昌延昌廿六年(586)张武孝墓表》,编为71TWM1:1号,表文载:

> 延昌廿六年丙午岁,十月廿五日。以散令补永昌令(领)兵将,后迁户曹参军,张武孝之墓表。⑥

张武孝原本永昌人,故死后葬在永昌,今名乌尔塘,实由古代汉名"永昌"回鹘语音转而来。永昌故城点确定后,"永昌谷"也可随之确定。

1979年2月,在吐鲁番市南约20公里名叫让布工尚(或称勒木丕)古城附近,发现了一座《唐天山县南平乡令狐氏墓志》,志文前三行写的是:"大唐永徽伍年十月廿九日,董□隆母令狐,年八十有余。安西都护府天山县南平乡。"⑦而在此前的1976年,在同一墓区也出有一方上写有"天山县南平乡"的残墓志。⑧ 由此即可判定,此墓附近的让布工尚(或作勒木丕,或作工相)古城,即是唐天山县南平乡的所在

---

① 西村洋子、铃木桂、张永兵:《吐鲁番地区古遗址分布考——以麴氏高昌国、唐西州时期古遗址的空间把握为中心》,《吐鲁番学研究》2009年第2期。
② 侯灿、吴美琳:《吐鲁番出土砖志集注》下,巴蜀书社2003年,第604—605页。
③ 《吐鲁番出土文书》(录文本)第三册,第216—271页。
④ 《吐鲁番出土文书》(录文本)第七册,文物出版社1986年,第407页。
⑤ 侯灿、吴美琳:《吐鲁番出土砖志集注》上,巴蜀书社2003年,第344页。
⑥ 同上书,第17—20页。
⑦ 柳洪亮:《唐天山县南平乡令狐氏墓志考释》,《文物》1984年第5期。《吐鲁番出土砖志集注》下,第478页转载墓志。
⑧ 《唐天山县南平乡残墓志》,《吐鲁番出土砖志集注》下,第652页转载墓志。

地。此城在高昌国前期已建为南平县,阿斯塔那 524 号墓所出《高昌建昌三年(557)令狐孝忠随葬衣物疏》,载令狐孝忠身份为"南平主簿",主簿为县级上佐,可见此时已是南平县治所在。到高昌国后期已升格为郡,阿斯塔那 519 号墓所出《高昌延寿十七年(640)屯田下交河郡南平郡及永安等县符为遣麹文玉等勘青苗事》载:

   令 敕交河郡、南平郡、永安县、安乐县、洿林县、龙泉县、安昌县、□□□、□昌县,郡县司马主者:彼郡县,今遣麹郎文玉、高……①

此高昌王的符令文表明,到高昌国晚期,南平已由县升格为郡治了。入唐以后,南平降格为乡,隶属于天山县。

  永安在昌国时建为县城,不仅见于延寿十七年文书,而且见于更早的《高昌章和七年(537)张文智墓表》,表文载:

   初除横截郡录事参军、司马。□补王府左长史、领吏部事,加威远将军,拜折冲将军,历安乐、永安、白苏三县令,长史如故。②

由此表文知,早在麹朝初期,永安已建为县,到了唐代才降制为永安乡。2004 年在吐鲁番市东木纳尔发掘了一批宋氏家族墓,其中 2004TMM 102 号墓出有《唐显庆元年(656)二月二十六日宋武欢墓志》,志文载:"春秋六十一,显庆元年二月二十六日葬于永安城北。"③由此得知,永安城故址就在此墓葬区之南面。纠正了在此以前郑炳林氏"当在高昌城东"的说法,④也否定了郁越祖氏认为在"吐鲁番县城东 30 里处有地名养坎井,应即永安城所在"的推断。⑤ 而侯灿氏认为"其地当在今吐鲁番市西北部"的见解,⑥也需要作出调整。永安故城就在今吐鲁番市,很有可能"吐鲁番"一词就是由古代"永安"音转而来,⑦如同交河音转为雅尔河、柳中音转为鲁克沁、永昌音转为乌尔塘一样。

  遵循着地名上的这一音转规律,以此作为引线,结合出土的古代文献记载,对现有的维语地名逐一作出查考,找出其与古代汉文地名的渊源关系,然后对其所在地域的古遗址再作实地考察研究,相信一定可以查出一大批古代的故城来。

---

① 《吐鲁番出土文书》(录文本)第四册,第 124 页。
② 侯灿、吴美琳:《吐鲁番出土砖志集注》上,第 170—171 页。
③ 荣新江、李肖、孟宪实:《新获吐鲁番出土文献》,第 103 页。
④ 郑炳林:《高昌王国行政地理区划地理初探》,《西北史地》1985 年第 2 期。
⑤ 郁越祖:《高昌王国政区建置考》,《历史地理研究》2,复旦大学出版社 1990 年。
⑥ 侯灿、吴美琳:《吐鲁番出土砖志集注》上,第 19 页。
⑦ 在拙著《高昌社会的变迁》中,对于吐鲁番名称的来源,原认为由古"无半"音转而来。经深入研究后,感到欠妥,应予纠正。永昌音变为乌尔塘,即"永"可音变为"乌尔",那么,永安之"永"也应可音变为"乌尔"或"吐尔",永安音变为吐尔番或吐鲁番,实乃自然之事。

跋西州"白涧屯"纳粮帐中的"执筹数函"

朱 雷

（武汉大学历史学院）

自秦汉以来,为应对西北方向的游牧民族对农耕社会的冲击,在防御和进攻的方向和地方,都要驻扎重兵戍守,而广大驻军的粮秣均需内地供应。在长途运输且又缺乏运输工具的状况下,如何利用防戍军人在非战时从事农耕,以弥补内地调运之阙。对于这一问题的有关研究,无论宏观、微观,成果甚多,皆可借鉴。

在唐代,处于西北的新疆在解决军需问题上,除内地供给外,还是依秦汉旧制实行驻军的屯垦。《大唐六典》云:"凡军州边防镇守,转运不给,则设屯田,以益军储。"①出土文书中除了垦耕的相关记载外,也有如"白涧屯"的纳粮记录。

"白涧屯"位于交河县与唐轮台县间,据出土文书所记,有残缺的纳粮帐反映了"函"作为量词,由"函容"义引申出来并专用于"书函"。②但见梁《高僧传》卷一三《竺慧达传记》:"中有一铁函,函中又有银函,银函里金函,金函里有三舍利……"③此处已将"函"作为容器解了。但"白涧屯"纳粮历中的"函"非是此意。有释此白涧屯纳粮力中之函,是"量"制中高于硕的量。但唐的量制,根据《中国历代度量衡考》,在唐代"量"以上,并无有"函"一级"量"器。④但据《大唐六典》所记:"凡天下租税及折造转运于京都,皆阅而纳之……凡受租皆于输场,对仓官、租纲、吏人执筹数函。其函大五斛,次三斛,小一斛。"⑤

这里"函"的大小分三等,即"函"容分别为五、三、一斛。这里"吏人执筹数函"应是刘宋时檀道济为元嘉北伐失利,《南史》本传记云:"道济时与魏军三十余战多捷,军至历城,以资运竭乃还。时人降魏者俱说粮食已罄,于是士卒忧惧,莫有固志。道济夜唱筹量沙,以所余米散其上。及旦魏军谓资粮有余,故不复追,以降者妄,斩以徇。"⑥因而,檀道济之"夜唱筹量沙",成为古书典故。也可作为上引《唐六典》所云执筹数函的"脚注"。

《六典》所云函有三等,而白涧屯所记函之量为"二斛",不同于《六典》三等之制,从而表明"函"并无一固定容量,只是在"唱筹"时临时所定,所以唐制量器在斛以上并无函"。

至于画"尚"字记数,在1998年时整理文书时,我们按文书所记,也知"尚"字作计数用,犹今日之画"正"字作"五"之计数。杭州大学蒋礼鸿先生所著《敦煌变文字通释》中指出:"'下金筹'和点'尚'字,就是点筹。"同时,在制定为"量入制出"财政原则而制定乡帐时,当分别统计人户时,也同样采取画"尚"字作计数。

---

① 《大唐六典》卷七"屯田郎中员外郎条",日本广池学园本,昭和四十八年,第165页。
② 刘世儒：《魏晋南北朝量词研究》,中华书局1965年,第157页。
③ 汤用彤校注,汤一介整理：《高僧传》卷一三《晋并州竺慧达》。
④ 丘光明编著：《中国历代度量衡考》,科学出版社1992年。
⑤ 《大唐六典》卷一九"司农寺承条"。
⑥ 《南史》卷一五《檀道济传》,中华书局1975年,第445页。

在和平里的人户统计中,见到文书如下:

> 老户 𠂆 寡户 |
> 丁户 尚尚尚尚尚尚尚尚 小户 𠂆
> 次户①

很显然,这里按"手实作分乡帐"时,分别统计老、丁、中、小、寡等户,分别有若干,而画"尚"字分别统计。一个完整的"尚"字,即代表十户,一户即是"′",五户即是"𠂆"。从而表明在唐代就已普遍采用"尚"字作为计数,犹如今日以"正"字作"五"的计数。

20世纪70年代初,唐代洛阳含嘉仓的发掘除了屯粮仓址的发现、出土,了解了仓的规模、形制,及按《大唐六典》所云:

> 凡凿窖置屋,皆铭砖为斛之数,与其年月日,受领粟官姓名,又立碑如其铭焉。②

从本窖所出"铭砖"及过去金石之书所收"铭砖",可见李锦绣女士《唐代财政史稿》(上卷)第一分册。③

白涧屯,唐代文献中不见记载,但在日本《大谷文书集成》第二册中,大谷三七八六文书记"天山屯营田五十顷","柳中屯卅顷"。此上二项宋版《唐六典》(日本近卫家本)记:

> 凡天下诸军州管屯总九百九十有二,
> ……安西二十屯……天山一屯。④

以上只见有天山一屯,而大谷文书中见到柳中一屯卅顷、天山一屯五十顷。据上引《六典》所记:

> 大者五十顷,小者二顷。凡当屯之中,地有良簿,岁有丰俭各定为三等。凡屯有屯官、屯副。⑤

则白涧屯应属"大者",至于土质、水源、年成"丰俭"不清,但仅据残剩文书所记,九月十五日交纳青稞和大麦陆佰陆拾硕,五月十五日后到九月廿九日前,至少一次交纳青稞杂大麦,数已残,仅剩三"尚"字,知至少交纳陆拾斛已上。

以上三笔交纳共见有玖佰捌拾硕,除了青稞、大麦外,根据《唐六典》所记,犹有秣草。惜白涧屯纳粮帐的残失,不见有秣料交纳的记载。根据均田制下,交租二石,亦有秣料交纳。这在吐鲁番出土文书中即可见到。⑥

---

① 蒋礼鸿:《敦煌变文字义通释》(增订本),上海古籍出版社1997年,第88页。
② 朱雷:《敦煌吐鲁番文书论丛》,上海古籍出版社2012年,第110页。唐长孺主编:《吐鲁番出土文书》(图文本)第七册,文物出版社1983年。
③ 李锦绣:《唐代财政史稿》(上卷)第一分册,北京大学出版社1995年,第151—157页。
④ 《大唐六典》卷七"屯田郎中"条,日本广池学园版,昭和四十八年,第171页。
⑤ 同上书,第165页。
⑥ 《吐鲁番出土文书》肆,第556页。

吐鲁番出土文书所见中古基层行政体系

刘再聪

(西北师范大学敦煌学研究所)

贞观十四年,侯君集率兵定高昌。随后,唐朝力量进一步西进。占领西州并设置四镇后,巩固统治便为当务之急。太宗斥群臣"依旧为国"之议,[①]力主设西昌州进而改设西州,[②]西州性质也由羁縻州一跃而变为正州。[③]《巡抚高昌诏》云:"高昌之地,虽居塞表,编户之氓,咸出中国,自因隔绝,多历年所。朕往岁出师,应时克定,所以置立州县,同之诸夏。"[④]可知,西州州县级的行政机构与内地相同。那么,县以下的建制又如何呢?还有,四镇其他地区县以下的建制又如何呢?

西州县以下基层行政体系

一、西州的乡里村坊

唐朝建立之后,在县以下大力推行乡里村坊制度。《通典》引唐令云:

  诸户以百户为里,五里为乡,四家为邻,五家为保。每里置正一人(若山谷阻险、地远人稀之处,听随便量置),掌按比户口,课植农桑,检察非违,催驱赋役。在邑居者为坊,别置正一人,掌坊门管钥,督察奸非,并免其课役。在田野者为村,村别置村正一人,其村满百家增置一人,掌同坊正。其村居如[不]满十家,隶入大村,不得别置村正。……诸里正,县司选勋官六品以下白丁清平强干者充。其次,为坊正。若当里无人,听于比邻里简用。其村正取白丁充,无人处,里正等并通取十八以上中男、残疾等充。[⑤]

由于西州被定性为正州,所以律令所规定之乡里村坊制度也将大行于西州。西州在开元时有"乡二十四",[⑥]分属高昌、天山、交河、柳中、蒲昌五县。吐鲁番出土文书中记载西州乡之数目多达二十几个,分属于五县,而且大多数归属明确。[⑦]里的设置及里正活动,在出土文书中也有诸多反映,这里无须举例。为

---

① (唐)吴兢编著:《贞观政要》卷九《安边》,上海古籍出版社1978年,第279页。
② (宋)王溥:《唐会要》卷九五《高昌》,中华书局1990年,第1702页。本文所用正史及《资治通鉴》均为中华书局本。
③ 胡戟、李小聪、荣新江《吐鲁番》云:"(西昌州)应属于羁縻州性质。"三秦出版社1987年,第54页。
④ (唐)许敬宗编,罗国威整理:《文馆词林校证》,中华书局2001年,第248、249页。
⑤ (唐)杜佑撰,王文锦等点校:《通典》卷三《食货三》乡党条,中华书局1996年,第63—64页。仁井田陞定为开元二十五年,见《唐令拾遗》卷九《户令》,京都大学出版会1983年,第215页。
⑥ (唐)李吉甫撰,贺次君点校:《元和郡县图志》卷四〇《陇右道下》,中华书局1983年,第1030页。
⑦ 张广达:《唐灭高昌国后的西州形势》,《西域史地丛稿初编》,上海古籍出版社1995年;李方、王素:《吐鲁番出土文书人名地名索引》附录《唐西州高昌县乡里表》备注,文物出版社1996年,第483页。

了便于说明问题,仅将可认定的乡里名称列表如下:

吐鲁番出土文书所见西州乡、里名表

县	乡	里	县	乡	里	县	乡	里	县	乡	里
高昌县	崇化乡	净泰里	高昌县	顺义乡	礼让里	高昌县	尚贤乡	投化里	交河县	安乐乡	长垣里
		安乐里			和平里			永善里			高泉里
	武城乡	六乐里			顺义里		归德乡	净化里			独树里
	太平乡	忠诚里		宁昌乡	淳风里		归义乡	积善里		龙泉乡	新坞里
		仁义里			长善里			尚贤里			新泉里
		归政里		高昌乡	安义里	柳中县	承礼乡	弘教里		永安乡	横城里
		德义里			慕义里			依贤里			洿林里
		成化里			归化里		钦明乡	淳和里		名山乡	
	宁大乡	昌邑里			高昌里		□□乡	柔远里			
	宁戎乡			安西乡			五道乡		蒲昌县	盐泽乡	归口里
	灵身?乡			神山乡			高宁乡		天山县	南平乡	

说明:本表依据张广达《唐灭高昌国后的西州形势》相关内容改制。王素、李方《吐鲁番出土文书人名地名索引》对高昌县所属里的划分与此表略有不同,读者可参考。由于资料有限,表中的乡里没有考虑时间因素。根据《太平寰宇记》卷五六"西州"条记载,推测蒲昌县的乡有两个。

关于坊的记载比较少,也比较零散,所以我们对有关坊正及坊名的记载略举几例:

材料一,《唐贞观十七年(643)何射门陀案卷为来丰患病致死事》:

```
14      亲,若为肯好供给
15      不觅医治,仍显是
16      看并问坊正,来丰
              (中略)
21      节义坊正麹伯恭      十八    恭
22      恭辩:被问来丰身患      为检校不申文牒致
23      理而死者。谨审,其来      四月内,因患至此,奉前
24      赵巂处分。令于坊      置,即于何射门陀
```
(后略)①

材料二,《武周州公廨白直课钱文书》:

```
1    未有申处
2    县已差坊正    ②
```

---

① 《吐鲁番出土文书》(录文本)第六册,文物出版社1985年,第4—5页。
② 《吐鲁番出土文书》(录文本)第七册,文物出版社1986年,第205页。

另外,还有《唐永徽元年(650)坊正张延太残牒》、①《唐麟德二年(665)坊正傅某牒为追送畦海员身到事》等。②《唐西州高昌县诸坊杂物牒》有安乐坊、崇教坊、大顺坊、永和坊等名称。③《唐景龙三年(709)十二月至景龙四年(710)正月西州高昌县处分田亩案卷》有安乐坊名称。④

综合以上文书,可以看到:唐代西州有以"崇教"、"安乐"等追求教化、反映民意的坊名。坊正出现的最早时间是贞观十七年,距离收复高昌仅仅三年时间。坊正直接受县司的支遣,执行接待、追逃、征赋等各种任务,符合唐令的规定,坊具有基层行政组织的职能。

可是,在肯定西州推行乡里制的同时,我们发现,西州没有出现"村"的记载。⑤通过探讨得知,西州百姓虽然没有全部住在州县城郭之内,但绝大多数住在城内是实。因为西州多城,西州的城除州县之郭邑外,还有众多乡城和里城。

二、西州的"城"

西州多城是历史遗留,多城的事实与地理条件有关。该地处沙漠之中,可资利用者只有绿洲,而且周边又有众多游牧民族的威胁。居民以绿洲为栖息之地,在绿洲上开垦土地,早期的王国在大点儿的绿洲上筑城据守,居民聚居以城为中心,城的多少就意味着王国的强弱与大小。该地区的城很早就出现在文献记载中,《史记》、《汉书》称西域为城郭之国。据研究,在高昌国时期,文献及文书所记载的城几近30座,而且绝大多数可以肯定是县。⑥ 城是唐朝讨平高昌国后直接可资利用的土地资源,唐朝也因之据城设县。《唐会要》记:

(贞观)十四年八月十日,交河道行军大总管侯君集、副总管牛进达平高昌国。……以其地为西昌州,又改为西州。以交河城为交河县,始昌城为天山县,天山(当为田地)城为柳中县,东镇城为蒲昌县,高昌城为高昌县。并为都护府,留军以镇之。⑦

五县之下,又置24乡。可以肯定地说,24乡也均据城而设,可以得到出土文书证明的乡城有高宁城、武城城、安乐城、南平城等。四地作为乡,无须赘述,下面仅仅举出有关城的记载。

(1)高宁城

大谷文书2389号《西州高昌县给田文书》记:

2 一段贰亩(部田三易)城东廿里高宁城 东荒 西荒 ☐ ⑧

---

① 《吐鲁番出土文书》(录文本)第五册,文物出版社1983年,第34页。
② 《吐鲁番出土文书》(录文本)第六册,第459页。
③ 《吐鲁番出土文书》(录文本)第七册,第380页。
④ 同上书,第510页。
⑤ 最早明确提出"西州有坊而无村"论者为卢向前,见氏之《唐代西州土地关系述论》,上海古籍出版社2001年,第72页。
⑥ 郑炳林:《高昌王国行政地理区划初探》,《西北史地》1985年第2期。
⑦ 《唐会要》卷九五《高昌》,第1701—1702页。
⑧ [日]小田义久:《大谷文书集成》壹,京都株式会社法藏馆1984年,第94页。

大谷文书2865号《西州高昌县退田文书》记：

  4　壹段贰亩永业（部田三易）城东贰拾里高宁城　东至荒　西至荒　南至荒⃞⃞①

《唐马寺尼诉令狐虔感积欠地子辞稿》记：

  1　柳中县百姓令狐虔感（负二年地子青麦一石六斗⃞六斗。住在高宁城）②

《唐大历四年（769）后马寺请常住田改租别人状》记：

  3　右件地大历四年租于高宁城③

高宁城在高昌城东二十里，隶属于柳中县。城内有百姓居住，也有寺院建筑。
（2）武城城
《武周神功二年（698）范羜墓志》记：

  西州高昌县武城城上轻车都尉，前城主范羜……④

《唐显庆五年（660）残辞》记：

  1　□庆五年十月⃞
  2　⃞武城〃里⃞
  3　⃞舍去永徽六年⃞⑤

"〃"为重字号，"武城"里即"武城城里"。⑥ 知武城乡有城，在高昌城西十里左右，属于高昌县。大谷文书1231号《西州高昌给田文书》记"张阿苏剩退一段壹亩（常田）城西十里武城"。⑦
（3）安乐城
《唐景龙二年（708）西州交河县安乐城宋悉感举钱契》记：

  1　景龙贰年四月十七日交河县安乐城人⑧

---

① 《大谷文书集成》壹，第120页。
② 《吐鲁番出土文书》（录文本）第十册，文物出版社1991年，第294页。
③ 同上书，第295页。
④ 侯灿、吴美琳：《吐鲁番出土砖志集注》，巴蜀书社2003年，第605页。
⑤ 《吐鲁番出土文书》（录文本）第六册，第165页。
⑥ 重字号在《吐鲁番出土文书》中很常见，如第八册149页"一〃具答"、第159页"刘隆〃"等。
⑦ 《大谷文书集成》壹，第31页。
⑧ 《吐鲁番出土文书》（录文本）第七册，第504页。

《唐开元三年(715)交河县安乐城万寿果母姜辞》记：

> 开元三年八月日交河县安乐城百姓万寿果母姜辞：县司（后略）①

《唐开元二年(714)帐后西州柳中县康安住等户籍》（四）记：

> 2　安乐城人曹奉一□（后略）②

知安乐城有百姓居住，属于柳中县。

(4) 南平城

《唐匡遮□奴莫贺吐辩辞》记：

> 5　[　　]于南平城捉得，自上□□高③

文书记莫贺吐因诓骗韩行大小奴在南平城被捉获事。《唐残状稿》也提到南平城。④《新唐书·地理志》记西州西南有南平、安昌两城，⑤南平城属于天山县。

上述各地，既名乡，又称城，当为西州众城中之一部分。又，位于高昌城北二十里的新兴城，也有学者认为是乡城。⑥另，安昌城、酒泉城等也有百姓居住及田地，具体性质暂时无材料证明。至于乡城规模大小，今已难详考。亲自到新疆考察过的黄文弼论述高昌众城规模时说："盖当时有城者，虽有城之名，而实无城，不过为一街市者，故皆以镇名之。"⑦若是，可知其规模之小。虽然如此，作为乡，其规模已是绰绰有余。高昌国时期的县治之所，如洿林、横截等城则降级为里名。虽然降为里，但城的存在是可以肯定的。据此可以推测，西州的乡、里当依城而设，百姓就居住在州县城、乡城及里城里面。《唐开元二十一年(733)西州蒲昌县定户等案卷》云："但蒲昌小县，百姓不多，明府对乡、城父老等定户，并无屈滞；人无怨词，皆得均平。"⑧所言即为乡城。

西州的城设有城主。《唐某人与十郎书牍》称："当城置城主四、城局两人。坊正、里正、横催等在城有册余人，十羊九牧。"⑨前引文记武城城有城主。至于城主的性质，学者们认识不同。王永兴谈到沙州寿昌城主的问题时，认为："唐朝的官制里没有城主这一官职。城主是西域有些国家的制度。"敦煌出现城主是受西域国家的影响，其意义与高昌国的城长、城令、城主相同。⑩ 20 年后，日人西村元佑在研究同

---

① 《吐鲁番出土文书》（录文本）第八册，文物出版社 1987 年，第 73 页。
② 同上书，第 285 页。
③ 《吐鲁番出土文书》（录文本）第七册，第 107 页。
④ 柳洪亮：《新出吐鲁番文书及其研究》，新疆人民出版社 1997 年，第 88 页。
⑤ 《新唐书》卷四〇《地理志四》，第 1046 页。
⑥ [日] 小笠原宣秀、西村元佑：《唐代徭役制度考》，载《西域文化研究会》第三，1959 年。收入姜镇庆、那向芹译《敦煌学译文集》，甘肃人民出版社 1985 年，第 949 页。
⑦ 黄文弼：《高昌疆域郡城考》，《国学季刊》第 3 卷第 1 号，1932 年 3 月。又见黄文弼《西北史地论丛》，上海人民出版社 1981 年，第 153 页。
⑧ 《吐鲁番出土文书》（录文本）第九册，文物出版社 1990 年，第 98 页。
⑨ 同上书，第 140 页。
⑩ 王永兴：《敦煌唐代差科簿考释》，《历史研究》1957 年第 12 期。又见沙知、孔祥星编《敦煌吐鲁番文书研究》，甘肃人民出版社 1984 年，第 301 页。

一批文书时认为应该从唐朝制度本身入手予以解释。西村的这一思路颇有新意,他解释的答案是:城主即为乡长或者乡官。① 近又有论者认为:城主由家庭富裕者充当,以百姓的身份兼任。② 沙州、西州均为边地正州,位置相近,情况相同,城主的性质也一样。总结上述材料:西州地区的城主是唐朝制度的产物,主要职责是掌城门开闭。

文书中西州乡城设里的记载,证明唐代在非州县郭邑的"城"内设置里。这一事实有助于我们对唐令中将坊的设置限定在"两京及州县之郭内"规定的理解。

"自古为天下者,务广德而不务广地"。③ 唐朝国土广袤,州按税役分轻重,县以户口分上下,乡因地土有宽狭。乡里村坊制度之执行必因地域之差异而有程度上的不同。唐代西州在县以下的体制中,尚有不少游奕部落,即少数民族的部族。游奕部落是居住在城外的部族,在隶属关系上同样属于高昌县和西州都督府的管辖。但游牧部族与编户之间必然存在着生活方式和经济结构的不同,"夷胡户"和地方政府的关系与编户民也不同,他们有着较大的自治性特权。

西州里正上直与县吏分片管理制度

一、里正上直制度

唐朝的县大小不等,大者数十乡,如宋敏求《长安志》卷一二记长安县有59乡,《敦煌县博物馆藏地志残卷》则记长安县有79乡。④ 小者仅一乡,如敦煌郡寿昌县。小县无须讨论,大县如长安县,按照五里一乡计算,长安县的里将近有300—400个。对于众多村、里,政令如何传达,繁杂村乡事务怎样及时了解和处理,仅仅依靠有限的县吏员完全不够。⑤ 为此,唐代实行了里正上直及县吏分片管理制度。

上直指到上级的行政机构当差。《广异记》记:"开元末,霍有邻为汲县尉,在州直刺史。"⑥ 即霍有邻以县尉身份在州刺史厅当直。唐朝时,里正等也有到州县厅当差的惯例。里正上直制度在隋末唐初就有推行。《册府元龟》所记张志宽探母一事颇能说明问题:

> 张志宽,蒲州安邑人。隋末丧父,哀毁骨立,为乡里所称。……后为里正。诣县,称母疾,急求归。县令问其状,对曰:"母尝有所苦,志宽亦有所苦。向患心痛,知母有疾。"令怒曰:"妖妄之辞也。"系之于狱,驰验其母,竟如所言。令异之,慰谕遣去。及丁母忧,负土成坟,庐于墓侧,手植松柏千余株。⑦

---

① [日]西村元佑:《通过唐代敦煌差科簿看唐代均田制时代的徭役制度——以大谷探险队携来的敦煌和吐鲁番古文书为参考史料》,《中国经济史研究——均田篇》,同朋社1977年。汉译文见《敦煌学译文集》,甘肃人民出版社1985年,第1074—1076页。
② 沙知:《唐敦煌县寿昌城主小议——兼说城主》,《敦煌学》第18辑,1992年;周绍良:《说城主兼论寿昌是镇是县》,陕西师范大学古籍所编:《古典文献研究集林》第三集《庆祝黄永年先生七十寿辰论文集》,1995年。参见荣新江《八世纪下半叶至九世纪初的于阗》(《唐研究》第三卷,第350页)介绍。
③ 《新唐书》卷三七《地理志一》,第960页。
④ 赵吕甫:《从敦煌、吐鲁番文书看唐代"乡"的职权地位》,《中国史研究》1989年第2期。
⑤ 据《旧唐书·职官志》记,唐上县共有吏员105人,除去博士、助教、学生之外仅剩余63人。下县共63人,除去博士、助教、学生外仅有41人。
⑥ 《太平广记》卷三八一霍有邻条,第3032页。
⑦ 王钦若等编:《册府元龟》卷七五六《总录部·孝第六》,(台北)中华书局1996年,第2698页。

母亲患病子有感应虽失于离奇,然志宽充任里正不在家可为实。上直有直县和直州之别。上直于县者见于《三水小牍》所记:

> 河东裴光远,唐龙纪己酉岁,调授滑州卫南县尉。……有里长王表者,家虽富赡,早丧其妻,唯一子,可七八岁。白皙端丽,常随父来县曹,光远见而怜之,呼令入宅,遗以服玩,自是率以为常。①

于州厅上直者见于《闻奇录》所记:

> 唐故吏部员外张升随僖宗幸蜀,以年少未举,遂就摄涪州衙推。州司差里正游章当直。他日,遂告辞,问何往,章不答。但云:"有老母及妻男,乞时为存问。"言讫而去。②

又《广异记》云:"涪陵里正范端者,为性干了,充州县任使。"③里正上直时,分具体部门充直。《唐西州高昌县诸乡里正上直暨不到人名籍》载:

> (前缺)
> 1　昌:康达、令狐信、樊度、氾惠　直仁
> 2　　　　　　　检不到人过。思仁
> 3　　　　　　　　白。
> 4　　　　　　　　　六日
> 5　二月六日里正后衙到
> 6　化:尉思　严海　张成　宋感　仁
> 7　西:巩才　马才　曹俭　丞直　仁
> 8　顺:曹感　贾提　严似　仁
> 9　平:赵信　史玄　牛信到　张相　仁
> 10　戎:阴永　仁
> 11　大:慈弥□　康洛到　令直　李艺　仁
> 12　昌:令狐信　樊□　仁
> (后缺)④

据同墓出土文书判断,此文书写作年代当在开耀二年(682)左右。这是一件里正按例上直签名簿,有各位里正自己的签名,每行后有检查者"思仁"的署名。思仁为高昌县主簿判尉。⑤ 里正签名时以乡为单

---

① 《太平广记》卷一二三王表条,第 871 页。
② 《太平广记》卷四三○张升条,第 3494 页。
③ 《太平广记》卷四三二范端条,第 3506 页。
④ 《吐鲁番出土文书》(录文本)第六册,第 572—573 页。
⑤ 《唐永淳元年(682)西州高昌县下太平乡符为百姓按户等贮粮事》,《吐鲁番出土文书》(录文本)第七册,第 393 页。

位,每行起首处的昌(宁昌乡)、化(崇化乡)、西(安西乡)、顺(顺义乡)、平(太平乡)、戎(宁戎乡)、大(宁大乡)等是高昌县所辖各乡名之简称。① 曹俭名后注"丞直","丞"即县丞。康洛名后注"令直","令"即县令。"丞直"、"令直"的标注表明,里正是到县令厅、县丞厅等部门上直。县令、县丞等有厅,《全唐文》所收很多令长厅壁记可以为证。

除里正之外,村正也因事上县。《续玄怪录》记虢州阌乡县长寿乡天仙村田家女杨敬真失踪后,"村吏以告县令李邯"。杨敬真回来后,村人"遽走告县令,李邯亲率僧道官吏,共开其门"。② "村吏"当为"村正"之类。《酉阳杂俎》云:

> 华阴县七级赵村,村路因啮成谷,梁之以济往来。有村正常夜渡桥,见群小儿聚火为戏。村正知其魅,射之。若中木声,火即灭。闻啾啾曰:"射著我阿连头。"村正上县回,寻之,见破车轮六七片,有头杪尚衔其箭者。③

村正上县是里正上直制度的补充。

二、县吏分"片"管理制度

在乡级组织及吏员阙设的情况下,在各种政令的及时下达、乡情民意的及时反馈方面,里正上直制度发挥了重要作用,有力地保证了县对基层实施有效管理。与里正上直相对应,在如授田等具体村乡事务中,县吏员实行分"片"(即若干乡)管理措施。

《唐西州高昌县授田簿》文书由29个碎片组成,④属于同一件文书。根据授田簿格式判断,在登记完每块田土的面积、性质、四至及受田人姓名后都有"同观"及人名的签名字样。如《唐西州高昌县授田簿》二记:

(前缺)
1 □□□城西五里白渠　东荒　西渠　南道　北张仁
2 □□□城南五里白地渠　东左保　西李鼠　南麴者　北渠
3 □□□亩部田　城东五里左部渠　东道　西渠　南官田　北史伯
4 右给得康乌破门陀部田叁亩郭知德充分　同观　亮
(后缺)⑤

《唐西州高昌县授田簿》一七记:

---

① 李方、王素编:《吐鲁番出土文书人名地名索引》所附《唐西州高昌县乡里表》,文物出版社1996年,第483页。
② 《太平广记》卷六八杨敬真条,第422页。
③ 《太平广记》卷三六九华阴村正条,第2934页。
④ 《吐鲁番出土文书》(录文本)第六册,第243—269页。
⑤ 同上书,第255页。

（前缺）
1 □□□田　城东五里左部渠　东　道　西渠□□□□
2 □□□分　同观　礼
（后略）①

学界对文书所处时代的看法不一,有永徽、总章年间说,②有龙朔三年(663)说,③有贞观十六、十七年说,④有总章元年(668)说等。⑤ 总之,属于唐前期是可以肯定的。文书中"同"表示审阅后无异议,"观"可能也为签名,"亮"和"礼"是高昌县县级单位负责土地收受事务的县吏。不同的签名表明了各人不同的责任范围。由于文书残缺,分片标准及划分范围等具体情况不太明了。

《唐开元廿九年(741)西州高昌县给田簿》记:

11　　　一段贰亩枣　城东卅里柳中县　东县令　西还公　南渠　北还公
12 【戎】给　王　泥　奴　充　【泰】
13 曹善八一段叁亩部田 城西五里胡麻井渠　东渠　西张龙虎　南张欢　北田种欢
14 给【西】马　难　当　充　【天】⑥

"戎"、"西"是高昌县宁戎乡和安西乡的简称,⑦而"泰"、"天"则为高昌县分管各乡授田事务的官员。⑧ 这份文书共有64个碎片,文书所见由"泰"签名的乡还有"昌"(宁昌乡)、"顺"(顺义乡)等,由"天"签名的还有"城"(武城乡)、"尚"(尚贤乡)、"昌"(宁昌乡)、"归"(归德乡)等。除"昌"(宁昌乡)、"西"(安西乡)等少数乡之外,"泰"、"天"两位签署的"给田"归属之乡基本上不相重叠。由此可知,分片管理当依据百姓居住之"乡"而划分。而两件文书反映,从唐初直至唐中叶,西州县吏分"片"管理措施一直在执行。

据史可知,自从贞观十五年省并乡佐、乡长等职役以来,唐前期虽然有乡的划分,却不存在乡级行政机构。但是,乡域的划分作为便于完成各种政务的项目实施单位却一直存在。吐鲁番出土文书反映,与乡的这一特性相适应,在完成各种具体事务时,唐代县厅实施了吏员分"片"管理的办法。

于阗、龟兹等四镇地区村坊制度

一、村坊名称见于安西四镇

有唐一代,对内服的西北诸蕃及蛮夷依其部落,列置羁縻府州以施统治。羁縻府州数目很大,《唐六

---
① 《吐鲁番出土文书》(录文本)第六册,第261页。
② 孙晓林:《唐西州高昌县的水渠及其使用管理》,《敦煌吐鲁番文书初探》,第519—543页。
③ 杨际平:《均田制新探》,厦门大学出版社1991年,第349—350页。
④ 卢向前:《唐代西州土地关系述论》,上海古籍出版社2001年,第55页。
⑤ [日]池田温:《初唐西州高昌县授田簿考》,见黄约瑟、刘健民编《隋唐史论集》。惜未见原文,参阅卢向前《唐代西州土地关系述论》,第56页补记。
⑥ [日]池田温:《中国古代籍帐研究·录文》,东京大学东洋文化研究所报告,1979年,第418页。
⑦ [日]周藤吉之:《佃人文书研究补考——特别是关于乡名的简略记号》,《敦煌学译文集》,第129页。
⑧ 卢向前:《唐代西州土地关系述论》,第48、199页;李锦绣:《典在唐前期财务行政中的作用》,《学人》第三辑,第337—362页。

典》记:"凡天下之州府三百一十有五,而羁縻之州盖八百焉。"①《新唐书·地理志》曰:"大凡府州八百五十六,号为羁縻云。"②羁縻州府之数远远超过正州数倍。但这并不是某一时期同时实际存在的数目,而是不同时期的羁縻州凑在一起的总数目。然唐代在不同时期设置过羁縻州数的总和当远不止这些。羁縻州府的分布区域也十分广泛,除淮南道外,贞观十道中的九道都曾设置过羁縻府州。至于唐朝的管理制度,关于县级以上的有关规定基本明确:羁縻府州先后有都护府(高宗平西突厥后,设置濛池、崑陵都护府③)、都督府、州、县四级,习惯上总称羁縻州,又称蕃州。以部落首领为都督、刺史(包括都护、县令),且全部实行世袭,唐政府只是派"华人参理(治)",④而贡赋多不上户部等等。⑤但具体实施中又颇具复杂性。⑥县以下的地方基层情况文献则付之阙如,恐怕实际情况更为复杂。⑦

出土文书表明,唐朝内地州县的乡里村坊名称出现于具有羁縻州性质的安西四镇。先看于阗地区,近世以来,外国探险家在今新疆和田河中游的麻扎塔格(Mazar Tagh)发现许多古文书,其中有汉文文书、和阗塞语文书,也有藏文木简,开元、天宝、建中等纪年表明为唐代文书。其中汉文文书中就有关于当地乡里村坊名称的记载。见下表:

出土文书所见于阗毗沙都督府所辖乡里村坊表

	名 称	文书编号	文书名称	出 处	
乡	勃宁野乡	M.T.b.009	开元年间某寺支出簿	《籍帐》,第349页[1]	《文书》,第498页
村	厥弥拱村	同上	同上	同上	同上,第498页
	薛拉村	M.T.b.003	唐某年役簿?	Chavannes 913, p.203[2]	
	桑拱野村	M.T.0627	残文书	Maspero 1953, p.191[3]	同上,第524页
里	补仁里	M.T.b.006	学郎题记	Chavannes 1913, p.204	
坊	政声坊	M.T.b.009	开元年间某寺支出簿	《籍帐》,第348页	同上,第491页
	安仁坊	同上	同上	同上,第349页	同上,第494页
	镇海坊	同上	同上	同上	同上,第498页
	善政坊	M.T.0634	贞元六年百姓纳租抄	Maspero 1953, p.187	同上,第507页
	宜货坊	同上	同上	同上	同上,第507页

说明:本表采自荣新江《关于唐宋时期中原文化对于阗影响的几个问题》,《国学研究》第一卷,北京大学出版社1993年,第406页。为了便于查阅,出处一栏中笔者补入陈国灿《斯坦因所获吐鲁番文书研究》(修订本,武汉大学出版社1997年。表中简称《文书》)一书所见各项页码,"宜货坊"之"宜"据陈国灿录文补入,其余内容未作改动。

[1]池田温:《中国古代籍帐研究(录文)》,东京,1979年。
[2]Ed. Chavannes(沙畹), *Les Documents Chinois decouverts Par Aurel Stein dans les Sables du Turkestan Oriental*. Oxford 1913.
[3]H. Maspero(马伯乐), *Les Documents Chinois de la Troisieme expedition de Sir Aurel Stein en Asie Centrale*. London 1953.

---

① (唐)李隆基撰,(唐)李林甫注:《唐六典》卷三《尚书户部》户部郎中员外郎条,[日]广池千九郎校注,三秦出版社1991年,第63页。
② 《新唐书》卷四三下《地理志七下》,第1120页。
③ 《新唐书》卷二一五下《突厥传下》,第6063页;《新唐书》卷二一八《沙陀传》,第6154页。
④ 《资治通鉴》卷二○一唐高宗总章元年冬十二月条,第6356页。
⑤ 《新唐书》卷四三下《地理志七下》,第1119页。近期研究成果可参考刘统《唐代羁縻府州研究》,西北大学出版社1998年;马驰《试论唐代蕃州的管理体制》,见中国唐代学会编辑委员会编《第三届中国唐代文化学术研讨会论文集》,(台北)乐学书局1997年。
⑥ 谭其骧:《唐代羁縻州述论》,见《纪念顾颉刚学术论文集》,巴蜀书社1990年。又见谭其骧《长水粹编》,河北教育出版社2000年。
⑦ 刘安志、陈国灿:《唐代安西都护府对龟兹的治理》,《历史研究》2006年第1期。

另外,在库车地区的都勒杜尔·阿护儿遗址(Douldour—Aqour,现名玉其土尔和夏克土尔)出土的唐代汉文文书中记有龟兹都督府所属地区的村坊名称。其中大谷文书中所记村坊名称如下表:

大谷文书中所见龟兹都督府所辖村坊表

村坊名称	文书编号	文 书 名 称	资 料 来 源
西萨波村	1514	性质不明文书断片	《集成》壹,第74页
僧厄黎村	1514	性质不明文书断片	《集成》壹,第74页
东王子村	8062	检校掏拓使牒上	《研究》,第81页
双渠村	8044	唐大历九年二月目子牒	《研究》,第81页
和众坊	1512	和众坊等文书断片	《集成》壹,第74页

说明:《集成》即小田义久《大谷文书集成》壹,(京都)株式会社法藏馆,1984年。《研究》即小田义久《大谷文书的研究》,(京都)株式会社法藏馆,1996年。"西萨波村"之"村"字据伯希和汉文写本补充,材料出处见下文论述。资料来源以笔者亲见为准。

"西萨波村"、和众坊又分别见于出土于同一地点的伯希和汉文写本(Pelliot Chinois) D. A12号和134号。另,该文书12号有南萨波村、95号有西王子村、106号有移伐姟(?)村、121号有伊禄梅村、93号有怀□坊和安仁坊等。① 又,与倍受学者关注的《唐大历三年典成铣牒》同批获取的《建中七年苏门悌举钱契》文书记:"□村□客苏门悌为切要钱用,今从里□□边举钱壹拾伍仟文。……建中七年十月五日杰谢萨波斯略契内行 钱壹拾仟文。"②苏门悌所在的村属于杰谢镇。

看来,乡里村坊名称在四镇的存在是不容置疑的,乡里村坊的名称及相互间的关系表明,这种情形的出现也不是自然发展的结果。

二、"自名"名村

《新唐书·地理志》记:"虽贡赋版籍,多不上户部,然声教所暨,皆边州都督、都护所领,著于令式。今录招降开置之自,以见其盛。"③知羁縻府州名目均被记录在案,志中所列856府州及所属县名即为证。同书卷又载:

唐置羁縻诸州,皆傍塞外,或寓名于夷落。……天宝中,玄宗问诸蕃国远近,鸿胪卿王忠嗣以《西域图》对,才十数国。其后,贞元宰相贾耽考方域道里之数最详,从边州入四夷,通译于鸿胪者,莫不毕纪。……其山川聚落,封略远近,皆概举其目。州县有名而前所不录者,或夷狄所自名云。④

说明所录羁縻府州县除"寓名"外,还有"自名"。那么,"寓名"和"自名"的使用范围又如何呢?

---
① 张广达:《唐灭高昌国后的西州形势》,《西域史地丛稿初编》,上海古籍出版社1995年,第160页。
② 郭锋:《斯坦因第三次中亚探险所获甘肃新疆出土汉文文书》,甘肃人民出版社1993年,第72页。
③ 《新唐书》卷四三下《地理志七》下,第1119页。
④ 同上书,第1146页。

出土文书所见于阗、龟兹两地乡里村坊表

羁縻府	乡　　村	里　　坊
于　阗	勃宁野乡　厥弥拱村　薛拉村　桑拱野村	补仁里　政声坊　安仁坊　镇海坊 善政坊　宜货坊
龟　兹	西萨波村　僧厄黎村　东王子村　双渠村 南萨波村　西王子村　移伐姟村 伊禄梅村	和众坊　怀柔坊　安仁坊

说明:"怀柔坊"之"柔"字据荣新江《西域粟特移民聚落考》(《西域考察与研究》,1994 年。又见荣新江《中古中国与外来文明》,三联书店 2001 年,第 33 页)录文补。

上表中乡村与里坊采取不同的命名方式,即"乡、村名字多取当地语言,里、坊名字则完全取法汉例"。① 其中里、坊的名称均可给予儒家经典意义上的阐释。如"安仁"取于《论语·里仁》第四"仁者安仁,知者利仁"之意,"善政"取于《尚书·虞书·大禹谟》"德惟善政,政在养民"之意,均为告诫官人之语,表明当初就是以汉语命名的。乡、村名称之意由于语言的关系大多不能"望文会意",② 但以当地人的称呼后缀以"村"字组成的方式是可以肯定的,而当地人之称呼就是史籍所说的"夷狄所自名"。看来,除了府州县之外,在四镇一带,寓名还使用于里、坊,乡、村则没有寓名,直接以"自名"名之。"寓名"与"自名"的区别不在名称本身的意义,在于取名方式的不同。

唐置四镇时以"夷狄所'自名'"名乡、村的方法,即为现代地名学中"名从其主"的原则。名从其主即"任一地方应以原居住者自己给定的名称为标准名称",这是"处理不同区域或不同国家之间地名问题的重要判断准则之一",③"是地名传播和转译的一般原则"。④ 由于四镇因蕃部而置,蕃部有自己的语言,乡村名有本族语言上的含义。以"自名"名其村的时候,存在着从其"音"或者从其"意"的选择。从上表内容看,乡村名总共 12 例,其中 9 例以"音"命名,占 75%。如果考虑到大谷文书 8062《检校掏拓使牒上》中东王子村可能因苏大等汉人生活而取汉名而将其不计(也有可能从其意),那么,从其"音"的比例还会高。所以,唐代置四镇,以"自名"名村时主要采用从其"音"的方式。

"自名"名村原则的主体精神在历史上出现很早,《谷梁传》桓公二年(前 710)引述:"夏四月,取郜大鼎于宋。……孔子曰:名从主人,物从中国,故曰郜大鼎也。"⑤"名从主人"的原则当然包括地名在内。"自名"名村、"名从其主"当是"名从主人"说衍化而来。

简单认识

贞观十四年,侯君集率兵平定高昌国后,唐朝政府在该地设置西州,属于正州。据传世文献记载,唐朝在西州推行与内地一样的州县制度。但是,县以下的行政建制阙载。本文根据出土文书证明,唐朝实行于内地的县以下的乡里制度也推行于西州地区及四镇地区。

---

① 张广达:《唐灭高昌国后的西州形势》,《西域史地丛稿初编》,第 160 页。
② 徐松石:《粤江流域人民史》,中华书局 1941 年;《民国丛书》第二编第 16 册,第 213 页。
③ 孙冬虎、李汝雯:《中国地名学史》,中国环境科学出版社 1997 年,第 11 页。
④ 熊树梅:《论地名的特征及地名学的性质》,辽宁省地名委员会、辽宁省地名学研究会编:《地名学研究》第二集,辽宁人民出版社 1986 年,第 23 页。
⑤ (清)阮元校刻:《十三经注疏》,中华书局 1982 年,第 2373 页。

唐朝立国不久,就废止了乡正长,里正长成为地方基层管理的重要力役。吐鲁番出土文书反映出,唐朝铨拟里正的过程具有一定的规范性。为了保证政令及时传达、对乡村事务及时了解和处理,唐代实行了里正上直及县吏分片管理制度。

唐朝对安西四镇地区的基层行政治理是非常有效的。出土文书证明,乡里村坊名称出现于四镇地区,村的命名采用"自名"原则。这些事实表明,四镇地区县以下地方行政体制是随着羁縻州制度在四镇的建立而诞生的,唐代的地方行政体制已经渗透到了四镇的最基层。

唐西州高昌城西水渠考（续）
——中古时期西域水利研究之八

李 方
（中国社会科学院中国边疆史地研究中心）

三十多年前，西村元佑先生讨论唐西州均田制授田的实际状况时，曾涉及西州水利问题，其文章末附有《高昌县城管界内地段所在地及所属水渠地名一览表》和《高昌县附近方圆十里以内的水渠配置图》（以下简称西村文、一览表、配置图）。① 1983年，孙晓林先生发表《唐西州高昌县的水渠及其使用、管理》论文，对唐西州高昌县的水渠及其管理使用等问题进行了详细的考证，并根据出土文书的有关记载，附了一张《唐西州高昌城周围的水渠配置列表》和《唐西州高昌城周围灌溉渠系示意图》（以下简称孙文、列表、示意图）。② 这是笔者所知对西州水渠分布最详尽的研究，尤其是孙晓林先生，后来者居上，所列水渠名称更多，所附材料更丰富，所绘示意图更翔实。两位先生对西州水利开创性研究皆功不可没。

这些年来，不少学者对唐代西域水利问题也进行了研究，如张广达先生、③殷晴先生、④王炳华先生、⑤黄盛璋先生、⑥邓小南先生、⑦杨圣敏先生、⑧王晓辉先生、⑨刘子凡先生、⑩高鹏举先生，⑪日本学者则有荒川正晴先生等。⑫ 他们对唐代西域水利研究多有贡献，对笔者也多有启发，但各位先生的研究各有侧重，对西州水渠问题则措意不多，尤其是对西州水渠的大小、分布、流向，水渠使用时间，水渠周边土地，以及唐代水渠与高昌国时期水渠的关系等问题注意不多。

近年来，笔者对中古时期西域水利问题也进行了研究，发表了七篇论文：一是考证了高昌国时期的水渠，二是研究了高昌国水渠与唐代西州水渠的关系，三是补充了17条唐代西州高昌县"新水渠"或新线

---

① ［日］西村元佑：《唐代均田制下授田的实际情况——以大谷探险队携来唐代西州高昌县出土文书与欠田文书为中心》，《敦煌学译文集——敦煌吐鲁番出土社会经济文书研究》，甘肃人民出版社1985年，第475—659页。一览表，第642—644页；配置图，第645页。
② 孙晓林：《唐西州高昌县的水渠及其使用、管理》，载武汉大学历史系魏晋南北朝隋唐史研究室编著《敦煌吐鲁番文书初探》，武汉大学出版社1983年，第519—543页。
③ 张广达：《唐代龟兹地区水利》，《文书 典籍与西域史地》，广西师范大学出版社2008年，第71—79页。
④ 殷晴：《丝绸之路与西域经济——十二世纪前新疆开发史稿》第五章第二节"农牧业的恢复发展及均田制的实施"中有关农田水利建设问题，中华书局2007年，第199—211页。
⑤ 王炳华：《唐代以前西域水利事业》，首次发表在《吐鲁番研究专辑》（内部资料，1992年），后经修改，收入作者《西域考古历史论集》（中国人民大学出版社2008年），第759—769页。
⑥ 黄盛璋：《新疆水利技术的传播和发展》，《农业考古》1984年第2期。
⑦ 邓小南：《追求用水秩序的努力》，《暨南史学》第三辑，暨南大学出版社2004年，第75—91页。
⑧ 杨圣敏：《安西都护府与新疆坎儿井的起源》，《"隋唐时期的新疆"学术研讨会论文集》，2013年，第209—218页。
⑨ 王晓辉：《西州水利益圈与西州社会》，《西域研究》2009年第2期，第52—60页。
⑩ 刘子凡：《唐前期西州高昌县水利管理》，《西域研究》2010年第3期，第52—63页；《柒谢营田与水利》，《新疆大学学报》2012年第9期，第70—76页。
⑪ 高鹏举：《唐代农田水利管理探析》，《丝绸之路》2010年第10期，第12—14页。
⑫ ［日］荒川正晴：《唐代吐鲁番高昌城周边水利开发与非汉人居民》，收入《近世、近代及中国周边地域诸民族的移动与地域开发》，武汉大学出版社1997年，第57页。

段,四是重新考察了8条所谓已知水渠(如石宕渠等),五是考察了高昌城堡的水利设施,六是考察了唐代西州柳中县、蒲昌县水渠,七是考察了高昌城西部分水渠。[1] 然而,由于大部分唐代西州水渠没有重新考察,一些相关资料前人没有利用,尤其是有关土地四至与水渠关系的材料没有充分利用,因此,还需要继续进行研究。笔者拟按高昌城东南西北四个方向分别进行研究,然后,在此基础上重新绘制一幅唐代西州水渠分布图。

本文拟继续对高昌城西水渠进行考察。有关高昌城西水渠的情况,我们已知共有16条(杜渠、孔进渠、榆树渠、胡麻井渠、北部渠、屯头渠、左官渠、枣树渠、神石渠、白渠、白地渠、坚石渠、树石渠、沙堰渠、芳其渠、武城渠),除去笔者已考察者之外,还有6条尚未重新考察。本文拟主要研究其中3条,即左官渠、树石渠、坚石渠,由于篇幅限制,其余3条(胡麻井渠、屯头渠、白地渠)由于分别与城北、城南、城东水渠相连,拟以后研究其他方位水渠时再考察。

一、左 官 渠

孙文载城西一里有左官渠,根据的材料是大谷2863、2867。笔者发现阿斯塔那35号墓所出《武周载初元年(690)西州高昌县宁和才等户手实》中也有关于左官渠的记载。兹将这三件材料节引如下。

一、大谷2863《西州高昌县退田文书》:

5 张丑奴死退一段半亩六十步常田 城西一里左官渠 东骨海琮 西道 南道 北[2]

二、大谷2867《西州高昌县退田文书》:

4 ☐☐☐] 段壹亩常田 城西一里左官渠 东索富 ☐☐☐ [3]

三、阿斯塔那35号墓所出《武周载初元年(690)西州高昌县宁和才等户手实》共存20片,第12片:

1 一段二亩桃 城西一里左官渠 东串相 ☐☐☐ [4]

这三件材料所记一致,皆谓左官渠在城西一里。由于没有更多的材料记载,现存材料又残缺较甚,三段土地的四至都没有完整保留下来,因此,很难知道左官渠的流向。孙文示意图将左官渠画作东西流向的水

---

[1] 李方:《西域高昌国水渠考》,《丝路历史文化研讨会论文集》,新疆科学技术出版社2013年,第51—61页;《中古时期西域水渠研究(二)》,《敦煌吐鲁番学研究》第十三卷,上海古籍出版社2013年,第241—262页;《中古时期西州水渠考(三)》,《吐鲁番学研究》2013年第1期;《高昌国水渠与唐西州水渠的关系——中古时期西域水利研究之四》,台湾台南大学主办"敦煌国际学术研讨会"2013年11月会议论文;《西域高昌城水利设施略论》,《丝绸之路古城邦国际学术研讨会论文集》,2013年,第204—209页;《唐西州高昌城西水渠考——中古时期西域水利研究之七》,《西域研究》2014年第4期。
[2] [日]小田义久:《大谷文书集成》壹,(东京)株式会社法藏馆昭和五十九年,第119页。
[3] 《大谷文书集成》壹,第121页。
[4] 《吐鲁番出土文书》(图文本)叁,文物出版社1996年,第514页。

渠,并与榆树渠相接,恐怕推测的成分较多。西村一览表也有左官渠,但配置图则与孙文相反,将左官渠绘成一条南北纵向的水渠。考虑到仅有的三条材料都记载左官渠在城西一里,因此,西村的绘图相对合理,起码与现有材料不相左;而由于现有材料无城西二里、三里等的记载,孙文绘成东西流向的水渠就不合适了。因此,我们将左官渠视为南北流向的水渠。

左官渠流传下来的材料这么少,可能与这条水渠不大有关。但这条水渠的历史渊源却较久长。笔者在出土文书中发现,高昌国时期已有左官渠,阿斯塔那99号墓所出《高昌侍郎焦朗等传尼显法等计田承役文书》就记载了该渠。这件高昌国官府文书登记计田承役情况,记载了当时与田亩有关的10条水渠,其中一条就是左官渠:"氾寺主法兴左官渠俗役常田二亩,听入道役,永为壍(业)。"① 高昌国时期人力有限,在城边一里之地修渠灌溉,水渠不长是可以理解的。看来,唐代承袭了这条水渠,但似乎并没有扩大。唐代扩大西州水利网络的范围,可能更多的是修建其他新水渠。

由于这条水渠在城边,土地的质量是较好的,三块土地中,两块是常田,一块是桃园。

如同前面一样,有关西州高昌县的给田或退田文书,池田先生收入到他所缀合的文书中,这两件大谷文书也收入《唐开元二九年前后(741)西州高昌县退田薄及有关文书(付开元二五年文书)》之中。② 这样,我们就知道了左官渠使用的三个时间段:高昌国时期(640年唐灭高昌之前)、武周载初元年(690)、唐开元二十九年(741)。左官渠至少也使用了一百年以上。

二、树 石 渠

孙文列表城西七里有树石渠,所根据的材料是大谷2853。西村文一览表城西七里亦有树石渠。笔者发现,阿斯塔那119号墓、阿斯塔那332号墓所出两件文书亦记载了树石渠。皆节引如下,并编序号以称之。

一、大谷2853《西州高昌县退田文书》:

5]亩永业部田 城西柒里树石渠 东至渠 西至渠 南至道 北至渠 ③
　　　　　叁易

二、阿斯塔那119号墓所出《唐西州高昌县手实》:

3 □□□亩永业常田城南二里樊渠□□□
4 □□四亩永业常田城南二里孔□□□□
5 □段三亩永业部田城西五里树□□□
6 一段三亩永业部田城东五里胡□□□

---

① 《吐鲁番出土文书》(图文本)壹,文物出版社1992年,第441页。
② [日]池田温编著:《中国古代籍账研究概观、录文》,大谷2863在第405—406页为第23条;大谷2867在第404页为第16条。
③ 《大谷文书集成》壹,第115页。

7 一段三亩永业部田城西五里☐☐☐☐☐☐①

三、阿斯塔那332号墓所出《唐□□柱出佃田亩契》

1 ☐☐☐☐柱边夏树石部田肆亩。☐☐☐
2 ☐☐☐☐交小麦贰䶃（斛）伍䇞（斗）。田不得㽮（种）☐☐☐
3 ☐☐☐☐渠破水礚，仰耕（耕）田☐☐☐
4 ☐☐☐☐☐立契，☐☐☐②

第一件明确记载树石渠在城西七里。第二件手实下半截残（为了便于说明问题，上面节引较多），内容是登记某人的土地，第3—7行下半截所残应有灌溉土地的水渠名称和土地四至的记载。参照第3行"城南二里樊渠"，知第4行"城南二里孔□☐☐☐☐"所残应是孔进渠的名称和土地四至，第6行"城东五里胡☐☐☐☐"所残应是胡麻井渠的名称和土地四至，而第5行"城西五里树☐☐☐☐"所残则应是树石渠的名称和土地四至。因为就目前所知，以"树"为首字的水渠仅有"树石渠"。如然，这条材料就提供了树石渠的新地点："城西五里。"树石渠既然在城西五里和七里出现，就应该是一条东西横向的水渠。遗憾的是，孙文未见到这条材料，在文末示意图中，将树石渠绘成南北纵向的水渠。西村文在一览表中虽然记载了树石渠，但在配置图中却未绘制该渠，可能是仅知一条资料即一个地点，无法判断其流向而阙如吧。

第三件是某某柱租田契约，"树石部田肆亩"的"树石"后无"渠"字，应是漏写。因为，当地租田契约都必须写明这块土地用什么水渠浇灌，契约下文所说"渠破水礚，仰耕田人了"的"渠水"是具体有所指的。另外，这件租田契约既没有写水渠的方位和离城里数，也没有记载土地的四至，与当地租田契约的模式完全相同。由于租田契约的这种特有模式，这条材料未能提供有关树石渠方位地点的新信息，但是，它提供了相关的时间信息。这件租田契约纪年已缺，但整理者说："同墓出有唐龙朔二年（662）、麟德二年（665）文书，此件时间亦应相当。"此说当是。而第一件大谷2853文书，池田温先生收入《唐开元二九年前后（741）西州高昌县退田薄及有关文书（付开元二五年文书）》之中。③ 第二件文书，整理者谓："本件缺纪年，所记段亩数均为小写，当在开元前。县印两处，中一方尚可辨识，为'高昌县之印'。"墓解又称："本墓无墓志及随葬衣物疏。所出文书仅一件，亦无纪年。据文书内容推测，当为开元以前文书。"这三件文书说明，大约龙朔二年（662）至麟德二年（665）年间树石渠已存在，开元二十九年（741）前后仍在使用，该渠在当地至少使用了八十来年。

树石渠周边的土质可能不太好，上举三件文书记载其土地皆是部田，第一件甚至记载是"叁易部田"。但有的部田边水渠很多，如第一件，土地四至中"东至渠 西至渠 南至道 北至渠"，即三面临水渠，而

---

① 《吐鲁番出土文书》（图文本）肆，文物出版社1996年，第1页。
② 《吐鲁番出土文书》（图文本）叁，第151页。
③ ［日］池田温编著：《中国古代籍账研究概观·录文》，第400页，第1条。本件与大谷2852拼合成一条。

根据池田温先生的补文,这块土地仅有 2 亩,[①]可见城西七里之处水渠的密集!

三、坚 石 渠

孙文列城西七里有坚石渠,根据的材料是大谷2852。西村文亦列城西有坚石渠,但列在城西半里。笔者发现,还有一件文书也记载了坚石渠,这就是大谷1240。一并列如下。

一、大谷2852《西州高昌县退田文书》:

  1 壹段壹亩永业部田 城西柒里坚石渠 东赵横 西至渠 南麹悦 北至渠

二、大谷1240《西州高昌县给田文书》:

  2 ▭▭▭]坚(?)石渠 东宋道行 西至渠 南至(?)▭▭▭[②]

第一条材料明确记载坚石渠在城西七里。笔者查图版二九(大谷2852与2853拼合),坚石渠不误,"城西柒里"亦正确。西村文作"城西半里",大约是将"柒"字误识为"半"字("柒"与"半"潦草字体有相似之处)。第二条材料"坚石渠"之"坚"有残,整理者将此字加方框并加问号,表示为推测所补。查图版五〇,此字残存下半,形为"土"。以"土"为底的字且与"石"组合的水渠,只有"坚石渠",所以,整理者所补当不误。

孙文末附示意图,将坚石渠绘成东西横向的水渠。然而,这两条材料虽然只提供了一个地点——城西七里,但是两块土地的四至都有"西至渠",说明该渠应是南北纵向的水渠。当然,第一条资料的四至中还有"北至渠",第二条资料北面残缺,如果也是"北至渠"的话,坚石渠也有可能是东西横向的水渠。但一般说来,东西横向水渠应有东西几个点的记载(如城西五里、七里)才能构成,如果只有一个点的记载,南北纵向水渠的可能性更大。由于现存材料中只有城西七里一个点,且已有两块四至中"西至渠"的记载,本文拟作南北纵向流的水渠。西村将坚石渠绘成南北纵向的水渠,与笔者判断同,但绘在城西半里之处,不可取。

这两条大谷文书材料,池田温先生分别收入《唐开元二九年(741)前后西州高昌县退田薄及有关文书(付开元二五年文书)》和《唐开元二九年(741)西州高昌县给田薄》(共64件)之中,[③]说明都是开元时期的文书。但我们相信,坚石渠使用的时间不会如此之短,应是保留下来的材料有限,目前我们不太清楚其他时间而已。

以上我们共考察了城西3条水渠,在新补充的材料的基础上,综合分析了所有相关资料,从新的研究视角出发,探讨了这3条水渠的方位、流向、大小、分布、存在的时间、与高昌国水渠的关系,以及水渠周边

[①] 池田先生识作"] 贰亩永业 部田 城西柒里树石渠 东至渠 西至渠 南至道 北至渠"。见氏著《中国古代籍账研究概观·录文》,第400页,第1条。
[②] 两条材料分别载《大谷文书集成》壹,第115页、第33页。
[③] 分别载《中国古代籍账研究概观·录文》,第399页,第1条;第428页,第38条。

的土地状况等,纠正了过去研究中的一些错讹,并尽可能解释了出土文书中一些难以理解的语词。令笔者有所感慨的是,一千多年前遗留下来的材料确实弥足珍贵,哪怕看似无甚价值的只言片语,实际上都有妙用,能为我们揭示某些真相,只要我们能够充分利用。当然,高昌城周(包括城西)的水渠很多,完全搞清真相是很困难的,不可能仅靠主观努力。另外,城西16条水渠我们基本上已全部考察,但情况比较复杂,仅城西七里就有9条水渠通过这里,如何复原、如何绘制水渠分布图,还需要结合其他方位的水渠通盘考虑。

单于、可汗、阿干等词源探讨

谭世宝*

（山东大学历史文化学院历史语言研究所　澳门理工学院中西文化研究所）

由于历史的变迁，汉语通语与方言的古今音变尤其复杂，以致造成很多同词变音异字的情况。同时很多外族或外国的语言也有其在不同的时、地、人所引起的复杂变化。由此造成了很多古代的汉外翻译语词来源不清、音义的注解难以精确无讹的情况。由于很多名词术语难以见词明义，故常常受到望文生义、一知半解、知其然而不知其所以然之类的解释。笔者最近曾发表《燉煌的词源再探讨》一文，①不但力证"燉（敦）煌"并非出于外国异族或中国少数民族的"胡语"词，而且证明"祁连"也是出于汉语之词，实际上"祁连"就是汉语名词"天（古音乾）"的变音缓读为双音节被匈奴借用之后又回写为汉文的典型之例，并非流行的所谓"匈奴语"或其他"少数民族语"。还有，《史记》所载汉初时期的匈奴国官制情况为"其世传国官号"有："左右贤王，左右谷蠡王，左右大将，左右大都尉，左右大当户，左右骨都侯……"这些王侯将尉等官名多数是匈奴译取自汉语，而汉人再杂用意译与音译的方法将其回译为汉文。本文试图运用同样的方法，兼通古今雅俗之变的文字、音韵、训诂与方言、通语的知识，做别开生面的研究。考释古丝绸之路的历史文献中常见的一些重要名词：单于、可汗、阿干等词的原词音义，证明它们其实都是原出于汉语，经匈奴、鲜卑等少数民族借用之后再回译为汉语的变异结果。

中国学者最早论及"阿干"与"阿哥"的源流关系而且持论正确者，为章太炎1908年撰于日本的《新方言》。② 另外，《新方言》及始刊于1910年的《文始》都对很多相关的汉语字词形、音、义变化的源流关系作了系统的论述。而在章太炎稍后研究有关"单于"、"阿干"等一系列名词的族源问题者为日本学者白鸟库吉，他在1911—1912年间已经在日本《史学杂志》发表《东胡民族考》的一系列论文，却无视章太炎之论著，将有关名词都说成是来源于匈奴、鲜卑等东胡民族。其后中国学者方壮猷以个人名义发表《匈奴王号考》、《鲜卑语言考》两文（载民国十九年十二月第八期《燕京学报》），其文实际是白鸟之文的中译。③ 由于其剽窃之事当年未被公开地给予严肃处理，方氏尚能在第九期《燕京学报》为自己作巧辩掩丑开脱。④ 此后，中国学者在研究有关问题时，仍多只述及方氏而不提白鸟。例如，较早对"阿干"与"哥"的源流作专论的是胡双宝的《说"哥"》，其论也只是对白鸟之论的进一步发挥而已，但是只述及方氏而不提白

---

* 谭世宝，历史学博士（山东大学，1987年），语言学博士（香港理工大学，2000年）。现任山东大学历史文化学院历史语言研究所所长、博导，澳门理工学院中西文化研究所教授。

① 谭世宝：《燉煌的词源再探讨》，《敦煌研究》2014年第1期。

② 见章太炎《新方言·释亲属第三》，《章太炎全集》（七），上海人民出版社1999年，第86页。《新方言》撰年见"《章太炎全集》（七）编辑说明"。

③ 参考 http://book.douban.com/review/2714205/所载《海遗丛稿的评论·剽窃者》（2009 - 11 - 06 22：12：18）。http://news.guoxue.com/article.php? articleid = 25955 所载胡文辉《现代学人涉嫌剽袭举例》（原载《文汇报》2010年10月18日）。

④ 同上胡文辉之文。

鸟。对章太炎之论虽然有提及,却未能吃透而作了轻率的否定。①后来,陈宗振于2001年总结前人的有关研究史说:"60多年前,方壮猷的《新卑语言考》中论及'阿干'一词;约20年前,胡双宝在《说"哥"》一文中,以充足的资料论述了'哥'的来源及用法;1998年,赵文工又发表了《"哥哥"一词来源初探》,也认为其来源为鲜卑语'阿干';同年,发表了张清常的遗作《〈尔雅·释亲〉札记——论"姐"、"哥"词义的演变》,也认为'哥'借自鲜卑语,对于其词义在唐、宋、元几代的演变提出了自己的见解。"也只述及方氏而不提白鸟,更未提及章太炎,而且也都肯定"阿干"与"哥"的来源为鲜卑语。② 至于郭晋稀的《声类疏证》,只是简单提及"阿干"的"干"与"哥"有对转关系,并未对其来源于汉语还是鲜卑语的问题正面展开讨论。所用资料及结论俱远逊于章太炎的《新方言》。③ 笔者不揣浅陋,提出新论以发展章太炎《新方言》及《文始》有关汉语古今通语与方言字词的音转关系之见,否定白鸟等人妄定有关"单于"、"阿干"等汉语名词皆来源于匈奴、鲜卑等胡族之说。

一、"单于"等"匈奴"语词源于汉语之证

正如上文所说,匈奴的"左右贤王,左右谷蠡王,左右大将,左右大都尉,左右大当户,左右骨都侯……"这些王侯将尉等官名多数是匈奴译取自汉语,而汉人再杂用意译与音译的方法将其回译为汉文。这是因为匈奴本身是夏朝灭亡时的淳维之遗裔,其文化至先秦时一直停滞于上古的游牧部落阶段,至秦汉时期才开始学习移植汉族的先进文化与政治制度于其部族,故此必须大量借用汉语的名词术语,在官制方面尤多例证。本文将从音义等方面进一步论证匈奴最高首领"撑犁孤涂单于"之号也是出于汉语。其嫡妻称"阏氏",其子称"屠耆"、"谷蠡",其女称"居次"等之名号也是出于汉语,经匈奴借用之后再回译为汉语的变异结果。

1."单于"来源之证

《汉书》卷九四《匈奴传》:"单于,姓挛鞮氏,其国称之曰'撑犁孤涂单于'。匈奴谓天为'撑犁',谓子为'孤涂',单于者,广大之貌也,言其象天单于然也。"其实,"撑犁孤涂单于"的各部分都出于汉语。

首先,要弄清"撑犁"之来源。笔者曾在《燉煌的词源再探讨》指出,"天"与"祁连"就是一个汉语名词的变音被匈奴借用之后又回写为汉文的典型之例。这是因为汉字的单音节词自上古就有缓读而变成带有反切性的双音节词的情况。正如顾炎武指出的:"又迟则一字而为二字:茨为蒺藜,椎为终葵,是也。""宋沈括谓古语已有二声合为一字者。如,不可为叵,何不为盍,如是为尔,而已为耳,之乎为诸。""郑樵谓慢声为二,急声为一。慢声为者焉,急声为旃;慢声为者与,急声为诸;慢声为而已,急声为耳;慢声为之矣,急声为只;是也。愚尝考之经传,盖不止此。如《诗》:'墙有茨。'《传》:'蒺藜也。'蒺藜正切茨字。……《礼记·檀弓》:'铭,明旌也。'明旌正切铭字。《玉藻》:'终葵,椎也。'《方言》:'齐人谓椎为终

---

① 胡双宝:《说"哥"》,《语言学论丛》第6辑,商务印书馆1980年,第128—136页。
② 陈宗振:《试释李唐皇室以"哥"称父的原因及"哥"、"姐"等词与阿尔泰诸语言的关系》,《语言研究》2001年第2期,第110—121页。
③ 郭晋稀:《声类疏证》,上海古籍出版社1993年,第673—674、1076页。

葵。'终葵正切椎字。《尔雅》:'禘,大祭也。'大祭正切禘字。'不律谓之笔。'不律正切笔字。……"①其例子之多,可谓不胜枚举。而"天竺"又作"乾竺",②"祁连"正是"乾"的正切音。故此可以断定,"祁连"为古时"天"及其又音"乾"的某种方言的缓读在匈奴等族借用再回流给汉人通语的写音。而匈奴语的"天"字的另一汉人回译写音词为"撑犁"(谭案:《史记·匈奴列传》的《索隐》作"撑黎"),实际就是"祁连"的同源词之异译,只是越往后之人就越不知其源最早为汉语的"天"。即使是博学的岑仲勉,也只证明"祁连"与"撑犁"或"撑黎"及后世突厥语的"腾格里(tängri)"的源流关系:"大约汉人初译其全名曰'天祁连山'(今《史记》作祁连天山,乃其误倒),后知其义训天,又将天字截去,相沿省称为祁连山。……故天祁连山之读法为 tän—grin。撑犁之读法为 täng—ri。不过读法缓急略殊,祁连与撑犁实语原同一。"③笔者认为,此说甚有理据,然尚有未达一间之憾。有关词的先后实在先有"祁连(grin)",后有"祁连天山",最后才有"撑犁"或"撑黎"及后世突厥语的"腾格里(tängri)"。

由此可见,"撑犁"也是出于汉语词"天"的外借再回传的结果。而"孤涂"应为"孤"的缓读变为是双音节词,将其急读就可变会"孤",孤有独子之义。将单于理解为天之独子,等于汉语的"天子"。至于"单于者,广大之貌也",则完全是借用这两个汉字本身具有之音义。《康熙字典·丑集上·口字部》解释"单"字说:"《唐韵》都寒切,《集韵·韵会》多寒切,𠀤音丹。《说文》大也。"又《康熙字典·子集上》解释"于"字引《集韵》说:"于,邕俱切,音纡。广大貌。"

今人多谓"单于"的"单"读作 chán,不可读作 dān。其实,在古今通语方言中,声母 c-(或 ch-)与 d-(或 t-)常有转换之例证。例如,茶原声母为 d-(或 t-),其后转为 c-(或 ch-),故其字也由"荼"转为"茶"。但是,至今茶在通语声母为 ch-,粤方言的广府话为 c-,而在闽南语、潮州话则为 d-(或 t-)。明清时期的葡语借词受广府话影响,茶被写作 ca。而英语则闽南语等影响写作 tea。"单于"的"单"应以读作 dān 为正,读作 chán 为变。就"单"与"大"的音义关系来看,其实是同一具有大义之词的阴阳声对转的关系。正如"殷"本为-n 尾的阳声字,常被转读为阴声而被写作"衣"。同样,"门"本为-n 尾的阳声字,在闽语至今仍转读为阴声作 moi。具体而言,"单"与"大"的音义关系即章太炎所说的"一语对转(指同一语词有的阴阳入韵之变化转换)"的"歌寒对转"。章太炎指出:"故为之与媛,一语之转也。……袁训长衣,㐹训衣长(从《篇韵》),一语之转也。……鹅训䳘鹅,雁训鹅,一语之转也。若裸与灌、和与桓、柯与干,不胜举证矣。"他还具体论述说:"《说文》:'单,大也。……'"《诗》言'三单',犹《史记》言'三嬗',谓更番征调,前者退伍,后者承袭之也。言禅位者,亦犹言袭位。单次对转支字变作系,繫也。从系丿声,弟亦丿声,则系本音如弟,与单为舌音双声。……单训大者,于今字当为䩇、哆之借,或为诞之借,据最初古文,但为大之借。"④由此可见,"单于"的"单训大者",其本音之声母应与"大"、"弟"、"䩇"、"哆"、"诞"等同为 d-,读作 ch-或 c-乃后来的方言变读。而"于"音 wu,与王 wong 为阴阳对转。由此推断"单于"为"大王"的音转。

至于首先创用"单于"之号者为"头曼单于",头曼二字反切合音亦为单,"头曼单于"即单单于亦即大单于。

---

① 顾炎武:《音学五书》,中华书局 1982 年,第 41、50—51 页。
② 释彦悰:《唐护法沙门法琳别传》引《老子西升经》又云"乾竺有古皇先生者",《大正新修大藏经》第 50 册 No. 2051《唐护法沙门法琳别传》卷下。参考 http: //baike. baidu. com/view/6558964. htm(2013 年 6 月 1 日)所载"乾竺"。
③ 参考同上。岑仲勉:《汉书西域传地里校释》,第 525—526 页。
④ 章太炎:《文始一》"歌泰寒类",《章太炎全集》(七),第 167、195—196 页。

2. "阏氏(支)"来源之证

据古今流行之说,"阏氏,亦作音烟支,是匈奴人妻或妾的称号,源于胭脂花,即红花。匈奴人以女人美丽可爱如胭脂,因而得名。匈奴的河西地区焉支山盛产植物红花,其汁可做胭脂,用以美容。匈奴阏氏可能有用胭脂妆饰脸面的习惯,如中原贵族妇女"。① 然而,"胭脂"古时又作"焉支"、"燕支"等,指"一种红色的颜料,多用以涂脸颊或嘴唇"。② 笔者认为,以红色的颜料作美容化妆,应该是文明发达较早的中原汉族早于少数族裔的匈奴。尤其是将此类颜料名词记载于汉族创制的汉字,在先秦已经有记载尧帝之子"丹朱",据说是因"出生时全身红彤彤"而得名。③"丹朱"二字分而言之都有红色之义。故此二字合成的双音节词也是指红色。例如,有网文释"丹朱"说:"赤色,或指赤色颜料。《礼记·郊特牲》:'绣黼丹朱中衣,大夫之僭礼也。'孔颖达疏:'丹朱,赤色。'"④ 另外,还有一个"殷"(今通语作yān,与"阏"、"焉"、"胭"等同音)字可表深红色。故笔者推断,"阏氏"、"胭脂"、"焉支"、"燕支"等词若作红色颜料解,其原词应写作"殷朱"。当然,从《史记索隐》所载古匈奴歌说:"失我焉支山,使我嫁妇无颜色。"也可以推断"焉支(胭脂)"很可能就是汉语词"颜色"的音转异写而已。

3. "屠耆"、"谷蠡"、"居次"来源之证

如前所述,匈奴的王号、官名、地名、物名多有从汉朝相关名号移植借用,然后再回归汉语汉字而产生各种义同而字变之词。"屠耆"与"谷蠡"、"居次"也是如此。

《史记·匈奴列传》:"匈奴谓贤曰'屠耆',故常以太子为左屠耆王。"裴骃《集解》引徐广曰:"屠,一作诸。"笔者认为,"屠"字在汉晋时代可以对译梵文的 ddha、ddhi,异译作"陀"、"提"等,可见其声母可以是 d-或 t-。可见"屠耆"二字反切合音为"德",德与贤义近可以经常合为"贤德"一词。故匈奴将汉族儒家的"德"概念引入其族之后再回传汉语而被解作贤也是可以合理的。

《史记·匈奴列传》:"置左右贤王,左右谷蠡王。"裴骃《史记集解》:"服虔曰:'谷音鹿,蠡音离。'"笔者认为,谷蠡二字反切合音为"礼",这也是匈奴将汉族儒家的概念"礼"引入其族的表现。与"屠耆"既有音译又有义解不同,就在于"谷蠡"只有音译而无义解。这是史家之省文或原始文献之遗失,使得后人只能知或注其一而不能知或注其二。故笔者认为,按照"左右贤王"即"左右屠耆王"之例推断,"左右谷蠡王"即"左右礼王"。

《汉书·匈奴传下》:"复株累若鞮单于立,……复妻王昭君,生二女,长女云为须卜居次,小女为当于居次。"《康熙字典·辰集下·欠字部》解释"次"字说:"又'居次',匈奴女号,若汉公主。《前汉·常惠传》获单于父行及嫂居次。《匈奴传》王昭君长女为须卜居次,小女为当于居次。"笔者认为,"居次"不但意思相当于汉语的"公主",而且实际就是"公主"的微小变音再回传为汉语文字。

二、鲜卑等族的"可汗"、"可敦"等词源于汉语之证

本文进一步用同上之方法,论证南北朝至唐朝时期鲜卑等族的"可汗"、"可敦"等词也是出于汉语。

---

① http://zh.wikipedia.org/wiki/%E9%98%8F%E6%B0%8F(2014年10月10日)"阏氏"。
② http://baike.baidu.com/view/9113990.htm?fr=aladdin(2014年10月10日)"焉支"。
③ 参考 http://www.baidu.com/s?ie=utf-8&f=8&rsv_bp=1&tn=94249873_hao_pg&wd=%E4%B8%B9%E6%9C%B1&bs=%E9%98%8F%E6%B0%8F(2014年10月10日引)有关"丹朱"的解答。
④ 见 http://zh.wikipedia.org/wiki/%E4%B8%B9%E6%9C%B1(2014年10月10日)"丹朱"之"后记"。

由于鲜卑等族原出于东北及西北方的游牧民族,比匈奴族更后学习先进的汉族文化,是在晋末南北朝时期才开始崛起并逐步入主中原,故其不免要步匈奴之后尘,将汉族的帝王名号移植为其民族首领之尊称。

1. "可汗"、"可敦"来源之证

"可汗"又作"可寒",今通语音作 Kèhán,"著名的北魏太武帝时期的嘎仙洞石壁祝文有'皇祖先可寒'、'皇妣先可敦'"。① 《康熙字典·丑集上·口字部》解释"可"字说:"《字汇补》苦格切,音克。《魏书·吐谷浑传》可汗,此非复人事。《唐书·突厥传》可汗犹单于也,妻曰可敦。"笔者认为,虽然可汗(寒)后来逐渐成为相当于"单于"或"皇帝"之称,但是其最初作为鲜卑族始祖之称,应该只是一个规模甚为细小的部落首领之称。正如《康熙字典·巳集上·水字部》解释"汗"字指出:"可汗,酋长之称。读若克韩。"则其所借用的汉语名词应为一个可低又可变高的名称。笔者认为,较为合适这种情况的就是"官"。"官"之义既可指各级官长,也可以指称皇帝。例如,有网文说:

> 官家可以指:皇帝的俗称。《称谓杂记》:"《汉书》盖宽饶曰:'五帝官天下,三王家天下。'称'官家'犹言帝也。"②

还有网文释"官家"说:

> 臣下对皇帝的尊称,始见于《晋书·石季龙载记》。《资治通鉴·晋成帝咸康三年》胡三省注:"西汉谓天子为县官,东汉谓天子为国家,故兼而称之。或曰:五帝官天下,三王家天下,故兼称之。"一般也用以指公家。所谓"三皇官天下,五帝家天下",因为皇帝要至公无私,所以才称为"官家"。一个贤明的皇帝,没有自己的私爱、私财,皇帝是代表上天来治理天下,天下的子民对于皇帝来说,都应当一视同仁。③

同时,从语音来看,"官"字今通语音为 guān,粤语广州话为 gun1,都有 u 音。但是也有方言没有 u 音而读作 gon1。例如,闽南语"官"读作 koan1、koaN1,其第二音与"干"同音。而干字在潮州话有 guan1、gang3 两音。故此,"可汗"可以看作是"官"的 guān、gun1、gon1 等音缓读而成之分切音。故将"可汗"反切急读即成官 gon1。因此,"可寒"在史书最早的记录为沈约所撰《宋书》,有关记载说:"楼喜拜曰:'处可寒。'虏言'处可寒',宋言尔官家也。"

其他国家民族与可汗相类之词有:古突厥语的转写为 kaɣan,土耳其语的转写为 kağan,俄语的转写为 kagan,蒙古字母的转写为 qagan, khagan。④ 笔者认为,外国如土耳其语、俄语之词应是受鲜卑、蒙古等的影响而产生相类之词。

至于"可敦",则应为汉语"君"字的微变音缓读而成之分切音。将"可敦"反切急读即成君 gun1。

---

① 转引自 http://zh.wikipedia.org/wiki/%E5%8F%AF%E6%B1%97(2014 年 10 月 10 日)"可汗"。
② 引自 http://zh.wikipedia.org/wiki/%E5%AE%98%E5%AE%B6(2014 年 10 月 10 日)"官家"。
③ 引自 http://zhidao.baidu.com/link?url=dA4dwC9kuHVMt_8SMyOe8e3o1W2BMJbvvMHelAbtRX6qH5H1nQyWs_fF7bdWvV9JDrLP1U9—Xpinw2exbaJOa(2014 年 10 月 10 日)"官家"。
④ 参引 http://zh.wikipedia.org/wiki/%E5%8F%AF%E6%B1%97(2014 年 10 月 10 日)"可汗"。

《康熙字典·丑集上·口字部》解释"君"字说:"又夫人亦称君。《诗·墉风》我以为君。《传》君国小君。《笺》夫人对君称小君。《论语》邦君之妻,邦人称之曰君夫人。称诸异邦曰寡小君,异邦人称之亦曰君夫人。又子称父母曰君。《易·家人》家人有严君焉,父母之谓也。又子孙称先世皆曰君。"还说:"又妇人封号亦曰君。《史记·外戚世家》尊皇太后母臧儿为平原君。"由此可以推断,鲜卑等族将其首领之妻称为"可敦"亦即君,在汉语史料文献中是有根据的。

2. "阿干"来源之证

《魏书·吐谷浑传》:"若洛廆追思吐谷浑,作《阿干歌》,徒河以兄为阿干也。"《晋书·四夷传·吐谷浑》:"鲜卑谓兄为阿干,(慕容)廆追思之,作《阿干之歌》。"① 其实,汉语之"兄"古今都有作"哥",粤语作 go1,闽语作 ko1,与"干"字之音为阴阳对转关系。然而,当今有网文沿用前述一些学术论著之说,主张"'哥'是汉语中外来词"。其要论如下:

> 兄,口语多称哥或哥哥,是对男性血亲的称呼,从而泛指一切男性同辈兄长……由于男性兄长具有的权威性,引申出领导者的含义。大哥、老大,在民间团体中普遍使用。
>
> 哥在汉语中本来是"歌"(唱歌)的本字,而从甲骨文起"兄"便是表示现在的"哥"义。在东汉前尚未见"歌"字。
>
> "哥"字不作"歌"是从唐朝开始的。《旧唐书·王琚传》"玄宗泣曰:'四哥孝仁……'",四哥是指玄宗之父睿宗。玄宗的儿子李琰也称其父为"三哥"。玄宗称李宪(睿宗长子)为大哥,又是以"哥"称兄。而《淳化阁帖》中唐太宗居然对其儿子李治自称"哥哥敕",这又是以"哥"作为父亲的自称。……
>
> 南北朝、唐是民族大融合时期,许多少数民族融入汉族,北方民族的一些习俗称谓也潜入汉语。……
>
> 鲜卑语中有"阿干"一词,父与兄鲜卑语都可以用"阿干"相称。现在的哈萨克语比较接近古突厥语,在面称时,哈萨克语 agha 一词既可称父也可称兄,与鲜卑一致。在突厥语族甚至阿尔泰语系中称兄都是同一系列的语言形式:agha(a)、aka(a)、aqa(a),其中鼻尾是不稳定的。如蒙古语 akan、axan、ax,满语 age,维吾尔语 aka。由此可以推测,在北魏时这种称呼已经渗入汉族,经过一段时间的融合,变为汉语中活生生的词,"哥"在后世已经汉化,成为完全汉语化的根词形式。②

笔者认为,此说值得商榷。有关论者多忽略了一个重要之例,在汉语古今文献中,与兄、哥同义之词还有一"昆"字,其读音在古今通语方言中有 gun1、kun1、hun4、wen1、gwan1、khun1 等。正如少数民族或外族语的"干"、"哥"之声母有 gh-、k-、q-、k-、x-等之异,汉语的昆与干、汗等之声母也有 gh-、g-、k-、h-、x-等之异。因此,就声母的古今通方语音关系而言,"昆"主要保留了 g-、k-、h-三音,而"兄"主要保留了 h-、x-两音。"哥"则与"昆"为阴阳对转关系,与"官"的古方音也是阴阳对转关系。故粤方言多称"新郎官"为"新郎哥"。也有称大哥、二哥(大兄、二兄)为大官、二官。因此,在少数民族或外族语的外语"阿干"一词中,既有-n 鼻韵尾的,也有没有-n 鼻韵尾的,表现了汉语的"昆"、"干"、"官"与"哥"的阴阳对转关系。哥还与盖有音转义同的关系,如"膝盖"粤语又称"波罗盖"与"膝头哥"。"哥"还与"公"有音转义同的关

---

① 引自 http://baike.baidu.com/view/2342388.htm?fr=aladdin(2014 年 10 月 10 日)"阿干"。
② 转引自 http://blog.sina.com.cn/s/blog_4b98b62b01000c0p.html(2014 年 10 月 10 日)"哥"是汉语中外来词 唐玄宗称呼父亲"四哥(转)"。

系,如"鼻子"粤语又称"鼻哥"与"鼻公"。

更进一步而言,"昆"、"干"、"官"与"哥"的阴阳对转即章太炎所说的"歌寒对转":"……鹅训䳘鹅,雁训鴈,一语之转也。若裸与灌、和与桓、柯与干,不胜举证矣。"① 而且,章太炎早已曾否定"哥"出于鲜卑夷语之说,指出:

> 《说文》:周人谓兄曰䜌。古魂切。经典相承用昆为之。见纽双声转,今称兄为哥。或云:《晋书·吐谷浑传》:鲜卑谓兄为阿干。干转为哥,此实夷语。非也。今绍兴犹谓兄为昆,正与哥声相转。详夫亲属相呼,本于婴儿初语,其声不过ㄎ、ㄅ二者而已。呼父曰考,语本于ㄎ;呼保母曰阿亦曰可者,字变为妿,语本于ㄎ;呼兄曰哥,语亦本ㄎ;(可、阿、哥皆得声于ㄎ。)或古语流传如是也。至鲜卑言阿干,契丹谓皇子为哥儿,满洲谓皇子为阿哥,此如中国呼爸语由父转,然今四裔亦多谓所生为爸;夷、貉之子,生而同声,固莫能相外也。②

笔者认为,章太炎之说基本正确。哥、干、昆为同一汉语语词的"一语之转",应无可置疑。至于中国其他少数民族或外国异族之音义相同或大同之词是其原生还是借自汉语,尚有待进一步的探讨。就笔者目前之见,认为都是直接或间接借于汉语。

还有,"阿干"、"阿哥"、"阿爸"、"阿妈"等词的"阿"字,也是源于古汉语特有的亲属称谓的前缀。匈奴、鲜卑等有 a-开头的亲属词,应是直接或间接借用汉语词的结果。章太炎指出:"《说文》:'ㄎ,反丂也。读若呵。'今读如阿,转入麻部。……发声指亲属者始此,今语犹然。"③

三、结　语

综上所述,证明不仅中国古代的汉族善于吸收外国或中国诸少数族裔的语言文字文化,而且中国周边的各国或中国国内的诸少数族裔也非常善于吸收汉族的先进语言文字文化。从中可以窥见,由于中国是东亚唯一创造了独具强劲生命力的汉字文化,自商周秦汉至宋元明的几千年间,其先进的中华语言文字、政治、宗教文化,对中国周边诸少数族裔乃至四邻之外国诸如东北日本、韩国、东南越南、柬埔寨,西北丝绸之路各国之影响深远巨大,有力地促进了他们从野蛮落后的部落向先进文明的国家飞跃发展。总而言之,虽然是管窥蠡测,也可以从中看出原本文明远较汉族落后的匈奴族、鲜卑等族裔,通过对汉语词汇的学习借用而获得政治、宗教、文化的巨大进步。这和中国清末革命党人借用西洋的"总统"等词取代原来的"皇帝"等词,其引起的中国语言、政治、宗教、文化的巨大进步是相同的。限于时间和能力,本文暂此收笔。其余很多问题,待来日有便再作探讨。

2014 年 10 月 7—10 日草撰于澳门镜湖
2015 年 4 月 14 日改定

---

① 章太炎:《文始一》"歌泰寒类",《章太炎全集》(七),第 167 页。
② 章太炎:《新方言·释亲属第三》,《章太炎全集》(七),第 86 页。
③ 章太炎:《新方言·释词第一》,《章太炎全集》(七),第 6 页。

"Stater" and "drachm" in Sogdian and Bactrian weight inscriptions

Nicholas Sims-Williams

(SOAS, University of London)

An essential aspect of trade and economic life is a system of standard measures. The more valuable the commodity to be measured, the more important it is that the measure should be precise and accurate. In this paper, I shall examine the evidence for certain measures of weight used by the Sogdians and Bactrians, two of the most important groups of westerners who traded along the Silk Road. The evidence is essentially of two types. On the one hand we have objects made of silver (and occasionally gold) bearing inscriptions indicating their weight; on the other we have inscribed objects, mostly stones, which were specifically designed for weighing commodities for sale. Evidence from texts can also be valuable as documenting the units of weight in use at a particular time in a particular region, but does not usually allow one to calculate the actual value of those units.

The system of weights used in pre-Islamic Iran and Central Asia is essentially of western origin and most of the terms used for weights are also western. The principal terms are the *stater* and the *drachm* (later: *dirham*), both of which are derived from Greek. The stater is equivalent to 4 drachms (hence the alternative term *tetradrachm* "4 drachms", which is often used in the secondary literature though not in the inscriptions). A smaller unit equivalent to ⅙ of a drachm is usually referred to by the Persian name *dāng*; it corresponds to the Greek *obol*.

Many silver vessels bearing weight inscriptions in Pahlavi are known from Sasanian Iran. These inscriptions have been studied by many scholars, but the determination of the weight standard or standards involved is still problematic. The biggest problem is the ambiguity of the cursive Pahlavi inscriptions, which forces scholars to interpret the texts in accordance with their assumptions about the weight standards. Obviously, this results in circular arguments. Other problems are the fact that the vessels may be worn or broken, so that their present weight is less than that indicated in the inscriptions; the fact that standards may have varied from place to place and from time to time; and the difficulty of knowing whether the terms "stater" and "drachm" refer to a weight of silver or the value of the coin which bears the same name. This last ambiguity is sometimes resolved by specifying the "drachm by weight" (Persian *diramsang*, Sogdian *δrxmδnk*).

In this context the Sogdian stone weights are very valuable. Many of them have inscriptions which are quite clear and unambiguous; and stones do not suffer wear and breakage to the same extent as silverware. In 2005 the late Boris Marshak and his wife Valentina Raspopova published an important little book on Sogdian weights from Panjikent. In this book they study more than 30 stones excavated from 6th – 8th century strata at the Sogdian city of Panjikent, many of which bear clear inscriptions indicating their weight. The first of these stone weights (Marshak-Raspopova 2005, no. 1), which weighs 2000 grams and is inscribed 450 δrxm, i. e. "450 drachms", unambiguously indicates a value of 4.44 grams for the drachm. A similar stone excavated at Samarkand (Kirillova 1982; Marshak-Raspopova 2005, fig. 31), which weighs 2484.8 grams and bears the inscription "560", seems to represent the same weight standard. If the figure 560 indicates a weight in drachms, the implied value of the drachm is again 4.44 grams.

Several other weights from Panjikent (Marshak-Raspopova 2005, nos. 2 – 10) with clearly legible numerals (but lacking the word δrxm) indicate a drachm which seems to vary within the range 4.42 g to 4.50 g. Evidently these weights are not all equally accurate. The most likely to be accurate are those which give a very precise figure, e. g. no. 6, which reads "35½ [drachms]" and implies a drachm of 4.45 g. Those whose stated weight is a round figure such as "500 [drachms]" (no. 5) or "10 [drachms]" (no. 8) may be less trustworthy, though of course they are not necessarily inaccurate. In fact, these two inscriptions imply drachms of 4.48 g and 4.47 g respectively, which seems to be a little above its average weight. One inscription (no. 10) seems to have been corrected from "478 [drachms]" to "485 [drachms]". The first figure, implying a drachm of 4.50 g, was evidently found to be inaccurate; the second figure, implying a drachm of 4.43 g, is no doubt more correct.

Some other stone weights from Panjikent have their weights indicated in units larger than the drachm. Generally speaking, the larger the units employed, the less one can trust the accuracy of the inscription. No. 11 bears on one side the inscription "11 s", where s must be an abbreviation for styr, i. e. stater. Since this stone weighs 200.15 g, the inscription implies a stater of 18.195 g and thus a drachm of 4.55 g, a higher value than any mentioned so far. The other side of the stone is inscribed "44 [drachms]", which looks more precise, but which in fact means exactly the same as "11 s[taters]" and may be simply a "translation" of the former inscription rather than a recalculated value. Several weights seem to make use of a very large unit which is generally abbreviated as p't but once written in full as p'tz(?)mnk. I agree with Yutaka Yoshida (1990, 79 – 82), who identified this measure with one attested as batman in Old Uygur and other Turkic languages.[①] No. 17, which weighs 2068.75 g, bears two inscriptions. One reads "462 [drachms]", indicating a drachm of 4.48 g. The other may be understood as "3 p'tz(?)mnk minus 4". This is hard to interpret, since we know neither the value of the p'tzmnk nor that of the 4 smaller units which are to be deducted.[②] If the former

---

① The word is probably Iranian in origin, related to Sogdian ptm'k "measure", not Turkish as assumed by Clauson 1972, 305 – 6. If the reading p'tzmnk is correct, the tz may be regarded as a (dialectal?) variant of c from palatalized *t, as in Manichaean Sogdian ptzβwš beside pcβwš "to smell" (Gershevitch 1954, §72). Cf. also p'cm'nᵞk, the Choresmian equivalent of batman (Henning 1956, 430 = 1977, 493). See my remarks quoted in Yoshida 1993, 370.

② In the inscription, the number "four" is followed by the word mynt or myzt. It is naturally tempting to interpret mynt as the plural of *myn "mina", but the ancient mina, the Arabic mann, is a very large weight, the Sogdian equivalent of which is probably the p'tz(?)mnk of this very inscription. Moreover, the use of a plural form after the numeral "four" is not to be expected in Sogdian. According to Yoshida 1990, 79 – 83, and 1993, 370, mynt is a verbal form effectively synonymous with sty "is", which stands at the equivalent point in no. 13.

is equivalent to 40 staters and the smaller unit is the stater, as suggested by Marshak and Raspopova, this inscription gives the weight as 116 staters, implying a stater of 17.83 g and thus a drachm of 4.46 g. Another stone bearing two inscriptions is no. 13, which weighs 4270 g. One inscription reads "950 [drachms]", indicating a drachm of 4.49 g. The other may be understood as "6 *p't* minus 17". If this is interpreted in the same way as proposed above for no. 17, this would indicate a weight of 223 staters (= 892 drachms), implying a very heavy drachm of 4.79 g. On the other hand, if the figure of 17 refers to drachms rather than staters, we obtain a total quite close to the "950 [drachms]" of the first inscription: (6 × 160 =) 960 − 17 = 943 drachms, implying a drachm of 4.53 g.

The following table summarizes the data from all the stone weights from Samarkand (here "S1") and Panjikent which I have mentioned above:

No.	Weight	Inscription(s)	Implied value of the drachm
1	2000 g	450 drachms	4.44 g
S1	2484.8	560 [drachms]	4.44 g
6	158.1 g	35½ [drachms]	4.45 g
5	2240 g	500 [drachms]	4.48 g
8	44.7 g	10 [drachms]	4.47 g
10	2150 g	485 [drachms]	4.43 g
11	200.15 g	11 s[staters]/44 [drachms]	4.55 g
17	2068.75 g	462 [drachms]	4.48 g
		3 *p'tz*(?)*mnk* minus 4 [staters](?)	4.46 g(?)
13	4270 g	950 [drachms]	4.49 g
		6 *p't* minus 17 [drachms](?)	4.53 g(?)

It would take too long to discuss all of the weights from Panjikent, some of whose inscriptions are much more difficult to interpret, and it should be borne in mind that the table above presents only a selection of the data. Nevertheless, I think that it is clear enough that this material provides strong evidence for a Sogdian standard drachm with a value around 4.45 g.

This value of the drachm is significantly higher than any value for the Sasanian drachm which has been calculated from the Pahlavi inscriptions on silver. See for example Brunner 1975, 120, where the mean value of the drachm is calculated as a fraction over 4 g on the basis of 23 examples of Sasanian silverware inscribed in Pahlavi. More surprisingly, the value of the drachm indicated by the Sogdian stone weights shows no close correlation with the weights of vessels bearing Sogdian inscriptions. The weight units indicated by these inscriptions are exceedingly varied. At one extreme we have a vessel weighing 282 g and inscribed "60 drachms" (Livshits-Lukonin 1964, no. 19), implying a drachm of 4.7 g. According to Marshak-Raspopova 2005, 49 − 50, the "drachm" referred to here is in fact the Byzantine *solidus*. At the other extreme we have a bowl, unfortunately slightly damaged, which is inscribed "39 staters" in a rather archaic Sogdian script (Livshits-Lukonin 1964, no. 18; Yoshida 2002, 191). This bowl now weighs 636 g. Taking into account the likely extent of the damage, a value of the drachm somewhere between 4.08 and 4.28 g has been deduced (Marshak-Raspopova 2005, 50). Since the inscription mentions Chach, i.e. Tashkent, it is possible that this represents a drachm standard different from that of Samarkand and Panjikent. Yet another standard may be required to account for the silverware inscriptions in the Bukharan variety of Sogdian script (Livshits-Lukonin 1964, nos. 15–17), which I have left out of account here. Altogether, one may say that the vessels with weight inscriptions in Sogdian do not provide a clear indication of a single fixed standard.

In a recent article (Sims-Williams 2013) I studied a series of six Bactrian weight inscriptions on silver vessels. These typically consist of Greek numeral letters preceded by the abbreviation υα [ha], which I take to stand for υαγγο [haŋg] "weight", the Bactrian equivalent of Sogdian °δnk, Pahlavi and Persian sang < Old Iranian *θanga-.[①] The units of measurement are never stated, but seem to include the stater, drachm, obol or dāng, and perhaps the didrachm (double drachm).

No.	Weight	Inscription	Implied value of the drachm
1	3180 g	υα ρ′ ο′ η′ "weight: 178 [staters]"	4.47 g
2	1210 g	υα ξ′ θ′ "weight: 69 [staters]"	4.38 g
3	985.6 g	σ′ ι′ η′ "[weight:] 218 [drachms]"	4.52 g
4	1977 g	υα ρ′ θ′ ι′ β′ "weight: 109 [staters], 12 [dāng]"	4.51 g
5	620 g(?)	υ!α λ′ γ′ η′ "weight: 33 [staters], 8 [dāng]"	4.65 g(?)
6	230 g	υα κ′ ε′ "weight: 25 [didrachms](?)"	4.60 g

Of these inscriptions, no. 5 is problematic because the cup bearing the inscription has suffered the loss of its stem and foot and it is not known whether this occurred before or after the inscription was added. No. 6 is likewise problematic, because it seems to require the assumption that the weight was given in didrachms, a unit not otherwise attested in such inscriptions. (An alternative is to assume that the weight was that of a pair of identical or similar bowls, in which case the unit of measurement might be the stater as in all the other inscriptions beginning with the abbreviation υα.)

It is noteworthy that the average value of the drachm deduced from these Bactrian weight inscriptions is much higher than that of the comparable Pahlavi weight inscriptions but agrees remarkably well with that of the Sogdian stone weights. This suggests that both represent a single well-established international standard. According to Marshak and Raspopova (2005, 62–3) the drachm of the stone weights from Panjikent and Samarkand continues the Attic drachm of 4.46–4.47 g. They also argue that the canonical mitqāl of the Islamic system (4.464 g) is a later representative of the same unit.[②] If Marshak and Raspopova are right, we may assume that the drachm retained its Attic value in Sogdian and Bactria, while a lower value came into use in Sasanian Iran.

At Dalverzin-tepe, in the part of Bactria closest to Sogdiana (north of the Oxus, in present-day Uzbekistan), a hoard of gold ingots was excavated in 1972 (see Pugachenkova 1976; Vorob'ëva-Desyatovskaya 1976). Several of these ingots bear inscriptions in Kharoshthi script of about the 1st century

---

① The common assumption (e.g. Marshak-Raspopova 2005, 58) that Persian sang "weight" and sang "stone" are etymologically identical is unjustified, as is clear from the Sogdian and Bactrian forms.

② The canonical mitqāl of 4.464 g relates to the canonical weight-dirham, i.e. drachm, of 3.125 g in the proportion 10:7, see Hinz 1970, 3–4. Hinz himself (ibid., 1) regarded the mitqāl as a continuation of the Byzantine solidus.

CE which indicate the weight of the ingots by means of the abbreviations *sa* (for *sadera* "stater"), *dra* (for *drakhma* "drachm") and *dha* (also written in full as *dhanaïa*, the equivalent of the Persian *dāng*).① Eight of the ingots are well-preserved and bear legible inscriptions:②

No.	Weight	Inscription	Implied value of the drachm
1	358.1 g	20 *sa*, 1 *dra*, 4 *dha*	4.38 g
2	449 g	25 *sa*, ½ *dhanaïa*	4.48 g
5	877 g	51 *sa*, 1 *dra*, 2 *dha*	4.27 g
6	869.95 g	50 *sa*	4.35 g
7	876.7 g	50 *sa*	4.38 g
8	786 g	43 *sa*, 2 *dra*, 2 *dha*	4.51 g
9	876.52 g	50 *sa*	4.38 g
10	876.89 g	50 *sa*	4.38 g

As can be seen, the implied value of the drachm here ranges from 4.27 to 4.51 g, the most common value being 4.38 g. This range is quite similar to that attested by the Sogdian stone weights and the Bactrian silver vessels. Admittedly, the average weight here seems to be a little lower, but it is still significantly above that attested on silverware with Pahlavi inscriptions.

In this connection I would like to refer to an unpublished Judaeo-Arabic document from Afghanistan dated 398 AH (= 1007/8 CE). According to a preliminary reading kindly provided by Prof. Shaul Shaked, the document refers to the sale of a house for "330 silver dirhams by weight (according to) the weight (used in) Sogdiana". This formulation clearly indicates that the Sogdian "dirham by weight" differed from that used elsewhere in the Islamic world. However, it is far from certain that this text documents a survival of the pre-Islamic Sogdian weight standard on the territory of ancient Bactria, as I was at first inclined to think. A more likely alternative, as Pavel Lurje kindly pointed out to me in conversation, is that the reference is to the silver dirhams of the Samanids, which might have been specified because they were of better weight and quality than the competing dirhams of the Ghaznavids.

All of the material discussed so far derives from Sogdiana and Bactria. For the usage of these measures of weight by the Sogdians who traded or settled in China we have very limited evidence. In the Sogdian "Ancient Letters" of the early 4th century, which were written in Dunhuang, Guzang (Wuwei) and other cities in western China, the word for "stater" is attested several times. In Letter no. 5, the form *styr* is used for measuring *n'krtk* "silver" in amounts ranging from ½ stater to 20 staters.③ In Letter no. 2, line 42, the variant *styrch* is used with reference to a large sum of money deposited by the writer with his partners in Samarkand.④ Later Sogdian texts from Turfan and Dunhuang attest both the stater

---

① For the reading *dhanaïa* see Falk 2001, 310.
② The following table is based on Pugachenkova 1976, 69, with the correction of some errors of translation or calculation.
③ See Grenet *et al.* 2001, 100 – 101. Regarding the symbol for ½, see *ibid.*, 96. It is worth adding that a symbol for ½ has now been identified in the Kharoshthi script, see Falk 2001, 311 – 313.
④ For the text see Sims-Williams 2001, 270 – 271.

(*'styr*, in Manichaean script *styr*)[①] and the "drachm by weight" (*δrxmδnk*)[②] as measures for ingredients in medical prescriptions.

References

Christopher J. Brunner, "Middle Persian inscriptions on Sasanian silverware", *Metropolitan Museum Journal*, 9, 1974 [1975], 109–121.

Gerard Clauson, *An Etymological Dictionary of Pre-Thirteenth-Century Turkish*, Oxford, 1972.

Harry Falk, "Names and weights inscribed on some vessels from the silver hoard", *Journal des Savants*, 2001, No. 2, 308–319.

Ilya Gershevitch, *A grammar of Manichean Sogdian*, Oxford, 1954.

Frantz Grenet, Nicholas Sims-Williams, Étienne de la Vaissière, "The Sogdian Ancient Letter V", *Bulletin of the Asia Institute*, 12, 1998 [2001], 91–104.

W. B. Henning, "The Sogdian texts of Paris", *Bulletin of the School of Oriental and African Studies*, 11, No. 4, 1946, 713–740.

W. B. Henning, "The Khwarezmian language", *Z. V. Togan'a Armağan*, Istanbul, 1956, 421–436 (reprinted in Henning's *Selected Papers*, II, Leiden, 1977, 485–500).

Walther Hinz, *Islamische Masse und Gewichte umgerechnet ins metrische System*, 2nd ed. (Handbuch der Orientalistik, I, Ergänzungsband I/1), Leiden-Köln, 1970.

O. V. Kirillova, "Kamennaya girya s gorodishcha Afrasiab", *Istoriya material'noy kul'tury Uzbekistana*, vyp. 17, Tashkent, 1982, 116–118. [Not seen: kindly consulted for me by Frantz Grenet.]

Vladimir A. Livshits, Vladimir G. Lukonin, "Srednepersidskie i sogdiyskie nadpisi na serebryanykh sosudakh", *Vestnik Drevney Istorii*, 1964, No. 3, 155–176.

Boris I. Marshak, Valentina I. Raspopova, *Sogdiyskie giri iz Pendzhikenta / Sogdian weights from Panjikent*, St Petersburg, 2005.

G. A. Pugachenkova, "K otkrytiyu nadpisey *kkharoshti* na zolotykh predmetakh Dal'verzinskogo klada", *Vestnik Drevney Istorii*, 1976, No. 1, 64–71.

Nicholas Sims-Williams, "The Sogdian fragments of the British Library", *Indo-Iranian Journal*, 18, 1976 [1977], 43–82.

Nicholas Sims-Williams, "The Sogdian Ancient Letter II", *Philologica et Linguistica. Historia, Pluralitas, Universitas. Festschrift für Helmut Humbach* (ed. M. G. Schmidt, W. Bisang), Trier, 2001, 267–280.

Nicholas Sims-Williams, "Some Bactrian inscriptions on silver vessels", *Bulletin of the Asia Institute*, 23, 2009 [2013], 191–198.

M. I. Vorob'ëva-Desyatovskaya, "Nadpisi pis'mom *kkharoshtkhi* na zolotykh predmetakh iz Dal'verzin-tepe", *Vestnik Drevney Istorii*, 1976, No. 1, 72–79.

Yutaka Yoshida, "Reports on the Sogdian texts newly discovered in Xinjiang", *Studies on the Inner Asian Languages*, 6, 1990, 57–83 [in Japanese].

[①] British Library Fragment 34, line 2 (Sims-Williams 1977, 74); M 746c, R7 (unpublished, cited in Gershevitch 1954, § 1662).

[②] P. 19, line 14, see Henning 1946, 713 n. 5.

Yutaka Yoshida, Review of N. Sims-Williams and J. Hamilton, *Documents turco-sogdiens du IXe–Xe siècle de Touen-houang*, *Indo-Iranian Journal*, 36, 1993, 362–371.

Yutaka Yoshida, "In search of traces of Sogdians 'Phoenicians of the Silk Road'", *Berlin-Brandenburgische Akademie der Wissenschaften. Berichte und Abhandlungen*, 9, 2002, 185–200.

New primary sources concerning the socioeconomic character of the Old Uighur society — The materials preserved in the Arat estate in Istanbul (work in progress)

Simone-Christiane Raschmann

(KOHD: Turfanforschung, Berlin)

When Reşid Rahmeti Arat left Berlin in 1933 in order to take over the chair of Turkish Language at the Istanbul University, appointed by Atatürk himself, he took along with him photographs of Old Uighur fragments preserved in the Berlin Turfan collection. As a student of Willy Bang Kaup he was engaged in the Turfan studies. His special field was the research on the fragments of Old Uighur poetry and fragments of non-religious content like Old Uighur legal and private documents as well as the remains of Old Uighur medical literature, calendrical or astrological texts (to mention only few examples) preserved in the Berlin Turfan collections.

It was his intention to continue his research work on these materials in Istanbul what let him take photocopies of these fragments along with him. According to a numbering system arranged by Arat and added to the fragments of legal and private documents in the Berlin collection, the corpus of this subgroup consisted of 336 numbers.

As it is well known the Berlin Turfan collection suffers great losses from the World War II and it is thanks to the photographs taken by Arat to Istanbul before World War II that we have knowledge of a series of original sources concerning the Old Uighur economic situation in the Turfan oasis and the neighbouring regions during the period of the West Uighur Kingdom (9.–12. cc.) and the following Mongol period (13.–14. cc.). Arat himself was not able to finish an edition of this material, but in 1964 his fundamental work on this material was published under the title "Eski Türk Hukuk Vesikaları". Osman Fikri Sertkaya, the successor on his chair at Istanbul University, published some single fragments in separate articles, but know in co-operation with Dai Matsui and Peter Zieme the edition of the whole corpus is in preparation as well as a catalogue of this material, compiled by me, again in co-operation with Osman Fikri Sertkaya.

The Arat photo collection in Istanbul provides us with a series of important new sources concerning the administration, the taxation, trade and sale rules, the postal system, the management of monasteries, etc. The documents belong to categories like administrative orders, contracts, registers or letters.

One of these contracts I would like to present to you today. In the following it will be observed if the contract on hand fits to the known structure of Old Uyghur contracts of sale or if there are some specific features to be observed.

The two images of the document are preserved under the Arat number 179/30 + 31 (*U 9346).

According to the finding mark the original fragment of this document was excavated by the third German Turfan expedition in Murtuk (T III M).

The paper used for the contract has a landscape format. The document was fairly damaged. Parts of several lines are missing. Even though, it provides us with interesting information concerning landholding and the sale of land in the Old Uighur society under Mongol rule. We do not know how the opposite side looks like because we have only images of one side of this folio at our disposal.

From line 25 of the text we learn that the document on hand was a *baš bitig*. *Bitig* is a well attested word in the Old Uighur lexicon, and it has a lot of meanings, depending on the context. In our context *bitig* has the meaning "deed; document". The text of the document on hand gives even a more precise definition — it is a *baš bitig*, i. e. the original certificate or deed of a written contract.① The term *baš bitig* is the Old Uighur equivalent of the Chinese term *yuan-quan* 元券 ~ *yuan-qi* 元契 "original certificate".

Baš bitig belongs to a series of terms and phrases, which all have to be considered as calques of Chinese terms. Let me mention some few examples only: *kedin* (< 行 *hang*) "market; official market, bazaar",② *käzig* (< Chin. 番 *fan*), *ulug berim* (Chin. 大税 *da shui*), *uzun ulag* (< Chin. 长行马 *chang xing ma*), *kısga ulag* (< Chin. 近行马 *jin xing ma*).③ We have clear evidence from the preserved Old Uygur secular documents, i. e. the used formulas, terms, seals, that the West Uyghurs established their legal, socioeconomic and administrative system in their newly founded Kingdom under strong Chinese influence of the late Tang and early Song.④ The evidence of the special term 常田 *chang tian* together with its Old Uygur calque *ögüz yalıŋa-ta[k]ı [tarıgla]g yer* in a bilingual Chinese-Uygur document (Ch/U 6100 + Ch/U 6100 verso l. 6) proofs that in the early years of the Western Uygur Kingdom Chinese land documents of the Tang period from the Turfan area were used as a model.⑤

This *baš bitig*, i. e. original certificate, guarantees the owner's rights of ownership and possession.⑥ With regard to this it is reasonable to assume that for writing the contract brand-new paper was used and the images show the recto side of the folio.

The official character of the document is furthermore attested by five visible stamps spread from the beginning to the end of the text throughout the whole deed of sale. The prints of the stamp seem all to look the same. They are in the shape of rectangles. The inscriptions are hardly readable.

The date is given, as usual, at the beginning of the text and according to the Chinese twelve year animal cycle: mouse year, second month, 16th day.

---

① Cf. Yamada (1972), 176 - 179; Oda (1991), 43 - 44; Matsui (2008: '13), 237.
② Moriyasu (1996), 72.
③ Matsui (2008: '13), 236 - 237.
④ Cf. Moriyasu (1996), 67 - 69; Moriyasu/Zieme (1999), 74.
⑤ Moriyasu (1996), 69; Moriyasu/Zieme (1999), 80 - 82.
⑥ Cf. Yamada (1981), 374.

The date is followed by an explanation why the sale took place. A person Tegin Buka by name was in need of *tavar* for consumption. He received six *tavar* from a person Altun Ky-a by name.

Altun Ky-a, who offered the necessary *tavar* to Tegin Buka, in return received a piece of land. It is described as *altı šıg yer*, i. e. a piece of land with a seeding capacity of 4 *šıg*.

Needless to say that this measure of capacity *šıg* is a phonetic transcription of Chinese 石 *shi*. The value of of *šıg* in the Tang period, the time when the West Uygurs borrowed the term from Chinese was ca. 60 liters.[①] As Dai Matsui was able to show, the value of Uygur *šıg* was equalized to the Mongolian unit of capacity *taγar* (ca. 84 liters) in the Mongol period (13. – 14. cc.) and, furthermore, the use of the term *taγar* instead of *šıg* is attested in Uygur documents, namely loan contracts, from the Mongol period (Istanbul 9; Lo18; SI Kr I 147).[②] From the above mentioned data we learn that Altun Ky-a received in return for the agreed price a piece of land with a seeding capacity of ca. 336 liters.

The piece of land which is sold by Tegin Buka, is part of a larger unit. According to the text this 20 *šıg yer* ("a piece of land with a seeding capacity of 20 *šıg*") is in the possession of altogether six brothers. According to the issued contract on hand Tegin Buka was allowed to purchase (I quote) *maŋa Tegin Buka tägär tör[t šıg] yerim* "the (piece of) land (with a seeding capacity of) 4 *šıg* which is in the possession of me, Tegin Buka". A similar situation is also described in other Old Uygur land sale contracts, too.[③]

In the land sale contract on hand the names of Tegin Buka's elder and younger brothers are listed. Unfortunately the names are not completely preserved, but from the preserved remains it is clear that all of the altogether six older and younger brothers seem to have Buka as the second part of their personal names; besides Tegin Buka their names run as follows: Tolu Buka, Aldı [Buka], [Ar]slan Buka, Bars Buka, [ ] kä Buka. Furthermore, two of the four witnesses in the contract have Buka as the second part of their names: El Buka and [ ]WK Buka. Probably they are also members of this Buka family or clan.

This list provides us with an interesting feature concerning the name giving among the Old Uygurs and this feature is of special interest for the compilation of an Old Uygur onomasticon.

A similar case is attested in another fragment of which only a photograph in the Arat estate is preserved, too. A kind of list or register (*U 9294; Arat 118/033) mentions the following names: Kutlug Tämür, Bay Tämür, El Tämür, Purvan(a)(?) Tämür. The kind of relationship between the listed persons unfortunately is unclear in this case. With regard to the document on hand we may suppose that they belong to one family or clan as well.

According to our land sale contract on hand the total amount of *tavar* was completely paid on the day the certificate was issued. No additional note concerning the payment is to be found as a later add on, what happened in a certain number of documents even though the phrase concerning the full payment and full receipt of the agreed price on the day of the contract's issue is present in the main text of the document.

---

① Moriyasu (1991), 57 – 58.
② Matsui (2004), 198 – 199.
③ Yamada (1967), 94 – 96.

The text continues with a paragraph concerning the penalty in case anybody is breaching the contract. If anybody from the seller's family (ak[a inim [u] rugum tugmıšım], his "unit of ten" (onluk) or "unit of one hundred" (yüzlük) is lodging an objection to the performance of the contract concluded between the parties, those who bring up the dispute had to pay a compensation. Unfortunately the amount of this compensation keeps unclear because the manuscript is damaged in this area. While in the older period the amount for the compensation was equal to the value of the land, later, i. e. in the Mongol period, a piece of land equal to the twice of the value had to be provided. The burden had to be carried by those who caused the dispute (korlug bolzun).① At exactly this point the relevance of the baš bitig for the vendee (or: buyer) becomes clear: bu Altun Ky-a bu baš bitig [t]utza korsuz bolzun "Let this (individual) Altun Ky-a, who is in possession of the original certificate, not suffer loss".

After mentioning the names of four witnesses the nišan tamga of the vendor (or: seller) is announced and authorized, and the name of the certificate's writer who wrote the text of the document by asking Tegin Buka, i. e. the vendor, three times (üč kata ayıtıp bitidim) is mentioned. The phrase üč kata ayıtıp bitidim is well attested.

There are more attestations for the usage of the term nišan tamga in the Old Uygur documents, but usually there is a clear distinction between tamga and nišan. The seller is responsible for the issue of the deed for the sale of the land and his seal or mark is needed, at least in the following parts of the contract: at the beginning, at the end and in the middle part. These three stamps are essential. But, as present in our case, sometimes more than three could be observed. From this matter of fact is becomes clear, that the five stamps on the document are those of the seller, Tegin Buka, and, even when hardly recognizable in our case, mostly one and the same seal is used throughout one and the same document. According to Yamada, the term nišan tamga is attested only in contracts where stamped seals of the seller are used. The land sale contract on hand confirms this observation.②

The beginning of the lines in the annex of the contract is lowered, what is quite usual. In the text of the annex each witness in a separate line authorized his sign and, as a rule, one sign of each witness should have been drawn at the end of each line. May be it is due to the manuscript's bad state of preservation that only one sign is visible. This custom of adding the signs of the witnesses in the contract is clearly the influence of China, as mentioned by Yamada.③ The number of witnesses present in the contract is totally in accordance with the rule to engage three or four individuals as witnesses.

Let me shortly add some further comments to the structure and content of this land sale contract.

It is common practice to describe the location of the piece of land on sale in the contract, like for instance: (Sa16: Ot. Ry. 543) biznin Šuikü-täki aka inilär birlä KY... (·) ülüš-lüg borlukta "from our wine garden located on the Šuikü canal which is in the possession of me together with my older and younger

---

① Moriyasu (1996), 77.
② Cf. Yamada (1963), 256.
③ Cf. SUK I, 68.

brothers [in equal (?)] portions." ①

The text on hand is damaged at the place in question, but the existing remains ... BYDYQ-takı, marked by the suffix -tA + kI, i. e. "located in ///BYDYQ", clearly refer to a toponym in this phrase, which described the object on sale.

Further on, it is quite usual that in another paragraph the location of the four property lines (*sıčı*, a phonetic transcription of Chinese 四至 *si zhi*②) was described. In some contracts this description follows shortly after the above mentioned paragraph. In some contracts, like for instance in the two land sale contracts from the St. Petersburg collection published by Radloff as USp 107 and USp 108, only after the paragraph concerning the penalty in case anybody is breaching the contract. In the contract on hand this paragraph is completely missing. There are some land sale contracts published which share this feature, namely Sa11 from the small collection preserved in the library of the Istanbul University and Sa12 from the collection of the Museum of the History of China in Beijing. Both land sale contracts are of a fairly late date, i. e. they were issued in the Mongol period (13.–14. cc.).

In addition, we have to state that there is another paragraph completely missing in the sale contract on hand, namely the declaration of the new owner's right.

Finally I would like to add some remarks concerning *tavar* in the document on hand. We come across *tavar* twice in the text:

1. Being in need of *yuŋlaglık tavar*, i. e. "*tavar* for consumption" is the given reason for the sale of the two portions of land by Tegin Buka (the vendor/seller).

2. According to the contract the agreed price for the object (i. e. the two portions of land to be paid by Altun Ky-a, the vendee/buyer) is *altı tavar*, i. e six *tavar*.

For the Old Uyghur word *tavar* the dictionaries give two main meanings: 1. "livestock, property", 2. "merchandise, trade goods"③ and sometimes even more specific "silk, damask".④

What is the right interpretation of *tavar* in the document on hand?

Being in need of *tavar* for consumption is the given reason in quite a number of sale contracts like Sa02 (Ot. Ry. 1414a). In case of this contract the editors of SUK translate *tavar* as "fabric" quite generally.⑤ The object on sale is a piece of land suitable for (spreading) üč "three" *šıg* (of seed on it). The agreed price according to the contract is 325 *kuanpu*, i. e. according to Moriyasu's interpretation "an official cloth"; in German: "Geldtuch" that was made of cotton at the time of the West Uyghur Kingdom.⑥

---

① Cf. SUK II, 36–37. Šuikü < Chin. 水渠 *shui qu*, toponym, name of a canal.
② Cf. Yamada (1967), 100.
③ Hamilton (1986), 250.
④ Cf. Ligeti (1966), 261; Yamada (1967), 91–92; SUK II, 287. For damask cf. Wikipedia: „Damask (Arabic: دمسق) is a reversible figured fabric of silk, wool, linen, cotton, or synthetic fibres, with a pattern formed by weaving. Damasks are woven with one warp yarn and one weft yarn, usually with the pattern in warp-faced satin weave and the ground in weft-faced or sateen weave.
⑤ SUK II, 7.
⑥ Cf. Moriyasu (2004), 231a, 234b. *kuanpu* therefore is a marker for dating the document in question in the period of the West Uyghur Kingdom, cf. Moriyasu (2004), 228b.

According to another contract (Lo16: U 5264) an individual, El Tämür by name, being in need of *tavar*, received from two persons 1 *tavar* as a loan. The agreed price for this loan is 50 *tas böz*, i. e. 50 coarse cotton clothes. In case of this contract of loan the translation of *tavar* is given as "silk damask" or "silk" by the editiors.[①]

In our Arat document on hand the need of *tavar* is the given reason for the land sale and the agreed price is paid in the form of *tavar*, too. May be in the first mentioning the interpretation should be given as "property" or "trade goods", that is in a more abstract sense like already suggested by Yamada in cases where the need of *tavar* designates only the reason for the sale, but not at the same time the agreed medium of payment.

But, we have good reason to assume that within the framework of the agreed price in the form of *tavar*, this term *tavar* designates a very specific medium of payment.[②]

In this case *tavar* should be interpreted as "silk damask" or "silk". This is in full agreement with Moriyasu who noted that "silken fabrics were used as a currency during the whole period of the 8.–14. cc."[③] and should not contradict the result of his study that "in Mongol times silver served as both an international currency and an accounting unit, while cotton cloth, often called '*böz*', was used as a local currency."[④]

The cursive script of the document Arat 179/30 (*U 9346), the use of *nišan*s (in the annex) and attested phrases like *kärgäk bolup*, *čam čarım kıl-* in the text of the contract clearly proof that it was issued in the Mongol period (13.–14. cc.). May be the late date for the issue of the certificate is the reason for the more tight structure of the contract.

Bibliography

Hamilton, James (1986): *Manuscrits ouïgours du IXᵉ–Xᵉ siècle de Touen-Houang*. 1–2. Paris 1986.

Ligeti, Louis (1966): *Un Vocabulaire sino-ouigour des Ming. Le Kao-tch'ang-kouan yi-chou du bureau des traducteurs*. In: AOH 19, 117–199; 257–316.

Matsui Dai (2004): *Unification of Weight and Measures by the Mongol Empire as Seen in the Uigur and Mongol Documents*. In: Durkin-Meisterernst, Desmond/Simone-Christiane Raschmann/Jens Wilkens/Marianne Yaldiz/Peter Zieme (edd.): *Turfan Revisited — The First Century of Research into the Arts and Cultures of the Silk Road*. Berlin, 197–202. (Monographien zur Indischen Archäologie, Kunst und Philologie. 17.)

Matsui Dai (2008: '13): *Uigur* käzig *and the Origin of Taxation Systems in the Uigur Kingdom of Qočo*. In: Mehmet Ölmez (ed.): *Festschrift in Honor of Talat Tekin*. Türk Dilleri Araştırmaları 18, 229–242.

---

① SUK II, 99.
② Cf. Yamada (1967), 92.
③ Cf. Moriyasu (2004), 236 fn. 38. Here he also refers to the large scale of terms, which were used to different kinds of silk and he added: "and so it is difficult to find any chronological indicators."
④ Cf. Moriyasu (2004), 234b.

Moriyasu Takao (1991): *Uiguru Manikyō shi no kenkyū* [A Study on the History of Uighur Manichaeism — Research on Some Manichaean Materials and their Historical Background]. In: Ōsaka daigaku bungakubu kiyō. Memoirs of the Faculty of Letters, Osaka University 31 & 32, 1 – 248.

Moriyasu Takao (1996): *Notes on Uighur Documents*. In: Memoirs of the Research Department of the Toyo Bunko 53 (1995: '96), 67 – 108.

Moriyasu Takao (2004): *From Silk, Cotton and Copper Coin to Silver. Transition of the Currency Used by the Uighurs during the Period from the 8th to the 14th Centuries*. In: Durkin-Meisterernst, Desmond/Simone-Christiane Raschmann/Jens Wilkens/Marianne Yaldiz/Peter Zieme (edd.): *Turfan Revisited — The First Century of Research into the Arts and Cultures of the Silk Road*. Berlin, 228 – 239. (Monographien zur Indischen Archäologie, Kunst und Philologie. 17.)

Moriyasu Takao/Peter Zieme (1999): *From Chinese to Uighur Documents*. In: Nairiku Ajia gengo no kenkyū (Studies on the Inner Asian Languages) 14, 73 – 102.

Oda Juten (1991): *On baš bitig, 'ydyš bitig and čïn bitig. Notes of the Uighur Documents Related to a Person Named Turï*. In: Türk Dilleri Araş tırmaları 1991, 37 – 46. (TDiAD. 2.)

SUK I – III: Yamada, Nobuo: *Uigurubun keiyaku monjo shūsei. Sammlung uigurischer Kontrakte*. Hrsg. von Juten Oda, Peter Zieme, Hiroshi Umemura und Takao Moriyasu. Band 1: *Gesammelte Arbeiten über die uigurischen Dokumente von N. Yamada*. Band 2: *Textband*. Texte in Transkription und Übersetzung, Bemerkungen, Listen, Bibliographie und Wörterverzeichnis. Band 3: *Faksimileband*. Osaka 1993.

Yamada Nobuo (1963): *Uigurubun baibai keiyakusho no shoshiki*. [Engl. Nebentitel: *Forms of Sale-Contract Note in Uigur Documents*]. In: *Rekishi to bijutsu no shomondai*. [Engl. Nebentitel: *Miscellaneous Essays on the Art and History of Central Asia and Tun-huang*]. Kyōto. (Seiiki bunka kenkyū. [Lat. Nebentitel: Monumenta Serindica.] 6.) Anhang, 27 – 62. (Engl. Version: Yamada 1967) [Reprint in SUK I, 33 – 71 (YamadaIII)]

Yamada Nobuo (1967): *Uigur Documents of Sale and Loan Contracts Brought by Ōtani Expeditions*. Appendix: *The Forms of the Uigur Documents of Sale Contracts*. In: MRDTP 23 (1964), Tōkyō 1967, 71 – 118. [Reprint in SUK I, 401 – 455. (YamadaXI)]

Yamada Nobuo (1971): *Four Notes on Several Names for Weights and Measures in Uighur Documents*. In: L. Ligeti (ed.): *Studia Turcica*. Budapest, 491 – 498. (Bibliotheca Orientalis Hungarica. 17.) [Reprint in SUK I, 457 – 467 (YamadaXII)]

Yamada Nobuo (1972): *Uigurubun nuhi monjo oyobi yōshi monjo* [Engl. Nebentitel: *Uighur documents of slaves and adopted sons*]. In: Ōsaka daigaku bungakubu kiyō. Memoirs of the Faculty of Letters, Osaka University 16 (Shōwa 47 nen/ 1972), 161 – 268. [Reprint in SUK I, 239 – 360. (YamadaVI)]

Yamada, Nobuo (1981): *An Uighur Document for the Emancipation of a Slave, Revised*. In: JA 269, 373 – 383. [Reprint in SUK I, 469 – 482. (YamadaXIII)]

回鹘文(哈密本)《弥勒会见记》新发现的敬品第二叶

迪拉娜·伊斯拉非尔　伊斯拉非尔·玉苏甫

(中央民族大学维吾尔语言文学系)

(新疆维吾尔自治区博物馆)

回鹘文《弥勒会见记》(Maitrisimit Nom Bitig)是一部长达二十八品(包括序品和1—27品)的大部头佛教文学译著。它是首先由唆里迷国(古焉耆国)人圣月(Aryačantri < Skr. Āryacandra)菩萨大师从印度语制成吐火罗语,然后由智护羯摩师(Prtnarakšit Karmavažik < Skr. Prajñākṣita Karmavācaka)就从吐火罗语(古焉耆语)译成突厥语的。为研究西域文化史,包括维吾尔文化史、宗教史、哲学思想史、文学史、翻译史、戏剧史和古代语言的珍贵文献之一。

一、回鹘文《弥勒会见记》版本

根据发现地区,回鹘文《弥勒会见记》有两种版本:第一种为20世纪初德国"考古队"从吐鲁番胜金口和木头沟古遗址中所获得的"吐鲁番本",[①]共227叶(454面);第二种是1959年维吾尔族牧羊人耶赫亚·热依木在当时的哈密县天山公社铁木尔提的地方发现的"哈密本",现藏于新疆维吾尔自治区博物馆,根据入馆登记账本,为293叶(586面),其中包括回鹘文哈密本《十业道譬喻鬘》的20余叶。[②] 学者们一般认为,"吐鲁番本"的抄写年代早于"哈密本"。关于这一点,1959年出自吐鲁番胜金口古遗址而现藏于新疆维吾尔自治区博物馆的回鹘文《弥勒会见记》胜金口本残叶(编号为60TS1:005—1、2)也可以说明。[③]

二、回鹘文《弥勒会见记》的主要研究情况

1. "吐鲁番本"的研究情况

"吐鲁番本"的研究历史较长。德国突厥学家缪勒和吐火罗语专家泽格1916年发表的《弥勒会见记与吐火罗语》一文,已经有将近100年的历史。[④] 较全面、系统地整理及研究"吐鲁番本"的功勋非德国著

---

① 据说,"吐鲁番本"包括六种抄写本:两种出土于胜金口,两种出自木头沟,剩余两种在吐鲁番的具体出土地点不详。原先分别存于德国柏林(Berlin)和梅因茨(Mainz),据说近年来都集中藏在柏林国家图书馆。

② 由于"哈密本"除可数的完整、较完整和残缺之叶外,还有两包小碎片,故其准确叶数,课题组的整理研究工作完成时,就更清楚了。

③ 地拉娜·伊斯拉非尔:《新疆博物馆藏回鹘文〈弥勒会见记〉胜金口本两残叶研究》,载《新疆文物》2007年第3期。60TS1:005—2号残叶B面第1行中出现的 nantan yemišlig(梵文为 Nandana-vana:欢喜苑),在"哈密本"中误抄成 qatunınta yemišlig。

④ F. W. K. Müller und E. Sieg, *MAITRISIMIT UND TOCHARISCH*, SBAW,1916, s. 416 - 417.

20世纪初,塔里木盆地北缘的库车、焉耆和吐鲁番的古遗址以及敦煌藏经洞发现婆罗米文书写的大批珍贵文献。其语言不同于梵语、于阗塞语和所谓的"图木舒克语"(准确的名称叫作"据史德语")等。起初,人们不知道这种语言的名称。后来,德国语言学家缪勒与泽格根据古代焉耆语的《弥勒会见记剧本》和"吐鲁番本"跋文中的"从吐火罗语译成突厥语"之记述,把这种语言命名为"吐火罗语"(Tohrı tılı/Toğrı tılı)。后来,阿富汗北部发现"真正的吐火罗语"之后,这种语言改称为"焉耆-龟兹语",但其"吐火罗语"的称谓至今还没有完全废弃。

名突厥学家葛玛丽(Annimarie von Gabain)女士莫受。1957年和1961年她题作《〈弥勒会见记〉——佛教毗婆沙派著作突厥语译本的影印本》影印刊布了"吐鲁番本"并分别附有研究报告各一册。① 此后,土耳其学者希那斯·特肯对"吐鲁番本"的研究作出了重要贡献,1980年他根据葛玛丽的影印本出版了题作《〈弥勒会见记〉——佛教毗婆沙派著作的回鹘文译本》的研究成果。② 20世纪80年代,德国语言学家又一次迎来了对回鹘文《弥勒会见记》研究的高潮。这一时期的主要代表为当时的西德伯恩大学宗教研究所所长克林凯特(H.-J. Klimkeit)教授和目前任德国格廷根大学中亚及突厥学系主任的劳特(J. P. Laut)教授。20世纪80年代初,他们得到"哈密本"的一套照片之后,③与耿世民教授合作,并发挥德国学者研究突厥语的深厚底蕴和梵语、吐火罗语等方面的优势,将"吐鲁番本"与"哈密本"的校勘研究提升到了一个新的高度。目前,劳特(P. Laut)教授和毕业于格廷根大学的年轻学者、回鹘文《弥勒会见记》研究项目组成员阿布来提·赛买提(Ablet·Semet)博士,在德国格廷根大学中亚及突厥学系原主任略尔本(K. Röhrborn)教授协助下,继续从事对"吐鲁番本"与"哈密本"的校勘研究工作。另外值得一提的是,阿布来提·赛买提博士在法国知名"吐火罗语"专家皮诺特(G.-J. Pinault)教授处进修之后,还进行着回鹘文《弥勒会见记》与焉耆语《弥勒会见记剧本》的比较研究。近年,德国知名学者Peter Zieme先生研究发表了日本藏"大谷收集品"中的回鹘文《弥勒会见记》残叶(出自吐鲁番)。④

2. "哈密本"的主要研究情况

中国学者对"哈密本"的研究工作在此文献被发现后不久就开始了。1962年,冯家升先生首先发表了对此文献的初步研究报告,并刊布了其第三品跋文及第二品第6叶(两面)原文的转写和译文。⑤ 我国"哈密本"研究的杰出代表、大功臣,当属耿世民教授。他从1980年开始研究"哈密本"。1980年他在美国哈佛大学《突厥学报》第4期发表了"哈密本"第二品研究,⑥1981年在《文史》第12辑发表了题作《古代维吾尔语佛教原始剧本〈弥勒会见记〉(哈密本)研究》的长文等。⑦ 尤其值得一提的是,1981年初至1983年夏,他作为德国洪堡基金会(A. Humbold-Stiftung)访问学者在伯恩大学停留期间,与克林凯特教授合作,对"哈密本"进行研究,1988年在《亚洲研究丛刊》第103卷用德文发表了其前五品(序品及一至四品)。⑧ 1992年6月至12月,当他再次在德国停留期间,和(H.-J. Klimkeit)、劳特(J. P. Laut)二位教授合作研究了"哈密本"中关于地狱和天界部分的20—27诸品,研究成果1998年由Opland/Wiesbaden市

---

① A. von Gabain (Hg.), *Maitrisimit. Faksimile der türkischen Version eines Werkes der buddhistischen Vaibhāṣika-Schule*, Teil 1 mit Beiheft I, 1957; Teil 2 mit Beiheft II, 1961.

② Şinas Tekin, *Maitrisimit nom bitig. Die uigurische Übersetzung eines Werkes der buddhistischen Vaibhāṣia-Schule*. 1. Teil: Transliteration, Übersetzung, Anmerkungen; 2 Teil: Analytischer und ruecklaeufiger Index, Berlin 1980.

③ "哈密本"发现后,被初步整理、拍照,洗出两套原大黑白照片,在中国社会科学院民族研究所和新疆维吾尔自治区博物馆各存一套。这是德国学者通过耿世民先生而得到的民族所一套照片的翻拍本。

④ Peter Zieme, *Fragments of the Old Turkic Maitrisimit nom bitig in the Otani Collection*, in 'The Society of Central Eurasian Studies' XV, 2000.

⑤ 冯家升:《1959年哈密新发现的回鹘文佛经》,载《文物》1962年7—8期合刊。

⑥ Geng Shimin, *Qädimqi Uigurčä buddhistik iptidayi Drama Piyäsäsi "Maitrisimit" (Hami nushasi) ning Ikinči Pärdäsi Häqqidiki Tätqiqat*, Journel of Turkish Studies, Vol. 4, 1980, pp. 101-103.

⑦ 耿世民:《古代维吾尔佛教原始剧本〈弥勒会见记〉(哈密本)研究》,载《文史》第12辑,1981年,第215—216页。此文还被转载《中国戏剧起源》,上海知识出版社1990年。

⑧ Geng Shimin und H.-J. Klimkeit, *Das Zusammentreffen mit Maitreya — Die ersten fünf Kapitel der Hami—Version der Maitrisimit*, Teil I: Text, Übersetzung und kommentar, Teil II: Faksimiles und Indices 1988, Otto Harrassowitz.

的西德出版社(Westdeutscher Verlag)出版,此部书题作《回鹘文一种佛教启示录研究》。① 他的以上两本合著为我国和民族大学赢得了荣誉。耿世民先生与世长辞之前,不顾年老体衰,将以上两本合著译为汉文,将自己毕生对"哈密本"的研究成果介绍给了我国广大读者。② 此外,还应该提及我国较早从事"哈密本"研究的学者伊斯拉非尔·玉苏甫、阿不都克尤木·霍加和李经纬等先生。伊斯拉非尔·玉苏甫等自1980年起步入了研究"哈密本"的学者行列,③并通过艰辛的努力用维、汉两种文字发表了数篇相关专题论文和"哈密本"前五章(包括序品及1—4品)的第一部专题研究成果。④ 李经纬先生发表于《喀什师范学院学报》1982年第1期的《〈弥勒三弥底经〉初探》一文亦开始了这项研究。后来,他还发表了关于"哈密本"序品,第一、二、三品的数篇论文。

三、回鹘文《弥勒会见记》的成书年代

关于回鹘文《弥勒会见记》的成书年代(译自吐火罗语的年代),德国学者勒柯克(A. Von. LE Coq)认为出自吐鲁番胜金口的本子成书年代在8—9世纪之间。葛玛丽在1957年提出,出自胜金口的本子抄写于9世纪。法国学者哈密顿(J. R. Hamilton)1958年在《通报》第46卷发表书评,其根据葛玛丽1957年刊布的影印本,就该本字体与敦煌出土于10世纪的大部分回鹘文写本字体相同而提出应属10世纪。1970年土耳其学者希那斯·特肯发表在《德国东方学研究通讯》第16期的一篇专门讨论回鹘文《弥勒会见记》成书年代的文章中,根据葛玛丽1961年刊行的影印本第219号残叶中出现的 **Klanpatri**(来自梵文 **Kalyanbhadra**,意为"善贤")与高昌出土而属767年的回鹘文庙柱文中的施主为同一人,以及写本字体上的特点,则提出8世纪中期。耿世民先生1982年提出:"根据此书现存的几个写本字体都属于一种比较古老的所谓写经体,再考虑到当时高昌地区民族融合情况(当地操古代焉耆语的居民在8—9世纪时应已为操突厥语的回鹘人所同化吸收),我们认为《会见记》至迟应成书于8—9世纪之间。"⑤冯家升先生1962年指出:"译经的年代不能早于公元840年回鹘人西迁以前,也不能晚到11世纪以后,因为回鹘人在公元840年以前是以摩尼教为国教的。德国勒柯克以为(该经)从吐火罗文译为回鹘文当在8—9世纪之间,我觉得太早,因为译成回鹘文首先要考虑阅读大批佛经的对象。我主张翻译此经当在第10和第11世纪之间。"⑥

关于回鹘文《弥勒会见记》成书年代的以上观点可作以下归纳:(1)8—9世纪(勒柯克、希那斯·特肯、耿世民),(2)9世纪(葛玛丽),(3)10世纪(哈密顿),(4)10世纪和11世纪之间(冯家升)。我们

---

① Geng Shimin, H. -J. Klimkeit, J. P. Laut, *Eine buddhistische Apokalypse — Die Höllenkapitel[20—25] und die Schusskapitel[26—27] der Hami—Handschrift der alttürkischen Maitrisimit*, Westdeutscher Verlag, Opladen/Wiesbaden, 1998.
② 耿世民:《回鹘文哈密本〈弥勒会见记〉研究》,中央民族大学出版社2008年。
③ 当年在乌鲁木齐昆仑宾馆举行的"中国维吾尔族历史研讨会"大会上宣读题为《回鹘文(哈密本)〈弥勒会见记〉第三章1—5叶研究》的论文。此文发表于:(1)《新疆大学学报》(维吾尔文版)1981年第1期(题作 Qädimki Uyğur Yeziqidiki < Maitrisimit > 3 - Bölümining 1 - 5 - Yapraqliri Üstidä Tätqiqat》);(2)《民族语文》1983年第1期。
④ 伊斯拉非尔·玉苏甫、阿不都克尤木·霍加、多鲁坤·阚白尔:《回鹘文〈弥勒会见记〉》1,新疆人民出版社1987年。在此成果问世之前,他们手里除能参考的几本词典外,连葛玛丽和希那斯·特肯的相关研究成果都没有。
⑤ 耿世民:《古代维吾尔佛教原始剧本〈弥勒会见记〉(哈密本)研究》,载《文史》第12辑,1982年。此文还被转载于《中国戏剧起源》,上海知识出版社1990年。近年,他再提出此看法,见耿世民《回鹘文哈密本〈弥勒会见记〉研究》,中央民族大学出版社2008年,第1页。在此之前,他认为成书年代是10世纪(见张广达、耿世民《唆里迷考》,载《历史研究》1980年第2期)。
⑥ 冯家升:《1959年哈密新发现的回鹘文佛经》,载《文物》1962年7—8期合刊。

对上述四种认识的看法是：第(1)较早且依据不充足,第(2)略早,第(3)较切合实际,第(4)略晚。

迄今为止,回鹘文《弥勒会见记》只发现于吐鲁番和哈密两地,此两地历史上都是高昌回鹘王国政权的重要辖区。这就说明,回鹘文《弥勒会见记》主要为回鹘人等操突厥语的居民而译的。关于回鹘人全面接受佛教的时间,我们认为当是漠北回鹘9世纪中期西迁新疆,从游牧生活开始步入定居生活以后的事。虽然此前漠北回鹘似已有接触佛教的迹象,例如629年,向唐朝朝贡的回鹘首领名字叫菩萨。[①] 再有建于820年左右的《九姓回鹘可汗碑》的汉文部分在论述牟羽可汗于762年接受摩尼教的时候,也透露出其祖先似曾信仰过佛教,汉文原文说:"……往者无识,谓鬼为佛,今已误真,不可复事……应有刻画魔形,悉令焚……"[②]但是,在以游牧生活为主且分散居住的条件下,佛教在回鹘社会中难以得到发展和普及。

我们认为,回鹘文长篇或大部头佛教文献的问世,几乎与新疆历史上出现突厥语化,尤其是回鹘语化同时开始的。新疆历史上的突厥语化起始于西突厥极盛时期。学术界认为,西突厥汗国极盛时代广大西域尽入其版图,西域诸国尽为其藩属。这些藩国不仅必须称奴纳贡,而且必须接受西突厥汗庭派来的吐屯监国,派遣军队进驻,而吐屯多世袭,逐渐取代了原来各地国王的地位。随着各国王统的变易,突厥语、突厥风俗先在各国王廷流行,后来更进一步向民间扩散,从而开始了西域突厥化或突厥语化的历史进程。[③] 840年后回鹘汗国灭亡,庞特勤率回鹘十五部进入七河地区,降服葛逻禄,建立新的政权,史称喀喇汗王朝。[④] 后来,此王朝成为突厥部族在西域建立的第一个穆斯林王朝。漠北回鹘"投佛教相当发达的安西之一支有两个大集团,西州回鹘与龟兹回鹘,后来发展成为一个统一的高昌回鹘王国。喀喇汗王朝和高昌回鹘王国在新疆的出现,就有力地推动了新疆的突厥语化回鹘语化进程和民族融合"。[⑤] 高昌回鹘王国以回鹘为首的操突厥语之主体居民,在当地原有而高度发达的佛教影响之下,较快地接受了佛教,其以定居生活为主的社会环境为佛教信仰在他们中间较快地普及提供了有利的条件。关于高昌回鹘信仰佛教及佛教在其境内占据主导地位的时间,一般认为《宋史·高昌传》里记载的"乾德三年(965)十一月,西州回鹘可汗遣僧法渊献佛牙"是已知文献里见到的最早的记录。另外还有,反映佛教在公元9世纪中叶至10世纪初的高昌回鹘社会中已据主导地位的旁证资料,即敦煌出土的S.6551号讲经文书。这篇写于866—930年间的文书记载:"天王乃名传四海,得(德)布乾坤,三十余年,国安人泰。早授诸佛之记,赖蒙贤圣加持,权称帝主人王,实乃化身菩萨。……善男善女檀越,信心奉戒持斋,精修不倦,更有诸都统毗尼法师、三藏法律、僧政、寺主、禅师、头陀、尼众、阿姨师等,不一一称名,并乃戒珠郎耀,法水澄清,作人天师,为国中宝。"[⑥]就反映出这一时期高昌地区的政局,特别是佛教已据主导地位的情况。至北宋太平兴国七年(982),出使西州回鹘的王延德在其《使高昌记》中明确记述:高昌"有佛寺五十余区,寺中收藏《大藏经》、《经音》等","复有摩尼寺、波斯僧各持其法"。可见此时的回鹘统治者虽然仍遵循政教并行不悖的政策,但是佛教的发展已明显占据主导地位。根据考古发现

---

① 《旧唐书》卷一九五《回纥传》。
② 罗振玉:《和林金石录》。
③ 薛宗正:《突厥史》,中国社会科学出版社1992年,第233—235页。
④ 余太山:《西域通史》,中州古籍出版社1996年,第271页。
⑤ 迪拉娜·伊斯拉非尔:《新疆历史上的突厥语化及回鹘语化一瞥》,待刊。
⑥ 张广达、荣新江:《有关西州回鹘的一篇敦煌汉文文——S.6551讲经文的历史学研究》,载《北京大学学报》1989年第2期,第24—25页;李正宇:《S.6551讲经文作于西州回鹘国辩证》,载《新疆社会科学》1989年第4期,第89页。

可以肯定的是,被译成突厥语或回鹘语的长篇或大部头佛经的问世就出现于高昌回鹘王国时期。学术界一般认为,译自吐火罗语的回鹘文佛经年代早于译自汉文的年代。因此,根据以上文献记载和考古发现等情况,我们认为,回鹘文《弥勒会见记》的成书年代约在9世纪后期(或晚期)至10世纪中叶之间。

近年有学者推断,回鹘文《弥勒会见记》成书年代为公元6世纪。① 但是,这个推断难以成立。②

四、"哈密本"发现的新品

据说,印度学者 P. C. Majumder 认为回鹘文《弥勒会见记》与称作《弥勒授记》(Ārya-Maitreya-Vyakaraṇa)的文献有关。③ 但本书中描述的一些情节又不见于其汉文、梵文和藏文本中;另外,在一些人名方面也不同,这是它具有特殊的性质和意义,同时又决定其难度比译自汉文且有汉文底本的回鹘文佛经的难度大得多。因此,虽然德国研究回鹘文《弥勒会见记》有百年的历史,中国亦有50余年的历史,但是,由于"吐鲁番本"和"哈密本"都保存不完整,加之又没有发现其保存完整的吐火罗语本底本,故至今在国内外已发表的相关成果中,无论其解读撰写、内容理解并翻译和残叶的位置等方面仍存在着或多或少、这样那样的问题。④

到目前为止,"哈密本"已被发表200叶左右,剩下的数百张残片还未被发表。近期,我们的项目组腾出时间开始整理研究这些残叶,⑤有了令人欣慰的初步收获。这次我们发现,以前被认为无存的第五、六、七、八、九、十二、十八、十九品的残叶,⑥以及已发表过的其他一些品的新叶(包括本文所介绍的敬品第二叶),只有属第十七及二十二品的叶尚未发现。另外,新发现的还有《十业道譬喻鬘》的一些残叶。下面就介绍新发现的敬品第二叶。

五、"哈密本"《敬品》新发现的第二叶

敬品是以1067年使抄写"哈密本"的 čuu taš y(i)gän tutuq(麹塔施依干都督)名义而撰写的,是一篇重要的历史文献。作为一篇拜文,作者在敬品中除以短小精悍的佛教比喻故事描写天中天佛的神通和万能外,还把佛教徒所敬奉的三宝,小乘教修习的各种果位、佛教理论、佛教思想,佛教所称善德、邪恶,佛教哲学观点及如何修习方能得佛果入涅槃讲述得淋漓尽致,为我们研究古代维吾尔人佛教哲学思想提供了重要的史料。需特别指出,通过该品最后一叶内容,人们就得到了当时不见于史书记载的高昌回鹘王,即

---

① 李树辉:《回鹘文〈弥勒会见记〉译写年代及相关史事探赜》,载《新疆文物》2005年第3期,第36—53页。
② 对此,我们已在《回鹘文〈哈密本〉〈弥勒会见记〉新发现的品》(载《西域文史》第九辑,2014年)一文中进行了讨论。
③ 耿世民:《回鹘文〈弥勒会见记〉研究》,第2页。
④ 就耿世民先生与德国学者合作发表的《哈密本》研究成果为例,因为他们只根据《哈密本》照片而未对照原文献的缘故,亦同样存在或多或少问题。
⑤ 该项目为题为《回鹘文哈密本〈弥勒会见记〉研究》的国家社科基金西部项目(批准号为11XZJ018)。项目组由伊斯拉菲尔·玉苏甫、本文第一作者和新疆博物馆副研究员艾力江·艾萨博士、新疆大学人文学院副教授阿依达尔博士组成。2014年4月,国家文物局《关于新疆自治区博物馆与德国哥廷根大学合作开展研究的批复》(文物博函[2014]259号)正式下发,这表明,中德两国学者已开始迎来了合作研究《回鹘文〈弥勒会见记〉》的新时期。
⑥ 见耿世民《回鹘文〈弥勒会见记〉研究》,第249、316、442页。

t(ä)ngri bögü el bilgä arslan t(ä)ngri uyǧur tärkän[①]（音译：登里 牟羽 翳 毗伽 阿斯兰 登里 回鹘王，意译：天智国慧狮子天回鹘王）的重要历史信息。另外，《敬品》的内容与一至二十七品的内容有一定的联系，关于这一方面，有学者亦在进行专门的研究。《敬品》出现对当时高昌回鹘国王尊称的一叶就是该品最后一叶，[②]而不是其第一页。[③]

至于施主 čuu taš y(i)gän tutuq（麴塔施依干都督），其姓 čuu 有可能是"麴"的音译或者同时又存在其他同音的汉式姓氏，如"曲"、"屈"、"渠"等的音译的可能性。因为这四种姓氏在吐鲁番出土文书中均有出现，[④]而又不是只属一个时期。就"麴"姓而言，它不仅在高昌国时期出现，而且唐西州时期也有出现。譬如，2004 年出自吐鲁番木纳尔 102 号墓的文书三《唐永徽四年（653）八月安西都护府史孟贞等牒为勘印事》残片（四）中就有麴积（即麴善积）的人名。[⑤] taš y(i)gän 是"外甥"之意，tutuq 为官名"都督"的音译。看来，作为都督的施主通过"外甥"这一名字似乎暗示自己和当时的高昌回鹘王之间存在一种甥舅关系。

原文转写：

yükünč iki ptr (A)

1. bolmaq čoǧı yalını ögdin qangtın
2. bolmıš čoǧı yalını qayu ol tıp tesär iki
3. qırq qutadmaq qıvadmaql(ı)ǧ irü b(ä)lgüsi säkiz
4. on (ädgüs?)in yaratıǧl(ı)ǧ körü qanınčsız
5. körtlä körki y(u)z iki y(i)girmi türlüg
6. [ät' ö]z-lüg(?) tüši äd[güsi](?) üč qat yer
7. s[uv]daqı ädgü äd O tavar-lar birlä
8. tänglägü[süz] O yöläštürgüsüz
9. ärdi .. inčip O y(e)mä uluǧ
10. elig äz-rua t(ä)ngri -ning täg
11. /ak//kz-iki d////// atlaǧ elig han-
12. nıng uluǧ ögrünč sävinčtä toquǧul-
13. -uq an(a)ti atlaǧ altunluǧ kövrügtä
14. yegädmiš yangquluǧ üni ärdi .. küz uǧur-
15. daqı kökingä kök bulıtlar üningä

---

① 虽然麻赫默德·喀什噶里指出 tärkän 一词为"地方长官（或所谓的'郡主'）"的称呼（《突厥语大词典》（汉文译本）第一卷，民族出版社 2002 年，第 466 页）；但是回鹘人把该词用作又指国王、皇帝，譬如，"tärkän tegin"（"皇太子"），见 Klaus Röhrborn, *Die alttürkische Xuanzang-Biographie VII*, herausgegeben、übersetzt und kommentiert, OTTOHARRASSOWITZ · WIESBADEN, 1991. p. 106 (1167 < 14 > - 11687 < 15 >), p.108 (1197 < 16 >), p.110 (1231 < 23 >, 1234 < 26 >), p.114 (1275 < 13 > - 1276 < 14 >), p.117 (1314 < 25 >).
② 伊斯拉菲尔·玉苏甫、阿不都克尤木·霍加、多鲁坤·阚白尔：《回鹘文〈弥勒会见记〉》1。
③ 见耿世民《回鹘文〈弥勒会见记〉研究》，第 249、316、442 页。若把此叶当作第一叶，那就其内容无法与第二叶连接。
④ 李方、王素：《吐鲁番出土文书人名地名索引》，文物出版社 1996 年，第 196、284、327、382 页。
⑤ 荣新江、李肖、孟宪实主编：《新获吐鲁番出土文献》上，中华书局 2008 年，第 106—107 页。

16. ///čutik atlağ tängridä[   ]
17. [   ]WY[

注释：

2－3. iki qırq qutadmaq qıvadmaql(ı)ğ irü b(ä)lgü：三十二（种）赋予幸福的吉祥，指佛教用语"三十二相"（Skr. Divātriṃśa-mahāpuruṣalakṣaṇa），谓佛陀生来不同凡俗，具有神异容貌，有三十二个显著特征。

3－4. säkiz on ädgü：指佛教用语"八十种好"（Skr. Aśityānuvya-ñanāni），为佛陀微细隐秘难见之处，即容貌的八十种特征。

5－6. yuz iki y(i)g(i)rmi türlüg [ät' ö]z-lüg(?) tüši äd[güsi]：（佛陀）百十二种的体相好，是"三十二相"与"八十种好"的合称，称谓"相好"。tüši: tüš 原为"果；报"，此处表示"相"；-i 为名词领属第三人称词缀。

6－7. üč qat yer suv：三重世界，似指人间、天界、地狱。

9－10. uluğ elig äz-rua t(ä)ngri：大王梵天，äz-rua < Sogd. 'zrw'（= Skt. Brahma，梵天）。

13. an(a)nti（< Skr. anandi：欢乐、欢喜）：①为金鼓之名。

译文（以忠于原文之意的原则为主）：

敬品第二叶（A）：

（1—2）若说哪些是（佛）……要赋予的光辉，父母赋予的光辉？（2—5）（那就是）以（佛那）三十二种赋予幸福的吉祥（和）八十种好被装扮（而让人）百看不够的美丽容貌也；（5—8）（而且佛那）一百一十二种相好，三重世界的（所有）珍贵财物是不可比量及比拟的；（9—14）又是（佛那）大梵天之（声）般而压倒名叫……的国王当大欢喜时要敲的而名叫欢喜之金鼓（之音的）嘹亮的声音也。（14—16）向秋天的天空、向青云之声，名叫///čutik 天的……

（yükünč iki ptr）（B）

1. -lig ärdi .. ol antağ körü qanınčsız
2. ät'öz-in körüp qal tılın munmıš
3. tanmıš ögsüz köngülsüz äsrüg tınlağ-
4. lar alqu ög köngül bulur-lar ärdi
5. bu munča ögdin qangtın bolmıš
6. ät' öz-i-ning čo(ğı) yalını ärdi .. ikin(ti)

---

① *BUDDHIST HYBRID SANSKRIT GRAMMAR AND DICTIONARY, Voloume Ⅱ: Dictionary*, Yale University Press, 1953, p. 96.

7. nomluğ ät' öz-i O y(e)mä iki tür-
8. lüg ärür .. O bir ängänyük
9. ağlaq äd(gü) O ädrämläringä
10. tükäl(l)ig ikinti P arhant bodis-
11. tv-lar birlä oğšatı ädgü äd(räm-lär)-
12. kä tükäl(l)ig bolmaq .. ängä(nyük)
13. ädrämlä(?)ri bu tetir inčä qaltı on
14. küč tört türlüg qorqınčsız bilg-
15. ä bilig uluğ y(a)rlıqančučı köngül üč
16. [　　　　　]üg ornağlağ ög tän[gri?]
17. [　　　　　　]a [　　　　　　]

注释：

7. nomluğ ät' öz：法身（Skr. Dharmakāya），亦称"佛身"。佛教用语。"三身"（"法身"、"应身"、"化身"）之一。

8-9. ängänyük（原文换写："nk' nywk）：由动词 äng-（~ äg-：弯）+ än-（能动词词缀）+ -yük（形动词词缀）构成。ängänyük（~ engeyük, C. Kaya 1996；[①] ~ ägänyük：特殊的，耿世民 2008）。[②]

9. arhant（< Skr. Arhat）：罗汉。

10. bodis(a)v(a)t(< Skr. Bodhisattva)：菩萨。

12-13. on küč：十力（Skr. Daśabala）。佛教用语。谓佛具有十种智力。

14-15. tört türlüg qorqınčsız bilgä bilig：四无所畏，又称四无畏。梵文称 Vaiśāradya，指佛教说法充满自信、无所畏惧，有佛四无畏和菩萨四无畏两种。

译文：

敬品第二叶（B）：

（1—2）……看到（佛）那样（让人）百看不够的身体，（2—4）那些胡说八道的、迷惑-食言的、无智无觉的、撒谎的众生全都得到智觉了。（5—6）这就是父母赋予的身体之光辉了。（6—8）第二，（佛的）法身亦是两种：（8—10）一、俱全特殊而独有的好（身）体，二、俱全与罗汉、菩萨相同的好品德。（12—13）（佛）特殊的品德是这样的：（13—16）当十力、四无畏、大慈悲心，三……固定的，母天（?）……

[①] Ceval Kaya, *Uygurca Altun Yaruq — Giriş, Metin ve Dizin*, Ankara, 1994, s. 470.
[②] 耿世民：《回鹘文〈弥勒会见记〉》，第553页。

"哈密本"敬品第二叶(A)   "哈密本"敬品第二叶(B)

图1

吐鲁番雅尔湖千佛洞 5 号窟突厥文题记研究

张铁山 李 刚

(中央民族大学少数民族语言与古籍研究所)
(新疆吐鲁番学研究院,中央民族大学少数民族语言文学系)

吐鲁番雅尔湖千佛洞 5 号窟内现存有用硬尖锐物刻写的突厥文题记,这些突厥文题记 1960 年首先由新疆维吾尔自治区博物馆考古队发现。1963 年冯家升先生根据阎文儒、李征的照片和临摹,进行对此研究,发表了《1960 年吐鲁番新发现的古突厥文》一文,[①] 解读了两处突厥文题记。1988 年柳洪亮在对雅尔湖千佛洞多次实地考察的基础上,发表了《雅尔湖千佛洞考察随笔》,[②] 全面介绍了雅尔湖千佛洞。2010 年北京大学罗新教授和土耳其学者钦吉斯(Alyılmaz Cengiz)教授等对窟内的突厥文题记做了实地考察,但时至今日未见其研究成果。2013 年 8 月,蒙吐鲁番文物局研究院的慨允和相关领导及同事的支持与配合,[③] 我们有机会对雅尔湖千佛洞进行详细的考察,并对 5 号窟内的突厥文题记进行了实地测量和拍照。2014 年 7 月我们再次考察雅尔湖千佛洞,并重点比对了我们前期对这些突厥文题记的初步释读。本文将在冯氏早期的研究和我们实地考察的基础上,对 5 号窟内的突厥文题记进行全面研究。

一、雅尔湖千佛洞 5 号窟简介

吐鲁番雅尔湖千佛洞位于新疆维吾尔自治区吐鲁番市西约 10 公里处交河故城西南河谷南岸(图版柒-11)。窟区东西长达 40 米,现存洞窟自南向北有 7 个洞窟,[④] 窟前有数米宽的台地,台地下面是一条比较宽的河谷,从台地到河谷有 20 余米。出于文物保护的需要,7 个洞窟除 1 号窟外,其余均已安装了防盗门,并在窟前安装了探头,但暂时未对外开放。

雅尔湖千佛洞 5 号窟为长方形纵券顶,土壁上抹草泥后研光,未绘制壁画。(图一)窟内西侧壁有红色汉文题记三行(竖行):"提记为见佛闻□□/师提记耳/任子年七月□日。"

题记旁边有红色线条勾画的一小佛像。后壁东部也有红色线条勾画的头像。东壁有零散红色汉字题记。窟门东侧有红色汉文题记,其中有"乙丑年十月廿□□/到此西谷寺"。(图二)从这条汉文题记可知,雅尔湖千佛洞历史上曾称"西谷寺",因窟群位于交河城西面的河谷而得名。

---

① 冯家升:《1960 年吐鲁番新发现的古突厥文》,《文史》1963 年第三辑;另收入新疆社会科学院考古研究所编《新疆考古三十年》,新疆人民出版社 1983 年,第 548—554 页。
② 柳洪亮:《雅尔湖千佛洞考察随笔》,《敦煌研究》1988 年第 4 期,第 47 页。
③ 作者在考察过程中,得到了吐鲁番文物局、吐鲁番学研究院领导和同事的大力帮助,在此谨向他们致以诚挚的谢意。
④ 本文沿用柳洪亮先生对洞窟的编号。

图一　雅尔湖千佛洞5号窟内景

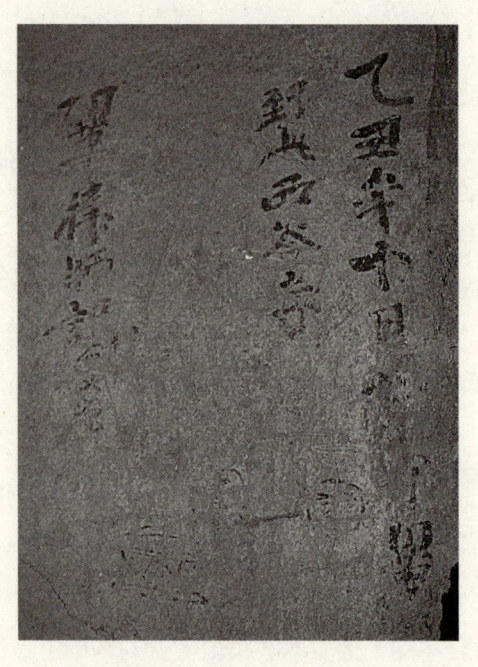

图二　窟门东侧红色汉文题记

窟内西侧壁上有用硬尖锐物刻划的突厥文和汉文题记,其中汉文题记有:"康熙六年"、"大清乾隆四十五年"。西侧壁靠近窟门处,有用硬尖物刻画的一只羊。

二、5号窟内突厥文题记考释

雅尔湖千佛洞5号窟西侧墙壁上的突厥文均为从左到右横书,按其分布位置,可以分为上方、中部和下方三部分。

(一)洞窟墙壁上方的突厥文题记

上方的突厥文题记为横书5行。下面我们先列出冯家升先生的模写和转写,[①]然后再列出我们的解读。

冯家升的标注:

---

① 冯家升先生研究窟内突厥文题记,采用的是"字母记录"标注法,即对能够看见和识别的字母逐个编号顺次转写。这种做法对于大面积或不规律的突厥文的分布有一定好处,很方便,也是比较实用方法。

我们的模写、换写和转写是：

模写：⌐ ⋙ Ϋ ϒ ⊙ ∣Ν ？ ？ Ӌ 6 ∧

换写：ï m γ n ŋ s ü　　r b š :

转写：ïmγ(a)n(ï)ŋ sü [ ] r b(a)š :

汉译：伊姆罕的军……头

注释：第1个字母，我们与冯氏识读一致；第2字母冯氏读作⋙(d)，我们读作⋙(m)；第3字母冯氏读作↓↑，认为是q符号的合成，代表两个q，而我们认为它就是一个字母q。这几个字母连在一起，冯氏释读为 ïduq qan"神圣汗"。qan 这一词在突厥文碑铭文献中是经常出现的，但这一词经常写作 ⋊Ͱ 或 ⋊Ͱ，而没有写作 ↑⟩ 的。Ïmγan 在此可以理解为人名。该词亦有"收税官"的意思。① 第5个字母⊙(ŋ)在突厥文碑铭中仅见于叶尼塞碑铭。②

冯家升的标注：

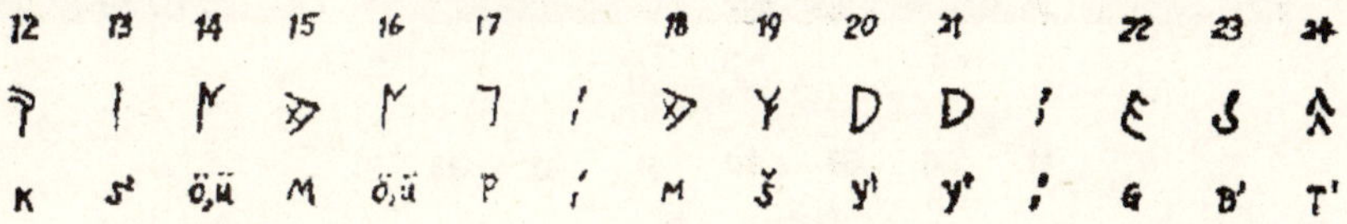

我们的模写、换写和转写是：

模写：? ∣ Ν ϒ ∣ : ⋙ F D D : Є 6 ∧

换写：k š ö m ü š : m k y y : g b t-

转写：k(i)š(i) ömüš : m(ü)k y(a)y(a) : (i)g b(a)t-

汉译：人 约姆西(ömüš)腰 臀部：病重

注释：ömüš：冯氏换写为 omupimiš，并认为是人名。我们亦认为是人名，但转写不同，š 字母后有分词符，前后应为两个词，而不能相连。mük 意为"弯腰"，③Yaya 意为"臀部"。④

---

① 麻赫默德·喀什噶里：《突厥语大词典》第一卷，民族出版社2002年，第138页。
② 张铁山：《突厥语族文献学》，中央民族大学出版社2005年，第64页。
③ 麻赫默德·喀什噶里：《突厥语大词典》第一卷，第354页。
④ 麻赫默德·喀什噶里：《突厥语大词典》第三卷，民族出版社2002年，第23页。

冯氏的标注：

25	26	27	28	29	30	31	32	33	34	35	36
ľ	⋈	⊓	I	ᒣ	⋈	B	✓	B	Y	Y	I	......
i,ï	M	Ö,ü	s²	ï,i	M	K	A,Ä	K	L²	NG	s²	......

我们的模写、换写和转写是：

模写：ľ ? ? ⋈ ⊓ I ᒣ ⋈ B ᒣ B Y ᒣ I ? ?

换写：-ï ? ? m ü š i m k ä k l g s ? ?

转写：-ï   (ö)müš imkä k(ä)l(i)gs-

汉译：约姆西(ömüš)想来治病

注释：-ï 字母后有残缺，从空处看应该有多个字母。上文曾出现人名 ömüš，此处仅可补出一个字母。käligsä- 之后有残缺，但该词基本保存完整，意为"想来"。①

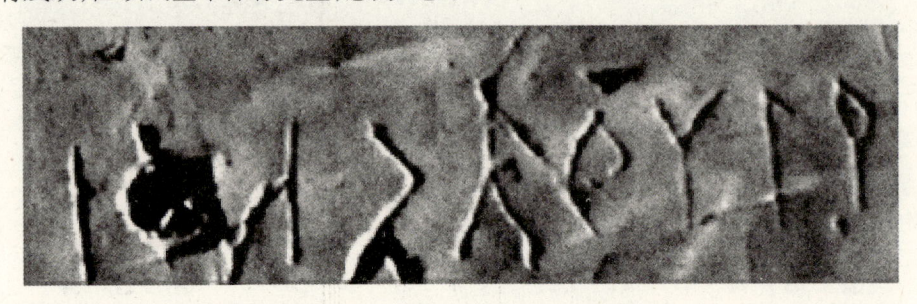

冯氏的标注：

37	38	39	40	41	42	43
Ⱶ	>	Y	ㅋ	Y	ľ	?	......
Q	o,u	č	G	L²	i,ï	K	......

我们的模写、换写和转写是：

模写：ľ ? Ⱶ > Y ㅋ Y ľ

换写：-ä   q u č g l i k

转写：-ä   quč (i)glik

汉译：四肢病了

注释：冯家升先生漏了第一个字母。第一个字母之后原来似还有一符号，但已无法识读。柳洪亮在他的论文中也模写了此段突厥文。②

---

① 麻赫默德·喀什噶里：《突厥语大词典》第三卷，第 325 页。
② 柳洪亮：《雅尔湖千佛洞考察随笔》，《敦煌研究》1988 年第 4 期，第 47 页第三组字母。

冯氏的标注：

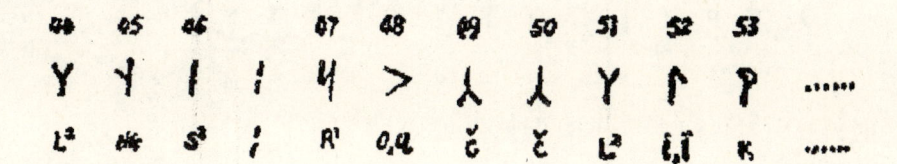

我们的模写、换写和转写是：

模写：Y Y l : Ɉㄣㄑㄏ (ㄍ) Y ꓱ

换写：l ng s : r u č γ l i k

转写：(ä)l(i)ng s(ü) : (a)r(a) uč(ï)γ (ä)lik

汉译：国家的军队中间（有）热病，手

注释：冯家升先生将后六个字母读作 uč čilik，并认为"uč 是飞的意思，也作尖峰、侧讲。čilik 这个词各书找不到，只有 C. Brokelmaun 的 Mitteltürkischer wortschats 第 56 页作叫羊的声音讲，今姑且译为'传令官'；但也可能是人名"。① 我们的解读与冯先生不同，uč(ï)γ 意为"热病"，②(ä)lik 意为"手"。柳洪亮在他的论文中也模写了此段突厥文。③

上方的突厥文题记可转写为：

ïmγ(a)n(ï)ŋ sü [　　] r b(a)š : k(i)š(i) ömüš : m(ü)k y(a)y(a) : (i)g b(a)t[　　]-ï(ö)müš imkä k(ä)l(i)gs(ä) [　　]-ä quč (i)glik [　　](ä)l(i)ng s(ü) : (a)r(a) uč(ï)γ (ä)lik

汉译：

伊姆罕的军……头人约姆西（ömüš）腰臀部病重，……约姆西（ömüš）想来治病……四肢病了……国家的军队中间（有）热病，手……

（二）洞窟墙壁中部突厥文题记

中部的突厥文题记为 1 行，也是从左向右横书。下面分别列出冯家升先生和我们的解读。

冯氏的标注：

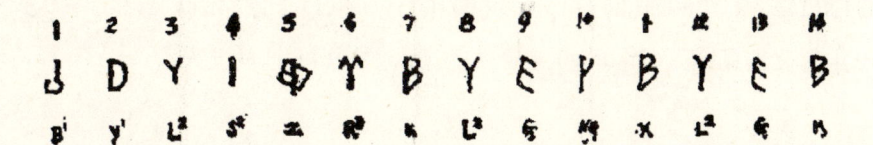

① 冯家升：《1960 年吐鲁番新发现的古突厥文》，载《新疆考古三十年》，第 551 页。
② B. M. Наделяев, Древнетюркский Словарь, Ленинград, стр604.
③ 柳洪亮：《雅尔湖千佛洞考察随笔》，《敦煌研究》1988 年第 4 期，第 47 页最后两组。

我们的解读：

模写：? ? ➤ ᚈ 9 ᚈ | 中 ᚈ B ᚈ ᚕ B ᚈ B

换写：? ? u r y l s z r k l g ng k l g k

转写：? ? ur y(ï)l s(ï)z (ä)rk(ü)l(ü)g(i)ng k(ü)l(ü)g k

汉译：……年您艾力克里克(ärkülüg)的著名的

注释：冯家升先生释读的第一个字母前还有几个字母，但因这几个字母的上半部分缺损，已不可释读。ärkülüg 为人名。külüg 在此可理解为形容词，由 kü(名声) + lüg 构成，意为"有名的、著名的"。

冯氏的标注：

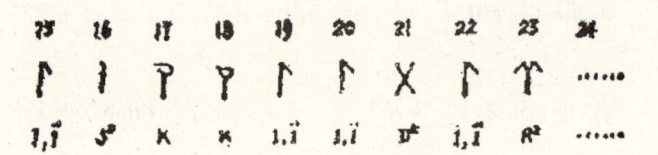

我们的模写、换写和转写：

模写：ᛁ ᛝ ᛡ ᛁ ᚷ ᛁ ᚈ ? ?

换写：i š k k i d i r ? ?

转写：i š(i) kiki idi (ä)r(ti)

汉译：夫人姬姬(kiki)是主人。

注释：kiši 意为"夫人"。kiki：冯家升先生将此读作 köki，并认为意为"水"。我们认为，此种解读有点牵强，将此解读为 kiki，为艾力克里克(ärkülüg)的著名妻子的名字。

中部的突厥文题记可转写为：

? ? ur y(ï)l s(ï)z (ä)rk(ü)l(ü)g(i)ng k(ü)l(ü)g kiš(i) kiki idi (ä)r(ti)

汉译：……年您艾力克里克(ärkülüg)的著名的夫人姬姬(kiki)是主人。

(三) 洞窟墙壁下方突厥文题记

这部分题记，冯家升先生并未刊布。我们在现场考察之后，又惊喜地发现了这些残留的突厥文题记。不过，这些题记的字母大小不一，可能是多次刻划书写而成，致使题记非常混乱，层层相叠，给释读带来了极大困难。

模写：| ᛉ ᛉ D ᛰ ？？？
换写：s s s y ü ？？？

模写：？ ◁ > ᛉ ⋙ ？ 4 ？？？
换写：？ y u s m ？ r

模写：？ ⋙ | 4 ？？？ ʏ > ᛰ ㅋ
换写：？ m s ng ？？？ r ü k
转写：？ mis(i)ng ？？？ (ä)rük
汉译：……的窟窿
注释：缺损严重，不能连缀成义。

模写：？ ？ ？ Ⅰ ： ⋈ ⋊ ⋏ ↑ ？ ？ ？

换写：？ ？ ？ š ： ö m ü r ？ ？ ？

转写：？ ？ ？　　 š : ömür ？ ？ ？

汉译：…… 生命……

注释：残损严重，无法释读。ömür 一词系阿拉伯语借词，如此，则有阿拉伯语或伊斯兰教的影响。

模写：⋙ ？ ？ ⋿ ⋈ ？ ？

换写：m ？ ？ g b ？ ？

注释：残损严重，无法释读。

三、相关问题的探讨

（一）羊图画

在窟内西侧壁北部靠近窟门处，存有用硬器刻划的一只羊的图画。

柳洪亮先生在其论文中提到："5 号窟内西侧北部刻画的羊，其年代最早在 5 世纪中叶车师前部亡国之后，与突厥文题记联系考虑，很可能是 6—9 世纪的作品。吐鲁番盆地内，托克逊县柯尔碱、鄯善县连木沁沟等地有许多岩画，其中刻有大量的羊，与 5 号窟刻画的羊，形象、技法完全相同。"[①]我们同意柳先生的推断。

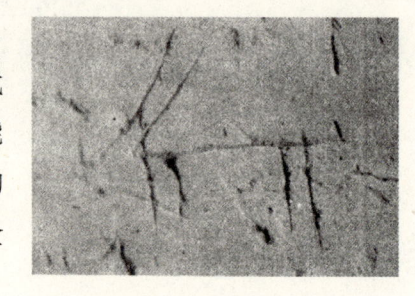

（二）突厥文题记

我们知道，突厥文一般是从右向左横写，且词与词之间一般都使用分词符"："，个别情况下还使用字母 α(a)作为分词符。在叶尼塞河流域的碑铭中也会出现从左向右或"牛耕式"的书写，即前一行从右到左，下一行从左到右书写。[②]而雅尔湖千佛洞 5 号窟里发现的突厥文题记是从左向右书写。对此，冯先生以这种从左向右的书写特点可以大致推算该窟的题记刻写时间应为七、八世纪之后。[③]

[①] 柳洪亮：《雅尔湖千佛洞考察随笔》，《敦煌研究》1988 年第 4 期，第 49 页。

[②] 耿世民：《古代突厥文碑铭研究》，中央民族大学出版社 2005 年，第 60—61 页。

[③] 冯家升：《1960 年吐鲁番发现的古突厥文》，《新疆考古三十年》，第 554 页。

从突厥文的书写来看,我们发现,这三处的题记应该不是同一人所刻写,刻写仔细,笔画细腻,字体娟秀,而后两处的突厥文书写随意,笔法夸张,字体较肥大。特别是下方的突厥文题记,字体大小很不规则,随意性很强。

题记中,大多数字母符号见于鄂尔浑碑铭,但也有个别字母符号,如⊙(ng)、∧(š)、F(k)等,仅见于叶尼塞碑铭。这说明,这些题记的字母符号带有两者的双重影响,是两者的结合。这从历史地域上似乎也可以得到说明,即这些题记的书写者,同时受到来自漠北突厥汗国、回纥汗国鄂尔浑突厥文字母和叶尼塞黠戛斯突厥文字母的影响。

(三)突厥文题记的断代

这里我们需要搞清一个概念,即雅尔湖千佛洞的开凿年代与5号窟内突厥文题记的年代并不是同一个问题。

关于雅尔湖千佛洞的开凿年代,阎文儒先生认为"最早的应在晋设高昌郡时期,最晚也应延续到高昌回鹘时代"。① 柳洪亮提出:"可以断定窟群现有规模基本完成于车师前部时期。"② 宋肃瀛以七个窟中的第1号窟推测:"该窟开凿于六世纪初的高昌国时代(公元460—640年)。"③

5号窟内的突厥文题记没有年代记载,现有的断代只能是学者根据间接材料而进行的推断。冯家升先生推断,这些题记"为咸通七年(866)以后高昌回鹘时代的产物是比较合理的"。④ 柳洪亮先生初步断定,"5号窟内突厥文题记的年代在6—9世纪间"。⑤ 宋肃瀛提出,这些突厥文题记的"时代约在七世纪中叶西突厥汗国(583—659)灭亡以前"。⑥

吐鲁番雅尔湖5号窟发现的突厥文题记与叶尼塞河流域突厥文极其相似,存在自左及右书写的情况。此外,俄国的学者克里亚施托尔内(С. Г. Кляшторный)曾撰文写到:"所有新疆卢尼文题刻更接近叶尼塞类型碑铭,而非鄂尔浑碑铭,而且完全不同于卢尼文文本。"⑦ 叶尼塞碑文不像以前认为的那样古老。根据对碑文中氏族、部落标志(tamra)变化的研究,认为多属于9—10世纪期间。⑧

综合突厥文题记来看,这些题记的字母符号刻画不规整,不统一,语言也不像鄂尔浑碑铭一样流畅。这些似乎说明,这些题记可能不是什么重要人物遗留下来的,或是突厥文在此时期已不流行。因此,我们推断,这些突厥文题记的刻写时间应在9世纪左右。

---

① 阎文儒:《天山以南的石窟》,《文物》1962年第七、八期,第59页。
② 柳洪亮:《雅尔湖千佛洞考察随笔》,《敦煌研究》1988年第4期,第49页。
③ 宋肃瀛:《古代高昌佛教石窟述略》,《西南民族学院学报》1990年第1期,第74页。
④ 冯家升:《1960年吐鲁番发现的古突厥文》,《新疆考古三十年》,第554页。
⑤ 柳洪亮:《雅尔湖千佛洞考察随笔》,《敦煌研究》1988年第4期,第49页。
⑥ 宋肃瀛:《古代高昌佛教石窟述略》,《西南民族学院学报》1990年第1期,第74页。
⑦ 克里亚施托尔内(С. г. кляшторный)、列斯尼琴科(Е．и．луболесниченко):《新疆出土卢尼文铭文铜镜(бронзовое зеркало из востосточного туркестана срунической надлисью)》,《冬宫博物馆(сообщения государственното зрмитажа)》第39卷,列宁格勒,1974年,第47页。
⑧ 耿世民、阿不都热西提·亚库甫:《鄂尔浑-叶尼塞碑铭语言研究》,新疆大学出版社1999年,第8页。

土地买卖制度由清末到民国的演变*
——以吐峪沟所出尼牙子家族买地契为中心

乜小红　刘　丽

(武汉大学出土文献与传统经济研究所)(吐鲁番鄯善县文管所)

2005年,陈国灿教授在吐鲁番考察时,经介绍在吐峪沟乡农民尼牙子家中,对他家一批祖传下来的契约作了考察。经鉴定,这批契约为清末光绪年间至民国年间的土地买卖契,乃察合台文与汉文合璧书写的契约文书,约80件。经过价格商议后,尼牙子愿意将这批契纸转让给陈国灿先生。陈先生购得后,旋即将这批契纸悉数转赠给鄯善县文物保护管理所,现为鄯善文管所藏品。本课题研究正是在陈国灿教授指导下进行的。

尼牙子家族的这批土地买卖契约,从清光绪十七年(1891)到民国三十二年(1943),每件契约的契文及申官立案、税契程序都比较完整,极具研究价值。本文乃在整理这批契约文书的基础上,对于清代特别是清王朝晚期,土地买卖契约的具体程序和规定,辛亥革命推翻清王朝封建统治后这些程序和规定的变化,以及这些演变的意义等作出考察。

一、清末土地买卖契约的特点

尼牙子家族土地契约中,从汉文与察合台文合璧的契约文书看,至少有清光绪年间的契约五件,即:

1.《清光绪十七年(1891)十月阿木牙思、艾礼木牙思兄弟二人将葡萄园一块计七墩卖与同新合宝号契》。

2.《清光绪十九年(1893)九月正月你自阿洪买阿合买提壹拾贰墩葡萄地契》。

3.《清光绪二十年(1894)十二月吐峪沟哈未思买艾里牙士七墩葡萄地契》。

4.《清光绪二十三年(1897)二月里铁普买哈特尔、伯克里二人玖墩葡萄地契》。

5.《清光绪三十三年(1907)二月尼牙子买卖买色令伍墩葡萄地契》。

从中可以看出,完整的契约应由三个构件组成,即契约本文、执照、契尾。

吐峪沟所出的这批契约本文,基本上都是用古维吾尔文书写。古维吾尔文又称为察合台文,其特点是用阿拉伯文的音素拼写维吾尔语,自15世纪东察合台王朝时期开始,行用于书面文字的书写。维吾尔族居民之间订立契约,都是按伊斯兰教规来订立,保持着用察合台文书写的传统,经历明清直到民国,一直如此。但是,若是维吾尔族与汉人之间订立契约,则用汉文书写,如上列第一件。现将此件契文转录于下:

---

* 项目资助:吐鲁番学研究院研究课题"吐峪沟所出清末民初土地买卖契约整理与研究"成果之一,并受资助。

光绪十七年十月廿四日
　　阿木牙思、艾礼木牙思因为使用不便,今弟兄二人
　　　商议,将自己葡萄园子壹块,计数七墩子,当卖
同新合宝号名下永远耕种,同中说合,公作价银肆两整。
　　钱道国熟,每年租籽葡萄壹伯斤。
　　　　　　　　刘社木
　　　　　中见人　跌生子
　　　　　　　　阿木牙思
　　　　　　　　　艾礼木牙思　立约

同新合宝号,据其名号推测,应是汉人在当地开的商号名。按清时惯例,土地买卖双方除订立私契外,还应有"执照"、"契尾"相随,但本契却无。有可能是维、汉民之间订立的私契。联系到"当卖"一词,此契应属典地契。"钱道国熟"一语颇为费解,或许是由"钱到归赎"之意写成错别字所致,既然是以七墩葡萄作押当卖得四两银钱,一旦此钱筹还到,其地就应归原主赎回。从同新合的视角看,实是买了七墩葡萄的出租权,葡萄地仍由艾礼木牙思兄弟佃种,每年向同新合交"租籽葡萄壹佰斤"。此"当卖"契并非土地所有权的完全出买,只是使用权的暂时转移,故无"执照"、"契尾"等件相随。其他各件则与此件不同,都是土地所有权的完全出买,如第五件《清光绪三十三年(1907)二月尼牙子买卖买色令伍墩葡萄地契》中,"执照"和"契尾"两个构件都具备,且与私契文粘贴在一起。

"执照",是土地买卖成交,土地所有权变更,须报官府批准立案认可后,发给其新主人执有的凭证,这类凭证均由地方政府按统一规格印好,编号发放,顶头有两个特号字"执照",其下是印就的几行文字,现将光绪三十三年这件执照文转录,原文直书,现改作横书于下(粗黑体为木版印刷文):

署理鄯善县正堂 陈　　　　**为**
　　给发执照事,兹据 户 民 尼牙子 **承买**
吐峪沟买买色令葡萄伍墩地
　　　东抵　　　　　**南抵**
　西抵　　　**北抵**　　　**四抵分**
明,当交价银　肆拾肆两。　**合行填给执**
照为据,须至执照者。
　　　右照给 尼牙子 **收执**
光绪 三十三 年 二 月 廿七 日

在此执照的右上角,写有"｜百一十七号",即117号。在执照中填写的"肆拾肆两"及光绪"三十三"位置上,均钤有官府朱印,印文为汉、满文并列的"鄯善县印",这是官方认可的依据。用察合台文书写的私契粘贴在执照的左侧,粘贴缝上又加盖了一方"鄯善县印"。

"契尾"是本契的另一组成部分,粘贴在察合台文私契之后。契文后附加契尾起始于宋代,是民户向

官府交纳土地交易税的凭证,也称为"税契","通常都附贴在正契之后。为了防止作伪,同时也为了防止官吏从中舞弊,契尾在颁发时分为两联,一是作为正式收据,发给税主,贴在契后,通常称之为'大尾';另一联是相同内容的存根,以备随时核查,称之为'坐尾'。故宋元以后,田宅交易,即使有契文,而无契尾,也属非法交易,这种做法一直延续至近代都是如此"。① 清王朝建立后,继承了这一制度,《大清会典事例》载:"顺治四年(1647)覆准:凡买田地房屋。必用契尾。每两输银三分。"康熙四十三年(1704)又覆准:"田房税银。用司颁契尾。立簿颁发。令州县登填。将征收实数。按季造册报部查核。"② 清代的契尾也同执照一样,由官府预先木版印好,经交税后编号颁发。本契所附契尾为"甘肃新疆等处承宣布政使司"颁布,应即"司颁契尾",顶头有特号大字"契尾"二字,中间有一行小字:"布字捌佰伍拾陆号",即布政使司颁发的第856号,其下有多行文字,现横排转录于后:

契　尾

甘肃新疆等处承宣布政使司　　　为

遵例给发契尾事,照得

　　度支部奏定章程,民间买典田房,每买契壹两收税银玖分,典契壹两收税银陆分,先典后买者加收银叁分,均系库平银足色。契尾壹张,无论买典价值多寡收库平银伍钱,从前买典田房已税契者不再重收,惟须粘连契尾,以凭派员查验,为此将契尾先发各厅州、县,县丞收执,饬令各业户遵照,凡有买典田房文契,呈请纳税,将契尾粘连文契后幅,编立号数按月造报。须至契尾者。

　　计开

　　业户　尼牙子　买 卖买色令　田房　坐落　葡萄伍墩　亩间

　　　用价银　△千△百肆拾肆两　钱　分纳税

　　　银△拾△两伍钱　分　厘

　　　右　给吐峪沟业　户　尼牙子　准　此

　　宣　统　三　年　　　　月　　日

最后左边押缝存"布字捌佰伍陆号"等字的右半,其上钤有汉、满合璧篆字"甘肃新疆布政使司之印"一方。表明此契尾原为两联,前面即本契尾部分,又称之为"大尾",后面部分为官府留的存根,又名"坐尾"。光绪三十三年(1907)的执照,到宣统三年(1911)事隔四年才办理契尾,可能受到某种因素影响所致。这涉及契尾中税率的变化。

清政权建立之初,田房交易税率为3%,据《大清会典事例》载:"顺治四年(1647)覆准:凡买田地房屋。必用契尾。每两输银三分。"③ 到康熙年间,田房交易3%的税率逐步在全国施行。此后在某些地方因不敷开支,偶有增收,如雍正七年广东省开办"乡试",原有调拨经费不敷使用,于是上奏,得到雍正皇

---

① 乜小红:《中国契约发展简史》第四章《中国古代买卖券契的起源与演变》第六节《民间买卖契约与国家政策法令的关系》(待刊稿),第127—128页。
② 《大清会典事例》卷二四五《户部·田房税契》。
③ 同上。

帝批准例外加征,雍正"七年题准。广东省文武闱乡试所需各项经费。除照例动拨正项外,尚有不敷之数。向在各州县业户买产每两例征契税银三分之外,又征一分充用,每年约征银二千五百余两。自雍正七年起。准为科场经费"。① 3%的税率由此被打破,此例一开,各地纷纷仿效。据光绪二十七年八月十六日户部具奏文:"查旧例每价银一两纳税银三分,访查各州县吏胥包揽,往往有收至四五分,七八分者,并非恪遵定章,徒归衙蠹中饱。拟请嗣后田房税契,于正税三分之外加纳三分,统以六分征收以助,奉旨要需俟赔付滟欠还清,即行裁撤滟,咸仍照旧例三分完纳,以示限制。此项税契所收银钱以六分统计,除划留一分作为州县办公经费外,其余五分统解善后局,不准丝毫短欠,藉端开支。"② 这是朝廷为了对付庚子赔款,将3%的税率提高到6%,虽为权宜之计,实已为定式。这是光绪末年的状况,因为在全国各州县已有收到七八分者,可是到了宣统三年,又变成了9%的税率,这一调整或许正是其间迁延四年才办契尾的原因,宣统三年的契尾中便明确写明"照得度支部奏定章程,民间买典田房,每买契壹两收税银玖分"。由此看,9%的税率也是由朝廷度支部奏定的章程。

从本契三构件看到,直到清末,全国的民间土地买卖,包括多民族地区的新疆,都一直遵循着宋元以来的经官认可、立案存照、纳税给凭的制度。

二、民国三年验证田房权证的"验契新纸"

1911年武昌起义爆发,清王朝被推翻。1912年中华民国建立,新疆的地方政府也随之改制,土地买卖制度也发生了一些变化,清代土地契约证书如何处理?民国政府对于此前民间土地、房屋所有权证、契约采取基本认可的政策,但必须呈验已税之旧契进行注册,改换民国政府的"验契新纸"方为合法。在光绪三十三年尼牙子土地契三构件之前,我们看到又粘贴上一张民国三年的"验契新纸",此件为铜版印刷,详列了颁发"验契新纸"的缘由、办法,现将其文字转录于下,其粗黑体为印版文字:

验 契 新 纸

新疆国税厅筹备处为验换契纸事,照得民国

成立,百度维新,现奉

部章: 凡有民间典买房屋地土已税之契,应归一律呈验注册,粘发验契,以归划一而昭实在,所有部定验契条章办法,分别列后,为此仰该业户即便遵照,须至验契者。

计开

一、划一契纸章程施行以前,无论前清、民国已税旧契,均应一律呈验,以符定章。

一、呈验前项旧契,无论典、买,均一律注册,给予验契新纸。

一、契纸每张收纸价伍钱,注册费银柒分。

一、典买房地,价值在拾两以下者,只收注册费,不收验契费,另于契内加盖戳记。

一、验契,部章六个月为限,本处现拟自三年一月为始,宽期一年为限,以纾民力,如逾限补验

---

① 《大清会典事例》卷二四五《户部·田房税契》。
② 《皇朝经世文新编续集》卷一二《税则》。

  者,加倍征收纸价,其隐匿不验者,一经查出,罚收三倍纸价。
  一、自民国元年起,已税之契呈验后,一律粘发契纸,只收注册费,不收验费,另于契纸内加盖戳记以示区别。
  一、以前未税之契,仍照前清旧章纳税,另发新契不在此列。
  一、此项契纸,先发各县知事查收,传令业户呈验旧契,相符注册,粘发收执。
  一、此项契纸粘连旧契之后幅,合缝上盖用县知事印信。
  一、契纸按县编列字号,验契注册挨次填用,按月报厅查考。

业户 尼牙子 原买/典 卖买色令 名下坐落 鄯善 县　　乡 吐峪沟 庄

地段/房所 计 葡萄玖墩　已于 前清/民国（光绪三十三）年纳税,领有契尾

兹验明照章注册纳 契纸价/注册费 库平银 五钱/柒分

中华民国 三 年 八 月 廿六 日　　县字 壹千叁百壹 号
  右给业户 尼牙子　执此

在此"验契新纸"年月日的位置上,盖有"新疆国税厅筹备处关防"朱印一方,另此纸前连存根骑缝上,存"国字第壹千叁百壹号给纸价库平银　银注册费柒分"诸字左半,其上也钤有此关防。此"验契新纸"粘贴在旧执照之右前,并未按部章规定"此项契纸粘连旧契之后幅",在骑缝上也没有按"合缝上盖用县知事印信"规定,加盖县知事个人的印信,而是盖一汉、满文合璧"鄯善县印"。严格说来,这是不合新政规定的,辛亥革命进入民国后,凡汉、满合璧文之关防、印信业已废止,可是在偏远的鄯善县,到民国三年,仍然在使用着,辛亥革命之不彻底性,由此可见一斑。

  "验契新纸"中所列部定验契条章办法中列有三种收费,即验契费、注册费、契纸价。实际上尼牙子只交纳了契纸价五钱、注册费七分。依照条章中"价值在拾两以下者,只收注册费,不收验契费",可是尼牙子是用银四十四两才买进五墩葡萄地的,按规章已在拾两以上,应收验契费,但并未收。从民国初年吐峪沟其他"验契新纸"考察,也均未见收验契费,或许这是民国政府对新疆民族地区的宽待。

  验契工作,按照部章规定以六个月为限期,新疆国税厅尚处于筹备阶段,也将验契期限宽延为一年,即自民国三年一月为始,至十二月为止。部章规定"如逾限补验者,加倍征收纸价",这一条在民国四年以后的验契新纸中,得到了验证。有一件《光绪二十年十二月吐峪沟哈未思买艾里牙士七墩葡萄地契》,在规定的民国三年时段内未办验契,直到民国四年十二月十四日才去验契,显然是过期限了。哈未思买这七墩葡萄用了银十七两,可是用于补办验契就又花了一两一钱四分银子,这就是验契新纸上列写的"契纸价五钱、又五钱,注册费柒分、又柒分"。这种逾限加倍交纳,正是贯彻部章规定的结果。

  "民国成立,百度维新",辛亥革命后的民国政权,对旧政权统治时颁发的所有权证、契约重新验契注册,颁发"验契新纸",统一管理,这是改朝换代、政权更迭时维护社会经济秩序必须要做的工作。因此,

民国三年,国家财政部颁布《划一契纸章程九条》,要求全国遵照执行。同时还以大总统令的方式,公布了《验契条例十七条》和《税契条例十二条》。① 于是就在全国范围内展开了田房产权的验契工作,当然也包括新疆在内。所不同的是内地限在六个月内完成,新疆则可宽限至一年。

三、民国时期的"契格"与"契纸"

民国时期不再有清代的"执照"、"契尾"了,代之而兴是"契格"与"契纸"。"契格",是由政府印发的统一书写契约纸,一种是空白纸,空白纸末仅印有一行文字为:

民国　　年　　月　　日　字　　　　号

如此处理,为便于买卖双方自由缮写契文,《民国七年六月尼牙子阿洪买木甫头立阿洪二十六墩葡萄地契》就在空白处写了如下文字:

> 吐峪沟
> 尼牙子阿洪买木甫头立阿洪葡萄二拾六墩,价银弍百两。东至路,南至汉木都尔地,西至汉木都尔地,北至买合苏提地,四址分明,立约为据。

吐峪沟所出的契格,全部属于这种自由书写契文空白的纸型。新疆其他地方所出的契格,也有将契文规范化加以印制的,如《民国十年七月库车县买克素土卖地契》、②《民国十九年三月疏附县尼沙比比卖地契》均是如此,③买卖双方只需在人名、地名、段亩数、四抵及价银数上填写即可。

契格到民国三十一年便改名为"约契",都是规范的格式化了的印制契文,在内容上新增了"中证人"等一项,如《民国三十一年十二月你牙子买祖遗地契》,录于下:

> **立出**祖遗**耕地字约人** 你牙子 今将自有座落 鄯善 县 二 区 吐峪沟
> 村 等地一段,凭中说合,价洋　肆　百　〇　元,情愿　给
> 你　牙　子　　　　名下管业,其四界及附件载明于后,所
> 有价当面收清,自　　　　之后,由新主税契管业,如有亲族人等出
> 面过问,概有出立字约人负责,不与　　　主相干,立此字约为证。
>   　　　计开
> 东至　托合的　西至　水渠

---

① 此据民国三年京兆财政分厅新契纸文,见张传玺主编《中国历代契约会编考释》(下),北京大学出版社 1995 年,第 1636—1637 页。
② 新博藏 09ZJ0117 号文书,中国文化遗产研究院、新疆维吾尔自治区博物馆编:《新疆博物馆新获文书研究》,中华书局 2013 年,第 303 页。
③ 新博藏 09ZJ0116(2-2)号文书,《新疆博物馆新获文书研究》,第 305 页。

南至　　本　主　北至　托合的　共计葡萄式　亩 拾墩 分○厘
　　　　　　　　　　中证人
　　　　　区长
　　　　　村长（"牙合甫印"）
　　　　　四邻
中　华　民　国　　　年　　月　　　日立字人　　　　立

这类印制好的"约契"，亦见于新疆乌什出的《民国三十二年四月乌什县以明哈日买地契》，①印制内容、格式完全一样，可见这是一种全局性的调整。关于契约尾部列写见证人，本是中国买卖契约一贯的传统，如汉代的"旁人"，②唐代的"知见"人，③清代的"中证"、"族邻"等，④都是订立契约的见证人，一旦出现纠纷，见证人可出面作证，这是完整契约应具备的一环。可是吐峪沟的这批契约中，察合台文行文中有见证人，而汉译文契以及"契格"中往往忽略，故而民国三十一年新调整的"约契"中特别作了添补。除了"中证人"外，还列有所在的"区长"、"村长"和"四邻"，这也是为了增强契约的权威性和可信性。

早期的"契格"，在其左侧有印制的布告说明，上部为汉文，下部为维文：

> 民间典买田房，均用此格缮写契据，县纳税粘给契纸。不依此格作为无效。所需工本，由本厅开支，不取分文，附此布告。

到了民国十一年，这段布告文又进一步丰富，如《民国十一年尼牙子买梅木你沙等四人一墩葡萄地契》的"契格"上的布告文是：

> 民间典买田房，均用此格缮写契据，呈县纳税粘给契纸。不依此格作为无效。又契内地亩房屋，任凭买主管业，不得盗卖外国人，亦不准该县阿洪盖摹。所需工本，由本厅开支，不取分文，附此布告。

新的布告增加了两个不准，一是不准将田宅卖给外国人，为的是维护民族资产的权益；二是不准阿洪盖摹，为的是制止宗教势力超越行政权力。这应是民国时期国家统一权力的一个进步体现。

关于"契纸"，实是对传统"契尾"的改名，也就是交纳田宅交易税的凭证。起初改名时，名"税契新纸"，这在《洪宪元年（1915）二月艾里木牙士买阿不都热合曼铺面二间房三间契》中就附有印制的"税契

---

① 新博09ZJ0118（b）号文书，中国文化遗产研究院、新疆维吾尔自治区博物馆编：《新疆博物馆新获文书研究》，第307页。
② 居延汉简出土的《汉长乐里乐奴买地券》，券尾列有"旁人淳于次孺、王充、郑少卿，古酒旁二斗，皆钦之"，见张传玺主编《中国历代契约会编考释》（上），第40页。
③ 吐鲁番出土的《唐贞观二十三年（649）高昌范欢进买马契》末列有"知见"三人，并画指节为证。《吐鲁番出土文书》（录文本）第五册，文物出版社1983年，第105—106页。
④ 四川新都县所出的《清道光二十八年（1848）新都县萧周氏等捆卖水田、旱地官契》，也是写在"新都县契格"上，其契尾列有"经理首事"八人、"约"一人、"族邻"三人、"中证"六人。见四川新都县档案馆编《清代地契史料》，第15—16页。转引自《中国历代契约会编考释》（下），第1372—1373页。

新纸",转录如下：

税 契 新 纸

　　新疆国税厅筹备处为　颁发三联新制契纸，以归划一□□□民国肇造，庶政更新，凡为中华民国之人民，受有中华民国之地产，自应执民国国家之契据，始能得民国国家之保护，其理至明，其法至当，兹本处遵照

部章划一契纸，拟制民国三联新式契纸，拟自民国三年一月为始，凡民间房地，无论买典，一律行用。仍循前清旧章，每买契价银壹两纳税库平银玖分，典契价银壹两纳税银陆分，先典后买加税银三分。每契纸一张，无论买典价值多寡，收纸价库平银伍钱。其有故违定章三月，延不税契者，或减写契价、倒填年月等弊，一经查出，照章究罚不贷，除另派妥员稽查外，为此将三联新式契纸，先发各属县知事查收。俟有典买房产，照章纳税注册粘用，契内各项银数，盖用该县知事印信，以杜弊窦，并编立号数，按月造报查考，须至新契者。

　　计开

县业户 艾里木牙士 报明新 买/典 阿不都热合满 名下坐落 吐峪沟乡　庄

地段/房所 计铺面二间房三间　亩/间 用价银　千　百伍拾　两　钱　分　厘

纳 玖/陆 分 税库平银　百　拾肆两伍钱　分　厘

征收纸价库平银伍钱

中华民国 洪宪元 年二月十一日　　　　县　字 玖百壹 号

右给业户 艾里木牙士 执此

　　比之于清代的"契尾"，民国的"税契新纸"增加了三个方面的新内容。一是论证了征收契税的理由，只有"执民国国家之契据，始能得民国国家之保护"，故而要税契以尽国民之义务。二是民国的契纸为"三联新式契纸"，比之清朝契尾有"大尾"与"坐尾"两联还多了一联，这是除了发给业户和存根外，还有一联用于上交以便查证。三是对抗税或违规作弊者"究罚不贷"，对逃税不交者要处罚，对"减写契价、倒填年月"之类的作弊者也要处罚。这些规定对税契工作作了进一步完善，也可看作是对清代契尾的新发展。

　　从吐峪沟尼牙子家族买地契考察，约在民国七年（1918），"税契新纸"又已改名为"契纸"了，此后一直称为"契纸"。

　　如果将新疆的"契纸"与内地的税契纸比较，就会发现新疆的税率比内地要高，如《民国十六年（1927）山东财政厅发给栖霞县吴鹤运买地税契》中载："案照本厅遵奉财政部令：制定契纸，凡民间价买房地……照契价百分之六纳税，并随收纸价银元五角，注册费银元一角。"[①]又《民国十七年（1928）江苏松江县发给张康乐田地验契纸》中，张康乐用银五十八元，从杨子鹤处买得一亩七分地，交纳"税银三元四

---

① 《中国历代契约会编考释》（下），第1650—1651页。

角八分",①折算其税率也是六分。可是,新疆的房地交易税率,从民国元年到民国三十二年一直是九分,比内地要高出三分。内地收六分税者,均写明"遵奉财政部令",而收九分税者,在民国五年(1916)"税契新纸"上写的是"仍循前清旧章,每买契价银壹两纳税库平银玖分",后来的"契纸"上写的是"新疆财政厅为颁发契纸事,照得民间典买田房,遵照部章应纳契税,每买价契壹两,纳税银玖分"。虽说是"遵照部章",实际是新疆财政厅自作的规定。这或许是因为新疆是民族地区,在制定政策上具有一定灵活性的缘故。

从土地买卖制度变化的基本方面看,在由清末向民国的变革转化过程中,新疆与全国的大政方针基本上是一致的,只是在个别具体的政策措施上,表现出了一些民族地区的特点和灵活性。

---

① 《中国历代契约会编考释》(下),第1656—1657页。

北凉高昌太守隗仁史迹钩沉

杨荣春

（陕西师范大学历史文化学院）

高昌地处西域腹地，自古就为中原王朝和各割据政权统治。前凉张骏统治时期，始置高昌郡。① 历经前秦、后凉、西凉、北凉等政权交替，至沮渠安周大凉承平十八年(460)，高昌一直是上述政权下辖的一个郡，并置太守管理。据传世文献和出土资料所记的高昌太守有杨幹(翰)(前秦)、隗仁(北凉)、阚爽(阚氏政权)、阚斑(大凉)、沮渠封戴(大凉)五位，本文讨论的即是其中之一——隗仁。

隗仁，生卒不详。关于隗仁的记载，据《晋书·沮渠蒙逊载记》云：

> 炽磐率众三万袭湟河，汉平力战固守，遣司马隗仁夜出击炽磐，斩级数百。炽磐将引退，先遣老弱。汉平长史焦昶、将军段景密信招炽磐，炽磐复进攻汉平。汉平纳昶、景之说，面缚出降。仁勒壮士百余据南门楼上，三日不下，众寡不敌，为炽磐所擒。炽磐怒，命斩之。段晖谏曰："仁临难履危，奋不顾命，忠也。宜宥之，以厉事君。"炽磐乃执之而归。在炽磐所五年，晖又为之固请，乃得还姑臧。及至，蒙逊执其手曰："卿，孤之苏武也！"以为高昌太守。为政有威惠之称，然颇以爱财为失。②

《资治通鉴》、③《十六国春秋辑补·北凉录》所载与此大致相同。④ 据此可见，隗仁早年在沮渠氏北凉湟河郡担任司马一职，西秦乞伏炽磐袭湟河郡，隗仁则誓死不降，终为乞伏炽磐所擒。隗仁被西秦囚禁五年才得以回到姑臧，沮渠蒙逊以"苏武"誉隗仁，并以隗仁为高昌太守。这一年是北凉玄始九年(420)。

隗仁是沮渠氏北凉时期一个了不起的人物，研究隗仁有助于了解北凉的统治和内外关系。前人对高昌太守隗仁做了相关研究，大多集中在20世纪80年代至90年代末期。研究范围主要涉及隗仁的姓氏、籍贯、上任时间、任期等几个方面，但意见不一，本文就上述几个方面谈谈笔者的观点。

一、隗仁的姓氏、族属和籍贯

（一）隗仁的姓氏

关于隗仁的姓氏，笔者见陆庆夫和日本学者松田寿男有所涉猎。陆先生曾谈到："蒙逊即派沮渠隗仁

---

① (唐)房玄龄：《晋书》卷八六《张骏传》记载："戊己校尉赵贞不附于(张)骏，至是，骏击擒之，以其地为高昌郡。"(中华书局1974年，第2239页)
② (唐)房玄龄：《晋书》卷一二九《沮渠蒙逊载记》，第3197页。
③ (宋)司马光：《资治通鉴》卷一一七《晋纪三九》安帝义熙十一年(415)五月条，中华书局1956年，第3679页。
④ (清)汤球：《十六国春秋辑补》卷九六《北凉录二》，中华书局1985年，第663页。

赴西域,做了高昌太守,并于高昌郡下设立高昌、田地、横截、高宁等县,对西域地区施行了有效的统治和经营。"①按陆庆夫先生的说法,隗仁的姓氏是"沮渠",而不是姓"隗"。笔者细读《晋书》和《十六国春秋辑补》有关北凉隗仁的记载,未见"沮渠隗仁"一说。《北凉百官表》见有"湟河司马隗仁"和"高昌太守隗仁",②也未见沮渠氏家族的"沮渠隗仁"。

而松田寿男先生提到:"西秦的乞伏炽磐袭击湟河,北凉的湟河太守沮渠汉平力战的结果,虽然最终是面缚而降,但他手下有个叫司马隗仁的将军,激励将士,进行了壮烈的抗战,最后寡不敌众成了俘虏。在这之后隗仁为高昌太守。"③松田寿男先生对隗仁的表述存在一个问题,就是把官职"司马"当作隗仁姓名中的一部分,说"有个叫司马隗仁的将军",这是把官职和姓氏混淆了。司马是官名,汉代就置此官,据《中国官制大辞典》载:"汉代于边郡置司马,属于军职。晋初亦常于郡置司马,且不入职散吏之数,当非太守自辟之吏,其秩应在二百石以上。"④另据《通典·职官》载:"(司马)本主武之官。自魏晋以后,刺史多带将军,开府者则置府僚。司马为军府之官,理军事。"⑤由此,司马是郡府主兵事、军事的官职,而非姓氏。

笔者认为隗仁之姓"隗"。隗姓是一个历史悠久的姓氏,据《元和姓纂》载:"春秋时翟国,隗姓,子孙因氏焉。"⑥从这一记载看,隗氏始自春秋翟国。

正史中也有不少关于隗姓人士的记载,《史记·秦始皇本纪》记载有"丞相隗林",⑦《后汉书·隗嚣传》记载有:"隗嚣字季孟,天水成纪人也。……汉复元年七月己酉朔。己巳,上将军隗嚣、白虎将军隗崔、左将军隗义。"⑧《晋书·张寔传》记载"贼曹佐高昌隗瑾进言"。⑨ 上述记载说明,隗姓是一个古老的姓氏集团,汉代就活跃在我国西北地区,前凉时期已登上高昌历史舞台。

吐鲁番出土文书也记载了诸多隗姓人名。例如:《前凉咸安五年(375)隗田英随葬衣物疏》之"隗田英"、⑩《北凉缘禾十年(441)高昌郡功曹白请改动行水官牒》之"校曹书佐隗达"、⑪《北凉高昌郡功曹白请溉两部葡萄派任行水官牒》之"校曹书佐隗季";⑫另《吐鲁番出土文书》(录文本)第一至五册中记有19个隗姓人名(详见下表),说明在高昌地区隗氏是一人数不少的姓氏集团。由此可以确定,隗仁姓"隗",是没有疑问的。

吐鲁番出土文书中的隗姓人名

人 名	籍 贯	文 书 名 称	墓号	文书年代	身份	出处
隗仪容	高昌县延寿里	宋泮妻隗仪容随葬衣物疏	TKM96	北凉真兴七年(425)	宋泮妻	1/59
隗 休		兵曹牒	TKM96	北凉玄始十二年(423)	士兵	1/64

---

① 陆庆夫:《五凉政权与中西交通》,《西北史地》1987年第1期,第72页。
② 缪荃孙:《二十五史补编·北凉百官表》,中华书局1955年,第4074页。
③ [日]松田寿男著,陈俊谋译:《古代天山历史地理学研究》,中央民族学院出版社1987年,第159页。
④ 俞鹿年:《中国官制大辞典》,黑龙江人民出版社1992年,第682页。
⑤ (唐)杜佑:《通典》卷三三《职官》,中华书局1988年,第911页。
⑥ (唐)林宝:《元和姓纂》卷六,中华书局1994年,第966页。
⑦ (汉)司马迁:《史记》卷六《秦始皇本纪》,中华书局1959年,第246页。
⑧ (宋)范晔:《后汉书》卷十三《隗嚣传》,中华书局1965年,第513—515页。
⑨ (唐)房玄龄:《晋书》卷八六《张寔传》,第2227页。
⑩ 新疆维吾尔自治区博物馆考古部、吐鲁番地区文物局阿斯塔那文物管理所:《2006年吐鲁番阿斯塔那古墓群西区发掘简报》,《吐鲁番学研究》2007年第1期,第26页。
⑪ 柳洪亮:《新出吐鲁番文书及其研究》,新疆人民出版社1997年,第10页。
⑫ 同上书,第16页。

续表

人名	籍贯	文书名称	墓号	文书年代	身份	出处
隗参军		悬募追捕逃奴赏格班示	TKM96	北凉玄始十二年(423)至北凉义和二年(432)	官吏	1/76
隗□		兵曹行罚兵士张宗受等文书	TKM91	西凉建初四年(408)至北凉缘禾五年(436)	士兵	1/134
隗保疆		细射、步稍等兵人名籍	TKM91	西凉建初四年(408)至北凉缘禾五年(436)	步稍	1/172
隗迥		细射、步稍等兵人名籍	TKM91	西凉建初四年(408)至北凉缘禾五年(436)	过槊水	1/172
隗益幼		细射、步稍等兵人名籍	TKM91	西凉建初四年(408)至北凉缘禾五年(436)	士兵	1/172
隗已隆		高昌主簿张绾等传供账	TKM90	阚氏高昌时期		2/18
隗典		高昌僧智副等僧尼财物疏	TAM169	建昌四年(558)至延昌十六年(576)		2/247
隗□		隗某举麦残券	TAM34	高昌延和元年(602)		3/4
隗簸其		隗簸其等五人分举大麦合券	TAM321	高昌延和五年(606)		3/14
隗阿俗子		高昌付官将兵人粮食帐	TAM520	延昌二十年(580)至延和六年(607)		3/29
隗□祐	高昌	高昌武城堨作额名籍	TAM339	麹氏高昌延和时期		3/218
隗□□	高昌高宁	高昌高宁马帐	TAM142	麹氏高昌延寿时期	平民	3/241
隗氏		何延相等户家口籍	TAM15	高昌延寿十三年(636)至唐贞观十五年	某人妻	4/57
隗居巷		高昌私马、长生马、行马、亭马、拾骑马、驼、驴帐	TAM171	麹氏高昌晚期		4/137
隗延怀		高昌私马、长生马、行马、亭马、拾骑马、驼、驴帐	TAM171	麹氏高昌晚期		4/137
隗头六奴		高昌逋人史延明等名籍	TAM151	高昌延和八年(609)至高昌义和五年(618)	纸师	4/188
隗明愿		善海等役作名籍	TAM206	高昌义和五年(618)		5/261

说明：上表依据李方、王素《吐鲁番出土文书人名地名索引》编制。(1) TKM96 表示吐鲁番哈拉和卓 96 号墓，TAM169 表示吐鲁番阿斯塔那 169 号墓。(2) 1/59 表示唐长孺主编《吐鲁番出土文书》(录文本)第一册，文物出版社 1981 年，第 59 页。(3) 文书年代，有明确纪年的文书，按文书纪年录入；没有纪年的文书，按文书出土墓葬的年代录入。

（二）隗仁的族属

关于隗氏族属，《中国姓氏大全》有载："(1) 相传为黄帝时大隗氏的后代；(2)《左传》记载，狄人伐廧咎如，获其二女叔隗、季隗，其后有隗氏；(3) 春秋时狄族（一作翟国）为隗姓。"① 从以上记载看，隗氏自

---

① 陈明远、汪宗虎：《中国姓氏大全》，北京出版社 1987 年，第 179 页。

春秋时期已有之，而且和我国古代少数民族狄族有关。《古今姓氏书辨证》记载隗氏的族属更为详细："春秋时，狄人伐廧咎如，获其二女：叔隗、季隗。晋公子重耳娶季隗，以叔隗妻赵衰。又周襄王以狄伐郑，王德狄人，立女隗氏为后，则隗亦赤狄之姓，当时见于经传者凡五种，曰东山皋落氏，曰廧咎如，曰甲氏，曰潞氏，曰留吁铎辰，皆赤狄隗姓。唯甲、潞、皋落，别以其部为氏，余二者有号无氏，则隗之为姓旧矣。"①这一记述表明隗氏族属与赤狄有关。又据《魏书·高车传》载："高车，盖古赤狄之余种也，初号为狄历，北方以为敕勒，诸夏以为高车、丁零。"②据此说明，魏晋南北朝时期的敕勒、高车和赤狄有渊源，隗氏也与敕勒、高车有渊源。姚薇元先生也考证了隗氏，他认为："天水隗氏，本春秋时赤狄之后。高车族也。"③笔者赞同姚先生的观点。

关于探讨隗仁族属亦同于探讨高昌隗氏族属，笔者认为高昌隗氏本系北方赤狄，与阿尔泰语系突厥语族的高车关系更密切一些。高昌自古就是多民族杂居之地，高昌隗氏当为西晋时期迁居高昌，受当地其他民族，特别汉族的影响，逐步汉化。

吐鲁番盆地青铜至早期铁器时代，就是多种族交汇之地。考古学和种族人类学也印证了这一事实，1980—1992年在吐鲁番苏贝希遗址的考古发掘，其三号墓地17号墓测定了4具颅骨，其中A（中年，男）和E（中年，女）为欧洲人种，C（中年，女）为蒙古人种，而B（青年，男）为混合人种。④ 关于种族人类学的材料还有吐鲁番洋海墓地的4个标本，属欧洲人种和蒙古人种间的混杂类型。⑤ 以上考古材料说明印欧语系的欧洲人和阿尔泰语系的蒙古人很早就在这里繁衍生息，互相通婚融合，并产生了混血人种。

两汉时期，居住在吐鲁番盆地的是姑师（车师）人，并在这里建立了车师国。同时，匈奴人也曾是这里的居民。汉、匈五争车师之战，匈奴几度控制车师，部分匈奴人在这里屯田戍守，定居生活。

自东汉至魏晋，或屯田，或逃避中原战乱，大批汉人经河西地区移居吐鲁番盆地，正所谓："彼之氓庶，是汉魏遗黎，自晋氏不纲，因难播越。"⑥从而建立起高昌郡、高昌国，至此西域出现以汉语为主要语言、以汉文化为主要载体的中原汉民族的聚集区。

和高车有关的隗氏当在西晋时期迁居高昌，并与当地的车师、匈奴、突厥、鲜卑、汉等民族杂居、通婚、相互融合，形成多民族成分的混合人种。又因汉族为主流，使得包括高车（隗氏）在内的其他民族能说汉语、习汉字，汉化逐步加深。正如吴震先生所言："当时（三至八世纪）高昌是汉、胡杂居之地，到六世纪时，操胡语者、用胡书者虽间或有之，但其主流显然已汉化甚深。这与当时中国社会历史的大背景有关，也与中国北方各民族融合与汉民族的形成过程相一致。"⑦

（三）隗仁的籍贯

关于隗仁的籍贯，唐长孺先生较早指出："隗仁当是高昌人，张寔时有高昌隗瑾为前凉贼曹佐。隗姓

---

① （宋）邓名世撰，王力平点校：《古今姓氏书辨证》卷二四，江西人民出版社2006年，第369页。
② （北齐）魏收：《魏书》卷一〇三《高车传》，中华书局1974年，第2307页。
③ 姚薇元：《北朝胡姓考》（修订本），中华书局2007年，第334页。
④ 吕恩国：《苏贝希发掘的主要收获》，《吐鲁番学新论》，新疆人民出版社2006年，第248页。
⑤ 邵兴周、王博：《吐鲁番盆地古墓人颅的种系研究——洋海古墓》，《新疆文物》1991年第3期，第44页。
⑥ （北齐）魏收：《魏书》卷一〇一《高昌传》，中华书局1974年，第2244页。
⑦ 吴震：《阿斯塔那—哈拉和卓古墓群考古资料中所见的胡人》，《敦煌吐鲁番研究》第四卷，北京大学出版社1999年，第248页。

为高昌豪族。"①笔者认为唐先生这话没错,以上列举的《吐鲁番出土文书》中的隗姓人名名单,已证实北凉至唐代隗氏是高昌诸多姓氏之一,且人数众多。也有学者认为隗氏为高昌土著。② 按《汉语大词典》的解释:"土著是世代居住本地的人。"③即当地的原始居民。那么隗氏是世世代代居住在高昌的原居民吗?

笔者认为隗仁的祖籍是陇西天水。西晋武帝泰始年间爆发的"凉州之乱"和西晋末年的"永嘉之乱",大批中原人、凉州人迁居高昌。唐长孺先生早已指出:"西晋末年,中原大乱,凉州比较安定,迁入了大量人口,大概有一批迁入高昌。"④很可能在西晋时期包括隗氏族人迁居高昌,并从此在高昌定居下来,至北凉时期隗氏已经成为高昌的大族。上文提到隗嚣是"天水成纪人",另据《元和姓纂》载:"汉末隗义,弟崔。崔兄子嚣,更始御史大夫。邓禹承制,以为西州大将军,专制凉州朔方事。"⑤据此说明,汉代隗氏集团生活于陇西、天水地区,且隗氏族人已在凉州担任军事官员。另,从上文提到"贼曹佐高昌隗瑾"、"前凉咸安五年(375)的隗田英",说明在前凉统治时期(四世纪),高昌地区已见有隗氏,而且隗瑾出任前凉政权的官员。

从以上《吐鲁番出土文书》隗姓人名表中可以看出,有三个人的籍贯明确记载是高昌籍,其他人员虽未明确记载,但也是生活在高昌的隗氏。从隗氏人员的身份来看,既有官吏、人妻、纸师,又有士兵和平民,这些情况都说明四世纪至七世纪隗氏在高昌是大有人在。

二、高昌太守隗仁

(一) 隗仁出任高昌太守的缘由

笔者认为缘由有二:其一,隗氏是当地豪族,沮渠氏北凉政权要统治高昌,必须要利用当地豪族的势力及影响,以便于管理统治高昌。关于隗氏家族的势力和影响,我们从文献史料记载中的"贼曹佐高昌隗瑾"和吐鲁番出土文书中的"校曹书佐隗达、隗季"也可以得到印证。此三人均系高昌隗氏族人,担任前凉、北凉等政权的地方要职,可见这绝非偶然。唐长孺先生也指出:"隗仁和隗瑾的关系不知道,他所以被任为北凉第一任高昌太守,除了奖赏他不降西秦外,我想很可能因为隗氏是高昌大姓。"⑥可见,大姓、大族的威望和影响力触及当时社会的政治、经济、文化等各个方面,对地方大族的笼络,取得他们的支持,对十六国时期各个统治政权都是尤为重要的。

其二,是隗仁忠于沮渠氏北凉。面对西秦的围攻,湟河太守沮渠汉平投降,而隗仁在大敌当前时,奋力抵抗,誓死不降,这是一种誓死效忠北凉的精神。乞伏炽磐也钦佩他这种精神和忠实的表现,想以隗仁为西秦效力,但在被西秦囚禁的五年里,隗仁始终没有屈服投降。隗仁被西秦放回后,沮渠蒙逊以"苏武"誉隗仁。可见沮渠蒙逊被隗仁的这种誓死效忠的精神所感动,任命隗仁为高昌太守也是沮渠蒙逊对他的信任。

---

① 唐长孺:《高昌郡纪年》,《山居存稿三编》,中华书局2011年,第53页。
② 王素认为"沮渠氏北凉始终用高昌土著隗仁为高昌太守",参见王素《高昌史稿·统治编》,文物出版社1998年,第207页。
③ 汉语大词典编辑委员会编:《汉语大词典》(缩印本),汉语大词典出版社1997年,第1158页。
④ 唐长孺:《魏晋南北朝有关高昌的一些资料》,《山居存稿》,中华书局2011年,第353页。
⑤ (唐)林宝:《元和姓纂》卷六,第966页。
⑥ 唐长孺:《魏晋南北朝有关高昌的一些资料》,第354页。

(二) 隗仁上任高昌太守的时间

关于隗仁上任高昌太守,关注和研究的学者较多,上任的时间大致有四种说法,另外几种未提及时间。

早在1943年,冯承钧先生就注意到此问题,他认为:"沮渠蒙逊以隗仁为高昌太守,当时高昌尚属西凉,此高昌疑为晋昌之误。"①因为史料没有明确记载隗仁任高昌太守的时间,故冯承钧先生认为当时西凉并未灭亡,北凉不可能据有高昌并任命太守隗仁,才认为是文献记载有错误,未提隗仁上任的时间。

武守志先生提出412年上任说,他认为:"公元412年(东晋安帝义熙八年)沮渠蒙逊迁都姑臧,即河西王位后,即以隗仁为高昌太守。"②

王素先生提出420年上任说,他认为:"吐鲁番既有玄始九年十一月一日随葬衣物疏,隗仁既为沮渠氏北凉首任高昌太守,那么,隗仁任职高昌太守的时间就一定是在抵姑臧之当年,也就是玄始九年。"③

黄烈先生提出420年以后上任说,他认为:"隗仁任高昌太守在玄始九年(420)以后。"④

唐长孺先生提出421年(西凉灭亡)以后上任说,他认为:"按隗仁在西秦五年,自本年下数,至晋元熙元年(419)首尾五年,其时西凉未亡,高昌尚为西凉所有,即计足五年,至元熙二年(420)五月,西凉仍未亡。隗仁为高昌太守,至早亦当在宋永初二年、北凉玄始十一年(422)蒙逊攻下敦煌,西凉灭亡之后。"⑤侯灿⑥、吴震⑦二位先生与唐长孺先生的观点基本相同。

余太山先生认为:"沮渠氏第一任高昌太守为隗仁,然自义熙十一年以后'五年',西凉尚未灭亡,或因以为'载记'所见'高昌太守'应为晋昌太守之误。今案:蒙逊未必在隗仁抵姑臧之当年便'以为高昌太守',理解不可执着。"⑧余太山先生此说是对上述冯承钧先生的反驳,也未提出隗仁上任具体时间。

综观以上各家的观点,笔者认为王素先生的观点更符合史实,隗仁上任高昌太守当为玄始九年。从史料记载和吐鲁番出土文书材料可以清晰地鉴证这一史实:北凉玄始四年五月,西秦乞伏炽磐执隗仁而归,囚禁五年即北凉玄始九年放回,也在当年沮渠氏北凉驱逐盘踞在高昌的西凉,并任命隗仁为沮渠氏北凉首任高昌太守,从此进入隗仁治理高昌的时期。而吐鲁番出土有《西凉嘉兴四年(420)残文书》,⑨"嘉兴"为西凉李歆年号,为吐鲁番出土西凉统治高昌时期最晚的文书;《北凉玄始九年(420)随葬衣物疏》,⑩"玄始"为北凉沮渠蒙逊年号,为吐鲁番出土沮渠氏北凉统治高昌时期最早的文书。西凉政权统治高昌至420年结束,而沮渠氏北凉统治高昌在420年开始,沮渠氏北凉与李氏西凉对高昌交替衔接的统治就在420年,所以隗仁任高昌太守也当在玄始九年。由此,我们也能确知在西凉灭亡(421)之前,沮渠氏北凉统治已经提前到达高昌。

---

① 冯承钧:《高昌事辑》,《西域南海史地考证论著汇辑》,中华书局1957年,第55页。
② 武守志:《五凉政权与西域的关系》,《兰州教育学院学报》1986年第1期,第80页。
③ 王素:《高昌史稿·统治编》,第206页。
④ 黄烈:《魏晋南北朝时期西域与内地的关系》,《魏晋隋唐史论集》第一辑,中国社会科学出版社1981年,第67页。
⑤ 唐长孺:《高昌郡纪年》,《山居存稿三编》,中华书局2011年,第53页。
⑥ 侯灿认为:"北凉玄始九年七月沮渠蒙逊伐西凉李歆,次年三月李恂灭西凉,蒙逊随即派司马隗仁为高昌太守,镇高昌,高昌为北凉有。"参见侯灿《西晋至北朝前期高昌地区奉行年号探讨》,《高昌楼兰研究论集》,新疆人民出版社1990年,第111页。
⑦ 吴震认为:"蒙逊誉隗仁为己之'苏武',以为高昌太守,必当在此以后,即玄始十年(421)西凉亡后。"参见吴震《吐鲁番文书中的若干年号及相关问题》,《文物》1983年第1期,第28页。
⑧ 余太山:《西凉、北凉与西域关系述考》,《西北史地》1994年第3期,第2—3页。
⑨ 唐长孺主编:《吐鲁番出土文书》(图文本)壹,文物出版社1992年,第13页。
⑩ 陈国灿:《斯坦因所获吐鲁番文书研究》(修订本),武汉大学出版社1997年,第181页。

另外，赵向群先生也提到高昌太守，但非阚仁，而是沮渠汉平。他说："汉平是蒙逊之弟，为湟河太守。415年乞伏炽磐攻湟河将他俘虏，五年后释放回来，蒙逊执其手曰：'卿，孤之苏武也！'以为高昌太守。"①对照《晋书》的有关记载，赵向群先生完全把史实张冠李戴了，沮渠汉平是西秦乞伏炽磐一打就降当俘虏的那位，誓死不降被西秦囚五年、后来被称"苏武"任高昌太守的是阚仁。

（三）高昌太守阚仁的任期

关于高昌太守阚仁的任期，史料无明确记载。吴震先生从吐鲁番出土文书中的义和年号找到了线索，认为："文书中使用义和年号至三年(433)，其时高昌太守或仍为阚仁。"②吴震先生虽未明确提出任期，显然是说阚仁任职到433年。王素先生的观点更具体，他认为："阚仁原为高昌豪族，义和三年(433)仍然在任，至少任了十余年的高昌太守。"③但细读吴震和王素二位先生的文章，未见有明确的证据来支持他们的观点。

笔者认为在没有史料文献明确记载情况下，吴震和王素二位先生在阚仁任期问题上的观点只是根据吐鲁番出土义和年号文书而建立的一种推论。目前所见吐鲁番出土北凉沮渠蒙逊义和三年的文书共五件，未见有北凉义和四年的文书。另据《资治通鉴》载："元嘉十年(433，北凉义和三年)四月，蒙逊卒。"④而在同年，沮渠牧犍继位改元"承和"。迫于北魏的压力，向北魏称臣奉其年号，取北魏年号"延和"的谐音改为"缘禾"。吐鲁番出土有《北凉缘禾二年(433)高昌郡高宁县赵货母子冥讼文书》，⑤据此说明，沮渠牧犍在继位之初"缘禾"年号就达高昌。又见《北凉缘禾三年九月五日比丘法融供养〈大方等无想大云经〉第六题记》，⑥此题记存五行，现移录如下：

1　　大方等无想大云经第
2　　　缘禾三年岁次甲戌九月五日，于田地城北刘居祠，写此尊(经)，愿持
3　　此功德，"施与一切众生，背得慈(?)持，超入法城，获无生忍，成无
4　　上道"。
5　　　　　　比丘法融所供养经，书拙字具而已。

此题记见有"缘禾"年号，缘禾三年即434年。此佛经题记写于"田地城"，史载："东晋咸和二年(327)，置高昌郡，立田地县。"⑦田地县为高昌郡下辖诸县之一，故此题记出自高昌无疑。由此可见，高昌郡在缘禾三年九月还在沮渠牧犍的统治之下。再来看吐鲁番出土《北凉缘禾五年二月四日民杜犊辞》，⑧此文书存六行，移录如下：

---

① 赵向群：《五凉史探》，甘肃人民出版社2007年，第172页。
② 吴震：《吐鲁番文书中的若干年号及相关问题》，第31页。
③ 王素：《高昌郡府官制研究》，《吐鲁番学研究——第二届吐鲁番学国际学术研讨会论文集》，上海辞书出版社2006年，第16页。
④ （宋）司马光：《资治通鉴》卷一二二《宋纪四》"文帝元嘉十年四月"条，第3848页。
⑤ 荣新江、李肖、孟宪实主编：《新获吐鲁番出土文献》，中华书局2008年，第171页。
⑥ ［日］池田温：《中国古代写本识语集录》，大藏出版株式会社1990年，第84页；王素：《吐鲁番出土高昌文献编年》，新文丰出版公司1997年，第98—99页。
⑦ （唐）徐坚：《初学记》卷八《州郡部·陇右道六》，中华书局2010年，第181页。
⑧ 柳洪亮：《新出吐鲁番文书及其研究》，第8页。

```
1  缘禾五年二月四日,民杜犊辞:犊
2  有赀七十八斛,自为马头。宋相明
3  有赀十六斛在犊,马著身即
4  自乘。去前十月内胡贼去后,
5  明共犊私和义(议),著有赀,义身
6  □□取马之际,困□
```

柳洪亮先生据此文书之第四行"自乘。去前十月内胡贼去后"推测:"北凉势力于缘禾四年十月已被迫撤出高昌,本墓文书所见缘禾五、六、十年,当系'自为高昌太守'(《魏书·高昌传》)的阚爽所延用的年号。"①笔者赞同此观点,文书中的"去前十月"即缘禾四年十月;"胡贼去"当指卢水胡沮渠氏,即沮渠氏北凉撤出高昌。由此史料和吐鲁番出土文书相结合,证实义和三年沮渠蒙逊的去世,沮渠牧犍继位后势力渐衰,随即阚爽在柔然的支持下自立太守,至此缘禾四年隗仁治理高昌时期结束。那么,笔者推测高昌太守隗仁的任期即从北凉玄始九年至北凉缘禾四年(420—435),任期至少十六年。

三、高昌太守隗仁的政绩及其治理高昌的意义

关于隗仁从政高昌太守的政绩,据《晋书》载:"为政有威惠之称,然颇以爱财为失。"②"为政有威惠之称"是说隗仁任高昌太守采用恩威并用、软硬兼施的施政方式,说明隗仁治理高昌很有权术;"然颇以爱财为失"是说隗仁爱财,这也是隗仁的短处和弱点,有损于个人形象,也给其执政高昌带来了负面的影响。王素先生曾提到隗仁"爱财为失",并进一步认为:"稍后高昌独立,沮渠氏北凉势力被迫撤回河西,恐怕也都与此有关。"③笔者认为隗仁之"失"是沮渠氏北凉退出高昌的原因之一,但并不是主要原因。因为从大局来讲,沮渠氏北凉不但要面对来自北魏、大夏、柔然等周边强国的巨大压力,而且沮渠牧犍继位后其自身的衰落也是重要原因。隗仁作为高昌太守,只是北凉下辖郡的一个地方执政者,沮渠氏北凉撤出高昌之责归咎于隗仁显然是不妥的。北凉义和三年沮渠蒙逊去世,柔然扶植阚爽为高昌太守,沮渠氏北凉退出高昌,这更多的是沮渠氏北凉和柔然的关系,换言之,是国与国之间军事实力和势力抗衡所然,这一点是显而易见的。

相反,我们要更多地看重隗仁治理高昌的意义。

其一,玄始九年沮渠氏北凉就占领丝路重镇——高昌,任命隗仁为太守治理高昌,隗仁是有功的。而后,玄始十年三月,北凉破敦煌,歼灭西凉。沮渠氏北凉对高昌的统治,是打开了对西域统治的大门,其后"鄯善王比龙入朝,西域三十六国皆称臣贡献"。④沮渠氏北凉,也成为这一时期的西域霸主,随之而来的是政治、经济贸易、交通、文化艺术、宗教等诸多方面在高昌交汇,从这个意义上说,高昌太守隗仁对高昌的治理是意义深远的。

---

① 柳洪亮:《新出吐鲁番文书及其研究》,第8页。
② (唐)房玄龄:《晋书》卷一二九《沮渠蒙逊载记》,第3197页。
③ 王素:《高昌史稿·统治编》,第208页。
④ (梁)沈约:《宋书》卷九八《氐胡大且渠蒙逊传》,中华书局1974年,第2414页。

其二，沮渠氏北凉在高昌设郡任命阚仁为太守进行治理，是汉、晋、前凉、前秦、后凉、西凉等中原和地方割据政权在高昌统治的继续和交替，都一如既往地把高昌视作其不可分割的一部分。从这个层面上讲，高昌太守阚仁对高昌的治理也具有现实意义。

其三，439年，北魏破姑臧俘沮渠牧犍，至此沮渠氏北凉在河西地区的统治结束。沮渠无讳、沮渠安周西渡流沙，长途跋涉到达高昌，并把高昌作为根据地，重建"大凉"政权。究其缘由之一，就是沮渠氏北凉曾在高昌设郡，曾经统治过高昌，并任命阚仁为太守治理十六年。其中的渊源我们也能由此看到一斑。

淝水战后河西地域集团政治动向考察
——兼述吐鲁番文书"白雀"年号归属问题

魏军刚

（西北师范大学历史文化学院 《丝绸之路》杂志社）

淝水战役后，前秦政权土崩瓦解，北方地区出现割据纷争局面，河西地域集团开始走向独立发展道路。凉州土著官吏与前秦派遣流官之间，在关于河西政治归属的问题上产生了矛盾分歧，形成"保据自守"与"立勋王室"两种意见。河西地域集团内部派系纷争明朗化，削弱了梁熙统治河西地区的政治基础，加剧了凉州政治发展的复杂化趋势，深刻影响了河西地域政治动向及力量归属。吕光西征获胜东返割据凉土，巧妙利用河西地域集团内部派系的矛盾斗争，从而迅速实现对凉州的完全控制。吐鲁番出土《白雀元年衣物券》，为研究和判断前秦统治河西及高昌地区情况提供了考古实物资料，但是对文献资料、考古材料的不同运用和解读，导致学术界在关于"白雀"年号归属问题上长期存在争议。笔者将在前辈学者研究的基础上，最大限度地发掘传统文献资料信息，通过分析淝水战后河西地域集团派系纷争及其政治动向的变化，试着厘清吐鲁番出土"白雀"年号归属问题。以求教于方家、学者。

一、前秦统治时期河西地方势力构成及其发展情况

建元十二年（376）八月，苻坚遣苟苌、毛盛、梁熙等率步骑十三万讨灭前凉政权，将河西走廊正式纳入前秦政治版图。随后，苻坚任命梁熙为持节、西中郎将、凉州刺史，领护西羌校尉，镇守姑臧，并派遣数名官吏进入凉州担任河西地方各级职官。在削弱前凉政权统治基础的前提下，将部分张氏臣僚纳入前秦政权官僚体系，"以天锡晋兴太守陇西彭和正为黄门侍郎，治中从事武兴苏膺、敦煌太守张烈为尚书郎，西平太守金城赵凝为金城太守，高昌杨干为高昌太守，余皆随才擢叙"。[①] 随后，梁熙还任用"（张）天锡武威太守敦煌索泮为别驾，宋皓为主簿"。[②] 此外，前秦统治者积极笼络河西地方民族势力，擢用临松卢水胡酋豪沮渠法弘担任中田护军。[③] 这样，前秦政权通过调整官员任职，借助凉州本土势力恢复社会秩序，初步建立在河西地区的统治基础。

现在，我们通过整理、列举前秦统治时期河西郡守、县令（长）的任职情况，分析河西地域集团内部各派势力构成、发展的历史过程。（见表1）

---

① （宋）司马光：《资治通鉴》卷一〇四《晋纪》二七"孝武帝太元元年（376）"条五，中华书局2011年，第3326页。
② 同上书，第3327页。
③ （南朝·梁）沈约：《宋书》卷九八《氐胡传》，中华书局1974年，第2412页。

表 1　前秦统治时期河西郡守、县令(长)职任表(* 表示待定) ①

姓名	族属	籍贯	所 任 官 职	资 料 出 处
梁熙	氐	略阳	持节、西中郎将、凉州刺史、护西羌校尉	《晋书·苻坚载记上》
辛章	汉	陇西	敦煌太守	《晋书·郭瑀传》
赵凝	汉	金城	金城太守	《资治通鉴》卷一〇四
杨翰②	汉	高昌	高昌太守	《晋书·苻丕载记》
索泮	汉	敦煌	别驾→建威将军、西郡太守	《晋书·苻丕载记》
宋皓	汉	敦煌	主簿、折卫将军→奋威将军、督洪池已南诸军事、酒泉太守	《晋书·苻丕载记》
梁胤	氐	略阳	鹰扬将军	《晋书·苻丕载记》
姚静	羌*		敦煌太守	《晋书·苻丕载记》
李纯	汉*		晋昌太守	《晋书·苻丕载记》
彭济	氐		武威太守	《晋书·苻丕载记》
索菱	汉	敦煌	伏波将军、典农都尉	《晋书·苻登载记》
姚皓	羌*	南安	振威将军	《晋书·吕光载记》
卫翰			别驾	《晋书·吕光载记》
慕容德	鲜卑	昌黎	张掖太守	《晋书·慕容德载记》
慕容纳	鲜卑	昌黎	广武太守	《晋书·慕容超载记》
沮渠法弘	卢水胡	临松	中田护军	《宋书·氐胡传》
苻昌	氐	略阳	张掖太守	《十六国春秋辑补·南燕录四》
赵正	氐	略阳	武威太守	《高僧传·昙摩难提传》
姚苌	羌	南安	武威太守	《晋书·姚苌载记》
张统	汉*	犍为	美水令	《晋书·苻丕载记》

　　根据上表,笔者综合阶级出身、籍贯族属、仕宦经历等信息,初步将前秦时期河西地方官员划分为两大类,即凉州土著官吏和前秦派遣流官。

　　凉州土著官吏,以敦煌索泮、索菱、宋皓、高昌杨翰为代表,构成前秦政权统治河西的重要力量。索泮,世为冠族,有佐世才器,张天锡时期历仕冠军将军、记室参军、司兵、禁中录事、羽林左监、中垒将军、西郡太守、武威太守、典戎校尉等职。苻坚以河西德望任以凉州别驾,地位仅次于刺史梁熙,③后擢任建威将军、西郡太守。索菱,索泮之弟,张天锡时期历任执法中郎、冗从右监等职,苻坚任以伏波将军、典农都

---

① 籍贯明确者,略阳4、陇西1、金城1、高昌1、敦煌3、南安2、昌黎2、临松1、犍为1,其余4人不明,表明前秦时期河西地方官员主要来自河陇地区,占任职官员总数的65%。族属明确者,氐族5、汉族6、鲜卑2、卢水胡1、羌族1、待定者羌族2、汉族2,其余1人不明,表明前秦时期河西地方官员的任命采取胡汉参用的原则,包括汉、氐、羌、鲜卑、卢水胡等各族成员。其中,以汉族、氐族官员最多,分别占任职官员总数的25%和40%。从阶级出身看,陇西辛氏、金城赵氏、敦煌索氏、敦煌宋氏、犍为张氏等均出身河陇著姓大族;略阳梁氏、略阳苻氏、略阳赵氏、南安姚氏、临松沮渠氏均出身河陇氐族、羌族酋豪家庭,昌黎慕容氏则系前燕宗室。从官员来源看,辛章、赵凝、索泮、索菱、宋皓等由前凉旧臣入仕前秦政权,慕容德、慕容纳前燕降臣派遣至凉州任职,其余诸人均由前秦中央政府直接擢任或派遣。
② (宋)司马光:《资治通鉴》卷一〇四《晋纪》二七"孝武帝太元元年(376)"条作"杨幹",第3326页。
③ 冯培红:《敦煌大族与前秦、后凉》,《南京师范大学学报》(社科版)2012年第2期。

尉,负责管理河西屯田事务。① 宋皓,张天锡时期任安西将军,以主张降秦被贬宣威护军,梁熙委其主簿之职,擢升折冲将军讨平郭护叛乱,转任奋威将军、都督洪池以南诸军事、酒泉太守。由此可见,凉州土著官吏,均出身河西著姓大族,拥有很高的社会地位,具备雄厚的政治、经济实力,而且大多曾有出仕前凉政权的经历,体现了前凉旧僚与苻氏新臣双重身份的特征。他们任期相对长久,基本贯穿整个梁熙刺凉期间,以维护河西地方利益为行事准则,从而构成新型政治派别。

前秦派遣流官,系前秦中央政府直接派遣,担任河西各级地方职官。这类官员人数较多,但地域来源、民族成分比较复杂,包括氐族、羌族、鲜卑等各族人员。相比凉州土著官吏,除梁熙外,前秦派遣的流官任期较短、流动性强,一般任职到期即调任或卸职。如姚苌、赵正、彭济先后担任武威太守;慕容德、②苻昌相继出任张掖太守;慕容纳任广武太守,③期满去职。正因如此,他们很难发展盘根错节的地方势力,与凉州刺史梁熙关系也较松散、疏远,在政治利益考量及选择效忠对象上更倾向于前秦政权。

二、淝水战后河西地域集团派系斗争及其政治动向变化

淝水战役后,前秦政权土崩瓦解,北方地区出现割据纷争局面,河西地区开始走向独立发展道路。吕光征伐西域诸国获得胜利后拥众东返,严重威胁河西政治社会的稳定。在这种形势下,河西地域集团内部各政治派系权力制衡状态被打破,由于阶级出身、籍贯族属、仕宦经历等方面的巨大差异,以河西著姓大族为主,凉州土著官吏与前秦中央政府派遣流官之间的矛盾分歧扩大,他们在各自政治利益及选择效忠对象问题上有不同考量,在河西政治归属问题上展开激烈争论,形成了"保据自守"与"立勋王室"两种意见。随着河西地域集团内部派系纷争明朗化,削弱梁熙统治河西地区政治基础,从而加剧河西政治发展的复杂化趋势,深刻影响着河西地域政治动向及力量归属。

根据《资治通鉴》记载:

> 吕光自龟兹还至宜禾,秦凉州刺史梁熙谋闭境拒之。高昌太守杨翰言于熙曰:"吕光新破西域,兵强气锐,闻中原丧乱,必有异图。河西地方万里,带甲十万,足以自保。若光出流沙,其势难敌。高梧谷口险阻之要,宜先守之而夺其水,彼既穷渴,可以坐制。如以为远,伊吾关亦可拒也。度此二阨,虽有子房之策,无所施矣!"熙弗听。美水令犍为张统谓熙曰:"今关中大乱,京师存亡不可知。吕光之来,其志难测,将军何以抗之?"熙曰:"忧之,未知所出。"统曰:"光智略过人,今拥思归之士,乘战胜之气,其锋未易当也。将军世受大恩,忠诚夙著,立勋王室,宜在今日。行唐公洛,上之从弟,勇冠一时,为将军计,莫若奉为盟主以收众望,推忠义以帅群豪,则光虽至,不敢有异心也。资其精锐,东兼毛兴,连王统、杨璧,合四州之众,扫凶逆,宁帝室,此桓、文之举也。"熙又弗听,杀洛于西海。④

---

① 齐陈骏、陆庆夫、郭锋:《五凉史略》,甘肃人民出版社1988年,第51页。
② 据《晋书·慕容德载记》云:"苻坚以为张掖太守,数岁免归。"又云:"及坚以兵临江,拜德为奋威将军。"按前燕灭亡,慕容德迁至长安;苻坚灭凉,委任张掖太守职;淝水战役发生,官拜奋威将军,从征南伐东晋;苻昌遂接任张掖太守之职。
③ 据《晋书·慕容超载记》云:"苻坚破邺,以纳为广武太守,数岁去官,家于张掖。"
④ (宋)司马光:《资治通鉴》卷一○六《晋纪》二八"孝武帝太元十年(385)"条三七,第3403页。

据此,淝水战后河西地域集团内部出现分裂,在河西政治归属问题上产生根本分歧。高昌太守杨翰为代表的凉州土著官吏,主张据守高梧、伊吾关隘阻挡吕光东进,效仿前凉张氏保据凉州之策闭境自守,集中体现了淝水战后凉州土著官吏群体的政治态度和价值取舍。

《晋书·吕光载记》记载:

  及至玉门,梁熙传檄责光擅命还师,遣子胤与振威姚皓、别驾卫翰率众五万,距光于酒泉。①

《晋书·苻丕载记》记载:

  武威太守彭济执熙迎光,光杀之。建威、西郡太守索泮,奋威、督洪池已南诸军事、酒泉太守宋皓等,并为光所杀。②
  (索)菱有俊才,仕张天锡为执法中郎、冗从右监。苻坚世至伏波将军、典农都尉,与泮俱被害。③

根据诸史记载,索泮、索菱、宋皓、卫翰等表现出抗拒吕光、据城坚守、以身殉职等一系列行为,我们可以据此推断,他们效忠梁熙的政治态度,应该是赞成杨翰提出的"保据自守"之策。但是,杨翰出于自身利益考虑,当吕光西征军兵临高昌,其便举郡归降。

以美水令张统为代表的前秦派遣流官,建议梁熙推奉苻洛为盟主,收用吕光西征精锐之师,联合河州、秦州、南秦州等收聚河陇地区兵力,勤王赴难,"立勋王室",从而构成淝水战后前秦派遣流官群体基本政治态度。

《晋书·慕容超载记》记载:

  及垂起兵山东,苻昌收纳及德诸子,皆诛之。纳母公孙氏以耄获免,纳妻段氏方娠,未决,囚之于郡狱。④

《晋书·吕光载记》记载:

  于是四山胡夷皆来款附。武威太守彭济执熙请降。⑤
  光主簿尉祐,奸佞倾薄人也,见弃前朝,与彭济同谋执梁熙,光深见宠任,乃谮诛南安姚皓、天水尹景等名士十余人,远近颇以此离贰。⑥

据此,张统、苻昌、彭济、尉祐诸人的政治表现,从不同侧面反映出前秦派遣流官效忠前秦政权的政治

---

① (唐)房玄龄:《晋书》卷一二二《吕光载记》,中华书局1974年,第3056页。
② (唐)房玄龄:《晋书》卷一一五《苻丕载记》,第2943页。
③ 同上书,第2955页。
④ (唐)房玄龄:《晋书》卷一二八《慕容超载记》,第3175页。
⑤ (唐)房玄龄:《晋书》卷一一五《吕光载记》,第3056页。
⑥ (唐)房玄龄:《晋书》卷一二二《吕光载记》,第3056页。

态度。尉祐"见弃前朝",不应只归结于个人仕途命运多舛,似乎还是淝水战后前秦派遣流官群体在河西政治境遇的真实反映。尉祐与彭济谋划执梁熙请降以及谮诛姚皓、尹景等名士十余人,表明他们与梁熙及其支持者凉州土著官吏之间在政治上的彻底决裂。

凉州土著官吏与前秦派遣流官之间的矛盾分歧不断扩大,这是前秦政权统治河西地区实行"特殊化"管理的必然结果。

梁熙担任凉州刺史期间,积极推行重用土著维护河西地方秩序的政策,①刻意淡化氐族本位政治色彩。凉州土著官吏,凭借雄厚的政治经济实力以及盘根错节的社会关系,担任凉州别驾、主簿等职位,基本垄断了河西地方重要政治权力机构,并与梁熙之间形成封建君臣关系。② 但是,前秦派遣流官,则由于任期较短、流动性强,长期被排挤在权力核心之外,难以与梁熙之间形成密切关系。因此,他们选择效忠前秦政权而非梁熙个人,随着吕光以"赴难"相号召,且彻底挫败梁熙的军事抵抗,纷纷投归吕氏麾下。

吕光取代梁熙占据河西地区,固然依靠西征诸将鼎力相助,但是他能巧妙利用河西地域集团内部派系矛盾斗争,成功争取前秦派遣流官群体的支持,从而迅速实现对凉州的完全控制。③ 遗憾的是,吕光及其西征军进入河西地区,并没有完全解决梁熙时代遗留的政治问题,反而加剧了矛盾斗争的复杂性,各派政治力量围绕河西控制权展开激烈争夺,促使河西地区一度出现政治无序化状态。尽管吕光依靠西征军事集团强大力量暂时压制了其他政治势力,并进行政治利益分配的调整,但仍然不能从根本上解决上述矛盾。结果,"河南之战"发生,④吕氏统治力量被削弱,逐渐退出河西历史舞台,河西地区出现割据分裂局面。北凉沮渠蒙逊致力于胡汉联合政治体制建设,进而迅速整合内部社会政治资源,通过对外战争实现了河西地区的统一,最终结束了凉州的政治无序化状态。但是,淝水战后初期河西地域集团内部的矛盾与分裂,构成十六国后期河西地区政治分裂的根源,以此形成这一时期河西政治发展演变的重要线索。

三、吐鲁番出土文书"白雀"年号归属问题

吐鲁番出土文书"白雀"年号,为研究和判断前秦政权统治河西及高昌地区情况提供了实物资料。1928 年,黄文弼先生在新疆吐鲁番考察时,从当地农民手中购得两件残纸文书,根据两纸墨色笔法进行拼接并作释文,初步推测是后秦姚苌白雀年间北地难民或商人逃难至高昌时携带的物品清单,遂定名《白雀元年物品清单》。⑤ 此后,史树青、马雍、侯灿、吴震、谢初霓、关尾史郎、王素、黄景春等先生,或从文书残纸内容性质,或从"白雀"年号政治归属进行了相关研究。其中,有关"白雀"年号的归属问题,长期以来学者们展开激烈讨论,迄今仍然没有达成共识。目前,主要有两种说法:一是将"白雀"年号归于后秦

---

① 王素先生指出,梁熙任凉州刺史期间,重用土著是维护河西地方利益的重要举措(参见《高昌史稿·统治篇》,文物出版社 1998 年,第 145 页)。
② 冯培红先生指出,敦煌索、宋二氏以身殉秦,固然可以说是效忠于苻坚,但淝水战后,前秦实际上已经瓦解,他们抵抗氐族吕光统率的东归军队,我认为更重要的,是效忠于凉州刺史梁熙,并借此维护汉族在河西的统治,保卫自己的家园。索泮在斥责吕光时所说的"寡君"、"君父"及"主灭臣死"之"主",就是遭吕杀害的梁熙,而非苻坚。在索泮看来,梁熙和他之间已经形成了主臣关系。(参见《敦煌大族与前秦、后凉》,《南京师范大学学报》(社科版)2012 年第 2 期)
③ 王素先生指出:"梁熙原奉前秦苻坚建元年号,苻坚战败,后秦姚苌崛起,梁熙见风转舵,改奉姚苌白雀年号,本是合情合理的自保举措。吕光原为前秦大将,又与苻氏同出氐族,其击败梁熙,控制河西,重奉苻坚建元年号,亦属动乱之际稳定人心的良策。"(《高昌史稿·统治篇》,第 143 页)
④ 参见拙稿《试论后凉西秦"河南之战"及其对河陇政局的影响》,《乐山师范学院学报》2011 年第 3 期。
⑤ 黄文弼:《吐鲁番考古记》,社会科学院出版社 1954 年。

政权姚苌所有,史树青、吴震、王素、关尾史郎等先生持此观点;二是推测"白雀"年号属于高昌王国时期某地方割据政权,马雍、侯灿二先生持此观点。

黄文弼先生介绍文书残纸时,初步判定"白雀"年号乃姚苌北地称秦王时创建,但没有将后秦政权与高昌地区直接联系起来分析。① 史树青先生判定文书残纸属于随葬衣物券,认为淝水战役后高昌地区放弃苻秦正朔,而姚苌建号之始即与西域发生密切关系。② 吴震先生根据梁熙政治态度,从梁熙、姚苌二人旧交关系分析,姚苌叛坚自称秦王,改元白雀,若报檄凉州,假称禅代,梁熙会信以为实,高昌地区可能暂奉白雀元年。③ 关史尾郎、王素先生继承吴震先生观点,从二者旧交关系、族属方面进行探讨,拓展了研究思路,认为梁熙与姚苌不仅是旧交关系,而且都出身羌族豪贵家庭,姚苌北地称王,建元白雀,安定羌人,梁熙很可能起兵响应,以示声援和支持。④

马雍先生根据两件残片大小、位置及行数对文书进行复原缀合,正式定名《白雀元年衣物券》,得到学术界普遍认可。他利用文献资料记载,结合考古出土材料,根据当时姚苌的势力范围、凉州的政治态度以及吐鲁番出土的前秦"建元"年号连续性等信息,初步推断"白雀"年号属阚伯周至麹光时期(461—530)高昌地区某割据者。⑤ 侯灿先生在马雍先生的研究基础上,从历史文献学和考古类型学角度分析,进一步将"白雀"年号放置于阚氏前期(461—465)。⑥

综上所述,学者们争论的焦点主要集中以下几方面:一是后秦姚苌势力能否到达河西地区,又如何与高昌发生政治关系;二是如何解释吐鲁番出土文书前秦"建元"年号的连续性问题;三是淝水战后北方地区割据纷争的形势下,前秦凉州刺史梁熙、高昌太守杨翰的政治动向问题。归根结底,学者们对文献资料、考古材料的不同运用和解读,造成吐鲁番出土文书中"白雀"年号的归属问题长期争议。现在,我们将在前辈学者的研究基础上,深入挖掘传统文献资料所隐含的信息,根据淝水战后河西地域集团政治动向的变化,讨论吐鲁番出土"白雀"年号的归属问题。

淝水战后,在北方地区割据纷争复杂形势下,凉州土著官吏出于各种利益考虑,有意推举梁熙作为政治代理人,企图效仿前凉张氏实现割据自守。在这种情况下,高昌太守杨翰建议梁熙派兵驻守高桐、伊吾关隘,阻断吕光东归之路。凉州土著官吏则有可能建议梁熙适时调整外交策略,选择与后秦姚苌结成政治同盟以获取支持,为表示结盟诚意,不惜奉其"白雀"年号。王素先生指出:"五胡十六国时期,国家与国家,政权与政权,弱肉强食,生存斗争本甚激烈。一个国家、一个政权,奉用另一国家、另一个政权的年号,说得严重是臣属,说得轻松不过是外交手段。"⑦诚为确论。

河西地域集团选择与后秦姚苌结成政治同盟关系。首先,梁熙与姚苌同为苻坚重臣,又相与率军伐前凉,⑧姚苌曾经担任前秦威武太守,⑨与梁熙是上下级关系,他们之间方便取得政治联系。其次,从淝水战后北方政治形势而言,考虑周边国家实力强弱及地缘政治等因素,后秦姚苌应是梁熙及其支持者首选

---

① 黄文弼:《吐鲁番考古记》。
② 史树青:《新疆文物调查随笔》,《文物》1960年第6期。
③ 吴震:《吐鲁番出土文书中的若干年号及相关问题》,《文物》1983年第1期。
④ [日]关尾史郎:《"白雀"臆说——〈吐鲁番出土文书〉札记补遗》,《上智史学》第32号,1987年,第66—84页。
⑤ 马雍:《吐鲁番的"白雀元年衣物券"》,《文物》1973年第10期。
⑥ 侯灿:《西晋至北朝前期高昌地区奉行年号探讨证补》,《南都学刊》1988年第4期。
⑦ 王素:《高昌史稿·统治篇》,第142页。
⑧ 吴震:《吐鲁番出土文书中的若干年号及相关问题》,《文物》1983年第1期。
⑨ (唐)房玄龄:《晋书》卷一一六《姚苌载记》,第2965页。

的合作对象。再次,当时后秦姚苌势力仅限北地、新平附近,并受制于前秦、西燕等强劲对手,不会对河西形成实际控制力,似乎更符合河西地域集团保持独立、据守凉州的政治初衷。因此,淝水战后梁熙企图利用北方分裂割据形势实现保据自守策略,在凉州土著官吏支持下对外寻求政治盟友,后秦政权通过河西走廊将政治影响间接地扩展到高昌地区,这应是吐鲁番文书中出现"白雀"年号的历史背景。

值得注意的是,梁熙奉用姚苌"白雀"年号,仅是实现保据自守的政治需要。为解决河西地域集团内部派系分立、矛盾对抗等问题,梁熙需要兼顾不同政治群体的现实利益,努力实现各派政治力量的平衡。前秦派遣流官势力存在,使梁熙不敢公然抛开前秦苻氏正朔,即使奉用后秦姚苌"白雀"年号,仍然继续使用前秦苻坚"建元"年号,这是吐鲁番文书出现前秦、后秦年号混用现象的原因之一。吕光率领西征诸将争夺河西地方控制权过程,"梁熙传檄责光擅命还师……光报檄凉州,责熙无赴难之诚,数其遏归师之罪"。① 很显然,他们都以前秦苻氏臣僚身份相互攻讦。从某种程度上讲,尽管梁熙奉用后秦姚苌"白雀"年号,但是仍以前秦凉州刺史姿态自处,其志向不过是保据自守而已,②在政治选择上,他尚不敢迈开僭越称王的关键一步。

因此,淝水战役后,梁熙的政治态度和利益取舍表现出动摇和反复性。他既不采纳杨翰在高桐、伊吾关隘阻截吕光东返之路的建议,也不采纳张统奉苻洛以赴关中勤王赴难之策。在吕光西征获胜东返的问题上,选择消极被动地防御,又派人杀害前秦宗室苻洛以绝人心所望,意在彻底消除前秦苻氏在河西的政治影响,但结果却加速了河西地域集团各派力量的分化进程。苻洛被诛,使得前秦派遣流官对梁熙产生失望和离心情绪,导致他们开始转向支持吕光西征军事集团,遂发生武威太守彭济执梁熙请降事件。

---

① (唐)房玄龄:《晋书》卷一二二《吕光载记》,第 3056 页。
② (宋)司马光:《资治通鉴》卷一○六《晋纪》二八"孝武帝太元十年(385)"条三七,胡注云:"梁熙既欲拒吕光,又杀苻洛,不过欲保据凉州,非有扶颠持危之志也。"(第 3403 页)

拓展吐鲁番学军事领域研究大门，
助推吐鲁番学迈进中期发展阶段
——写在《吐鲁番唐代军事文书研究》出版之际

陈习刚

(河南省社会科学院历史与考古研究所)

国家社会科学基金重大委托项目《新疆通史》(项目编号：05&ZD060)辅助工程①研究项目《吐鲁番唐代军事文书研究》(项目编号：XJTSB061)的最终结项成果《吐鲁番唐代军事文书研究》，2013年11月由新疆人民出版社正式出版发行，该书两篇三册，即敦煌吐鲁番学研究资深专家、湖北大学程喜霖教授等著《吐鲁番唐代军事文书研究》(文书篇)上、下卷和程喜霖教授等主编《吐鲁番唐代军事文书研究》(研究篇)，是《新疆通史》编撰委员会编国家社科基金重大委托项目《新疆通史》研究丛书之一。该辅助项目由程喜霖教授主持，唐史及敦煌吐鲁番军事文书研究的知名学者、河北省社科院副院长孙继民研究员，研究吐鲁番学的知名专家、中国社科院李方研究员，研究吐鲁番语言学的青年学者王启涛教授等专家学者参与完成。

《吐鲁番唐代军事文书研究》(文书篇)(以下简称《文书篇》)上、下卷包括《前言》、《凡例》、《目录》、《图版》、《录文》、《总附录录文》等，分类选辑69件典型文书84幅图版；分类辑录整理吐鲁番唐代军事文书696件，加上吐鲁番唐代军事文书存目文书48件，达744件；再算上吐鲁番周边地区于阗、库车、敦煌等地出土的46件唐代军事文书及13件吐鲁番有关唐代军事墓志碑刻，计803件。

《吐鲁番唐代军事文书研究》(研究篇)(以下简称《研究篇》)包括15篇论文和附录，有业师程喜霖教授《导论》、《吐鲁番文书所见"样似"与样人》(以下简称《样人》)、《论唐代前期西州与西域城傍及城傍子弟》(以下简称《城傍》)、《吐鲁番文书所见定远道行军与定远军》(以下简称《定远道行军》)、《吐鲁番文书所见唐代镇戍守捉》(以下简称《镇戍守捉》)、《烽铺考论》、《吐鲁番文书所见唐代烽堠制度》(以下简称《烽堠制度》)，王启涛教授《吐鲁番出土文书"军语"研究(之一)》(以下简称《军语》)，周德钧副教授《唐王朝治理西北边疆的大战略及启示》(以下简称《大战略》)，李方研究员《关于西州兵曹参军的职掌(上)》(以下简称《兵曹参军》)，孙继民研究员《俄藏宋保安军金汤城文书研究》(以下简称《金汤城》)，周尚兵副教授《西域——唐、蕃核心地区安全战略实施的必然交集》(以下简称《西域——战略交集》)，张敏副教授《吐鲁番出土唐代军马文书研究》(以下简称《军马》)，陈习刚副研究员《吐鲁番唐代军事文书综论》(以下简称《综论》)、《吐鲁番唐代军事文书整理杂识》(以下简称《杂识》)，附录《录文分类详细目录》(以下简称《分类目录》)和《论著目录》。

---

① 《新疆通史》项目包括三部分，或称三大工程，即主题工程、基础工程和辅助工程。辅助工程的一项重要内容，"就是组织一部分专家、学者对新疆历史上的一些重要问题做进一步深入研究，为《新疆通史》的编写工作提供参考，同时提高人们对新疆历史的整体认识和研究水平"。参见《吐鲁番唐代军事文书研究(研究篇)》"前言"。

笔者有幸参与该项目,在业师程喜霖教授的指导下,从文书的收集、遴选、登录定名、分类编排、校勘到论文的撰写及结项成果的修订、书稿的一至三校,等等,都投入其中。特别是《文书篇》的分类整理成卷,虽花去了大量时间,却也受益匪浅。作为项目主持人的程喜霖教授,在受视力障碍严重影响的情况下,为该项目的圆满结项和顺利出版所付出的辛劳与努力,更不待言,此可参见《杂识》一文。作为项目的参与者,这里只想从学术研究的视角,对该项目、该书的特点、价值,对项目组成员的贡献等作一介绍,不当之处,敬请批评指正!

注重研究的创新性

唐代军事文书是唐朝官府公文,是研究唐代西域史(军事史)、西域军防体系最直接、最可信的史料。《吐鲁番唐代军事文书研究》是这一领域的最新成果,具有较为重要的学术价值。《文书篇》分类、定名、断代、题解、注文等,是经初步研究文书得出的,是文书本体学研究范畴;《研究篇》15篇论文是8位作者从不同视角综合研究唐代军事文书的成果。而创新性和系统性是其学术价值的基本体现。创新性是本课题的重要特点之一,这种创新性分别贯穿于《文书篇》和《研究篇》。

一、《文书篇》的创新性

《文书篇》吸取中日学者分领域整理敦煌文献的成功经验(如敦煌经济、社邑、归义军、地志等文献),采用《吐鲁番出土文书》创造的文书本体学之整理文书方法,从已刊布的数千件文书中遴选803件唐代军事文书(包括13件墓志碑刻)作校勘、定名、断代、题解、注释等;在初步研究基础上,遴选69件文书84幅典型图版;创新提出唐代军事文书分类三原则,并据此将军事文书分为军府、军镇(节度使·军镇、城傍)、征行征镇、镇戍(镇戍、守捉、城)、烽铺、军马、军屯、涉军事文书八类,并设总附录,系统详列803件文书成卷。这实属首创!《文书篇》的创新性,试从以下几方面略作说明:

(一)《文书篇》中,程喜霖师所提出的唐代军事文书分类三原则及据此作出的八大类分类,是此篇创新的亮点。唐代军事文书分类三原则:一是文书中首见军事名词,二是依军队、军制,三是涉西域军防。对此分类原则,程师有具体阐释:

> 当时唐长孺先生提出整理文书按墓录文序列,解决了整理编纂文书的难题,开创了吐鲁番文书依墓编纂的先河。然而本卷所辑军事文书出自若干墓,还有一部分不知出自何墓,显然按墓序列行不通,只有分类之一途。那么,是否可依狭义之"军"分类呢?即当今的"军事科学包括兵制、兵法、兵器、军事思想、军事通讯诸门类"。仅从军事制度而言,"它的内涵包括军队领导体制(指挥系统)、军队编制、兵役制度、军队人事制度、军队管理制度、军器(武器、军备、后勤供应)等六项"。① 若依此分类,容纳不了本卷所辑录的广义军事文书。因此,经仔细通检这批军事文书,在分类时考虑三个因素:其一,在整理吐鲁番文书时,通常定名皆取文书首见的名词,同样军事文书中出现"军府"、"军

---

① 程喜霖:《魏晋南北朝隋唐時代の軍事制度の変遷と烽燧》,《明治大学国際交流基金事業招請外国人研究者講演録》NO.3,1997年,第5页。

镇"、"镇戍"、"烽铺"等诸如此类的军事名词术语,取其为类名,将同性质的军事文书汇集在一起。也就是说,使用文书中出现的军事名词,似为原生态,是分类的基础,可视为自然聚合成类。其二,考虑军事机构制作的狭义军事文书的客观存在,依军队、军制分类的科学性。换言之,在分类时尽量将折冲府等军事机构制作的军府文书,还有军镇、镇戍等性质鲜明的聚集为类。其三,广义军事文书的广泛性,即包括一批非军事机构制作的涉西域军防的文书亦汇集成类,打破了狭义军事文书的范畴。(《文书篇》"前言",第2—3页)

关于分类,程师亦指出:"当然这是首次做吐鲁番所出唐代军事文书整理、研究、辑录成卷,特别是分类,皆是一家之见。"(《导论》,第26页)

(二)充分吸纳文书整理与研究的相关新成果,是《文书篇》又一显著特点。文书的定名、断代、拆分与缀合、句读等,都充分吸取了专家学者的相关研究成果。可以说《文书篇》是吐鲁番文书整理最新成果的集成,基本上反映了吐鲁番唐代军事文书的时代性与最新内容。

(三)文书八大类外《总附录》的设置,也可以说是吐鲁番文书与其他文献关联研究思想的践行,也是《文书篇》的一种新尝试:"吐鲁番文书乃官私档案,直接记录当时社会活动,是研究吐鲁番及西域历史最直接、最可信、最重要而无可替代的史料。所以重点整理研究文书而辅以其他文献即可梳理历史事件(指文书所记3—9世纪)。为了便于全方位利用文献,考虑全局,特增设《总附录》,收吐鲁番及周边地区于阗、库车、敦煌等与吐鲁番有关联的典型军事文献,如墓志碑刻、文书等,希冀给研究者提供比较全面的资料。"(《分类目录》,第634页)

(四)《分类目录》的设立,既是文书分类的一种处理方法,又具有文书"索引"的功能,为文书的利用与检索提供很大的便利,有新意:"一件文书内容涉及多类的,以其主要内容归入某类,同时可以在目录相关类中以参见号形式示明。这种互见的较为详细的分类目录,则以附录形式列于书后。详细分类目录中,每件文书题名后在'〔〕'中尽量注明该件文书的所涉军事内容主题词、原文书号等信息,以便检索与利用。"(《文书篇》"凡例",第1页)这些信息还包括有的文书的另一种题名或自拟题名。

(五)在文书后设"说明",既保持原有文书注释或题解原貌,又显示我们对所选辑文书进行的定名、断代、校勘及当代学者相关研究成果的注明等信息,也有新意。《文书篇》"凡例"第三条指出:"本书所收军事文书因主要采用扫描形式辑录,所以一般保持原文书原貌,包括整理者题解、注释等,题解与本书体例不合者节录,格式与本书要求不统一者,易于调整的则作调整,难于调整的则作说明。每件文书题名变动、文书校勘及其他需要交待的问题等,则以说明的形式列于该件文书最后。"(第1页)

另外,在编辑体例上,也有新体现:"据出版规范,除录文(包括原扫描格式的文字)用繁体字外,其他一律用简体字。"(《文书篇》"凡例",第2页)这种繁体字的使用包括校勘中所引用文书录文。这种繁简结合,打破了古文书类专著一律使用繁体字的惯例,将文书原文与后来的研究分开,既照顾到研究者研究利用文书的习惯,也有利于一般读者的理解与阅读,将学术性与普及性融为一体。

二、《研究篇》的创新性

衡量《研究篇》是否有学术价值,唯一的标准是,与前辈或当代研究者相比,这部研究军事文书的集子在军事文书研究领域中是否能提出新的东西,也即是否具有创新性。事实是《研究篇》大多数论文都

有创新点,这里就一些重要的创新点略作揭示:

《导论》说明《吐鲁番唐代军事文书研究》是吐鲁番学及唐史、西域史研究一部分,程喜霖教授吸收总结学术界相关研究成果,提出自己有关吐鲁番理论的吐鲁番学概念及其特点和吐鲁番学发展阶段。(第12—18页)又将吐鲁番文书添列于20世纪30年代四次考古发现,为吐鲁番文书学术地位正名。(第1页注①)

《军语》首次提出文书中的"军事名词",从语言学角度称之为"军语",并提出从历史语言、体裁语言、民族学三个层面进行"军语研究"。这是王启涛教授的新视角,开拓了语言学研究中"军语"研究的新领域,是对吐鲁番语言学研究的新贡献。《大战略》以唐王朝为主导,厚德载物,汉胡合治,"将中央定额的职业兵(汉)与边疆部族的'城傍子弟'"和蕃兵结合起来,"以政治治理为核心,以军事行动为辅助,以国防建设为基础,以文化交流为补充",促进了民族融合,"唐代正确的民族政策造就了西域的稳定和繁荣"。(《导论》,第22—23页)

《样人》论述唐在西域施行征兵制(折冲府检点卫士以及兵募),认为"检点立样"即征兵制中的"兵样"开宋朝"兵样"之先河。(第151—152页)《城傍》,一是首次提出"西州豪杰"与"西州豪杰子弟"乃胡人部落中"骁勇善战"之人群,所谓"豪杰子弟"盖"城傍子弟";(第173—191页)二是首次解释《唐大历三年(768)曹忠敏牒为请免差充子弟事》所记"子弟"为昭武九姓胡人聚落胡人的兵役,是城傍子弟,并揭示城傍在西州的兴衰;(第164—194页)三是新解《西州都督府案卷为安稽哥逻禄部落事》,提出哥逻禄部为北庭城傍及破散缘由。(第197—209页)《镇戍守捉》提出以西州治所(军镇驻所)为中心辐射状布局镇戍,以及银山镇与银山戍的置换。(第263—264页)《定远道行军》对《唐开元五年(717)后西州献之牒稿为被悬点入军事》提出新的解释,论述高宗朝阿史那部一支归朝为"灵州定远城傍",阿史那献临危受命以阿史那部落兵(城傍)为主力组建定远军西征,擒都担,收复碎叶;(第233—235页)并判明定远军驻防的"盐泊都督府"的方位。(第240—241页)

《烽铺考论》,首次提出《通典》所记"烽铺"条断句的缘由(断句是研究的起点,此条是本文立论的依据),(第278—279页)与文书参照论证烽铺有别于马铺及其他铺,"它是与烽并立的军防基层军事单位"。(第312页)《烽堠制度》,一是首次提出烽帅分为州县烽、军镇驻营烽、战时军府临时所领之烽三种不同类型的烽帅,前者为杂任,后二者由军之下层军官充,并指出烽子、铺人为杂徭后转化为色役,役期二年,番期15日;二是揭示出西州烽铺以州城(军镇)为中心向四周辐射状布局,并以库车考察所见军镇、镇戍烽堠遗址为佐证。

《兵曹参军》首次系统论证唐西州都督府兵曹参军的职掌与功能。《军马》着重分析军马中之战马是唐改革轻骑兵中的主要马种,汉军骑兵和城傍、蕃兵使用战马联合作战捍卫西域,具有不可替代的作用。《金汤城》乃黑水城文书研究之一种,考证了金汤城设置、职官,是西北唐宋军事研究中此问题之首发。

以上关于唐治理西域大战略、军语、兵样、西州与西域城傍子弟、西州镇戍及辐射状布局、西域军防基层单位烽铺及成员身份役期与番期及辐射状布局、烽铺屬田、西州兵曹职掌、金汤城设置与职官等的研究,补充了史籍记载的缺漏,填补了一些空白点。由此可见,《研究篇》所收论文论证了唐史及西域军史中一些有关军事制度、军防体系的新的重要问题,与前人相比提出了一些"新东西",有较高的学术价值,是一部具有一定创新性的吐鲁番唐代军事文书研究的专著。

注重研究的系统性

系统性也是本课题的重要特点之一。这种系统性不仅分别贯穿于《文书篇》和《研究篇》，也体现在两篇的一体性。项目评审专家指出，军事文书"有一定的系统性"，"对吐鲁番出土文书中的唐代军事文书反映的诸如兵曹、镇戍、守捉、烽铺、烽堠、城傍、军马以及行军与军制等问题进行的专题研究也具有一定的系统性"。这个评语是公允而中肯的！

一、《文书篇》的系统性

《文书篇》的系统性主要体现在两大方面，一是文书收录的全面性，二是文书序列的条理性。

（一）文书收录的全面性

我们这个项目《吐鲁番唐代军事文书研究》（文书篇）遴选吐鲁番唐代军事文书的范围非常广泛，基本上涵盖了迄今刊布和出版的所有吐鲁番文书。我们搜集、查阅了有关吐鲁番文书的专辑、文书汇辑兼研究的著作、吐鲁番文书的研究专文、涉及吐鲁番唐代军事文书论著及有关文书、文献目录等。对那些刊于几处的同一件文书，我们总是择善而从，有时辑录于专文，而非专辑。因此，我们辑录的文书是全面的、系统的，也是吐鲁番文书整理最新成果的集成，基本上反映了吐鲁番唐代军事文书的时代性与最新内容。

吐鲁番唐代军事文书主要散布于吐鲁番文书的专辑中，如《吐鲁番出土文书》、《新获吐鲁番出土文献》、《大谷文书集成》、《斯坦因第三次中亚考古所获汉文文献（非佛经部分）》、《流沙遗珍》、《中国历史博物馆藏法书大观》第11卷《晋唐写经·晋唐文书》，《日本宁乐美术馆藏吐鲁番文书》则是唐代蒲昌府文书的专题汇集。

文书汇辑兼研究的著作，如《斯坦因所获吐鲁番文书研究》、《中国古代籍帐研究》、《新出吐鲁番文书及其研究》、《唐代官文书研究》，也是重要的集中分布处。有的考古著作，如黄文弼先生《吐鲁番考古记》等；有的利用文书进行研究的著作，如王永兴先生《唐代前期西北军事研究》、程喜霖师《汉唐烽堠制度研究》、孙继民研究员《敦煌吐鲁番所出唐代军事文书初探》、李锦绣研究员《唐代财政史稿》等，亦集中了一些文书，尤其是程师专著后附有唐烽铺文书丛辑，备列文书72件。

一些吐鲁番文书的研究专文，如日本藤枝晃先生《藤井有邻馆所藏の北庭文书》，日比野丈夫先生《唐代蒲昌府文书の研究》、《新获の唐代蒲昌府文书につひぃて》，内藤乾吉先生《西域发现唐代官文书の研究》，荣新江教授《德国"吐鲁番收集品"中的汉文典籍与文书》，王炳华先生《阿拉沟古堡及其出土唐文书残纸》，陈国灿先生《美国普林斯顿所藏几件吐鲁番出土文书跋》、《辽宁省档案馆藏吐鲁番文书考释》、《鄯善县新发现的一批唐代文书》、《〈俄藏敦煌文献〉中吐鲁番出土的唐代文书》，等等，亦集中了一些新见的吐鲁番唐代军事文书。

涉及吐鲁番唐代军事文书的论文则不计其数，重要的如小笠原宣秀、西村元佑两先生《唐代役制关系文书考》，唐长孺先生《唐西州差兵文书跋》，王永兴先生《吐鲁番出土唐前期西北逃兵文书考释》关于唐天宝十五载(756)西州高昌县访捉碛西逃兵樊游俊文书的初步考释，李方研究员《唐西州兵曹参军编年考证》，文欣教授《吐鲁番阿斯塔那501号墓所出军事文书的整理——兼论府兵番代文书的运行及垂拱战时的西州前庭府》等，它们不仅提供了吐鲁番唐代军事文书的重要线索，而且也是吐鲁番唐代军事文书某一专题或某一方面文书的集中整理与考释。

荣新江教授《吐鲁番文书总目》(欧美收藏卷),池田温先生《中国古代写本识语集录》,东洋文库唐代史(敦煌文献)研究委员会《吐鲁番·敦煌出土汉文文书研究文献目录》,陈国灿先生《吐鲁番出土唐代文献编年》,陈国灿先生、刘安志教授《吐鲁番文书总目》(日本收藏卷)等吐鲁番文书目录,从题名、来源等方面提供了吐鲁番文书的大量信息,为吐鲁番唐代军事文书的检索与辑录提供了便利。

附录中我们还选录了少数吐鲁番周边地区(如于阗、敦煌、库车等)所出的典型性唐代军事文书。总附录有:(一)西域出土唐代军事文献:文书、墓志碑刻,包括吐鲁番周边地区(如于阗、库车等)所出文书及吐鲁番所出墓志;(二)敦煌出土唐代军事文书,如选自专辑《敦煌资料》(第一辑)等。

(二) 文书编排的条理性

《文书篇》将从已刊的数千件文书中遴选出来的唐代696件军事文书按内容划分为八大类:壹,军府;贰,军镇:(一)节度使·军镇、(二)城傍;叁,征行征镇;肆,镇戍:(一)镇戍、(二)守捉、(三)城;伍,烽铺;陆,军马;柒,军屯;捌,涉军事文书。

每大类文书序列,一般以年代先后为序,同时亦考虑同内容、同性质、同墓所出纪年相近者聚合在一组,便于研究使用。即每类原则上依年代先后序列,无纪年者可判断年代序于某纪年文书之后,无法断代者序于同类文书之末。每类之下,据文书具体内容分若干小类,每小类之中成组序列内容相同或相近文书,每小类、每组文书亦依年代先后排定。每类或每组,根据实际增补题解。一件文书内容涉及多方面的,以其主要内容归入某类,分类目录相关类中以参见号形式示明,并且在每件文书题名后的"〔〕"中尽量注明该件文书所涉军事内容主题词、原文书号等信息,甚至有的自拟题名,以便检索与利用。每件文书据实际,或作校勘、定名、断代、题解、注释,并注明所辑论著名、页码等。

文书类号用大写中文数字,文书序号用中文数字,参见号则用阿拉伯数字。大类之下的二级类目,以(一)、(二)、(三)编排,起顶格书写,再下一级类目则低两格书写,均加粗。同一类中同组文书在目录中以隔行显示。

八大类后增设总附录,《总附录录文》包括:(一)西域出土唐代军事文献:文书、墓志碑刻,包括吐鲁番周边地区(如于阗、库车等)所出文书及吐鲁番所出墓志;(二)敦煌出土唐代军事文书;(三)吐鲁番唐代军事文书存目,汇集未见完整录文的文书、存疑文书、内容过于残缺的文书等。《总附录录文》所汇集的107件文书(其中13件墓志碑刻)亦依《录文》八大类别分类,并与之连续编号,与《图版》一样,(1)至(8)为类号,置于序号后。《总附录录文》每部分中文书(文献),依类先后序列,同类则再据年代先后排定。其中存目文书除无录文外,其余部分与有录文文书一样,注有出处、定名、校勘及研究成果等相关信息,以备学人参考。

这样,《文书篇》中所收录的84幅图版、《录文》696件文书和《总附录录文》107件文书,依类相从,有条不紊,分类整理研究辑录成卷。

二、《研究篇》的系统性

《研究篇》所收录的论文可分两大类,即宏观视角(两组五篇)和微观视角(一组十篇)。

宏观视角第一组论文三篇:《导论》从宏观视角提出吐鲁番学理论、特点与周边及域外的关联、方法论,为《研究篇》的指导思想;《军语》从宏观视角发现唐代军事文书所记军事名词术语,并开拓吐鲁番语言学新领域即军语研究;《大战略》从宏观视角提出唐治理西域的大战略,以唐王朝为主导,汉胡合治,汉兵、城傍和羁縻州蕃兵共同构建西域军防体系。

微观视角组论文十篇:1. 研究军府类文书两篇:《样人》揭示唐在西域施行征兵制以"兵样"检点卫士和兵募;《兵曹参军》论证西州兵曹参军职掌。2. 研究军镇类文书一篇:《城傍》考察西州与西域城傍子弟,提出"子弟"是胡人兵役,城傍子弟是部落兵,与汉兵共同构成军防体系,是西域的重要军事力量,与宏观视角的《大战略》文互相呼应,相得益彰。3. 研究征镇征行类文书两篇:《定远道行军》论证开元元年(713)阿史那献统帅城傍部落兵和汉兵(折冲府兵和兵募)西征,与《大战略》、《城傍》篇相呼应;《西域——战略交集》论述唐与吐蕃争夺西域的战略。4. 研究镇戍类文书一篇:《镇戍守捉》论证西州镇戍辐射状布局。5. 研究烽铺类文书两篇:《烽铺考论》提出烽铺有别于马铺,是与烽并立的西域军防体系中的基层军事单位;《烽堠制度》分析了烽帅、烽子即基层军事单位的成员,论证了西域西州军防体系中辐射状布局烽铺。6. 在《烽堠制度》篇分专节"烽铺屬田"研究军屯类文书。7. 研究军马类文书一篇:《军马》论证汉兵骑兵和城傍、蕃兵使用战马捍卫西域稳定所起的作用。8.《金汤城》一文乃学科关联(吐鲁番学与黑水学)研究的代表之一,"吐鲁番学的发展必须与唐宋史相结合,与周边敦煌学、黑水学相结合,研究它们之间的关联,孙继民先生的著作给人启示,是否可以将研究西北区域史,敦煌、吐鲁番、黑水(城)文书及其代表的学科互相关联、浑然一体进行研究"(《导论》,第32—33页)。

《研究篇》最后安排宏观视角第二组论文两篇和附录:《综论》历叙唐代军事文书研究现状,使作者和后继研究者找到自己的起点,以"发前人之所未发"(见程喜霖师课题修改意见说明),与附录《分类目录》、《论著目录》为学人提供资料;《杂识》是《文书篇》汇辑整理、分类编排的宗旨、原则、方法、经验、问题处理等的思路、总结、说明和阐释。读者可据此验证论文所引文书资料、所发论点的可信与否以及是否是新东西。

由上可见,《研究篇》从宏观到微观视角研究七类军事文书的15篇论文以文书为依据,以唐代军事制度和西域军防体系为主线,贯穿每篇文章,从不同方面全方位考察了西域与西州军防,自成体系。从理论上讲,从宏观到微观,也就是从抽象到具体,正好反映了事物的内在联系,这就是《研究篇》的特点。

同时,我们也可以看到,《文书篇》、《研究篇》既各成系统,又紧密相联,自成一体。《文书篇》是《研究篇》理论价值与现实意义的基础与依托、印证与检验,《研究篇》是《文书篇》学术价值、收录整理原则、方法的诠释、深化,二者相辅相成。

推进分领域研究,助推吐鲁番学发展

吐鲁番所出军事文书是吐鲁番文书的重要部分,系统整理研究吐鲁番文书中的唐代军事文书,是吐鲁番学研究领域中的一个重要领域,是对吐鲁番学研究领域的新开拓。《吐鲁番唐代军事文书研究》不仅具有较高的学术价值,而且在吐鲁番学发展史上亦确立了一定的历史地位。

程喜霖师从事吐鲁番学30多年,他准确地把握了吐鲁番学发展的阶段,指出分领域研究是敦煌吐鲁番学中期发展的特征,他在《导论》中说:

> 如果说专题研究是敦煌吐鲁番学初期发展阶段的特色,那么,分类分领域研究却是中期发展阶

段的特征,比如敦煌学在中期发展阶段高歌猛进,领域研究的成果如雨后春笋,如刘进宝《唐宋之际归义军经济史研究》、邓文宽《敦煌天文历法研究》、日本《敦煌吐鲁番出土社会经济文书研究》(其中研究吐鲁番文书七篇),①等等,乃研究敦煌学中经济、归义军、天文历法领域的佳作。吐鲁番学则处在初期发展阶段,以专题研究为主导,同时也出现领域研究的著作,如《高昌史稿·统治编》。(第18页)

在分析吐鲁番学发展阶段的基础上,程师又深入分析了分政治、经济、军事、文化等领域研究的必要性与可行性:

> 《唐代军事文书研究·文书篇(卷)》吸取了中日学者曾对敦煌文献分领域或专题所作辑录本的成功经验。如经济文书(部分)及法制、书仪、社邑、归义军等文书,最著名的是池田温《中国古代籍帐研究》。然吐鲁番出土文书除部分文书为敦煌文献研究者附在其辑录中的类别之外,罕见单独做这方面研究的。(《导论》,第24页)

程师主持的"吐鲁番唐代军事文书研究"课题,"希冀开分政治、经济、军事、文化等领域研究的先河,力图与吐鲁番学界同仁共同努力,将吐鲁番学推向中期发展阶段,贡献微薄之力"(第18页)。说到可行性,程师指出他"从1979年3月,随唐长孺师赴京参加《吐鲁番出土文书》整理研究开始,已30余年了,深感将吐鲁番所出军事文书整理集结成卷,全方位探究军事文书与唐代军事制度及西域军防,学术条件已臻成熟。因此,余等不揣冒昧,从已刊布的数千件吐鲁番所出唐代文书中遴选744件(其中存目文书48件)军事文书"(《导论》,第24—25页),分类整理研究辑录成卷。

《吐鲁番唐代军事文书研究》分政治、经济、军事、文化等领域的尝试及其较高的学术价值,也正式确立了其在吐鲁番古代文化、吐鲁番学发展史中的一定地位。《导论》指出:

> 我们考察了吐鲁番出土文书植根于中华传统文化与胡文化或域外文化碰撞、交汇而形成吐鲁番文化(含吐鲁番学),进而探讨了吐鲁番学的理论和研究方法,而唐代西州军防体系只不过是吐鲁番文化或吐鲁番学研究链条中的一环。因此,我们试图以宏观的视角将唐代军事文书研究放在吐鲁番古代文化、吐鲁番学发展的历史长河中考察;本题产生于吐鲁番学初期发展阶段向中期发展阶段演进的时期,《唐代军事文书研究》是吐鲁番学分政治、经济、军事、文化等领域研究的一种尝试,拟分《文书篇》、《研究篇》展开全方位、综合探索唐代军事文书所揭示的唐西州军防和唐朝军事制度。(第24页)

程喜霖师同时指出:"当然这是首次做吐鲁番所出唐代军事文书整理、研究、辑录成卷,特别是分类,皆是一家之见,奉献给学术界,希冀为吐鲁番学的发展增砖添瓦。"(《导论》,第26页)

---

① 刘进宝:《唐宋之际归义军经济史研究》,中国社会科学出版社2007年。邓文宽:《敦煌吐鲁番天文历法研究》,甘肃教育出版社2002年。[日]周藤吉之等著,姜镇庆、那向芹译:《敦煌学译文集——敦煌吐鲁番出土社会经济文书研究》,甘肃人民出版社1985年。

《吐鲁番唐代军事文书研究》分政治、经济、军事、文化等领域的尝试,一定程度上助推吐鲁番学迈进中期发展阶段。同时,也有多方面的现实意义。

《文书篇》对文书作了定名、题解、注释、断代、校勘,并注明所辑论著名、页码,真实可信,研究者可径直引用;在文书后设"说明",对某些重要文书进行定名、断代、校勘,同时注出当代学者相关研究成果等信息,有参考价值,"可供研究者找到起点,发前人之所未发"(见程喜霖师课题修改意见说明);唐代军事文书分类整理研究辑录成卷,对吐鲁番学开拓新领域(如政治、经济、语言、宗教等文书分类整理研究)具有现实参考借鉴意义。

《研究篇》所收论文所论涉及中华文化的组成和影响,具有较高参考价值和社会价值;提出正确总结历史经验、以史为鉴、古为今用非常重要的问题,有较强的现实意义。如《大战略》一文贯彻"以唐王朝为主导,厚德载物,宽柔相教,汉胡合治,汉兵、城傍、蕃兵共同构建西域军防体系,保障西域稳定的大战略",并试图总结唐治理西域的历史经验,作为借鉴。该文总结出值得借鉴的宝贵战略遗产有三方面:一是"保障地缘环境的战略",二是"维护国家统一的战略",三是"军事建设与经济开发、民族融合有机结合的战略"。

《文书篇》补遗

在阐述该书创新性、系统性的同时,也必须指出,由于时间、精力、资料、条件、学识有限,书中也难免存在这样或那样的不足,甚至讹误。如体例的不一致:录文有扫描的,有重新录入的;而扫描的资料来源不同,格式、字体也有不一样;清晰度有高有低,有的扫描清晰度不够,提供原件让出版社重做,编辑又忘了对照我们原来所做的进行重新规范;图版缩放也有大有小。因此,尽管我们尽可能地做了一定的规范,但这种不一致仍是明显的。又如,在文书收录上,因文书性质的判定问题,有的文书是否列入收录范围内也有可商榷之处;又因文书采取分类编排,仍不免有遗漏与讹误。还有文字上的校勘难免仍有失校之处。这些应该是我的责任,我在程喜霖师所选文书的基础上几乎增补了一半的文书,而所有文书具体的分类与编排又是我一手完成的,所补文书性质的判定、文书的定名等等,失误与讹误之处,我难辞其咎。敬请专家学者不吝赐正!

虽然《文书卷》所收文书是经遴选而成,但仍不免有遗珠之憾。最后定稿校勘时,已经发现这一问题,曾准备插入,或以补遗的方式补入,但考虑到由此所带来序号的改变、页码的调整、体例的变化等,两三件文书的增补会给编辑与排版工作人员增加不小的额外工作量,只好放弃。将其中比较有价值的几件文书移录如下,借此增补。

其一:唐辛某残契(本件疑亦是雇人上烽契)

```
1  ☐☐ ☐文限 ☐☐
2  ☐☐ 不偿。壹钱 ☐☐
3  ☐☐ 上 有逋留 ☐☐
4  ☐☐ 和 立契,画 ☐☐
```

```
5  □限不送,忽有送使,仰□
6  □自(?)当,不干辛事。□
```
69TAM139:2/1[《吐鲁番出土文书》(肆),第384页]

该件文书可补入"伍、烽铺"大类中"烽铺"类中。

其二：唐残文书三

```
1  □度使□
2  □大揔(总)管□□
```
73TAM210:136/13-3[《吐鲁番出土文书》(叁),第49页]

说明

1. 文书年代不详,据文书整理者,文书所出墓葬为唐初。参见前揭书第35页。
2. 《吐鲁番出土文书》第六册第99页录文有"(后缺)",据图版,还应补"(前缺)"。
3. 据图版,第1行"度使"前后应补"□",第2行"□"原为照描字,应补入第3行□□□。

该件文书可补入"叁、征镇征行"大类中"征行"类中。

其三：《唐西州都督府诸司厅、仓、库等配役名籍》(73TAM210:136/12-1、2、3、4、5、6、7、8、9)①

该件文书总九片,第二片有"弓匠",可补入"总附录(三)吐鲁番唐代军事文书存目"中"军府"类。

其四：唐妇女郭阿胜辞为请官宅事

该件文书有6行,其中第3、4行移录如下:

(前略)
```
3  □被突厥抄掠转□
4  □大军一来,天下太平,并□
```
(后略)

59TAM302:29/1[《吐鲁番出土文书》(贰),第187页]

说明

1. 文书年代不详,同墓出唐永徽四年(653)赵松柏墓志一方。参见前揭书第179页。

该件文书年代在唐初,据其内容,当是反映用兵突厥之事。如永徽时期(650—655年)前后,有昆丘道行军,贞观二十一至二十三年(647—649)阿史那社尔主持,对西突厥,占领龟兹,招降于阗;弓月道行军,永徽二年(651)梁建方、契苾何力主持,对西突厥;葱山道行军,永徽五年(654),对西突厥;流沙道安抚,显庆二年(657)阿史那弥射、阿史那步真主持;伊丽道行军,显庆二年(657)苏定方主持,对西突厥。因此,这件文书亦可补入"总附录(三)吐鲁番唐代军事文书存目"中"征镇征行"类。

---

① 《吐鲁番出土文书》叁,第45—48页。

基于正史《西域传》的西域地域范围演变探微

苟翰林　马丽平

（吐鲁番学研究院）　（吐鲁番博物馆）

一

二十四史中，以《西域传》为名，为西北和中亚、南亚甚至地中海沿岸广大地区的国家和部落立传，始于班固的《汉书·西域传》，编者在传首便给"西域"一词下了定义：

> 西域以孝武时始通，本三十六国，其后稍分至五十余，皆在匈奴之西，乌孙之南。南北有大山，中央有河，东西六千余里，南北千余里。东则接汉，阸以玉门、阳关，西则限以葱岭。其南山，东出金城，与汉南山属焉。其河有两原：一出葱岭山，一出于阗，于阗在南山下，其河北流，与葱岭河合，东注蒲昌海。蒲昌海，一名盐泽者也，去玉门、阳关三百余里，①广袤三百里。其水亭居，冬夏不增减，皆以为潜行地下，南出于积石，为中国河云。②

"南山"即今之昆仑山，③"葱岭"即今之帕米尔高原，"蒲昌海"今之罗布泊，"中国河"指黄河。④ 依此定义，"西域"乃指今玉门、阳关以西，帕米尔以东，天山以南，昆仑山以北地区。但是，其书在记述时，却包括了现今大部分中亚、南亚和西亚地区。也就是说，传首之语与下文记载是不符的。这样就给后人遗留下了西域地域范围应如何界定的问题。

《汉书》开《西域传》记述之先，以后历朝正史中以《西域传》之名而记的有六部，分别为《后汉书·西域传》、《魏书·西域传》、《隋书·西域传》、《北史·西域传》、《新唐书·西域传》、《明史·西域传》。这几部《西域传》所记载的地域均以《汉书·西域传》所载为基础，然后根据各朝对西域经营控制的具体情况以及历史进展对其记载，可谓一脉相承，而又各有时代特色。

班固作为《汉书》的作者，在进行《汉书》各传的体例设计时，就要考虑如何对其进行分门别类，也要考虑如何对史料进行编排和考虑记述的范围。为此，给广大的西域地区下定义就是必须要做的工作。但是，班超又为何要把西域的范围定义在当今新疆这一特定的区域内呢？田卫疆认为："西域……从一开始

---

① 余太山在《两汉魏晋南北朝正史西域传研究》（商务印书馆2013年）第175页中认为此处"三百余里"为"五百余里"之误。
② （东汉）班固：《汉书·西域传》，中华书局1962年，第3871页。
③ "昆仑"之名乃汉武帝为黄河之源所指定之山。《史记·大宛列传》中有记载。
④ 这里是把黄河的发源地定在了昆仑山，这和《史记·大宛列传》的记载基本相同，显然是引用了司马迁所记载的错误之言。

它就有浓厚的政治色彩。"①余太山也认为这时的西域传记述的出发点"从来都不是西域或西域诸国本身,而是中原王朝经营西域的文治武功"。② 这是因为,今新疆各地自出现于我国史籍之后,或被某一北方强大的游牧政权控制,或受中原中央王朝管辖,所以西域的概念出现在汉籍史书中,与该地区同中原王朝的政治归属应当有密切关系。在汉宣帝时,匈奴被汉击败,西域正式归附汉朝,才出现《汉书·西域传》对西域范围之定义。可见,最初定义的西域地域范围仅包括臣服于汉王朝的地区。但是,实际记载之国为婼羌、鄯善国、且末国、小宛国、精绝国、戎卢国、扜弥国、渠勒国、于阗国、皮山国、乌秅国、西夜国、蒲犁国、依耐国、无雷国、难兜国、罽宾国、乌弋山离国、安息国、大月氏国、康居国、大宛国、桃槐国、休循国、捐毒国、莎车国、疏勒国、尉头国、乌孙国、姑墨国、温宿国、龟兹国、乌垒、渠犁、尉犁国、危须国、焉耆国、乌贪訾离国、卑陆国、卑陆后国、郁立师国、单桓国、蒲类国、蒲类后国、西且弥国、东且弥国、劫国、狐胡国、山国、车师前国、车师后国等,有悖于传首所定义之西域为"东西六千余里,南北千余里,东则接汉,陀以玉门、阳关,西则限以葱岭"。从这一范围来看,有些国家超出了此范围,如安息、大月氏等。所以,在认识西域的范围时,要以实际记载的范围为准,而不能只以西域之定义来判定西域的地域范围。从具体记载可知,西域实际上包括了现今之中亚、南亚和西亚的广大地区。

  同时,我们也要注意到,在《汉书·西域传》中有"西域诸国大率土著,有城郭田畜,与匈奴、乌孙异俗,故皆役属匈奴"的记载,③而乌孙和匈奴两个民族的民俗是"随畜逐水草"。④ 以上两条记载,能说明三个问题:一是书中所记述的西域诸国主要是以农业生产为主,并非以牧业为主,从侧面反映了当时的西域国家和部落主要生活在绿洲地区,而非游牧地区;二是明确说明《汉书·西域传》中所记西域范围并不包括匈奴这一游牧政权的主要控制区;三是说明西域各国的民俗与匈奴、乌孙这两个民族不同。虽西域诸国在汉初委属于匈奴,但是匈奴这个民族的主体生活范围并不属于书中所记西域国家的范围。《汉书·西域传上》记载"西域以孝武时始通,本三十六国,其后稍分至五十余,皆在匈奴之西,乌孙之南",也很明确地说明了西汉时期西域范围并不包括匈奴和乌孙。再者,由此条记载也可得知其最初的西域范围主要是天山和昆仑山之间的地区,这一地区也不是乌孙和匈奴这两个游牧民族的主要生活范围。⑤ 从记载中我们也可看出,虽然作者的记载没有遵循自己的定义,偏南偏西,可是并没有偏北,而当时北方大部分地区处于匈奴的实际控制之下,这跟汉武帝以后西域各国实际的臣属有较大的关系。但是,这里还有一个很重要的问题,《汉书·西域传》在记载西域国家时,记述有"乌孙国",而在前述记载中却把"乌孙"排除在西域地域范围之外,前后矛盾!

  出现这一矛盾,笔者认为有以下几种可能:

  第一种可能是作者并未注意到这一矛盾之处。

  第二种可能是书出多人之手,难免有误。"《汉书》乃考其始末,凡经四人手,阅三十四年,始成完书,然后知其审订之密也"。⑥ 这里所说的四人,分别为班彪、班固、班昭、马续四人。班固在未完成八表、天

---

① 田卫疆:《"西域"的概念及其内涵》,《西域研究》1998年第4期,第69页。
② 余太山:《两汉魏晋南北朝正史西域传研究》,第1页。
③ (汉)班固:《汉书·西域传上》,第3872页。
④ (汉)班固:《汉书·西域传下》,第3901页。
⑤ 王明哲、王炳华合著的《乌孙研究》所附乌孙考古遗存分布图中较为详细地指出了乌孙遗址的分布地点,与《汉书·西域传》的记载相符。
⑥ (清)赵翼著,王树民校证:《廿二史劄记校证》,中华书局1981年,第2页。

文志的情况下,被政治斗争所累,下狱死。① 其妹班昭、门人马续是随后的两位整理者。多易其手,出现矛盾也在所难免。

第三种可能是作者在确定西域的地域范围时,沿用了《史记·大宛列传》中的"是岁汉遣骠骑破匈奴西域数万人,至祁连山",②这条记载说明"西域"一词是用来指匈奴西部领地。在秦末汉初,乌孙生活在敦煌与祁连山之间,匈奴的主体生活在河套以北、祁连以东。后来,乌孙西迁,进入伊犁河、楚河流域。鉴于这种情况,作者可能把这两个时期的乌孙均写入《西域传》倒也不误,但并未作出说明。

继《汉书》之后的《后汉书·西域传》在对西域地理范围的认识上雷同于《汉书》记载,但有自己的认识:

> 西域内属诸国,东西六千余里,南北千余里,东极玉门、阳关,西至葱领。其东北与匈奴、乌孙相接。南北有大山,中央有河。其南山东出金城,与汉南山属焉。其河有两源,一出葱领东流,一出于阗南山下北流,与葱领河合,东注蒲昌海。蒲昌海一名盐泽,去玉门三百余里。③
> 其后甘英乃抵条支而历安息,临西海以望大秦,拒玉门、阳关者四万余里。④

这里的葱领当指今葱岭,所载之河应为塔里木河及其支流。⑤ 从记载上看,《后汉书·西域传》所记西域的范围很明显地承袭了《汉书·西域传》,但是又有了自己的发展。东汉时期,由于甘英的出使,使当时人们对西域的认识大为扩展,达到了今地中海沿岸地区。"实际上,这是两汉魏晋南北朝正史西域传所描述的西域中涉及范围最大,以后各史西域传再也没有超越这一范围"。⑥

从谭其骧先生的《中国历史地图集》中可看出,当东汉政权最为兴盛时,乌孙国并未进入国家的正式版图。由此得出一则疑问,为何在西汉时已臣属于汉王朝的乌孙国见于《汉书·西域传》,却不见《后汉书·西域传》为其单独立传?有关乌孙的记载散落在《耿恭传》、《班超传》、《袁安传》、《南匈奴传》、《鲜卑传》、《西域传》等传中,即使如此,也只是提及而已,并未对其详细记载。

《魏书·西域传》遵循着《汉书·西域传》所定之地理范围,西达大秦(古罗马帝国),南达印度,但是记载过于简略,还有很多内容抄袭了前两传的内容。这可能是因为魏晋时,中原战乱频繁,影响了西域和中原王朝之间的交流,如《通典》所载,"爰自魏及晋,中原多故,西域朝贡不过三四国焉",⑦由此导致编纂者掌握的有关西域的资料不全面。不同的是,《魏书·西域传》又一次明确把乌孙国列入《西域传》,可明确视为西域的地域范围在正史的《西域传》中向北扩展的又一个信号。

---

① 王树民认为《汉书》已经由班固编成,尚未正式整理及流传。
② 司马迁:《史记·大宛列传》,中华书局1959年,第3167页。
③ (南朝·宋)范晔:《后汉书·西域传》,中华书局1965年,第2914页。
④ (南朝·宋)范晔:《后汉书·西域传》,第2931页。
⑤ 余太山的《两汉魏晋南北朝正史西域传研究》一书中提及这两条河,在本书的第459页有"客观上应指以《汉书·西域传》和《水经》所载以葱岭河、于阗河为源头的塔里木河"。
⑥ 余太山:《两汉魏晋南北朝正史西域传研究》,第98页。
⑦ (唐)杜佑撰:《通典》卷一九一,中华书局1984年,第1028页。

二

有关西域地域范围的定义直到《隋书·西域传》后才正式确定。

> 汉氏初开西域,有三十六国,其后分立五十五王,置校尉、都护以抚纳之。王莽篡位,西域遂绝。至于后汉,班超所通者五十余国,西至西海,东西四万里,皆来朝贡。①

所定义的范围更明确地与《后汉书·西域传》所说前后呼应,趋于一致。但需要注意的是"有三十六国,其后分立五十五王"这一记载,②《汉书》所载为"本三十六国,其后稍分至五十余",两者的记载虽有传承,但也有不同之处。一是"分立"与"后稍分"。西汉武帝以前,西域存在独立的政权,而后张骞通西域,初步得知共有三十六国,但那时的西域是受匈奴控制,并不属于西汉。《汉书》记载的"后稍分",这种情况的出现,跟国家分裂有一定关系。同时,随着交流的加深,也不排除新发现的国家或部落也被算入其中。所以,"后稍分"的记载比较客观,也是当时西汉和西域关系的写照。相比之下,《隋书》之"分立"则带有明显的主观主义色彩,其意为:西域的国家都属于中原王朝,国家事务都由中原王朝所决定,以后分出的新国家都是由中央主持而分立。显然,这是不符合历史事实的。二是"五十五王"与"五十余(国)"。"王",天下所归往也,③汉代以后封建社会的最高封爵。④"国",邦也,从囗,从或。⑤ 从两字的解释看来,一目了然。"王"字是有意降低了西域各国的政治地位,而"国"字的记载比较客观。《隋书·西域传》之所以会出现这样的记载,可能是因为在汉武帝以后,"初开西域"时的三十六国已经内属于中央王朝,在中央王朝的有效管辖之下。

同时,在《隋书·西域传》中出现了青藏高原的政权——吐谷浑、河西游牧部落——党项和女国,其载:

> 吐谷浑,本辽西鲜卑徒河涉归子也。初,涉归有二子,庶长曰吐谷浑,少曰若洛廆。涉归死,若洛廆代统部落,是为慕容氏。吐谷浑与若洛廆不协,遂西度陇,止于甘松之南,洮水之西,南极白兰山,数千里之地,其后遂以吐谷浑为国氏焉。⑥
>
> 党项羌者,三苗之后也,其种有宕昌、白狼,皆自称猕猴种。东接临洮、西平,西拒叶护,南北数千里,处山谷间。⑦

把吐谷浑和党项两个民族政权的记载归在《西域传》中,说明了一个问题:那就是把吐谷浑活动的这

---

① (唐)魏徵:《隋书·西域传》,中华书局1973年,第1841页。
② 这一记载也见于《魏书·西域传》和《北史·西域传》。因两史未对西域地域范围做界定,故在《隋书·西域传》中集中说明。
③ (汉)许慎著,(宋)徐铉校:《说文解字》,中华书局1965年,第9页。
④ 汉语大字典编辑委员会:《汉语大字典》,四川辞书出版社、湖北辞书出版社1987年,第1099页。
⑤ (汉)许慎著,(宋)徐铉校:《说文解字》,第129页。
⑥ (唐)魏徵:《隋书·西域传》,第1842页。
⑦ 同上书,第1845页。

一地区(正是现今青藏高原的北部地域,按现在的藏区划分,其地大多属于安多藏区的范围)正式列入西域范围。同时,也把党项主要活动区域之一的河西地区正式列入西域的地域范围。这也昭示着西域的地域范围正式向东扩大到青藏高原和甘肃河西地区。

谈到这里,不得不对"西域"地域的"东向发展"作一个说明。匈奴是最早使用"西域"这一地名来特指其包括河西在内的西部领地。据《史记·大宛列传》,匈奴单于收养的乌孙昆莫成年后,匈奴单于将其所辖的部众还予昆莫,"令长守于西域"。① 公元前二世纪中前期,乌孙并未西迁,② 且占据巴尔喀什湖以东、以南的广大地区,而主要生活在祁连山与敦煌之间的地区,所以,匈奴单于令其守卫的"西域"应当包括今祁连山、河西走廊一带。再者,《史记·卫将军骠骑列传》也记载了骠骑将军霍去病打败了"匈奴西域王浑邪"的军队。关于匈奴西域王浑邪所在地,王子今认为"匈奴西域王所居在河西地方",③ 余太山也认为最初用西域这一概念的是匈奴。④

女国的记载,《隋书·西域传》中有,随后的《北史·西域传》也出现过。现在对比《隋书》与《北史》两史记载的女国:

> 女国,在葱岭之南,其国代以女为王。王姓苏毗,字末羯,在位二十年。女王之夫,号曰金聚,不知政事。国内丈夫唯以征伐为务。山上为城,方五六里,人有万家。王居九层之楼,侍女数百人,五日一听朝。复有小女王,共知国政。⑤

> 女国,在葱岭南。其国世以女为王,姓苏毗,字末羯,在位二十年。女王夫号曰金聚,不知政事。国内丈夫,唯以征伐为务。山上为城,方五六里,人有万家。王居九层之楼,侍女数百人,五日一听朝,复有小女王共知国政。⑥

经对比可知,两史所言女国实为一国也,《北史》撰者援引了《隋书》之记载。按谭其骧先生的《中国历史地图集》,两史所载女国的地域范围就是现在的西藏阿里及毗连的部分地区,在《隋书·西域传》于阗条也有"于阗国,都葱岭之北二百余里。……东去鄯善千五百里,南去女国三千里,西去朱俱波千里,北去龟兹千四百里,东北去瓜州二千八百里"的记载。⑦ 在王小甫的《唐、吐蕃、大食关系史》中,论证了《隋书·西域传》中女国的位置就是当今的阿里地区。这一记载表明,西域的地域范围向南扩展到青藏高原西部。

《新唐书·西域传》没有对西域的范围进行说明,而是直接就按已形成的西域范围记载。这里笔者注意到了一个地名——东女国,有关其国地理位置的记载如下:

---

① 《史记·大宛列传》,第3168页。
② 王明哲、王炳华所著的《乌孙研究》认为乌孙的西迁时间应在公元前161至前160年左右。1978年出版的《辞海·历史地理分册》认为乌孙西迁的时间为公元前139年。杨建新的《关于汉代乌孙的几个问题》(《新疆大学学报》1980年第2期)一文中认为其西迁的时间应为公元前174至前161年之间。
③ 王子今:《西域名义考》,《清华大学学报》2010年第3期。
④ 余太山:《两汉魏晋南北朝正史西域传研究》,第123—124页。
⑤ (唐)魏徵:《隋书·西域传》,第1850页。
⑥ (唐)李延寿:《北史·西域传》,中华书局1974年,第3235页。
⑦ (唐)魏徵:《隋书·西域传》,第1852页。

额敏县也迷里古城遗址墓葬出土颅骨的人种研究

王 博 董 红

（新疆维吾尔自治区博物馆）（额敏县博物馆）

也迷里（Imil），一般来说有两意：一为河名，即今额敏河；一为城名，见于《元史·速不台传》，《元史·宪宗本纪》称"叶密立"，《元史·耶律希亮传》称"叶密里城"，耶律楚材《西使记》称"业瞒城"，普兰迦儿宾《行记》作"Omyl"，《西域图志》作"额敏城"。① 也迷里城，又称"杜尔布勒津"即蒙古语"方城"之意，是新疆历史上的一座非常重要的城名，也是辽蒙元时期草原丝绸之路上的重镇。2011年全国第三次文物普查时称："叶密里故址，位于额敏县城东北 17.5 公里处，额敏河与那仁查干乌苏河之间的黄土台地上，分布范围东西 2 426 米，南北 138—212 米。台地高出四周约 4—5 米，四周均已辟为农田。故址地表采集有红、灰陶片，有轮制痕迹，刻划有水波纹、弦纹，另见绿釉陶片和琉璃残片。"② 今天，有人称它是"也迷里古城遗址"，也有人称"也密立故城遗址"，实为同一座古城遗址。

2012年春，额敏县博物馆工作人员在也迷里古城遗址的东部区域调查时，③在一水渠里发现了被水冲出来的人骨，与人骨一起冲出来的还有灰色陶罐和马的臼齿等，调查者推测是蒙元时期（1206—1368年）的一座墓葬，限于条件当时采集了部分人骨。此外，在附近还发现了一具人的残颅骨。2013年3月，西北大学考古专业的师生进行了也迷里古城遗址的调查，并且相继进行了考古发掘。大体了解到发掘区域的地层、遗迹以及埋葬关系，出土了不少可复原的陶和釉陶器残片、玻璃残片，也出土了瓷器、残铁器和人骨残片等，发掘者初步推断多是蒙古或宋元时期的遗迹及遗物。

蒙元时期也迷里古城遗址一度是窝阔台汗国的都城，在更早的时间它应该是西辽最初创建的都城。庚戌年（1130）二月二十三日，辽耶律大石杀青牛白马祭天地、祖宗，越金山（阿尔泰山）进入翼只水即额尔齐斯河至叶迷里河（额敏河）一带，修筑叶迷里城池。至壬子年（1132）二月五日，他登基称帝，至此西辽王朝创建完成。目前的考古调查和发掘还没有发现典型的西辽遗物，工作仍然在继续，希望能有新的发现。

在北疆的山地草原考古中，我们还没发掘到过蒙元时期的墓葬，也缺少这一时期居民体质、面貌即人种的研究材料。所以，这批人颅骨材料因首次发现而显得特别的珍贵，对我们认识蒙元时期曾经居住在北疆山地草原居民人种成分则非常难得。

---

① 冯承钧原编，陆峻岭增订：《西域地名》（增订本），中华书局1980年，第25页。
② 新疆维吾尔自治区文物局编：《新疆古城遗址》（新疆维吾尔自治区第三次全国文物普查成果集成）下册，科学出版社2011年，第444页。
③ 2013年3月西北大学开始发掘地点称也木勒遗址，属于也迷里古城遗址的一个局部。

一、人骨的个体以及年龄、性别分析

采集的人骨有下颌骨、肋骨、椎骨、股骨和两具颅骨，大体可以分出至少是三个个体。其中一具保存较好的颅骨，编号2012EYM1号个体，为成人；一具残颅骨，编号为2012EYM2号的个体，也是成人；下颌骨属一幼儿个体，编号为2012EYM3号个体。此外，股骨为成人骨骼，肋骨和椎骨较细小，但也很难断定就是2012EYM3号个体的骨骼。

2012EYM1号个体，颅骨除右颧骨稍残外，其他部位基本完整，保存左侧犬齿和第三前臼齿，磨损较严重，下颌骨缺失。左右两侧的臼齿脱落，牙床萎缩。基底缝愈合，颅顶缝还是比较明显。推测是男性，年龄在30—40岁的壮年-中年个体。

2012EYM2号个体，保存了大部分的左右顶骨和右侧额骨，左侧额骨、颞骨和枕骨残缺。推测也是男性，是年龄在40—45岁的中年个体。

2012EYM3号个体，采集的下颌骨，残，保存1/2强，有四枚牙齿即犬齿和臼齿等。其中臼齿明显是乳齿，应该是小孩个体。

在此，我们仅对2012EYM1号和012EYM2号这两个个体的颅骨进行形态观察和测量。

二、颅骨的形态观察和测量

2012EYM1号和2012EYM2号这两具颅骨，因保存状况差异很大，可观察和测量项目的多少也有一些变化。

1．2012EYM1号个体

该个体保存得比较完整，可以观察和测量的项目也比较多。其中观察到的项目有：颅形是卵圆形，眉间突度中等，无额中缝，颅顶形状圆穹式，颅侧壁形状呈弧形外凸，有矢状脊；眉弓凸度稍显，眉弓范围不达眶上缘1/2，眶形椭圆形，冠状缝上有缝间骨，眶口形状呈敞开形，眶口倾斜属后倾，鼻根点凹陷为2级；颅顶缝相对简单，其中1、3、4段呈深波型，2段呈锯齿形；枕外隆稍显，左、右犬齿窝皆浅，左、右翼区皆H型，左右乳突皆中等；梨状孔形状呈心形，鼻前棘稍显，梨状孔下缘是钝型，鼻骨形状自上向下渐增宽，鼻额缝和额颌缝是弧形上凸，颧骨缘结节比较强，颧骨上颌骨下缘呈弧形过渡，腭形呈近椭圆形，腭圆枕形状呈丘状。（图一）

2012EYM1号个体颅骨上齿槽弓臼齿脱落、萎缩，不适宜测量，其他的项目皆可测量。在直线项目上测量了46项，其中颅最大长（g-op）169.5、颅长（g-i）154、颅底长（enba-n）94、颅宽（eu-eu）140.7、额最小宽（ft-ft）91.9、额最大宽（co-co）110、耳点间宽（au-au）128.3、星点间宽（ast-ast）106.3、枕大孔长（enba-o）33.2、枕大孔宽26、颅高（ba-b）128.6、颅高（ba-v）131、耳上颅高113、耳上颅高（b）111、上面高（n-sd）74、上面高（n-pr）71、颧宽（zy-zy）134.9、鼻高（n-ns）51.3、鼻宽27、眶宽（mf-ec）左41.1、右40.2、眶宽（mf-d）左36.35、右36.2、眶高左32.2、右32.6、上齿槽弓长53.3、眶间宽（mf-mf）19.5、鼻梁至眶间宽的矢高5.1、眶间宽（d-d）23.8、鼻梁至眶间宽的矢高7.2、鼻骨最小高2、鼻骨最小宽9.3、上部面宽（mft-mft）102.5、两眶内宽（mfo-mfo）95.1、鼻根点至两眶内宽矢高14.2、面底长（pr-enba）96、中部面宽

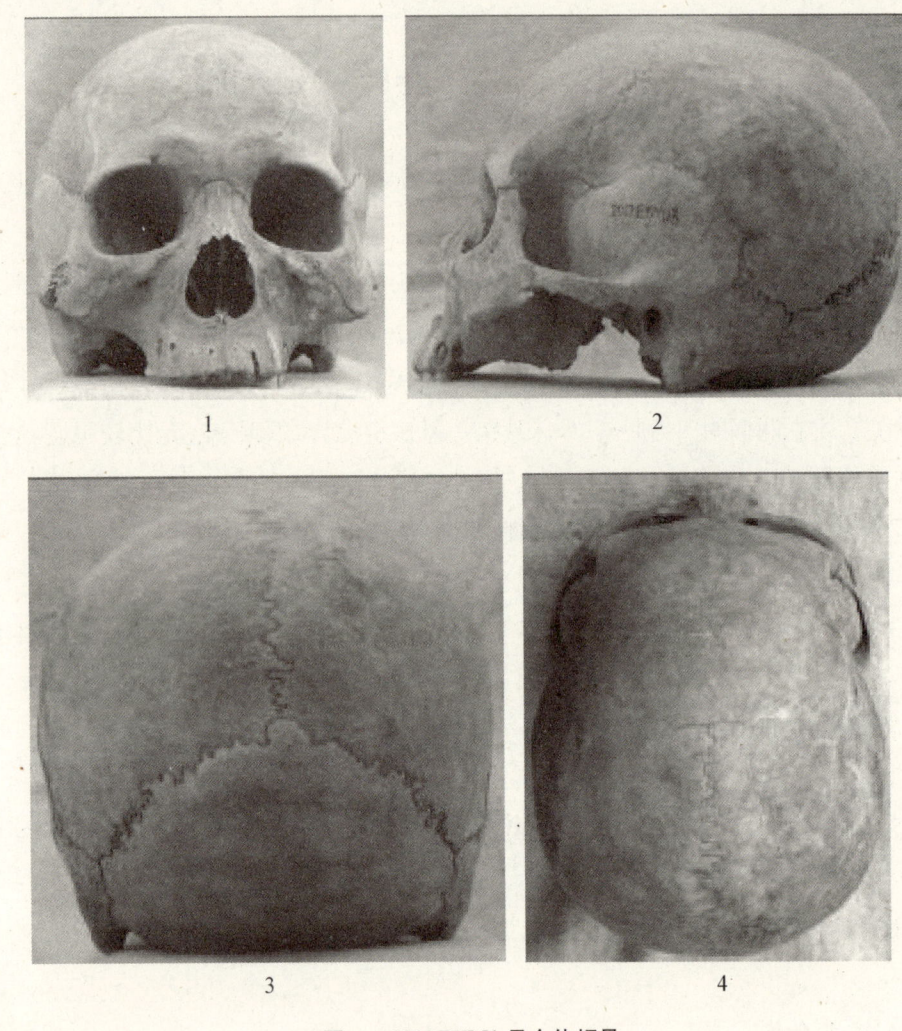

图一 2012EYM1 号个体颅骨
1. 正面观，2. 左侧面观，3. 枕面观，4. 颅顶观

(zm-zm)101、颧上颌高(zm)22，中部面宽(zm_1-zm_1)104.8、颧上颌高(zm_1)24.4、眶中宽(Q_3)56.5。鼻骨上宽11.1、鼻骨下宽17.9、鼻骨角15.5°、鼻骨长(n-rhi)左25.7，右26.4、鼻骨最大高13、鼻尖高(SR)4.6。颧骨高左45.4，右45.8，颧骨宽左35.5，右34.1。

颅骨的角度测量，在摩里逊定颅器上测了8个项目：前囟角(g-b-FH)50°、前囟角(n-b-FH)53°、鼻梁侧面角(n-rhi-FH)68°、额侧面角(g-m-FH)75°、额侧面角(n-m-FH)79°；总面角(n-pr-FH)83°，属中颌型；鼻面角(n-ns-FH)88°，属平颌型；齿槽面角(ns-pr)67°，属特突颌型。此外，还用其他的仪器测了4个角度：颧上颌角(zm)135°、颧上颌角(zm_1)130°、鼻颧角148°、额角(m-g-op)70°等。

人颅骨测量中计算了12项指数，其中鼻颧指数(SN：43$_{<1>}$)14.93，颧颌指数(43$_{<1>}$:46)94.16，鼻根指数(SS：SC)21.50、鼻尖指数(SR：O_3)23.01、垂直颅面指数(48:17)36.54。此外，颅指数(8:1)83，属圆颅型；颅长高指数(17:1)75.87，属高颅型；颅宽高指数(17:8)91.4，属低颅型；鼻指数(54:55)56.23，属阔鼻型；眶指数Ⅰ(52:51)78.35，属中眶型；眶指数Ⅱ(52:51a)88.58，属中眶型；额宽指数(9:8)65.32，属狭额型；上面指数(48:45)54.9。

2. 2012EYM2 号个体

该个体可以观察到的项目有：颅形卵圆形，无额中缝，颅顶形状圆穹式，颅侧壁形状呈弧形外凸，有

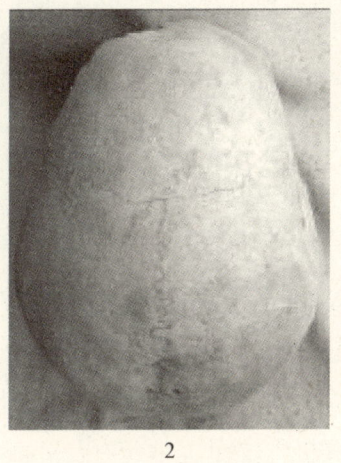

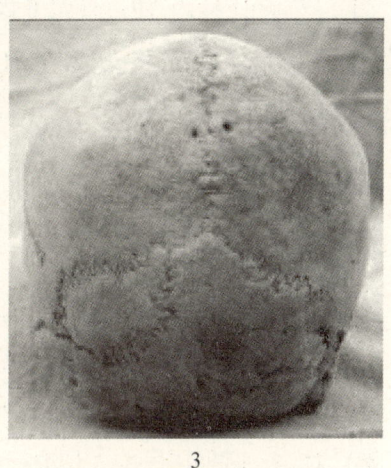

图二 2012EYM2号个体

1. 右侧面观, 2. 顶面观, 3. 枕面观

矢状脊;眉弓凸度稍显,眉弓范围不达眶上缘1/2,右乳突中等;颅顶缝相对简单,1、3段呈微波型,2、4段呈深波型。人字缝上有缝间骨。(图二)

2012EYM2号个体可以测量的项目有2项,颅宽(eu-eu)132,星点间宽(ast-ast)103。

三、2012EYM1号个体颅骨的人种分析

在此仅能对2012EYM1号个体颅骨进行人种分析。

2012EYM1号个体在观察项目上,卵圆形颅型,颅顶缝相对简单,有矢状脊,眉间突度弱,鼻骨低平、鼻骨角15.5,鼻根凹陷浅,鼻棘不发达,犬齿窝不发达、浅,颧骨宽中等,眶口形状呈敞开形,眶口倾斜属后倾,趋向蒙古人种特征。

在测量项目上,将2012EYM1号个体与蒙古人种、欧罗巴人种之间颅、面的13项测量特征组间差进行比较,[①]结果如下:鼻指数(54∶55)56.23,偏大,趋向蒙古人种特征;鼻尖指数(SR∶O₃)23.01,偏小,趋向蒙古人种的特征;鼻根指数(SS∶SC)21.50,较低,也趋向蒙古人种的特征;鼻颧指数14.93,偏小,趋向蒙古人种的特征;颧颌指数(SSS∶46)21.78,中面较突出,趋向欧罗巴人种的特征;垂直颅面指数(48∶17)57.54,偏大,趋向蒙古人种的特征;齿槽面角(ns-pr-FH)67,趋向蒙古人种的特征;颧上颌角(zm-ss-zm)135°,中等,趋向蒙古人种的特征;鼻颧角(fmo-n-fmo)148,上面部明显偏平,趋向蒙古人种的特征;眶高32.2,偏低,趋向欧罗巴人种的特征;上面高(n-sd)74,中等,趋向蒙古人种的特征,处于欧罗巴人种的上限位置;颧宽(zy-zy)134.9,中等,同时落入两在人种的变异范围;额最小宽(ft-ft)91.9,偏窄,趋向蒙古人种的特征。这样一来,在测量项目上2012EYM1号个体有11项趋向蒙古人种的特征,有4项趋向欧罗巴人种的特征。其中上面高(n-sd)处于欧罗巴人种的上限,而处于蒙古人种特征的中间位置;颧宽中等,同时落入蒙古人种和欧罗巴人种的变异范围。所以,2012EYM1号个体在与蒙古人种和欧

---

① 两大人种特征的比较,主要参考 Яков Яковлевич Рогинский, Максим Григорьевич Левин. ОСНОВЫ АНТРОПОЛОГИИ(人类学基础) Издательство Московского университета1955(莫斯科大学出版社1955年,第362页表29)和邵象清1984年《体质人类学讲义》。

罗巴人种的比较中,应该是属于蒙古人种类型。

在测量项目上,将2012EYM1号个体与蒙古人种组别之间颅、面测量特征的组间差进行比较,其结果是趋向南亚蒙古人种类型。

四、几点认识

通过对采集人骨地点的介绍以及出土人骨的分析,有以下几点认识:

1. 也迷里古城遗址,是辽蒙元时期草原丝绸之路上的重镇,即西辽创建的都城、蒙元时期窝阔台汗国的都城,在新疆辽蒙元时期考古中占有重要的位置,采集颅骨的年代又推测在蒙元时期(1206—1368年),对这一时期居民的人种进行分析,自然也是非常有意义的一项研究。

2. 从采集的人骨可以分辨出有两个男性和一个小孩个体,其中2012EYM1号是壮年-中年男性个体,2012EYM2号是年龄在40—45岁的中年个体。

3. 2012EYM1号和2012EYM2号个体在形态观察上,颅形皆为卵圆形,有矢状脊,颅顶缝相对简单,表现出一定的同质性。在测量项目上,颅宽,2012EYM1号个体140.7、2012EYM2号个体132;星点间宽,2012EYM1号个体106.3、2012EYM2号个体103。前者表现出一些差异,不过,在人种类型之间的变异范围内,后者还是比较接近。

4. 2012EYM1号个体颅骨的基本特征:颅形卵圆形,眉间突度中等,有矢状脊,眉弓凸度稍显,眶形椭圆形,眶口形状呈敞开形,眶口倾斜属后倾,鼻前棘稍显,鼻骨形状自上向渐增宽。颅最大长比较短,颅宽偏宽,颅指数显示是圆颅型;鼻高偏低,鼻宽偏宽,鼻指数显示是阔鼻型;眶宽偏窄,眶高偏低,眶指数显示是中眶型;上面高中等,中部面宽中等,上面指数还是比较偏大。此外,额最小宽偏窄,鼻颧角较大说明上面偏平,而颧上颌角中等,说明中面部突出中等。鼻骨最小高偏低,鼻骨最小宽偏宽,鼻骨角比较小,说明鼻不突出。

5. 2012EYM1号个体颅骨的大多数观察和测量特征还是趋向蒙古人种,在蒙古人种组别之间趋向南亚蒙古人种类型。不过,颧颌指数和眶高这两项特征,皆趋向欧罗巴人种的特征,可能反映的是西域北疆草原居民人种类型的体质特征。

高昌回鹘佛教图像研究补证

霍旭初

(新疆龟兹研究院)

本文所补证的四个题目内容,是学者与笔者曾经研究过的。随着研究的深入,一些问题有了新的资料和新的认识,有的问题可能没有引起学者足够的注意,有的仍坚持原有观点,固论频仍。为了推动学术发展,本文主要是对有关高昌回鹘佛教艺术的三个问题,即"高昌金刚力士的嬗变"、"北庭西大寺'分舍利'图"和"奏乐婆罗门补考"做补充研究,补证一些资料。另,"梵天劝请与五髻乾闼婆"是笔者新的考证与研究,一并发表。请各方专家斧正。

一、高昌金刚力士形象的源流与嬗变

金刚力士起源于印度古代神话中的鬼神——夜叉和那罗延天。到了佛教里,开始变化成佛的近身"保镖"。犍陀罗佛教艺术形成时,和佛教有些形象一样,吸收希腊、罗马古代神祇造型,创造了佛教诸神新的形象。金刚力士开始借用过希腊海神波塞东和智慧之神阿西娜的外形,[①]后来吸收借鉴了希腊大力神赫拉克勒斯的造型。赫拉克勒斯是希腊罗马传说中最著名的英雄。据说赫拉克勒斯是宙斯和阿尔克墨涅的私生子,赫拉克勒斯本来应该成为希腊的国王,但被宙斯的妻子使用阴谋,让自己的儿子赫拉当上了国王,赫拉克勒斯从此受尽赫拉的迫害。后来赫拉克勒斯当了另一国王的奴仆并遵命完成了12件异常艰苦的差事,其中一件就是要他杀死凶猛无比的涅墨亚狮子。赫拉克勒斯带上木棒和弓箭去与涅墨亚狮子搏斗,最后赫拉克勒斯杀死了涅墨亚狮子,剥取了狮子的皮毛。赫拉克勒斯用狮子皮为自己做了一个面盾。早在贵霜王朝的钱币里,赫拉克勒斯就以护卫者的形象出现在钱币的背面。犍陀罗艺术成熟期,头戴狮子头冠、狮子皮披身、狮子前双脚交叉搭在金刚力士胸前,已成金刚力士典型的造像(图一-1、2)。犍陀罗创造了众多的佛教艺术形象,对北传佛教艺术影响巨大,在西域的尉头(今图木舒克)就发现类似的塑像(图一-3)。龟兹石窟中戴狮头皮冠的金刚力士形象十分普遍,是金刚力士造型数量最多的地区之一。随金刚力士的普及与发展,龟兹金刚力士在狮子头冠上增加了宝珠等装饰,形象更趋威武而华丽(图二-1)。

金刚力士造型定型后不久,佛教艺术中又出现了戴尖角方冠的密迹力士(图二-2)。关于密迹力士的产生,在《大宝积经》卷九《密迹金刚力士会》另有故事叙述。该故事大意是:过去曾有勇郡转轮圣王,有一千个太子及法意和法念二王子。法意曾发誓言,若千位太子能成佛,就去充当金刚力士,并亲近佛,闻佛秘要密迹之事。经曰:

---

① [英]约翰·马歇儿著,王冀青译:《犍陀罗佛教艺术》,甘肃教育出版社1989年,第53页。

图一

1. 犍陀罗石雕　2. 阿富汗泥塑　3. 托库孜萨来泥塑

法意太子曰：吾自要誓，诸人成得佛时，当作金刚力士，常亲近佛，在外威仪省诸如来，一切密要常委拖依，普闻一切诸佛秘要密迹之事，信乐受喜，不怀疑结……今法意太子则今金刚力士名密迹也。①

图二

1. 森木塞姆第26窟　2. 库木吐喇某窟　3/4. 克孜尔第175窟

---

① 《大宝积经》卷九，《大正藏》第11册，第52、53页。

密迹力士的造型特征是头戴方形尖角冠(图二-3、4),方冠可能是西域诸国王子流行的冠式。由那罗延天演化的金刚力士与夜叉和法意王子衍化的密迹力士共同组成了佛的近侍护卫者,两种金刚力士在西域佛教中并驾齐驱。两位金刚力士在后来的佛教里有"二王尊"之称,一般出现在寺院门的两侧。龟兹石窟里两位金刚力士绘通常绘在中心柱洞窟主室正龛的两侧上方。两位金刚力士有"右弼金刚"、"左辅密迹"之称。"二王尊"造像传到中原后,受到中原传统文化的影响,形象发生变化,西域特征逐渐消失,变成有汉地特色的金刚力士。中国内地脍炙人口的门神哼哈二将就是由"二王尊"演变发展而来。

图三

1. 伯孜克里克17窟　2. 伯孜克里克20窟　3. 伯孜克里克31窟　4. 高昌故城

两种金刚力士在高昌延续发展,至唐代西州时期,还可以看见戴狮子皮冠的金刚力士(图三-1)。但是到了高昌回鹘时期,金刚力士的形象发生了巨大的变化:狮子头冠变为龙头(图三-2)或珠冠(图三-3)。高昌故城出土的一块金刚力士壁画,其头上戴的是虎头冠,虎与狮子形象接近,改狮子为虎,保持了勇猛的威力,是回鹘人聪明的选择(图三-4)。

对狮子头冠的改造,其重要原因是回鹘人的精神崇拜和习俗信仰的力量,改造了佛教某些不适合回鹘文化传统的东西,大家都知道,狮子是回鹘人首领至高无上的象征,是神圣不可侵犯的。

回鹘人崇仰狮子,以下资料可以证实:

1. 柏孜克里克第31窟佛坛正面的回鹘特勤供养像(图四-1),其下方回鹘文榜题,汉译是"此为勇猛之狮统治全国的九姓之主"。

2. 北庭西大寺正殿出土回鹘"亦都护"画像(图四-2),侧有回鹘文榜题,汉译是"此为像日月神一样的……持有国家的……阿斯兰毗伽(睿智的)神圣亦都护之像"。

3. 《宋史·高昌传》:"太平兴国六年(981)其王始称西州外生狮子王阿厮兰汉,遣都督麦素温来献。"

4. 《宋史·龟兹传》:"龟兹本回鹘别种,其主自称师子王,衣黄衣、宝冠,与宰相九人同治国事。"

5. 王延德《西州使程记》:"时四月,狮子王避暑于北庭……狮子王邀延德至其北庭。"

6. 在吐鲁番二堡农民手中征集到约为公元14世纪的高昌回鹘狮子王印章和银币。[①]

---

① 储怀贞、黄宪、周辉:《高昌回鹘狮子王印章和银币考》,《新疆钱币》2010年第1期。

图四

1. 伯孜克里克31窟　2. 北庭西大寺

回鹘金刚力士狮子冠形象改变后，与原来密迹力士的形象形成了高昌回鹘化的新的两种金刚力士造型。犍陀罗式的戴狮子头冠的金刚力士，可能由此而在西域以至东方，逐渐退出了佛教艺术造型之列。

二、北庭西大寺"分舍利"图再解

吉木萨尔北庭西大寺S105殿佛涅槃像对面的大型"分舍利"图（图五），是北庭西大寺壁画中重要遗存。佛陀涅槃后，印度中部的八个国家因要求分得佛陀舍利，兵戎相见，险些发生大规模战争。佛教艺术中，"分舍利"是佛涅槃系列图像中重要而常见题材之一，尤其是龟兹地区非常重视此事迹的弘传。龟兹石窟中心柱窟后室为佛涅槃的部位，几乎所有洞窟后室都绘有"分争舍利"图像。但龟兹石窟"分争舍利"的内容大都是八国国王率军队相互对峙，拘尸那城老婆罗门多卢那出面调停纷争的情节（图版

图五　北庭西大寺S105殿分舍利全图（线描）

（引自《北庭高昌回鹘佛寺遗址》）

柒-9)。而北庭西大寺 S105 殿分舍利图,内容与布局与龟兹石窟就大不相同了。北庭西大寺的分舍利图,大体分成两部分:右面是印度摩伽陀国阿阇世王乘骑大象率领众将向拘尸那城进发(图版柒-10),左面是拘尸那城内外进行攻守征战(图六-1)。城门中多卢那手捧舍利罐站立,在做阻止战争、平分舍利的努力。整体壁画结构清晰,布局巧妙,用"异时同图"的手法,将"分舍利"之争描绘得有声有色。

"分舍利"图像的不同是因为佛教派属观念的不同,不同派属有不同的经典为依据。"分舍利"有非常多的佛经记载。从图像的特征去对应,大致可以寻找到相对应的经典。西大寺"分舍利"的特点,如前所说,一是没有出现八国国王,只有阿阇世王,表明此图是突出描述阿阇世在"分舍利"上的重要作用,以表现阿阇世王效忠佛陀的功德。二是出现拘尸那城抵抗前来夺取佛舍利的进犯者。佛经中突出阿阇世王"分舍利"作用的经典不多,《根本说一切有部毗奈耶杂事》卷三十八有所载,与西大寺"分舍利"比较接近:

> 尔时遮洛迦邑、部鲁迦邑、阿罗摩邑、吠率奴邑、劫比罗城诸释迦子、薛舍离栗姑毗子悉皆来集。是时摩伽陀国未生怨王(阿阇世王),既闻佛世尊于拘尸那城入般涅槃,一切人天广设供养。既闻是事生大忧苦,遂告行雨大臣曰:卿今知不?我闻世尊已入涅槃,在拘尸城大兴供养,为争舍利诸处竞来欲相侵夺,我今亦往请取身骨。臣曰:如是,应装整兵便往拘尸那城。时未生怨王遂乘大象欲往佛所,才升象上念佛恩深,心便闷绝从象坠堕宛转于地,良久乃苏便乘马去,念佛恩故不能抑止,还堕于地久苏息已,告行雨大臣曰:我今不能亲往佛所,卿等今者可领四兵,往拘尸那城传我言教,问讯壮士少病小恼、起居轻利、安乐行不?世尊在日接引我等,长夜殷勤是我大师。今于仁等聚落入般涅槃,有遗舍利幸与一分,于王舍城作窣睹波,冀申敬重香华伎乐种种供养。行雨白言:如王教勅。即严四兵诣拘尸那城,告诸壮士曰:仁等咸听,摩伽陀国未生怨王,问讯仁等具说如前,世尊大师于我等辈,常为饶益令得安乐,可尊可敬。今者于仁聚落入般涅盘,有遗舍利幸当与分,于王舍城建窣睹波广兴供养。诸壮士曰:世尊诚是饶益安乐一切群生,可尊可敬。然于今者在我聚落入般涅槃,有遗舍利王欲见分,此诚难得。时行雨臣告诸壮士曰:若其仁等能与者善,如不见分我加兵力强夺将去。答言:任意。时诸人众悉皆大集阗喧城隅,城中所有壮士男女并闲弓射,即便总出象马车步,严整四兵欲共七邑兵交合战。①

这段记载阿阇世王是在闻知七国已经发兵拘尸那城后,决定去索要舍利的。但骑上大象后因念佛之恩德而昏厥。苏醒后,命行雨大臣代其前往,行雨大臣至拘尸那,向力士索要舍利,遭到拘尸那城力士拒绝,于是行雨大臣命军队与已经达到的七国军队联合准备攻城。北庭西大寺"分舍利"右侧就是描绘阿阇世王乘大象向拘尸那城进发的情景。后面的过程就简略了。

阿阇世王在佛教中是非常重要的人物,是"改邪归正"、"果报能转"的典型,阿阇世系印度摩伽陀国著名的频婆娑罗王之子。频婆娑罗王是佛教的大力支持者,但其子阿阇世却受释迦牟尼的对手提婆达多的教唆,与佛教对立,并且作恶多端,甚至弑父囚母。最后受到报应,浑身生疮,向佛忏悔,皈依佛门,成为佛教的大护法者。阿阇世王的转变与归顺,显示了佛法的威力与佛陀的伟大。用这样的人物事迹来烘托佛"涅槃"之奥义,其作用就不言而喻了。

---

① 《根本说一切有部毗奈耶杂事》卷三十八,《大正藏》第 24 册,第 401 页。

图六

1/2/3/4. 北庭西大寺

北大寺"分舍利"的左方描绘的是拘尸那城内外攻守的战争场面,城墙上有弓箭手向城下射箭,城外有骑马武将向城冲杀,城墙下有武士向城上射箭,一场酣战场面跃然壁上。(图六-2、3、4)

佛经中描述"分舍利"一般是七国军队兵临拘尸那城下,战争即将爆发时,拘尸那城老婆罗门多卢那挺身而出,主动将佛舍利分给八国,平息了一场流血战争。对争夺舍利而进行具体战争描述的经典十分罕见。唯《佛本行经》卷七《八王分舍利品》有对战争的细致描述:

邻侧七国王,时各寻遣使;皆共同一时,如会至城下。
各通其王命,诸力士相闻;皆陈其敬意,求得舍利分。
诸力士答言:佛于我国灭,自供养舍利,不能以相与。
尔时诸国使,相闻至数返。
……
诸使还返命,诸王各起意;寻即兴师众,风发至其城。

以无数军众,围绕力士城;军来趣其城,如霖雨暴水。

……

七国王军众,象吼马鸣声;震动其城郭,人民战如波。
于是七王军,各于其部分;精练甚壮勇,战士及象马。

……

力士没体命,不图分舍利。城里皆令催,执仗上城战;
诸力士齐心,决定战不退。皆立于城上,楼橹却敌间;
看城外诸王,军众无央数。军奋作威势,同时大叫呼;
一时大叫呼,声向震天地。拔露剑掷弄,晃昱曜天日;
或有跳勇走,捷疾欲向城。①

在拘尸那城上下一片刀光剑影中,城门中站立一位老者,他右手持一钵,左手在高举,此即"分舍利"纷争的矛盾化解者,拘尸那城婆罗门多卢那。(图七-1)多卢那分舍利事迹在佛经中所载基本相同,略有差异。《十诵律》所记较详,且记载了佛舍利最后归宿的情况:

尔时大众中,有一婆罗门姓烟(即多卢那,有的译为香姓)在八军中,高声大唱:拘尸城诸力士主听,佛无量劫积善修忍,诸君亦常闻赞忍法,今日何可于佛灭后为舍利故起兵相夺?诸君当知此非敬事。舍利现在,但当分作八分。诸力士言:敬如来议。尔时姓烟婆罗门,即分舍利作八分。分竟复高声大唱:汝诸力士主听,盛舍利瓶请以见惠,欲还头那罗聚落起瓶塔,华香幡盖伎乐供养。诸力士答言:敬从来请。尔时必波罗延那婆罗门居士,复以高声大唱:拘尸城中诸力士主听,烧佛处炭与我,欲还我国起炭塔,华香伎乐供养。诸力士答婆罗门:敬从来请。尔时拘尸城诸力士,得第一分舍利,即于国中起塔,华香伎乐种种供养。波婆国得第二分舍利,还归起塔种种供养。罗摩聚落拘楼罗,得第三分舍利,还归起塔种种供养。遮勒国诸刹帝力,得第四分舍利,还国起塔种种供养。毗甍诸婆罗门,得第五分舍利,还国起塔种种供养。毗耶离国诸梨昌种,得第六分舍利,还国起塔种种供养。迦毗罗婆国诸释子,得第七分舍利,还国起塔华香供养。摩伽陀国主阿阇世王,得第八分舍利,还王舍城起塔华香供养。姓烟婆罗门,得盛舍利瓶,还头那罗聚落,起塔华香供养。必波罗延那婆罗门居士,得炭还国起塔供养。尔时阎浮提中,八舍利塔、第九瓶塔、第十炭塔,佛初般涅槃后起十塔,自是已后起无量塔。②

西大寺"分舍利"图像中,引人注目的是在阿阇世王即军队下方绘出男女两身回鹘供养人(图七-2)。供养人衣饰华丽,头戴典型回鹘王族桂冠。供养人侧有回鹘文题名,汉译是:男像"这是长史巴尔楚克·托乎邻之像",女像"这是依婷赤公主之像"。说明此二贵族是 S105 殿及"分舍利"图的施主。供养人被绘入重大佛教事迹图像中,比较罕见。龟兹克孜尔第 69 窟佛陀"鹿苑说法图"中出现龟兹王与王后像是一例。与

---

① 《佛本行经》卷七,《大正藏》第 4 册,第 106—112 页。
② 《十诵律》卷六十,《大正藏》第 23 册,第 446 页。

佛同现,可能是古代西域王族的一种特权,既是地位的象征,同时也是对佛教的至高崇仰。这种表现可能还有其他寓意在其中,是否有借阿阇世王的事迹隐喻长史与公主的某种誓愿,亦是可以思考的。

图七

1/2. 北庭西大寺

西大寺"分舍利"图,似为从多种经典记载汇合而成,重点突出了阿阇世王,将战争场面作了扩大与渲染,增加了"分舍利"的紧张气氛,加强了引人入胜的戏剧性效果,也衬托了多卢那化解危机的不朽功绩。这是回鹘人擅长艺术创造的表现。

三、"奏乐婆罗门"补考

柏孜克里克第16、33窟在佛涅槃像一侧绘有一群演奏乐器者,有学者定名"奏乐婆罗门",并认为是拘尸那国外道婆罗门为佛陀涅槃而"欢欣鼓舞"的情景。根据比较完整记载佛涅槃事迹的《长阿含经·游行经》《根本说一切有部毗奈耶杂事》《大般涅槃经》等经典中,均无外道"欢欣鼓舞"的情节。故笔者曾著文提出质疑,认为这些演奏乐器者是拘尸那城民众以音乐形式对佛涅槃的哀悼与供养。笔者列举了《长阿含经·游行经》《大般涅槃经》(法显译)、《根本说一切有部毗奈耶杂事》《般泥洹经》《大悲经》《大般涅槃经》(昙无谶译)、《大般涅槃经后分》等经中拘尸那城音乐供养的经文,证实柏孜克里克第16、33窟所谓婆罗门为佛涅槃而"欢欣鼓舞"的谬误。[①]

前面对北庭西大寺"分舍利"图像的考释中,我们用了《佛本行经》经文对应了战争场面,认为西大寺"分舍利"可能是依据《佛本行经》或相似的经本而制。故这里也从《佛本行经》对照一下"奏乐婆罗门"的情节,经过对照《佛本行经》所述与前面所列经典一样,仍是拘尸那城民众对佛涅槃的哀悼与供养。兹将《佛本行经·叹无为品》一段录下:

---

① 见拙文《柏孜克里克石窟"奏乐婆罗门"壁画新考》,载《吐鲁番学新论》,新疆人民出版社2006年。

> 诸天塞虚空,众宝供养佛;畅发悲楚辞,追叹佛功德。
> 诸执乐神女,洒栴檀香汁;散璎珞宝衣,供养佛舍利。
> 诸力士擎舆,携至城中央;天人恭敬礼,追慕而啼哭。
> 缯彩宝幢幡,严饰其城郭;华香及伎乐,供养尊舍利。①

分析"奏乐婆罗门"图像,最重要的是要对佛涅槃理念的理解。准确认识佛涅槃的深刻内涵,也就是理解佛涅槃的象征意义。涅槃是佛教最高精神境界的追求,是释迦牟尼伟大人生的最终圆满。佛陀一生的目标就是"度化众生",而"度化众生"是在不断"破斥外道"而取得的。佛陀在拘尸那城完成了对最后外道的归化,标志度化事业的完成,佛陀才安心地进入涅槃。兹引佛教经典中对佛涅槃功德的赞颂,以进一步补证这个问题。

1. 《大悲经》卷一:

> 尔时,世尊临般涅槃,告慧命阿难言:汝可于娑罗双树间安置敷具,如师子王右胁卧法,吾今后夜当般涅槃。阿难,我已究竟涅槃,断除一切有为言说。我已作佛事、已说甘露无有窟宅、寂灭定甚深微妙,难见、难觉、难可测量,明智所知诸贤圣法。我已三转无上法轮,若有沙门、婆罗门、若天、若魔、若梵、若人,以世共法无能转者。我已击法鼓、吹法蠡、建法幢、置法船、作法桥、降法雨。我已光照三千大千世界,灭除大暗,开示众生,解脱正道,充益天人,所应度者皆悉已度。我已降伏一切外道及诸异论、动魔宫殿、摧魔势力。大师子吼作诸佛事,建丈夫业,满本誓愿,护持法眼,教大声闻,授菩萨记,为于未来佛眼不断故。阿难,我今于后更无所作,唯般涅槃。②

2. 《大般涅槃经》:

> 尔时,魔王来至佛所,而白佛言:世尊,今者宜般涅槃,善逝,今者宜般涅槃。所以者何,我于往昔在尼连禅河侧,劝请世尊入般涅槃,世尊尔时而见答言:我四部众比丘、比丘尼、优婆塞、优婆夷犹未具足,又未降伏诸余外道,所以未应入般涅槃。世尊今者四部之众,无不具足,又已降伏诸余外道,所为之事皆悉已毕,今者宜应入般涅槃。③

3. 《遗教经论》:

> 释迦牟尼佛,初转法轮度阿若憍陈如,最后说法度须跋陀罗,所应度者皆已度讫。④

---

① 《佛本行经》卷七,《大正藏》第4册,第111页。
② 《大悲经》卷一,《大正藏》第12册,第945页。
③ 《大般涅槃经》卷一,《大正藏》第1册,第191页,
④ 《遗教经论》,《大正藏》第26册,第283页。

4.《摩诃摩耶经》卷下：

须跋陀罗既见佛已欢喜踊跃,头面作礼。尔时,世尊随应为说八正道法,即于座上得罗汉果,而白佛言：生死苦海已蒙得过,不忍当见大师涅槃,我今当先而取灭度。即于佛前入般涅槃。……尔时,世尊为诸八部一切大众说妙法已,既至中夜,涅槃时到,而说偈言：我于诸众生,应度缘今毕,夜静气恬和,涅槃时已到。①

5.《佛垂般涅槃略说教诫经》：

释迦牟尼佛初转法轮,度阿若憍陈如,最后说法度须跋陀罗,所应度者皆已度讫,于娑罗双树间将入涅槃。②

6.《归戒要集》卷上：

尔时世尊,受梵天王请转法轮已,往波罗奈国鹿野园中,为憍陈如等五比丘,三转四谛法轮,心得解脱,成阿罗汉,是为僧宝。人天无上福田,后度耶舍伽子、舍利弗、目犍连、三迦叶徒众,共千二百五十人。最后涅槃,度须跋陀罗。于其中间所度者,不可胜数。故经云：佛告阿难。如来东方弟子,无数亿千。南西北方弟子,无数亿千。③

7.《佛遗教经论疏节要》卷一：

最后说法度须跋陀罗,本论约白净法二种释之。此句则涅槃白净法。上句初转法轮则道场白净法。须跋陀罗此云好贤,或云善贤,外道名也,住鸠尸那城,年一百二十,闻佛涅槃,方往佛所,闻八圣道,心意开明,遂得初果,乃从佛出家,又为广说四谛,即成罗汉。四大总相成就毕竟功德。所应度者皆已度讫,谓中间所度其人无量,故科为大总相也。④

四大总相,即生、住、异、灭四相都达到"毕竟功德"的成就,意思就是佛一切所为都实现了终极目的,功德圆满无缺,这是佛教对佛涅槃的最高赞誉。尽管当时的实际情况并非完全如此,但佛教的理想就是这样的。故在佛教宣教中,绝不会有任何站到对立面立场,去颂扬外道的表述。

四、"梵天劝请"与五髻乾闼婆

柏孜克里克第48窟正壁主尊佛像右下侧绘一跪姿的菩萨装人物,左下侧绘一手持箜篌弹奏的菩萨装

---

① 《摩诃摩耶经》卷下,《大正藏》第12册,第1011页。
② 《佛垂般涅槃略说教诫经》,《大正藏》第1册,第1110页。
③ 《归戒要集》卷上,《卍字新续藏》第60册,第678页。
④ 《佛遗教经论疏节要》卷一,《大正藏》第40册,第845页。

人物,学者称其为"供养菩萨"和"伎乐菩萨"。由于第 48 窟破坏较重,图像均漫漶不清,难以观察出清晰的内容。经过对此二"菩萨"形象的鉴别,确认此窟正壁绘制的是佛传中的"梵天劝请"事迹(图八-1、2)。

"梵天劝请"是佛传中极其重要的事件,关系到佛教产生、建立、传道、发展的大问题。释迦牟尼降魔成道后,自己觉得所觉悟的佛法极为深奥,并认为世间众生乐生求安,贪欲嗜味,好于声色,难以入佛道,故欲自我默然进入涅槃。佛传经典对此事件都有重点叙述,但篇幅不一,内容也繁简不同。记载此事件的重要佛经有:《太子瑞应本起经》、《普曜经》、《方广大庄严经》、《过去现在因果经》、《佛本行集经》、《众许摩诃帝经》、《中本起经》。另外,《四分律》、《大般涅槃经》、《杂阿毗昙心论》、《菩萨地持经》、《贤愚经》也有记载。可见此事件在佛经中的记述是十分广泛的。其中有乐神乾闼婆参与启请的是《太子瑞应本起经》和《普曜经》。《太子瑞应本起经》的记述是最为集中而全面的,也与龟兹石窟造像关系最密切。故本文主要依据此经展开讨论。兹引一段经文:

> 佛以神足,移坐石室,自念本愿,欲度众生。思惟:生死本从十二因缘法起,法起故便有生死,若法灭者生死乃尽。作是故自得是,不作是是便息。一切众生,意为精神,窈窈冥冥,恍忽无形,自起识想,随行受身。身无常主,神无常形,神心变化,躁浊难清,自生自灭。未曾休息,一念去,一念来,若水中泡,一滴灭一复兴。至于三界欲、色、无色,九神所止皆系于识,不得免苦。昧昧然不自觉,故谓之痴,莫知要道,夫道至妙,虚寂无念,不可以凡世间意知。世间道术九十六种,各信所事,孰知其惑?皆乐生求安,贪欲嗜味,好于声色,故不能乐佛道。佛道清净,空无所有;凡计身万物不可得常有,设当为说,天下皆苦;空无所有,谁能信者?枯苦我耳。意欲默然,不为世间说法,便入定意。①

释迦牟尼如此思念,引起大梵天的惊恐:

> 梵天知佛欲取泥洹(涅槃),悲念:三界皆为长衰,终不得知度世之法,死即当复堕三恶道,何时当脱?天下久远乃有佛耳,佛难得见若优昙华,今我当为天人请命求哀于佛,令止说经。②

对于大梵天请释迦牟尼向众生开示佛法的故事情节,各种佛传经典记载不同。最重要的不同,是梵天劝请佛陀说法的具体过程与方式。多部佛经是梵天直接向佛陀请求说法,没有更多的情节。主要叙述佛不说法世界将永堕"恶道"的道理。有一种记载具有很强的故事性和艺术性,情节是梵天先请帝释天做先导,前去请求佛说法,而帝释天又携乐神般遮尸弃(梵语 pancasikhin。简称般遮,意译五髻,故又称五髻乾闼婆)先到佛陀前,般遮弹奏琉璃琴吟唱歌颂佛的"戒、定、慧"思想功德和以"正道"施惠于众生。这个情节主要在《太子瑞应本起经》和《普曜经》中有记载。兹将般遮的颂词录下:

> 听我歌十力, 弃盖寂定禅; 光彻照七天, 德香逾旃檀。
> 上帝神妙来, 叹仰欲见尊; 梵释赍敬意, 稽首欲受闻。

---

① 《太子瑞应本起经》卷下,《大正藏》第 3 册,第 479 页。
② 同上书,第 480 页。

佛所本行愿，精进百劫勤；四等大布施，十方受弘恩。
持戒净无垢，慈软护众生；勇决入禅智，大悲敷度经。
苦行积无数，功勋成于今；戒忍定慧力，动地魔已擒。
德普盖天地，神智过灵圣；相好特无比，八声震十方。
志高于须弥，清妙莫能论；永离淫怒痴，无复老死患。
唯哀从定觉，愍伤诸天人；为开法宝藏，敷惠甘露珍。
令从忧畏解，危厄得以安；迷惑见正道，邪疑睹真言。
一切皆愿乐，欲听受无厌；当开无死法，垂化于无穷。①

"梵天劝请"中的乾闼婆最明显的表相是头上盘有五髻(图八-3)。② 般遮是梵语般遮尸弃的略称。般遮，按印度和波斯语即第五的意思。佛经中称为般遮识乞或简略为般遮识，也有的佛经称作般遮于旬或般遮翼。唐慧琳《一切经音义》曰："般遮尸，此云五髻。"(图八-4)③《翻译名义集》："般遮于旬，此云五神通人。经云：般遮于旬，乃以其瑟，歌颂佛德。"④五髻乾闼婆属佛教八部护法神——乾闼婆群体之一。乾闼婆是印度神话中的乐神，意译为香音神。

图八

1. 北庭西大寺　2. 柏孜克里克48窟　3. 柏孜克里克48窟　4. 克孜尔99窟

---

① 《贤愚经》卷一，《大正藏》第4册，第349页。
② 《太子瑞应本起经》卷下，《大藏经》第三册，第480页。
③ 慧琳：《一切经音义》卷二十六，《大正藏》第54册，第475页。
④ 玄应：《一切经音义》卷五，《大正藏》第54册，第1138页。

此题材在印度部派佛教和龟兹佛教说一切有部都非常重视。龟兹石窟造像也很丰富,柏孜克里克第48 窟"梵天劝请"显然是受到龟兹的影响。但是高昌以东的佛教艺术里"梵天劝请"题材与五髻乾闼婆的踪迹,就难以寻觅了。

以上对四个题目内容作了新的补证,在高昌回鹘佛教思想与艺术研究上,引发了一些思考,主要有两点:

1. 高昌回鹘佛教总体上属于"大乘"体系,受中国内地佛教的深刻影响。但高昌毕竟与龟兹是近邻,早期高昌地区的车师佛教就在龟兹佛教文化链之内。后来高昌族属的改变,中原大乘佛教成为高昌佛教的主流。但高昌佛教与龟兹佛教的因缘关系一直延续。本文的四个题目补证,从中都明显地看到龟兹佛教及形态的印记。特别是"梵天劝请"题材在高昌回鹘佛教中的发现,说明某些小乘思想还在影响回鹘佛教,十分珍贵难得。联系回鹘文小乘思想《弥勒会见记》的发现,高昌回鹘佛教中存有小乘内容的图像,也就不足为奇了,这些现象自然也和"高昌回鹘"与"龟兹回鹘"的政权交织紧密相关。上述补证所透露的也正是这个历史背景的反映。

2. 高昌回鹘佛教在接受与消化印度、龟兹佛教艺术时,有很强的选择性和创造性。上述补证中不论是金刚力士的嬗变和北庭西大寺"分舍利"的描绘,都体现出回鹘人的聪明才智。回鹘西迁高昌建立的高昌回鹘政权,时间不是很长,就在佛教艺术上创造出令人赞叹的成就。这种创造精神体现在高昌回鹘时期的各种造型艺术中。著名的大幅"佛本行经变"图(有的称"誓愿图")就是回鹘佛教艺术的精彩典型之作。造型独特、构图新颖、色彩浑厚、充满活力是回鹘佛教艺术的特有风格,是世界佛教艺术中一支绚丽的奇葩。

吐峪沟 K18 壁画的数码复原*

山部能宜

(东京农业大学)

吐峪沟 K18(对应克莱门兹第 6①)是在吐峪沟东区北侧的中心柱佛殿。从俄国奥登堡拍的相片来看,②中心柱的上方原来有一座方形塔。这座塔在 1916 年地震后已倒塌。③ 发掘以前充满侧廊和后廊的泥土,可能是这座塔崩溃时造成的尘土。(图版一-1)2010 年在中国社会科学院考古研究所、吐鲁番学研究院和龟兹研究院共同开始的吐峪沟石窟寺发掘工作中,清理了这座佛殿,埋在土下的几张壁画也被清理出来了。

最近艾米塔吉博物馆的 Kira Samosyuk 博士为我找到的奥登堡探险队拍的照片里,也可以看到方形塔。④(图版壹-2、3)在 2010 年的发掘工作以前,K18 窟的主室和甬道都被埋在泥土下。(图版壹-4)

中心柱的前面部分现在损害严重,勉强可以认出佛龛的痕迹和佛像的莲座。⑤ 而在俄国探险队的照片里我们则可以清晰地观察佛龛。(图版壹-5)

关于 K18(克莱门兹第 6),除了克莱门兹的简单描述以外,格伦威德尔发表了相当详细的报告。⑥ 在 2010 年的发掘工作以后,数篇中文文章已经出版,⑦K18 的大致结构和壁画内容应该是众所周知的。(图版壹-6)

现在主室损坏严重,已没有壁画。南(左)甬道外墙有一佛二菩萨像。中心柱南侧面也有一佛二菩萨像。(西边的菩萨已经剥落了,图版贰-1)北(右)甬道外墙保存不好,好像描绘一佛二菩萨像和千佛,我们现在只能看到千佛的一部分和胁侍的臂。(图版贰-2)中心柱北(右)侧面也有一佛二菩萨像。(图版贰-3)后(东)甬道的外墙由于泥土的关系保存得特别不好,大部分的壁画都认不出。中心柱后(东)

---

* 这篇论文是笔者和吐鲁番学研究院合作研究的中间报告。笔者衷心感谢吐鲁番地区文物局的支持和协力,笔者也感谢艾米塔吉博物馆允许我用奥登堡探险队拍的照片(图版一-2、3、5),笔者还要感谢滨田瑞美女士在中文术语问题上所给予的帮助。以下除了个别记载摄影者(年)的图版以外,都是 2010 年 8 月笔者和铃木迅一起摄影,笔者处理的。

① D. Klementz, *Nachrichten über die von der Kaiserlichen Akademie der Wissenschaften zu St. Petersburg im Jahre 1898 ausgerüstete Expedition nach Turfan*, Heft 1. St. Petersburg:Tip. Imperatorskoij Akademij Nauk, 1899, pp. 40-41.

② Sergei Fedorovich Oldenburg, *Russkaia Turkestanskaia Ekspeditsiia*, *1909-1910 goda*, Sanktpeterburg:Izd. Imp. akademii Nauk, 1914, plate XIIX.

③ 中国社会科学院考古研究所边疆民族考古研究室、吐鲁番学研究院、龟兹研究院:《新疆鄯善县吐峪沟石窟寺遗址》,《考古》2011 年第 7 期,第 29 页。

④ 也参照 *Along the Ancient Silk Routes: Central Asian Art from the West Berlin State Museums*, New York:The Metropolitan Museum of Art, 1982, p.23.

⑤ 见中国社会科学院考古研究所边疆民族考古研究室、吐鲁番学研究院、龟兹研究院《新疆鄯善县吐峪沟东区北侧石窟发掘简报》,《考古》2012 年第 1 期,图版贰-1。

⑥ A. 格伦威德尔著,赵崇民、巫新华译:《新疆古佛寺:1905—1907 年考察成果》,中国人民大学出版社 2007 年,第 590—593 页。

⑦《新疆鄯善县吐峪沟石窟寺遗址》,第 29 页;《新疆鄯善县吐峪沟东区北侧石窟发掘简报》,第 9—11 页;李裕群:《吐鲁番吐峪沟石窟考古新发现——试论五世纪高昌佛教图象》,《艺术史中的汉晋与唐宋之变》,石头出版社 2014 年,第 97—102 页(森美智代訳:〈トルファン・トコク石窟の考古学的新発見—五世紀高昌の仏教図像に関する試論—〉,《美術研究》412;411-416, 2014).

面中央部大部分已剥落了,对这个部分的图像进行观察是不可能了。下部还保存有壁画,但是泥土薄覆表面,很模糊,所以不容易进行详细的观察。我们认为左右各有四个,一共有八个人。由于这八个人不清晰,如何解释他们是最大的问题。在这篇文章中,我着重说明这个部分。

在这座殿堂遗址中,一般来说,上方的壁画保存得比较好。下方的壁画由于长年埋在土中,大部分已不清晰了。因为我最近对不清晰的壁画和题记进行数码复原的研究,吐鲁番地区文物局邀请我试用电脑复原。所以,2010 年 8 月我带照相家(铃木迅)和助手访问了吐峪沟 K18,用可见光和红外线拍照。回国后通过电脑处理,图像恢复得相当好。希望这种技术可以对现在进行的吐峪沟石窟寺的考察工作有所帮助。

为了观察模糊的壁画和题记,红外线照相是考古学者和美术学者常用的方法。透过薄泥土,红外线让我们认出泥土下的轮廓线。如果红外线拍照的效果不够的话,用照相修饰软件来进一步强调和明显化轮廓线是很有益的办法。要想获得轮廓线的信息,用红外线照片是最好的方法。

但是,红外线一方面明显化墨线,另一方面也消去了墨色以外其他颜料的色彩。所以,只用红外线不一定取得最好的效果。我们必须比较红外线照片和可见光照片,而这两种照片必须一起用。用软件明显化时,可见光照片也提供重要的信息。用软件来结合可见光照片的色彩信息和红外线照片的轮廓信息也是可能的。在红外线和可见光的合成照片里,由红外线明显化的轮廓线可能有一点被掩盖了,但是那里的色彩信息可能帮助我们解释壁画的内容。所以按照具体需要,我有的时候用红外线照片,有的时候用可见光和红外线的合成图像。①

格伦威德尔曾描述中心柱后面中央有一大型佛陀,坐在很特殊的宝座上。他的左右各有胁侍人物(菩萨?),下面有小型祈祷天神。②

对已剥落的中心柱后面(即东面)的中央部,现在没有办法观察,所以,我们先观察南端上部。在可见光照片里,壁画几乎完全不见了。(图版叁-1)但是,在处理过的红外线照片里,我们可以模糊地观察到两臂。左右臂上各有臂钏和手钏,双手好像合十,上有项圈。(图版叁-2)这张照片的北部下边有火焰。

南端下部在可见光照片里也模糊不清,(图版叁-3)北侧只能看到一条带状物,这条带有一点特殊,在红外线照片里能更清晰地看见。(图版叁-4)把上部、下部的红外线照片接合的图像(图版叁-5)和南甬道外墙西胁侍(图版叁-6)比较时,我们发现这条带状物应该是背光的一部分。合十和项圈的表现也相似。火焰的意思不是很清楚,也许是佛或菩萨的光明的表现。

上述部分(中心柱后面南端)的北侧也有难以解释的壁画。这在可见光照片里不清晰(图版叁-7),不过把处理过的可见光照片和红外线照片(图版叁-8)合成时,我们可以复原出清晰得多的照片(图版叁-9)。在这里,南边的带状物是我们讨论过的胁侍的背光。中央有一朵花,其北有折线。最北侧还有蓝色的东西。

这部分很难解释,但是在保存得更好的中心柱南侧面中央的佛画中我们看到与此相似的折线(图版

---

① 这个方法不是我原创的。关于这种技术的历史和发展,参照 Nobuyoshi Yamabe, in collaboration with Academia Turfanica, Toyok Cave 20: Paintings and Inscriptions, in *Epigraphic Evidence in the Pre-Modern Buddhist World: Proceedings of the Eponymous Conference Held in Vienna*, 14–15 Oct. 2011, 235–241, Wien: Arbeitkreis für Tibetische und Buddhistische Studien, Universität Wien, 2014.

② 《新疆古佛寺》,第 593 页。格伦威德尔访问这窟的时候,中心柱后面的保存状态已经不好。

肆-1),这就是佛背光的表现。这种折线也在其他地方的壁画里出现,比如克孜尔第69窟后廊后壁上的涅槃像的①背光里也发现相似的折线。② 但是,K18的这些折线好像只是背光的表现,和涅槃图没有直接的关系(请看以下的论述)。

图版叁-9右部(北侧)蓝色的东西可能是袈裟的一部分。花和火焰的意义不明确,但根据格伦威德尔的描述,这部分北侧(即中心柱后面的中央部分)原来有坐佛。如果是这样,这"袈裟"可能是佛像的一部分。

中心柱后下部分的北部有一个柱头的壁画,(图版肆-2)很不清晰,但是在经过上述复原处理的合成照片里,则能比较清晰地看到。(图版肆-3)明显可以与格伦威德尔临摹的柱头(图版肆-4;据格伦威德尔其是宝座的部分③)对应。他临摹的画中,柱头顶上有三角垂带纹(内部有连珠纹),这个部分现在已剥落了。但是,在北甬道外墙的红外线照片里我们能看到相似的三角垂带(图版下部的三角内有多圆形纹,图版肆-5)。所以,我推测那种三角垂带在这个柱头顶的上方也是可能的。格伦威德尔的临摹应该是可靠的。

这个柱头的北边(即中心柱后面的北端)也模糊不清。(图版肆-6)在可见光、红外线合成的照片里,我们可以看到类似衣服断片的东西。(图版肆-7)我感觉这部分和南甬道外墙西胁侍的下部有一点相似。(图版叁-6下部)因为中心柱后面的南端有胁侍菩萨的痕迹,北侧这里像衣服的东西可能是胁侍菩萨的衣服残片。如果是这样,如格伦威德尔所述,中心柱后面原来有一佛二菩萨的壁画是可能的。

在左右胁侍菩萨(?)的中间下部,我们可以看到八个人。在这篇文章里从南(左)到北(右)依次编成1至8。在这里,我们先讨论状态最好的人物3和4,他们在可见光照片里不太清晰,(图版伍-1)而在红外线照片里则清晰得多。(图版伍-2)

人物4有圆光,戴华丽的头冠、项圈和耳环。鼻下有短胡须,额上有纵线。双手合十,腰带裙子。头后边像长发的东西应该是头巾(请看以下关于人物3的讨论)。

人物3基本上和人物4相似,我们更能看清他的胸饰。但双手的姿态不清晰。肩上垂的头发很明显。在可见光、红外线合成照片里,头后边像长发的东西呈蓝色。(图版伍-3)因为他的头发呈黑色,这东西应该不是长发,是头巾。这个例子很好地说明了只用红外线照片观察轮廓线是不够的,观察色彩也很重要的[中心柱南侧面的东胁侍也有相似的头巾(图版伍-4)]。⑤

人物2不清晰,(图版伍-5)可是在红外线照片里,我们发现他大概跟人物3和4相似。(图版伍-6)双手不明显,好像合十。人物1更不清晰,不可能详细地观察。不能确认他有没有头冠,我们只可模糊地看到他的圆光、头、项圈和胸饰,其他的部分不明,但人物1的存在是没有疑问的。(也参照图版伍-7)

在这些人的中央,人物4和5距离很近,中间没有大的空间,不可能有别的人物。(图版陆-1、2、3)

转向北半,人物5也有圆光和胡须,戴头冠、项圈和耳环,(图版陆-4、5、6)额上有纵线。但是他的手不清晰,不能确认双手的姿态。

---

① 这涅槃像现已不存。参照《中国石窟·キジル石窟二》,平凡社1984年,图版14。
② 在这张壁画的下部我们看到有火焰,这可能是焚棺的表现。
③ 《新疆古佛寺》,第593—594页。
④ Albert Grünwedel, *Altbuddhistische Kultstätten in Chinesisch-Turkistan: Bericht über archäologische Arbeiten von 1906 bis 1907 bei Kuča, Qarašahr und in der Oase Turfan*, Berlin: Georg Reimer, 1912, p. 325, Fig. 650 (=《新疆古佛寺》,第594页,图650)。
⑤ 参照《新疆古佛寺》,第592页,图644a。

人物6很不清晰，在可见光照片里几乎完全看不见，特别是头上的部分都被破坏没有了。但是，在红外线照片里我们可以勉强看见圆光和项圈，也可以看见手钏。他的双手好像合十。

人物7在红外线照片里比较清晰。我们能看到他的圆光，头冠。额上有纵线，戴项圈、胸饰和手钏。他也好像在合十。

人物8在可见光照片里有一点不清晰。（图版陆-7）但是在红外线照片里我们可以看到他的圆光、项圈和胸饰，如我们讨论过，像长发的东西应该是头巾。（图版陆-8、9）他好像额上也有纵线，并戴臂钏。但是，不能确认头冠（上述提到的人物1的头冠也确认不了。我不清楚看不到两端人物的头冠是不是属于偶然）。

毫无疑问这里一共有八个人，（图版陆-10）问题是他们到底是谁？在已经发表的文章里怀疑这可能是八王分舍利的图像。① 我自己2010年在吐鲁番工作的时候，于吐鲁番学研究院也非公开地提到过八王是一个较有可能性的解释。

在克孜尔和库木吐拉石窟的后廊里有许多八王分舍利的壁画。在那里他们也有圆光和头冠，戴项圈和胸饰。所以，一般来说中心柱的后面上有八王分舍利图是可能的。问题是在克孜尔和库木吐拉描绘八王分舍利的壁画里，八王持舍利盒，八王的中间坐着多庐那婆罗门。原来在克孜尔第8窟的八王分舍利图里也有八王持舍利盒，中央坐多庐那。② 克孜尔和库木吐拉其他的八王分舍利图也大概一样。③ 然而在K18我们既不能确认舍利盒，又不能确认多庐那。在这里八个人的手不很清晰，但是能够观察到的手好像都合十，不持舍利盒。关于多庐那，一般来说，描绘多庐那的壁画多安排他在八王的中央，但是在K18人物4和人物5的中间没有空间，所以原来这里有多庐那图是不可能的。（图版陆-1、2、3）

如上所说，在K18这八个人的额上都有纵线，中心柱南侧面的东胁侍也有一样的纵线，（图版伍-4，叁-10）我不太明白它们的意思，他们不像白毫，一个可能性是一些天众的额上有的第三眼。如果这样，K18的八个人不是一般人，可能是天众或菩萨。比如说，在克孜尔第178窟前室西壁的护法神额上描画的东西明确地是眼，④克孜尔第69窟菩萨额上的纵线也可能是第三眼。⑤ 然而，在克孜尔第77窟发现的供养天塑像额上所刻的纵线，是否是眼还不清楚。⑥

问题是一般的人也有相似的纵线。比如说，原来在克孜尔第38窟的壁画里，跪着的女性额上有相似的纵线。这不可能是第三眼，⑦或许是印度人现在还在额上画的 bindi 样的妆容。因为这些纵线的意思不定，我们只根据这纵线不能确定这八个人的身份。

如上述所说，这壁上方的壁画很可能是一佛二菩萨图，而不是涅槃图。所以，我现在不敢确定这八个

---

① 《新疆鄯善县吐峪沟石窟寺遗址》，第29页；《新疆鄯善县吐峪沟东区北侧石窟发掘简报》，第11页。
② MIK III 8423，源于克孜尔第8窟，《中国石窟·キジル石窟三》平凡社1985年，图版179；《新疆古佛寺》，第102页，图117。
③ 例如克孜尔第163窟（《中国壁画全集·克孜尔2》，天津人民美术出版社、新疆美术摄影出版社1995年，第49—50页，图版55—56）；MIK III 8438（源于克孜尔第224窟《中国壁画全集·克孜尔2》，第91页，图版103；Zhao Li, Verification of the Original Locations of the Murals from Caves in Kizil Kept in the Museum für Indische Kunst, Berlin, in *Turfan Revisited: The First Century of Research into the Arts and Cultures of the Silk Road*, Berlin: Dietrich Reimer, 2004, p. 421, Pl. 7)；库木吐喇第23窟（《新疆古佛寺》，第44页，图45；参照晁华山：《库木吐喇石窟初探》，《中国石窟·库木吐喇石窟》，文物出版社1992年，第175页)等。
④ 《中国石窟·キジル石窟三》，图版40。
⑤ 《中国石窟·キジル石窟二》，图版13。
⑥ MIK III 7881（《中国石窟·キジル石窟三》，图版192）。
⑦ MIK III 8390（《中国石窟·キジル石窟三》，图版185）。

人是八王,也许是菩萨或天人。他们的身份需要进一步深入的研究。①

对 K18 的考察还很粗浅,这次只提到了对这种不清晰的壁画进行研究使用电脑复原手段是很有帮助的。我衷心希望和吐鲁番学研究院能继续合作,以解决仍然留下的疑问点。

---

① 在研讨会上我的报告之后,贾应逸女士非正式建议他们有可能是闻法菩萨。我认为这是一个可能性。也参照《吐鲁番吐峪沟石窟考古新发现》,第100页。

说 "七"

刘学堂

（新疆师范大学民族学与社会学学院）

新疆史前宗教考古发现许多与神秘数字"七"有关的遗存。崇"七"文化习俗在中亚许多民族的历史中都存在，并且习俗一直流传到现代。结合民族学材料，本文认为中亚地区广泛存在的"七"崇拜文化现象，追根溯源，与这一地区原始人类的灵魂观以及宇宙观有密切关系。

一

"七"崇拜遗存很早就发现过，只是一直未引起人们的注意。1914年，英国人斯坦因在营盘与楼兰之间孔雀河北岸的一个小台地上发现L.S墓地，其中编号L.S.1的墓葬，地表见有整齐的七重木桩。1979年孔雀河古墓沟墓地发掘的42座墓葬中有6座地表围有七圈木围桩，规模比斯坦因发现的大得多。古墓沟墓葬的木桩由内而外，粗细有序，墓葬的中心是直径只有2—3厘米的小木桩；最外圈有直径达20厘米左右的粗树干，一般的木桩为7—8厘米。以围桩为中心，向外是呈放射状排列的木桩或列木，每排木桩长约5—6米，外表很像放射状的太阳，据统计，每建造这样一座太阳墓，需要900多根木桩。木桩圈中间的墓葬内均葬成年男性。

小河墓地中与神秘数字"七"有关的遗存发现更多。小河墓地立于男性棺前的女阴立木，都制成桨形，两片醒目的"桨叶"被涂成黑色，"桨叶"的中脊向下是柱状的"桨柄"，"桨柄"上段涂红，在涂红的地方刻出七道旋纹；小河墓地发现很多木雕人面像，长度10厘米左右，人像的鼻梁极其夸张、突出，几乎占去人面的大部分。已公开发表的几件人面像毫无例外都在高凸的鼻梁上横搭七根细毛线。编号2002MC:93的一件，还在人面像的背面阴刻七道细线纹。木梳在小河墓地是女性墓中特有的随葬品，其制作古朴，多由红柳质的梳齿插入动物肌腱中制成，而梳齿的数量有七根的，也有五根、六根的，以七根的为多。如03XHM11和03XHM13两墓所出木梳也都是七根梳齿，这种木梳梳齿在动物肌腱之上的部分为梳柄，梳柄上多涂红，并刻有成组相对的三角纹饰带，这种纹饰带也常见七组组合。小河墓地死者裹身的斗篷，都用木别针插别，插别时由刻花木别针与短红柳棍相互配合。其中的刻花木别针，一端削尖，一端为圆柱形柄，柄部涂红并雕刻花纹，绝大部分为两两组合的十四道弦纹圈，中间刻相对的小三角纹，形成七组三角纹饰带。如02XHM4斗篷上木别针，呈锥状，长19.8厘米，表面刻有七组三角形装饰带，03XHM11斗篷上木别针长分别为24、22厘米，表面刻有七组三角形装饰带，M13、M24斗篷上木别针表面也刻有七组三角形装饰带。小河墓葬的墓主人所戴毡帽上都插有羽饰，还有的羽饰作为随葬品放在死者身上。这些羽饰在制作上都非常讲究，形制上看大致有两种：一种是将禽类腹部细软的羽毛，用细动物筋一簇簇捆扎在一根细木杆上，木杆露在外面的部分涂红，涂红处通常刻划数道弦纹圈，常见刻七道，也有的刻四道、五道。还有一种是取禽类的彩色飞羽,将削尖的细木杆一头插入粗硬的羽管中,羽管通体缠绕大红毛线,在露出的木杆上常刻有七道弦纹圈。这些羽饰的长度一般在20—30厘米左右;小河墓地死者右手腕部都配有手链。03XHM24男性墓主人的手链之一,是由两根灰白色毛绳穿缀若干小白珠子构成,佩戴时在墓主人右腕绕七圈后拴系。在小河墓地部分男性死者的墓中,有一种难以定名的器物,用来做萨满巫师的法器。它由两块削成长蹄状的木片夹一块条石,然后再以毛绳缠绕捆绑而成,外形像小锤或十字架。出土时多放置在墓主人右手可握的位置。木片内侧夹条石的位置有烧焦发黑的痕迹,推测是将条石烧后再用木片夹持的。贝格曼在小河采集到这种器物的残片,03XHM24中出土有完整的一件,其条石磨制光滑,上刻有七道细槽,在木片内侧面上刻有两组相对的横线,也都是七道,刻线的地方涂成红色。该墓葬中还随葬一只骨镞的木箭,骨镞表面打磨光滑,头端尖锐,后侧表面刻划七道弦纹。小河墓地墓区北部那座木房式墓葬,墓主人可能是小河氏族社会中级别最高的萨满巫师。在木屋门两侧整齐地垒叠牛头,上下七层,牛头涂红。在小河墓地北区的一座墓葬中,男性死者身上放置有七条蛇,蛇的尸体已完全干化。[①] 草篓是小河墓葬必备的随葬品,草篓内盛装黍粒、麦粒等食物,小河墓地未发现陶器,小河人的食具就是这类草编器。它以沙漠植物为原料,用绞编法编结而成。制作时,首先要在草篓底部正交固定两组经草,而这两组经草的数目有些恰好是七根。小河人裹尸的斗篷,主色调均为羊毛原色,有白、灰、浅棕、深棕等色。在斗篷上常见以红色毛线织出或纵或横的数道条纹,这些条纹道数似无规律,偶见七道。小河墓地03XHM13是一座规格相对较高的女性墓,墓主人是一老年女性。在她的裹身斗篷上织有七道纵向的大红色条纹。她的腰衣比一般人的明显要宽,绕腰衣一周缀缝七枚圆形铜片,铜片直径2.5厘米,各枚间距约8厘米。放在女尸腹部的一件皮囊,也比墓地常见的皮囊要大,囊身呈筒形,囊身一侧和底部一周缝合,两缝合处边缘都各切出一排方形的凸片,两排凸片的数量都是七个。

远古人类赋予"七"某种超自然神力,人们对它敬畏、膜拜。那么"七"这个数字为什么具这种神秘力量?

二

对于宇宙结构的认识,是原始宗教产生的重要根基,原古人类认为宇宙有多重结构。

上世纪苏联考古学家在叶尼塞河的支流安加拉河左岸马尔它的地方发掘一处旧石器时代晚期的遗址,距今已两万多年。这一遗址出土大量神秘的宗教祭器,多与天体祭祀有关。其中有一件用猛犸象牙制作的长方形骨板,骨板的中部是旋七层的螺旋纹,用小的凹状星点连接成线状,数十年研究天文考古的俄罗斯学者拉里切夫认为它是旧石器时代晚期的日月历,反映了天体(主要是太阳和月亮)运行的情况,中国学者冯恩学认为是星图,[②]都与天体结构有关。这件刻纹骨版的背面刻绘三条大头曲体的蛇纹,中间有孔洞。[③] 原始宗教体系中蛇具"钻"通天的本领,其艺术形象多次出现在原始艺术作品中。甘肃漳县废品收购站曾发现一件8世纪的蛇纹铜镜,这面镜子用线描手法表现两条蛇的形象,两蛇围绕着镜钮盘

---

① 资料未发表。2005年8月,墓地发掘者伊弟利斯先生在吐鲁番国际学术研讨会上用POWERPOINT演讲文稿展示了这一重要发现。
② 冯恩学:《俄国东西伯利亚与远东考古》,吉林大学出版社2002年,第5页。
③ 同上书,第4页。

绕,据研究,表示蛇身的短刺正是月亮历(阴历)最古老的变体。马尔它遗址神秘骨牌上七圈旋纹,寓示宇宙的七重结构,蛇沟通天地,小河人用七条真蛇随葬,每条蛇打通一层天体,天有七层。孔雀河古墓沟墓地"太阳墓"外围的七圈同心圆,是祭祀太阳的遗构。① 太阳神就是宇宙最大神,环七圈木柱,寓示宇宙的七重结构。小河人戴的毡帽上的羽饰,希望借鸟的力量让死后的灵魂飞往天界,因为原始宗教体系中鸟具有无限的飞翔能力,可沟通天、地、人三界。小河人帽上所插翎羽杆部的涂红处划刻七道,寓示灵魂脱离肉体飞升天界,需经历七重关,对应天国有七层结构。巴泽雷克墓葬中塞王所戴的高尖帽上的七只神鸟,也寓示着飞翔七层天界。小河墓地密集而高耸的祭祀柱上,挂悬牛头,当时人以牛为牺牲向太阳献祭,墓地规模最大的特殊墓葬,以垒叠的七层牛头,寓示天体的七层结构;裕尔都斯草原上发现的那座太阳神殿外环绕的七个小石圈,各代表一重天体;巴里坤东黑沟神殿两座祭祀坑中都埋有七只羊,小河墓地巫师用的十字架形法器内背部涂红的地方刻出七道,追根溯源都与当时对宇宙七层结构的认知有密切关系。

古老的突厥人崇"七",突厥部落曾流传着关于洪水的传说,"洪水的消息是由天上的一只铁角公山羊传递的。这只公山羊在世界范围内活动了七天,苦苦叫了七天,地震了七天,山喷了七天火……下了七天雨,刮了七天暴风,下了七次冰雹,又下了七天雪"。② 无独有偶,《圣经》中记:"七个祭司拿着七个羊角绕耶利哥七天,到第七日他们绕城七圈。"这很可能出自对宇宙七重结构的认识。西亚早期的宗教建筑中常修建七座拱门、七个尖塔、七级台阶,甚至南北的窗户也各为七扇,为与世界七层结构密切相关。

宗教圣典中,关于宇宙七重结构的记载很多。众所周知,基督教的上帝共用了七天创造世界。琐教的创世说中,创世分七个阶段,这种说法在印欧早就存在,七个阶段分别创造的是:一造石,二造水,三造大地如平盘,四造植物,五造牛,六造人,七造火;琐教中的天界分七层,由七大神统治,他们分别是主神、动物神、火神、金属神、土地神、江河女神、植物女神。③ 伊斯兰教中有"七重天"概念,刘智《天方典礼·认识篇》中将天分为土、木、火、日、金、水、月七重,"天乃无灵觉中最大之物,其形浑圆,体坚而透明,不似它物可变可坏,总是一天而有七重,且能旋转"。④ 伊斯兰教有"七思慎"的用语,马注《清真指南·问答》记:"上思阿勒始(即阿尔实),下思色喇特桥(天桥),右思天堂,左思地狱,前思坟窟,后思无常,中慎真主。"⑤据《古兰经》所记,火狱有七层,位置可以移动;⑥伊斯兰教认为真主造化"七日周复",为"答真主化成之恩",穆斯林星期五正午过后于当地清真寺举行集体的礼拜。穆斯林称星期五为主麻日或聚礼日,一周为一个"主麻"。王岱舆《正教真诠》称七天一礼,符合天象,"七天之礼,合而为一拜"。⑦ 努赛里耶派是伊斯兰教什叶派的伊斯玛仪派支之一,该派神奉神秘的数字七,认为真主流溢的是"大光明世界",其坠落者经过七个周期,最后被囚禁于肉体之中而成为人。人如果经过巴布的引导而认识真主,则可经过七个周期的提升返回天国。纳萨斐宇宙论,是伊斯兰教什叶派的伊斯玛派教仪主张,认为从理性中流出灵魂,由灵魂产生七天体,七天体各有星宿,各自运转。⑧《古兰经》故事中有穆罕默德升上七层天之说,

---

① 王炳华:《古墓沟人社会文化生活中的几个问题》,《丝绸之路考古研究》,新疆人民出版社1996年,第202—209页。
② [土耳其]阿·伊南著,姚国民、曾宪英译:《萨满教今昔》,中国社会科学院民族研究所《萨满教研究》编写组印,1979年,第28页。
③ 龚方震、晏可佳:《祆教史》,上海社会科学出版社1998年,第101—102页。
④ 金宜久主编:《伊斯兰教辞典》,上海辞书出版社1997年,第526页。
⑤ 同上书,第210—211页。
⑥ 同上书,第8页。
⑦ 同上书,第20页。
⑧ 同上书,第167页。

穆罕默德曾在一夜之间,从禁寺行到远寺,远寺喻为"天园",在七层天之顶,阿拉伯文称为"登霄",①亦即《古兰经》中的乐园、金泽之园,在最高处,因天园最初分为七层,一般认为它系天园的第七层,与火狱的第七层的"信禁"相对。善人死后,灵魂被天使取走,由每层天的天使引进,直至第七层天。伊斯兰教概念中还有"七层地狱"之说,这里指的是犯罪灵魂受罚的地方。②《古兰经》中火狱之名,本义为深坑,转入牢狱,恶人死者后,他们的灵魂必受阻拦,然后他们必堕烈火之中,亦为第七层。③ 克尔克孜族的《创世纪》里记"宇宙神造了七层大地",④崇"七"文化习俗的流行,源于人类的七重宇宙结构观。

三

灵魂观念是一切宗教的基础,原始宗教中的灵魂具有多重性和多结构性的特征。

小河墓地男性棺前的女阴立木,表示的是生命从孕育到诞生的过程。立在地表的长圆形桨叶用烧结的木炭涂黑,是女性外生殖器形象的表现,"生命诞生之门"地表。插入地下的细长的柱状桨柄涂红,表现生命孕育环节,象征子宫。在桨柄的"根部"与"桨叶"相接的地方,即是生命孕育到生命诞生之间的临界处,这里刻出七道弦纹,别有深意。原始人类认为,当人从母胎中脱离的一瞬间,灵魂附体,一个有灵的生命来到人世。这很容易使人们联想到灵魂临界,要经历七级环节,它很可能寓示人有七重灵魂或者灵魂有七重结构。原始人认为,灵魂从肉体出入时,嘴和鼻孔是重要孔道。耶和华上帝用尘土造人后,便是将生气吹在他的鼻孔里,就有了有灵的活人,名叫亚当。新疆汉晋时期流行一种奇异的葬俗,即在"死者鼻孔中用鼻塞封堵,鼻塞多用布帛裹成,曾有的将金花饰件捏扁成为金鼻塞",这样做的目的显然是防止灵魂的逃离,⑤这种习俗在中亚许多地区流行过。小河墓地的随葬品中,有一类象征灵魂的木雕人面像,鼻梁极其夸张,是整个神偶雕像所要突出的关键部位,头部的其他器官只是象征性地表现出来,表明在小河人思维深处,鼻子具有别于头部其他器官的特殊功能、神力,这就像和四川广汉三星堆的青铜人像突出眼睛,瞳孔如柱状凸出眼球之外,赋予眼以特殊的神力一样,是灵魂出入的孔道。小河人在木雕人像那高凸的鼻梁上,横向绕绑着七根毛线,显然也与七重灵魂观有内在关系。

历史上中亚突厥人视"七"为圣数,《周书》所记突厥人葬俗:"死者,停尸于帐,子孙及诸亲属男女,各杀羊、马,陈于帐前,祭之。绕帐走马七匝,一诣帐门,以刀剺面且哭。血泪俱流,如此者七度,乃止。"⑥源于人有七灵观。唐代九姓胡的礼俗中"包含着崇'七'之俗,七是粟特人的神秘数字,这种习俗可能与火祆教的'七圣神'崇拜有渊源关系"。《通典》卷一九三所引《西蕃记》中云:"(康国人)俗事天神,崇敬甚重。云神儿七月死,失骸骨。事神之人,每至其月,俱著黑叠衣,徒跣,抚胸号哭,涕泪交流。丈夫、妇女三五百人,散在草野,求天儿骸骨,七日便止。"《沙州伊州地志》云,祆教巫术,自灵失到灵回方七日,平复如初,"神没之后,僵仆而倒,气息奄七日,即平复如初"。维吾尔族民间流行着一种奇特的祛病巫术,当孩子瘦弱不堪的时候,就作"七家饭"为其治疗。"七家饭"共作三次,每次从七家村民中乞得少许小麦粉做

---

① 金宜久主编:《伊斯兰教辞典》,第528页。
② 同上,第210页。
③ 同上,第526页。
④ 戴佩丽:《突厥语民族的原始信仰研究》,中央民族大学出版社2002年,第113页。
⑤ 李文瑛:《新疆尉犁营盘墓地考古新发现及初步研究》,载《吐鲁番学新论》,新疆人民出版社2006年,第393—408页。
⑥ 薛宗正:《古突厥的宗教信仰和哲学思想》,《世界宗教研究》1988年第2期。

成面条,第一次从村头七家乞取,第二次从村中心七家乞取,第三次从村尾七家乞取。作成"七家饭"后,盛在碗里,在孩子头上旋绕三次,边作边祈祷。之后作一只布偶,放在大路拐弯处,或墓地上,或树根旁,再把"七家饭"放在布偶前,这样病魔就会附在布偶上而被带走。① 这种观念也根于人有七灵观。近代民族学材料关于灵魂多重多层结构的观念也十分普遍,尤其以七层结构说最为盛行。列维·布留尔在《原始思维》提到,在马来西亚,人们认为"每个人……有七个灵魂,或者更确切地说,有七重灵魂"。马来人的巫术中给"七"这个数赋予了惊人而巩固的意义:七根桦树枝,从身体里抽出灵魂要念七次咒语;七根扶留藤,给灵魂七个打击;收割时为稻谷的灵魂割下七枝谷穗。② 朝鲜人认为,颈椎的第七椎骨处是灵魂归来的地方,③灵魂有七层。中国北方汉族丧葬习俗在人死者后七日一祭,可能源于灵魂的七重结构,这样的习俗在维吾尔民间也存在。

宗教圣典里也有关于灵魂七重结构的相关记载。基督教神学中有七种罪、七德、上帝的七灵、圣母玛利亚的七乐、从玛达林身上赶出的七个魔鬼之说。《古兰经》中充满着七灵观,努赛里耶派是伊斯兰教什叶派的伊斯玛仪派支之一,认为真主流溢的是"大光明世界",其坠落者经过七个周期,最后被囚禁于肉体之中而成为人。伊斯兰教什叶派的伊斯玛派教仪主张,安拉超乎一切理解世界上一切存在或不存在的概念,通过他的神旨创造理性,理性成第一存在,从理性中流出灵魂,由灵魂产生七天体。④ 伊斯兰教用语有"七层宝矿"之说,心有七层,每一层都有一定的蕴含和作用,人若能按伊斯兰教的要求处置此七层心(正心),就能走向正道,得以明德,恻隐众生,得见真主。马注《清真指南·天命》中记:"予按经云,心有七层。"⑤崇七文化习俗的流行,又源于人类的七重灵魂结构观。

四

对宇宙和灵魂的认识,构成了人类世界观的主体,是一切宗教哲学的基础。在原始思维中,这两者没有截然的区分。

原始思维的一个特征是受"互渗律"的支配。原始人类没有能力给特定事物划出规定性界线,"在原始人的思维的集体表象中,客体、存在物、现象能够以我们不可思议的方式同时是它们自身,又是其他什么东西"。⑥ 伊斯兰教认为心有七层,与天有七重层层对应:"心有七层,以象七天。每一层天,有一个行星,每一层心,有一个宝矿。"⑦巴泽雷克高尖帽上的七只神鸟,即象征人的七重灵魂,七只神鸟又可翱翔七重天;小河墓葬随葬七条真蛇,沟通七重灵魂和七重天界;古墓沟的"太阳墓",小河人帽插羽饰刻出七道短线都把七重灵魂和七重宇宙贯通起来……在远古人类的思维中,宇宙结构和灵魂结构是相通的。小河人手腕绕七圈的手链、骨镞上划七道短的弦纹、女性身穿腰衣多缝七道条纹、老年女性腰衣上缀缝七枚

---

① 戴佩丽:《突厥语民族的原始信仰研究》,第113页。
② [法]列维·布留尔著,丁由译:《原始思维》第五章《从原逻辑思维与计数的关系看原逻辑思维》,商务印书馆1995年,第175—218页。
③ 丹尼尔·吉斯特著,李媛译:《韩国萨满入会礼(入法礼)的过程》,载迪木拉提·奥迈尔编《无萨满时代的萨满——萨满国际会议论文集》,民族出版社2007年,第184页。
④ 金宜久主编:《伊斯兰教辞典》,第167页。
⑤ 同上书,第526页。
⑥ [法]列维·布留尔著,丁由译:《原始思维》,第70页。
⑦ 金宜久主编:《伊斯兰教辞典》,第526页。

圆形铜片等,由简单的考古现象,难以推断它们反映的是宇宙结构观还是灵魂结构观,或者说这种推断没有实际意义,因为在他们那里,宇宙结构和灵魂结构在本质上是互通的,都源于对七所具有的神秘属性的崇拜。中亚从原始宗教到人为宗教中,"七"都具有神性,是圣数,这里的居民的现实生活中也充满着崇"七"的文化习俗,[①]它们都根植于极其古老的原始宇宙观和灵魂观。

---

① 刘学堂:《中亚历史上的崇七习俗》(待刊)。

吐鲁番阿斯塔那墓地出土镇墓神兽研究

鲁礼鹏

(新疆维吾尔自治区博物馆)

吐鲁番阿斯塔那墓地位于吐鲁番市东南约43公里处,素有"地下博物馆"之称。自20世纪50年代末至70年代中期,阿斯塔那墓地一共发掘了十二次。2006年,为给整理吐鲁番阿斯塔那墓地发掘报告补充一些基础资料,新疆博物馆考古部和吐鲁番地区文物局联合在吐鲁番阿斯塔那墓地进行了第十三次发掘工作。[①]

在这十三次发掘过程中,清理墓葬共计316座,[②]出土了大量弥足珍贵的各类随葬遗物,包括文书、纺织品、陶(泥)器、雕塑品、铜器、铁器及其他干果类等,其中最具特色的就是文书和纺织品,而且也是最受国内外关注的,因而在研究上也就取得了非常辉煌的成果。截至目前,吐鲁番阿斯塔那古墓群的历次发掘资料仅仅发表了发掘简报,整个墓地的发掘报告还在整理当中。可能是限于资料的原因,学者对于吐鲁番阿斯塔那古墓群出土的其他遗物的专题研究却鲜有涉及。笔者有幸接触到这批珍贵的出土遗物,在整理的过程中,对吐鲁番阿斯塔那墓地出土的各种质地的镇墓神兽有了一些肤浅认识,在此提出和大家讨论,不妥之处,恳请各家批评指正。

我国古代墓葬中,以当时人们认为是某种神物的东西置于墓主人墓前或墓室封门附近的习俗分布普遍,这些"所谓镇墓神物,就是指古代人们专门为死者及其亡魂驱鬼辟邪,使之免遭侵扰的镇墓之物"。[③]从这个字面解释来看,镇墓神物所包含的范围应该是非常广泛,种类也是很多的。截至目前的考古发掘资料说明,在镇墓神物中流传范围广、流传时间长、出土数量较多的,除了各种形象怪异、变化多端的镇墓神兽外,还包括镇墓武士俑、镇墓天王俑以及上面书写文字或符箓的镇墓瓶、镇墓石、镇墓券、镇墓石人等。从吐鲁番阿斯塔那古墓群发掘出土的情况来看,该墓地镇墓神物很丰富,形式也很多,与上述提及的略有差异,但绝不止上述几种。阿斯塔那墓地出土随葬俑像的种类较多,大致有木俑、泥俑、草俑、面俑等四种。但是,如果从镇墓功能的角度来讲,其范围就更大了,且从质地上来看,可分为木质、陶(泥)质和绢、麻质及其他各种混合材料等质地。本文结合阿斯塔那古墓群出土镇墓神物的实际情况,主要探讨镇墓神物中的镇墓神兽,该墓地其他镇墓俑像及镇墓习俗的探讨将作另文讨论。

---

① 新疆维吾尔自治区博物馆:《新疆吐鲁番阿斯塔那北区墓葬发掘简报》,《文物》1960年第6期;新疆博物馆考古部:《吐鲁番阿斯塔那第二次发掘简报》(1959—1960),《新疆文物》2000年3—4期合刊;新疆博物馆考古部:《吐鲁番阿斯塔那第三次发掘简报》(1960),《新疆文物》2000年3—4期合刊;新疆维吾尔自治区博物馆:《吐鲁番县阿斯塔那——哈拉和卓古墓群发掘简报》,《文物》1973第10期;新疆维吾尔自治区博物馆:《吐鲁番阿斯塔那——哈拉和卓墓群清理简报》,《文物》1972年第1期;新疆文物考古研究所:《吐鲁番阿斯塔那第十次发掘简报》(1972—1973),《新疆文物》2000年3—4期合刊;新疆文物考古研究所:《吐鲁番阿斯塔那第十一次发掘简报》(1973),《新疆文物》2000年3—4期合刊;新疆维吾尔自治区博物馆、西北大学历史系考古专业:《1973年吐鲁番阿斯塔那古墓群发掘简报》,《文物》1975年第7期;新疆博物馆考古部、吐鲁番地区文物局、阿斯塔那古墓文管所:《2006年吐鲁番阿斯塔那古墓群西区发掘简报》,《吐鲁番学研究》2007年第1期。

② 此处发掘墓葬的统计,不包括吐鲁番地区文物局抢救性发掘清理的墓葬,但是本文在行文中仍可使用这些墓葬中的出土资料。

③ 郑州市文物考古研究所:《中国古代镇墓神物》,文物出版社2004年。

一、发掘出土概况及形制分析

从目前的考古发掘情况来看,在新疆境内,出土有大量各种质地俑像的大型墓地唯有吐鲁番阿斯塔那古墓群。据笔者在整理过程中的观察和统计,吐鲁番阿斯塔那古墓群出土的镇墓遗物很多,但是镇墓神兽并不多。这类俑像从质地上来划分,可以分为木质镇墓神兽俑和泥质镇墓神兽俑两种。下面按其质地分别加以介绍:

1. 木质镇墓神兽俑

一直以来,吐鲁番阿斯塔那古墓群出土的这种木质兽形随葬品,除了可以明确辨别动物种类的,余下不可辨者发掘者给出的称谓很多,如"木象"、"木猪",或笼统称为"木兽"等等,现在看来,这些称谓似均有不妥,应该统称为"木镇墓神兽俑"较为准确。

由于吐鲁番阿斯塔那古墓群发掘时间较早,而且当年参加发掘的前辈先贤基本上都已过世,发掘现场的有些情况无法核实,非常遗憾。虽然笔者一直在参与整理该墓地的发掘报告,但是由于发掘资料记录不全,对有些具体情况不甚了解,后经参加2006年4月份的补充发掘以后,才算是对墓地的实际情况有了一个初步的认识。但是,对于本文中涉及的有些墓葬的实际具体情况还是不清楚,只有借助于其他对比材料来进行分析了。

阿斯塔那墓地出土的这种木质镇墓神兽俑并不多,目前可见原实物、可辨其形制的约有6件,均为兽形。其制作方式均为分类加工,最后组合而成。根据木质镇墓神兽头部形制的差异,可分为A、B两型:

A型:3件,无角,均为组合型,其中1件四肢残缺。五官要么雕刻,要么用黑彩或红彩勾画而成,而且木俑表面要么用黑彩勾画出各种装饰纹样,要么通体饰黑彩。

标本64TAM13:7,尾残。躯体和四肢以榫卯结构组装而成。头部刻出了双耳,通体饰黑彩。通高13.8,长22.6,宽6.2厘米。(图一-4)

标本64TAM28:9,四肢缺失,尾残。由躯体和四肢组合而成。头部刻出了两道凹槽代表嘴形,以红、黑彩勾出圆圈纹作眼睛,背部饰红、黑色线条。通长27.8,宽9.5,残高9.6厘米。(图一-6)

标本66TAM53:7,鼻子残。由躯体和四肢组合而成。背部两侧饰黑彩勾纹,头部用黑彩画出眼纹,足上饰两或三道黑彩条纹,尾上翘。通高19.5,长27.3厘米(图一-3)。

B型:3件,有角,均为组合型,其中1件独角缺失。五官均仅刻出了轮廓,通体素面,或饰红彩,或饰黑彩。

标本66TAM65:5,完整。由躯体和四肢组合而成,尾巴上翘,独角前伸,低头伸角作搏斗状。通体饰黑彩。通高25.6,长53.3厘米。(图一-2)

标本06TAM603:11,角缺失。身躯用整木雕刻而成,并和雕刻好的四肢组合而成。通体饰红彩。通长30.2,残高11.8厘米。(图一-5)

标本06TAM605:5,完整,素面。身躯用整木独立雕刻,表现出了脖颈、头部。同时,又单独雕刻了四肢、角和尾,并组装而成。角呈三角锥形,木钉加固。通高17.6,长22.8厘米。(图一-1)

2. 泥质镇墓神兽俑

泥质镇墓神兽俑相对于木质镇墓神兽俑来说,不仅有质地上的差别,在形制上也有很大的变化,数量

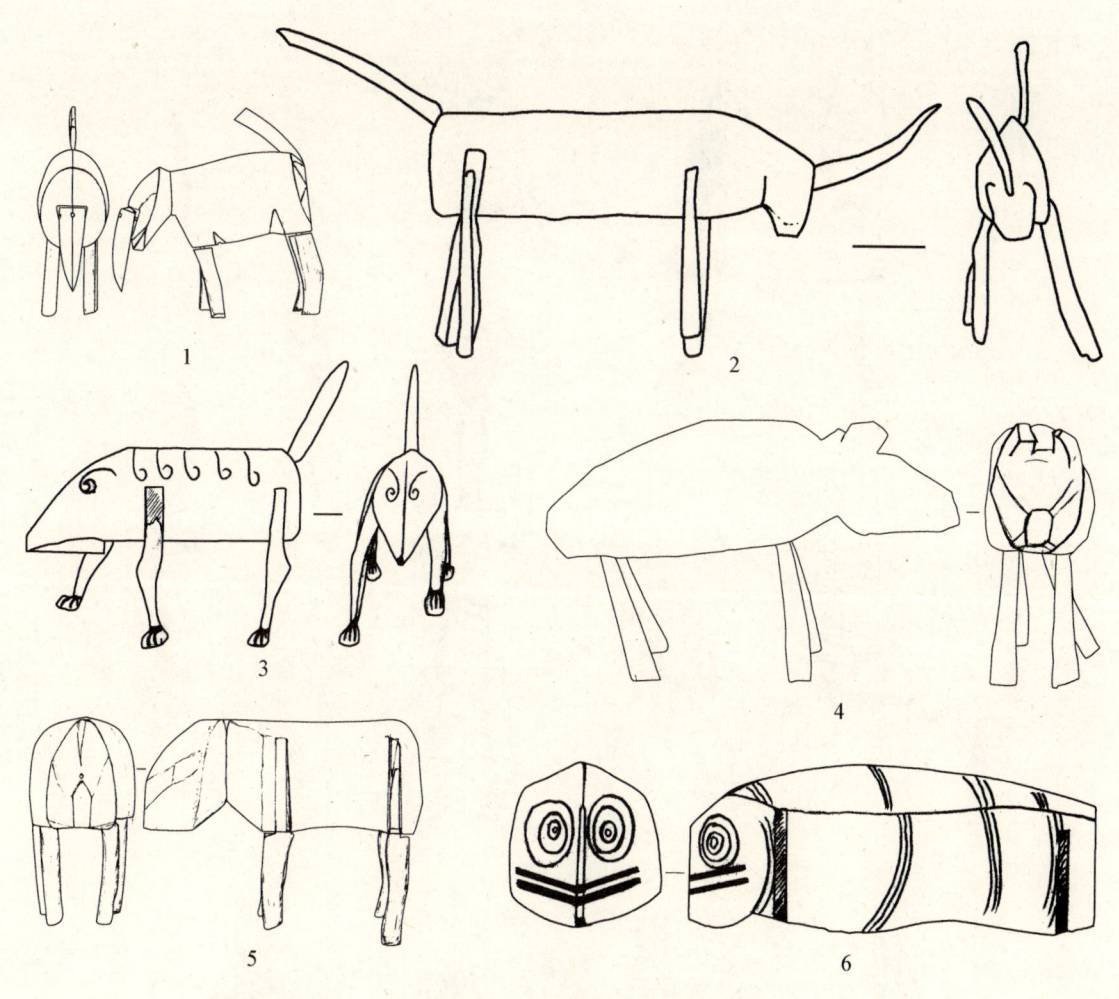

图一 木质镇墓神兽俑

1. B 型镇墓神兽俑（06TAM605：5）　2. B 型镇墓神兽俑（66TAM65：5）
3. A 型镇墓神兽俑（66TAM53：7）　4. A 型镇墓神兽俑（64TAM13：7）
5. B 型镇墓神兽俑（06TAM603：11）　6. A 型镇墓神兽俑（64TAM28：9）

也有所增多，出土于 8 座墓葬中。其中，72TAM187 号墓、72TAM215 号墓、72TAM226 号墓、72TAM230 号墓、73TAM191 号墓各出土 1 件，60TAM336 号墓出土 2 件，73TAM224 号墓出土 3 件，72TAM216 号墓出土 4 件，共计 14 件。但是，72TAM216 号墓有 3 件残损，其中 1 件仅能看出为人面，余皆形制不明；73TAM224 号墓有 1 件残损。其余 10 件镇墓神兽实物的体形均较大，有人面兽身或兽面兽身，姿态均为蹲踞状，通身施以鲜艳的彩绘。

根据镇墓神兽面部的特征差异，可分为 A、B 两型：

A 型：4 件，人面。根据镇墓神兽头部的变化，可再分为 Aa、Ab 两个亚型：

Aa 型：1 件，头生单角。

标本 60TAM336：55，色彩脱落严重。偶蹄，头顶呈螺旋状，高眉，双目圆睁，高鼻，嘴棱角分明，招风耳，耳向两侧伸直；兽身，前肢直立，后腿弯曲蹲踞。通高 100.5 厘米，宽 40.5 厘米。（图二-3）

Ab 型：3 件，头戴头盔或风帽等。

标本 72TAM187：149，头戴风帽式淡黄色头盔，面施粉红彩，黑浓眉，双眼圆睁暴突，留"八"字形上翘胡须，口涂朱红色。背部及四肢饰淡黄彩，其上再绘黑色虎皮纹，颈至胸腹部施粉红底彩，其上绘深红

图二　泥质镇墓神兽俑

1. Ab 型镇墓神兽俑（73TAM191∶49）　　2. Ba 型镇墓神兽俑（72TAM226∶11）
3. Aa 型镇墓神兽俑（60TAM336∶55）　　4. Ab 型镇墓神兽俑（72TAM215∶2）
5. Bc 型镇墓神兽俑（60TAM336∶54）　　6. Ab 型镇墓神兽俑（72TAM187∶149）
7. Bc 型镇墓神兽俑（73TAM224∶02）　　8. Bb 型镇墓神兽俑（73TAM224∶03）
9. Bb 型镇墓神兽俑（72TAM216∶22）　　10. Bb 型镇墓神兽俑（72TAM230∶91）

色圆圈纹。偶蹄,兽身,前肢直立,后肢蹲踞,尾上翘。通高72厘米,宽62厘米。(图二-6)

标本73TAM191：49,残为两半,四肢不全。人面兽身,头戴风帽式尖顶头盔,顶残,凸眼、高鼻,留"八"字胡须。嘴抹朱红,双腿蹲踞,彩绘全部脱落。通高58厘米,宽20厘米。(图二-1)

标本72TAM215：2,头戴花青色头盔,头顶有一十余厘米高的火炬状饰物,粗眉骨,长黑浓眉,双眼圆睁暴突,赭石色"八"字胡须和络腮胡。通体饰花青色底彩,其上点缀红点和深蓝色斑点,胸腹部饰赭石和粉色相间的横道纹。偶蹄,兽身,前肢直立,后肢蹲踞,尾上翘。通高92厘米,宽72厘米。(图二-4)

B型：6件,兽面。根据镇墓神兽头部的变化,可再分Ba、Bb、Bc三个亚型：

Ba型：1件,头部无角。

标本72TAM226：11,豹头兽身,双目圆睁,闭嘴露出两颗獠牙,前肢直立,后肢蹲踞,足有四爪,尾上翘,肩部两侧各有两翼,背中一翼,头顶部一翼,色彩脱落严重。通高62厘米,宽74厘米。(图二-2)

Bb型：3件,头生单角。

标本72TAM216：22,狮首,头顶两耳直立,双目暴突圆睁,呲牙咧嘴。偶蹄,前肢直立,后腿作蹲踞状,弧尾竖立上翘。通身施以桔红底色,其上绘赭石色圆圈和点状豹身纹,腰部两肋各塑有一只眼睛,头顶、双肩及背部共插有6支木质翅翼。虎牙外露,形象威猛生动,很有威慑感。通高104.6厘米,宽52厘米。(图二-9)

标本73TAM224：03,狮首兽身,头部双耳直立,双目凸出圆睁,呲牙张嘴。前肢直立,后肢蹲踞,足有四爪,尾上翘,肩部两侧各有两翼,背插一翼,形象威猛生动。绿色胡须和眼眉,背部及四肢通体饰桔红彩,上绘黑色圆圈纹,腹部为浅粉红底色,上绘深红色圆圈纹。通高67厘米,宽53厘米。(图二-8)

标本72TAM230：91,完整。双眼暴突圆睁,呲牙咧嘴。前肢直立,后肢蹲踞,足各有四爪。头顶、双肩及背部共插有6支木质翅翼。形象威猛生动,给人以震撼感。通体饰虎皮纹,胸腹部施粉红底彩,其上绘深红色圆圈和点状纹。通高66厘米。(图二-10)

Bc型：2件,头生双角。

标本60TAM336：54,色彩基本脱落。狮头,头顶双角向后弧立,竖耳,暴眼呲牙咧嘴。牛蹄,背部两肋各有一只眼睛,宽大的尾巴向上翘。前腿直立,后腿蹲踞呈半蹲状,双肩各有二个和背部有一孔,应是插翅翼的孔(翅残失,已复原)。通高83.5厘米,宽65厘米。(图二-6)

标本73TAM224：02,狮首,头生双耳,头顶双角直立,双目圆睁,张嘴作嘶鸣状,面目凶狠狰狞。前肢直立,后肢蹲踞,足有四爪,尾上翘,背有五翼(左、右各二,中一),通体饰红褐彩。通高80厘米,宽62厘米。(图二-8)

二、镇墓神兽的流传年代

上文介绍了木质镇墓神兽和泥质镇墓神兽的出土情况及形制特征,下面讨论一下两类镇墓神兽在吐鲁番地区传播、使用的年代。

1. 木质镇墓神兽俑目前所见仅有6件,在上述所列举的标本中A型镇墓神兽俑有3件。其中64TAM13号墓和64TAM28号墓均盗扰严重,埋葬个体亦不明,所出文书无纪年。从这两座墓葬出土的随葬品来看,陶甑、木雕人像和圆形陶盘等随葬品在吐鲁番阿斯塔那墓地均是晋至南北朝时期的墓葬中出土的典型器物,与新疆文物考古研究所发掘的阿斯塔那墓地东南部台藏塔遗址里两座墓葬中出土的随葬品一致,发掘者认为这两座墓葬的年代"当在魏晋十六国时期",①应该是没有问题的。

66TAM53号墓亦盗扰严重,埋葬个体也不明,该墓出土的木雕人像、漆耳杯、木匕等随葬品也均显示出魏晋时期的风格,最主要的是该墓同出有1件木简,其上墨书"西晋泰始九年(273)翟姜女买棺契",纪年明确,可见该墓的年代当晚于是年。

B型所举的3件标本中,66TAM65号墓同样被盗掘,埋葬个体不明,无文书出土。根据该墓所出土的随葬品来看,木雕人像、木耳杯等与A型墓葬出土的一致,其年代也应相同。

06TAM603号墓和06TAM605号墓均为2006年补充发掘的墓葬,其中06TAM605号墓是笔者亲自清理的,其中出土了东晋咸安五年(375)隗田英随葬衣物疏,②纪年明确。06TAM603号墓虽无随葬衣物疏出土,但所出土随葬品与其相同,年代也应该相仿。③ 因此,这两座墓葬的年代应均属于十六国时期的中期。

以上根据各墓葬出土的随葬品及纪年遗物,讨论了木质镇墓神兽所属墓葬的年代。通过上述讨论可知,木质镇墓神兽均在晋至十六国时期的墓葬中使用。

2. 泥质镇墓神兽可见实物11件,出土于8座墓葬中,其中:

Aa型60TAM336号墓在吐鲁番阿斯塔那墓地是属于规模较大的一座墓葬,盗扰也最为严重,为斜坡墓道洞室墓,带一天井,墓门用木板、土砖封护。该墓无纪年遗物出土,从墓葬形制看,阿斯塔那墓地带有天井的墓葬始见于武周时期。已故的吴震先生曾对此墓作过全面、精辟的探讨,推断该墓主人为高昌末王麴智盛。其可能死于麟德年间以前,葬于京师,后其侄将其迁回高昌故里,年代属于武周时期,即七世纪末至八世纪初。④

72TAM187号墓为夫妻合葬墓,带有一天井,前文提及,带有天井的墓葬始见于武周时期。并该墓出土有残墓志和文书,墓志尚存"安西都护府□□□副□上柱圀张"字样。"圀"通"国",为武周载初元年所改用之新字。则墓志所指男主人当死在武周载初元年(689)至武周长安四年(704)年间,先入葬;文书纪年为武周垂拱三年(687)至唐天宝三年(744),⑤故该墓年代的下限当晚于唐天宝三载。由此可见,该墓从初唐末期开始使用,并沿用到盛唐末期。

72TAM215号墓盗扰严重,埋葬个体不明,无墓志和随葬衣物疏出土,所出文书亦无纪年。据唐残书牍内记"交河郡",《新唐书·地理志》云:天宝元年(742)改西州为交河郡,至肃宗至德六年(760)复旧称西州,推测墓葬年代当在天宝元年后(742—759),属盛唐末期,其余文书亦是唐制。⑥

72TAM216号墓亦被盗扰,埋葬个体不明,无墓志和随葬衣物疏出土。所出文书中,有载初元年(689)后的武周文书。文书带有明确纪年者,早者为天宝元年(742),晚者为天宝十载(751),⑦可见该墓

---

① 新疆文物考古研究所:《台藏塔遗址考古发掘报告》,《新疆文物》2011年第2期。
② 当年的发掘简报已经在《吐鲁番学研究》2007年第1期上发表,由于当年的发掘同时还出土了一些文书没有整理出来,故在发掘简报中没有介绍,拟于正在整理的墓地发掘报告中进行详细介绍。
③ 新疆博物馆考古部、吐鲁番地区文物局、阿斯塔那古墓文管所:《2006年吐鲁番阿斯塔那古墓群西区发掘简报》,《吐鲁番学研究》2007年第1期。
④ 吴震:《阿斯塔那336号墓所出戏弄俑五例》,《文物》1978年第5期;《TAM336墓主人试探》,《新疆文物》1992年第4期。
⑤ 《吐鲁番出土文书》肆,文物出版社1996年,第201—223页。
⑥ 同上书,第244—250页。
⑦ 同上书,第230—244页。

年代的下限至少晚于天宝十载,属于盛唐末期。

72TAM226 号墓为夫妻合葬墓,无墓志和随葬衣物疏出土。从个体所穿纸鞋上拆出的文书,其中有纪年者,为唐开元十年(722),①可证该墓在是年之后还在使用,属于盛唐初期。

72TAM230 号墓为夫妻合葬墓,男主人张礼臣先葬,出有武周长安三年(703)张礼臣墓志一方;②女主人后葬,时间不明。所出文书纪年最早为唐文明元年(684),最晚为唐开元九年(721)。③从所出文书的纪年看,随葬文书有男主人的,也有女主人的,纪年最晚为唐开元九年,可见女主人去世的年代晚于开元九年,属于盛唐时期。

73TAM191 号墓为 1 男 2 女合葬墓,无墓志和随葬衣物疏出土,所出文书有纪年者,为唐高宗永隆元年(680)至永隆二年。④从文书纪年来看,至少可以认定该墓从 681 年后就开始使用了。从同墓所出泥俑、网帻等随葬品来看,墓葬年代的下限应该已经到了盛唐的初期。

73TAM224 号墓为 1 男 2 女合葬墓,无墓志和随葬衣物疏出土,所出文书亦无纪年。据墓葬形制、出土文物及文书内容推测当为唐代。⑤从墓葬形制看,该墓带有天井,可以肯定墓葬开凿、使用的年代在武周时期。至于墓葬年代的下限,从同墓所出随葬品来看,同出泥俑制作精细、体形饱满,具有盛唐的风格。更为重要的是,同墓还出土了一枚"开元通宝",可证墓葬年代的下限当在盛唐时期。

从以上对 11 件镇墓神兽所属墓葬的年代讨论来看,墓葬年代均在初唐末期至盛唐时期这个时间范围,说明泥质镇墓神兽在唐灭高昌置西州后近半个世纪才开始在高昌地区流传、使用,并持续到盛唐末期。事实证明,麹氏高昌王国的灭亡,并不意味着物质文化面貌、社会风俗习惯在短时期内的根本性改变。实际上,麹氏高昌王国的末期和唐西州初期出土的遗物在很多方面是难以区分的。

三、镇墓神兽的发展源流

吐鲁番阿斯塔那古墓群自 20 世纪 50 年代末至本世纪初发掘以来,大规模的正式发掘共计十三次(吐鲁番地区文物局历次的抢救性发掘不计算在内)。目前,该墓地的墓葬年代大致可以划分为三期。第一期为晋、十六国至南北朝中期(三世纪中至六世纪初),约当高昌设郡时期;第二期为南北朝中期至初唐(六世纪初至七世纪中),即麹氏割据高昌的"高昌王国"时期;第三期为盛唐(七世纪中至八世纪中),自贞观十四年唐灭高昌置西州起。⑥从前文的讨论来看,木质镇墓神兽俑皆出土于墓地的第一期墓葬中,而泥质镇墓神兽则均出土于墓地的第三期墓葬,即唐西州时期,具体的流行时间为初唐末期至盛唐时期。

首先,我们来讨论一下木质镇墓神兽的发展情况。从地缘上来看,目前的考古资料表明,除了吐鲁番阿斯塔那古墓群以外,这类木质独角镇墓神兽实物在河西走廊西部的嘉峪关、酒泉和敦煌等地多有出土。在阿斯塔那古墓群出土的木质镇墓神兽中,最为典型的当属 B 型木质独角镇墓神兽俑。其中,

---

① 《吐鲁番出土文书》肆,第 89—107 页。
② 侯灿、吴美琳:《吐鲁番出土砖志集注》,巴蜀书社 2003 年,第 610—614 页。
③ 《吐鲁番出土文书》肆,第 65—88 页。
④ 《吐鲁番出土文书》叁,文物出版社 1996 年,第 279—288 页。
⑤ 《吐鲁番出土文书》肆,第 388—390 页。
⑥ 新疆维吾尔自治区博物馆:《吐鲁番阿斯塔那—哈拉和卓古墓群清理简报》,《文物》1972 年第 1 期。

06TAM603 和 06TAM605 号墓各自出土了一件,其和 04TAM408 号墓出土的一件木质镇墓神兽俑形制相同,皆是独角直抵前下方。① 此种形制与甘肃酒泉下河清 18 号东汉墓葬中出土的青铜镇墓神兽的形制十分相似,②但近年有学者提出该墓为魏晋时期。③ 而 B 型中 66TAM65 号墓中出土的这件木质镇墓神兽俑,其独角直抵斜前上方,与甘肃武威磨嘴子东汉中期墓(M25)封门内侧靠近木棺西南侧出土的木质镇墓神兽、④M54 号墓出土的木质镇墓神兽的形制如出一辙。⑤ 另外,在该墓地 2003 年发掘的 M6 墓室封门内侧也发现了一件木质"独角兽",可惜残朽,没有介绍形制。发掘者认为该墓年代"上限为王莽时期,下限为东汉光武建武初年",⑥即新莽至东汉初期。可见该墓地的使用年代自西汉末期至东汉中期,跨度近一个世纪,是河西地区即将跨入鼎盛时期的前奏。

目前学界对甘肃敦煌地区的汉晋墓葬受到中原地区直接影响的结果已经达成共识,而上文的讨论证明,高昌地区又直接或间接地受到河西地区的影响。由此可见,吐鲁番阿斯塔那古墓群第一期墓葬中出现的这种木质镇墓神兽及随葬习俗应该是由河西地区直接或间接传入的。

魏晋时期,关中洛阳、山东、山西等地出土的独角镇墓神兽在造型风格上基本相同,而吐鲁番阿斯塔那古墓群出土的魏晋时期的木质镇墓神兽与其相比只是神似而形不似,却与甘肃河西地区出土的存在惊人的一致,正好说明了这一点。

目前,除了新疆吐鲁番阿斯塔那古墓群第一期墓葬中出土了这种木质镇墓神兽的实物外,在境内其他地区的墓葬中还没有发现实物,但在新疆楼兰的壁画墓中却发现了这种独角镇墓神兽的形象。2003年,在新疆若羌县铁干里克东约 320 公里,楼兰 LE 方城西北 4 公里处,发现了一座 3—4 世纪的大型双室壁画墓。为带墓道的洞室墓,壁画墓被盗扰,前后室四壁均有壁画。在封门西侧的墓室墙壁上,墨绘有一头独角镇墓神兽,其前后肢分开,尾上翘,独角前抵作搏斗状。⑦ 类似楼兰壁画墓发现的这种黑色独角镇墓神兽形象,在陕西神木大保当东汉画像石墓的门扉下方也有发现。⑧ 另外在内蒙古凤凰山东汉壁画墓中也发现有这种形制的独角镇墓神兽形象,⑨距离高昌最近的河西嘉峪关新城 M13 魏晋画像砖墓前室东壁第二行第六块画像砖上绘有一独角兽。⑩ 由此可见,东汉至魏晋时期,独角镇墓神兽在中国北方地区是非常流行的,至少目前在河西地区西晋以后的墓葬中还没有发现独角镇墓神兽的资料。而楼兰魏晋壁画墓绘制的这种独角镇墓神兽形象再次说明,其就是在东汉文化的影响下产生的。且这种文化的传播,和当时、当地的历史背景有密不可分的关系。

自张骞通西域以来,丝绸之路的开通,西域史乃至中国史的发展从此改写,其意义非常重大。两汉以

---

① 吐鲁番地区文物局:《新疆吐鲁番地区阿斯塔那古墓群西区 408、409 号墓》,《考古》2006 年第 12 期。
② 甘肃省文物管理委员会:《酒泉下河清第 1 号和第 18 号发掘简报》,《文物》1959 年第 10 期。
③ 韦正:《试谈吐鲁番几座魏晋、十六国早期墓葬的年代和相关问题》,《考古》2012 年第 9 期。
④ 甘肃省文物考古研究所:《甘肃威武磨嘴子东汉墓(M25)发掘简报》,《文物》2005 年第 11 期。
⑤ 甘肃省博物馆:《武威磨嘴子三座汉墓发掘简报》,《文物》1972 年第 12 期。
⑥ 甘肃省文物考古研究所、日本秋田县埋藏文化财中心、甘肃省博物馆:《2003 年甘肃武威磨嘴子墓地发掘简报》,《考古与文物》2012 年第 5 期。
⑦ 新疆文物考古研究所:《楼兰地区魏晋墓葬》,《考古学年鉴》,文物出版社 2004 年,第 410 页;张玉忠:《楼兰壁画墓的发现与研究》,"汉代西域考古与汉文化国际学术研讨会"上的发言稿,2012 年 10 月。
⑧ 陕西省考古研究所、榆林地区文物管理委员会:《陕西神木大保当第 11 号、第 23 号汉画像石墓发掘简报》,《文物》1997 年第 9 期;西北大学文博学院、陕西省考古研究院、榆林市文物考古勘探工作队、神木县文物管理办公室:《陕西神木大保当东汉画像石墓》,《文物》2011 年第 12 期。
⑨ 马利清:《内蒙古凤凰山汉墓壁画二题》,《考古与文物》2003 年第 2 期。
⑩ 嘉峪关市文管所:《嘉峪关新城十二、十三号画像砖墓发掘简报》,《文物》1982 年第 8 期。

来,大批中原人自发或汉朝政府有组织地迁徙他们至西域居住或屯田,他们就是汉文化的天然传播机。他们不仅带来了先进的物质文明,还带来了丰富的精神文明,甚至把中原的典章制度也传播到了古西域,并由此生根发芽。黄初三年(222),在高昌设戊己校尉。太和四年(230),在楼兰设西域长史。至西晋末年,河西地区及其以西的今吐鲁番地区均为前凉张氏占据,并奉晋朝正朔。此时由于晋室内部发生八王之乱,大量中原居民逃至河西者络绎不绝,并和河西居民一起经河西走廊渐次避乱西域。同时,自东汉晚期以来,河西地区政局也时常发生动荡,曹魏政权的打击致使西北地方豪强的势力大大被削弱,因而造成河西失势大族辗转迁至高昌,在楼兰和高昌逐渐形成了两个汉族高度集中居住的地方。而楼兰壁画墓里发现的墨绘独角镇墓神兽画像,以及高昌地区晋至十六国时期墓葬里出土的木质镇墓神兽,正是受到通过河西走廊传播而来的中原东汉文化的影响的可证实据。而且吐鲁番阿斯塔那古墓群发现的魏晋、十六国时期的墓葬,其形制也与河西地区的敦煌、酒泉等地的墓葬形制非常相似,说明当时河西控制着吐鲁番,两地之间的往来关系紧密。河西文化对新疆的影响,不仅局限于吐鲁番地区,在新疆南部的库车县也发现了同时期的中原汉式墓葬。2007年8—9月,在新疆库车县城发现了七座砖室墓;在M3近墓门处,发现了浅浮雕的两只独角兽,①其照墙的作法和照墙上镶嵌祥瑞图案的传统,明显是受敦煌墓葬的影响。凡此种种说明,即使历史上河西地区政权更迭频繁,中原地区战乱不止,但是在华北地区出现了西晋、前秦和北魏等统一政权,在文化交流上始终没有停止。而地处丝绸之路要冲的河西走廊在吸纳、传播汉文化的过程中功不可没,起着承上启下的传播作用。

A型木质镇墓神兽因多有残损,形制还不十分确定。66TAM53号墓出土的木质镇墓神兽的鼻子(角)虽残,但形制却与B型最相近,可能原本就属于B型,而余皆与B型存在明显差异。翻检考古资料,目前A型木质镇墓神兽在吐鲁番周边地区均不见,甚至新疆邻近地区也不见有出土,推测应该是当地在B型的影响下发展衍生而来的。

其次,我们再来讨论一下泥质镇墓神兽的发展情况。

考古资料证明,从北魏迁都洛阳后,墓葬中随葬的镇墓神兽就开始成对出现,且形象基本定型,均蹲踞,下有托板。隋一统天下后,这种蹲踞式镇墓神兽就在关陇、中原地区大量流行,掀开了隋唐时期镇墓神兽形象之先河,这在学界已是共识。根据阿斯塔那古墓群发掘出土的泥质镇墓神兽来看,因有盗扰因素存在,目前在唐西州时期的墓葬中,除了可见一件镇墓神兽出土的以外,可见出土两件及两件以上者,均有人面和兽面。因此,我们还不能确定随葬的两件镇墓神兽是否必须要人面和兽面共存,或均为人面,或均为兽面。但在隋朝时期,就出现过出土的两件镇墓神兽俑均为人面的现象,②而在开元时期的唐墓中也出现过仅出土一件兽面而无人面镇墓神兽的情况。③因此,吐鲁番阿斯塔那古墓群因人为破坏因素造成的这种现象,有待于今后的考古发掘进一步确认。

吐鲁番阿斯塔那古墓群出土的俑像与中原地区不同,中原出土的神像质地有陶质和三彩之分,而吐鲁番地区出土的神像除了木雕神像外,余皆为泥质神像。

---

① 新疆维吾尔自治区文物考古研究所:《新疆库车友谊路晋十六国时期砖室墓发掘》,《中国文物报》2007年12月28日第5版;新疆文物考古研究所、库车县文物局:《新疆库车县发现晋十六国时期汉式砖室墓》,《西域研究》2008年第1期;于志勇、吴勇、傅明方:《新疆库车县晋十六国时期砖室墓发掘》,《2007中国重要考古发现》,文物出版社2008年。
② 陕西考古研究院、咸阳市文物考古研究所:《隋元威夫妇墓发掘简报》,《考古与文物》2012年第1期。
③ 陕西省考古研究所隋唐研究室:《西安西郊热电厂二号唐墓发掘简报》,《考古与文物》2001年第2期。

翻检考古资料,这种镇墓神兽出土比较集中的地区是河南和陕西,皆因历史上两省分别为东都洛阳和都城长安之所在,是当时全国政治、经济、文化的中心。其他如山西、辽宁朝阳等地也有出土,但相对较少。

河南省唐墓中出土的镇墓神兽主要分布在洛阳及其附近的偃师、巩义和郑州等地,且多为人面和兽面各一,其中人面独角,兽面多为二角。

在阿斯塔那古墓群出土的泥质镇墓神兽中,A型为人面,头生独角或戴头盔、风帽等,均踏薄板,风格简约。此种型式中,戴头盔和风帽者目前周边还不见,而头生独角的人面兽身镇墓神兽与在河南巩义市孝西村①、芝田②、郑州③等地唐墓出土的人面兽身镇墓神兽相似,但是形制稍有差异。巩义市孝西村唐墓出土的头顶独角略向前弯曲,且"脑后有戟形饰,脸两侧生翼形耳,肩有火焰形双翼",发掘者认为"其时代定于咸亨三年(672)至神龙二年(706)间比较稳妥"。芝田 M35 出土的螺旋状独角较短,且"肩生双翼"。而 M36 中出土的最为相近,仅"肩生小翼"。发掘者认为"巩义市芝田两座唐墓年代应在公元 672 年至 694 年前后,其中 M35 可能略早"。而郑州上街区 M54 盛唐墓葬中出土了四件陶质镇墓神兽,其中两件人面独角镇墓神兽与阿斯塔那墓地出土的 Aa 型也很相似,差别仅在"肩有双翼"。

另外,在洛阳地区也发现一些相似的独角镇墓神兽。如洛阳王城大道唐墓出土了两件镇墓神兽,其中"Ⅰ型镇墓神兽为人面兽身,头顶毛发呈螺旋状,方面大耳",与阿斯塔那墓地出土 Aa 型最为相似。④ 在洛阳伊川大庄唐墓中出土的一件独角镇墓神兽俑与 Aa 型外形也有些相似,但是其独角有些弯曲,耳为顺风耳,不似 Aa 型的招风耳。⑤

在河南偃师市杏园村唐墓 M1902 中出土的一件独角镇墓神兽,其独角略向前弯曲,满腮胡须,体态凶猛矫健。发掘者认为其为盛唐时期的墓葬,与阿斯塔那墓地出土的 Aa 型很相似,但与其造型简约相比略有差别。⑥

另外,阿斯塔那墓地出土 Bc 型镇墓神兽与河南巩义市孝西村⑦、芝田⑧、郑州⑨等地唐墓出土的兽面兽身也相似,但形制也稍有差异。孝西村唐墓出土的镇墓兽,发掘者描述为"头顶有三只扁平锥状长角",实为鹿叉状双角,脑后为戟形饰,且"肩生火焰形双翼",而阿斯塔那墓地出土的 Bc 型镇墓神兽的双角不分叉;芝田 M35 中出土的头生三支螺旋状短角,且肩生双翼,而 M36 中出土的也是仅为"肩生小翼"。最为相似的是郑州唐墓出土的陶质镇墓神兽,差异仅在肩部有火焰状装饰。

在洛阳王城大道唐墓出土的"Ⅱ型镇墓神兽为狮面兽身,头生双角",亦与 Bc 型泥质镇墓神兽最为相似,发掘者认为"ⅠM2084 也应为盛唐时期的墓葬"。⑩

---

① 郑州市文物考古研究所、巩义市文物保护管理所:《河南巩义市孝西村唐墓发掘简报》,《文物》1998 年第 11 期。
② 郑州市文物考古研究所、巩义市文物保护管理所:《河南巩义市芝田两座唐墓发掘简报》,《文物》1998 年第 11 期。
③ 河南省文化局文物工作队:《郑州上街区唐墓发掘简报》,《考古》1960 年第 1 期。
④ 洛阳市第二文物工作队:《洛阳王城大道唐墓(ⅠM2084)发掘简报》,《文物》2005 年第 8 期。
⑤ 洛阳市第二文物工作队:《洛阳伊川大庄唐墓(M3)发掘简报》,《文物》2005 年第 8 期。
⑥ 中国社会科学院考古研究所河南二队:《河南偃师市杏园村唐墓的发掘》,《考古》1996 年 12 期。
⑦ 郑州市文物考古研究所、巩义市文物保护管理所:《河南巩义市孝西村唐墓发掘简报》,《文物》1998 年第 11 期。
⑧ 郑州市文物考古研究所、巩义市文物保护管理所:《河南巩义市芝田两座唐墓发掘简报》,《文物》1998 年第 11 期。
⑨ 郑州市文物工作队:《河南郑州市上街唐墓的清理》,《考古》1996 年第 8 期。
⑩ 洛阳市第二文物工作队:《洛阳王城大道唐墓(ⅠM2084)发掘简报》,《文物》2005 年第 8 期。

陕西省出土的镇墓神兽实物主要集中分布在发现唐墓最多的西安及其周边地区,即关中地区。其初唐墓葬中出土的镇墓神兽在风格上还是比较朴素、简约,独角不明显或比较短,如咸阳师专唐墓、[①]陕西邮电学校唐墓等等,[②]与阿斯塔那墓地出土的 Aa 型的差异还是很明显的。

另在西安郊区隋唐墓中,出土镇墓神兽俑计有 38 件,其中 I 型、II 型中发现有"头戴黑色尖顶盔胄"和"头戴螺旋形盔帽"的人面镇墓神兽俑,与阿斯塔那墓地出土的 Ab 型相似,前者 I 型出土于隋开皇十二年墓葬,II 型出土于初唐墓葬,[③]是此类镇墓神兽俑的早期型式,阿斯塔那墓地 Ab 型戴头盔或风帽的镇墓神兽俑应该受此影响。

在陕西长武郭村唐墓中出土的 I 式、II 式镇墓神兽俑为初唐时期,其造型风格比较简约,与阿斯塔那墓地的 Bc 型和 Aa 型最为相似,差异仅在 I 式"肩侧有半月形翼,背后有锯齿状鬣",而 Bc 型两肩侧分别插有两根羽翼;II 式也是"肩侧有半月形翼,背后有锯齿状鬣",而 Aa 型两肩无装饰。[④]

而关中盛唐时期的墓葬中出土的三彩镇墓神兽俑形制,不仅和河南地区相似,而且和新疆吐鲁番阿斯塔那墓地出土的也相似。如西安南郊唐墓(M31)中出土的两对镇墓神兽俑中,其 I 型三彩镇墓神兽(M31:1)与河南巩义食品厂唐墓中出土的相似,也与阿斯塔那墓地出土的 Aa 型神似;其 II 型与阿斯塔那墓地出土的 Bc 型最为相似。[⑤] 而在中堡村唐墓出土的一对三彩镇墓神兽俑中,兽面狮身神兽与阿斯塔那墓地的 Bc 型非常相似,其肩部尖锐的鬣毛应该就是阿斯塔那墓地 Bc 型镇墓神兽羽翼装饰的前身,[⑥]西安西郊热电厂二号唐墓出土的镇墓神兽俑也是此类形制。[⑦] 而盛唐时期独孤思贞墓中出土的一对镇墓神兽俑,不仅与中堡村的相似,而且分别与阿斯塔那墓地出土的 Aa 型和 Bc 型相似,其差异也是肩部均装饰有尖锐的鬣毛,背部有锯齿纹。[⑧]

在唐节愍太子墓中出土有镇墓神兽两对,其中标本 M1:416 人面螺旋状独角镇墓神兽与阿斯塔那墓地的 Aa 型有些相似,只是其"后顶有鬣毛耸立……肩头立双翼"。标本 M1:419 双角兽面镇墓神兽与 Bc 型相似,但是"头两侧、肩上有直立的鬣鬃,似火焰状。肩饰扇形双翼……背中部起脊一道"。[⑨] 这两件镇墓神兽虽然与阿斯塔那墓地出土的 Aa 型、Bc 型稍有差异,但与前文提到的河南省几个地区出土的镇墓神兽形制基本相同。

另外,位于丝绸之路要道的甘肃省在武威、天水、敦煌等地也有少量的镇墓神兽出土。如秦安县叶堡乡杨家沟村出土的唐景龙三年(709)三彩镇墓神兽,"都具有明显的盛唐作风",[⑩]不仅在形制上与阿斯塔那墓地出土的 Bc 型有些相似,而且与章怀太子墓出土的镇墓神兽造型几乎完全一样。[⑪] 在敦煌城东老爷庙一号盛唐墓中,亦出土有镇墓神兽:"……这匹大陶马的后面,又陈列着一个蹲坐着的龙首兽身生翼

[①] 咸阳市文物考古研究所:《咸阳师专唐墓清理简报》,《文博》1998 年第 5 期。
[②] 咸阳市文物考古研究所:《陕西邮电学校北朝、唐墓清理简报》,《文博》2001 年第 3 期。
[③] 中国科学院考古研究所编著:《西安郊区隋唐墓》,科学出版社 1966 年。
[④] 长武县博物馆:《陕西长武郭村唐墓》,《文物》2004 年第 2 期。
[⑤] 西安市文物保护考古所:《西安南郊唐墓(M31)发掘简报》,《文物》2004 年第 1 期。
[⑥] 陕西省文物管理委员会:《西安西郊中堡村唐墓清理简报》,《考古》1960 年第 3 期。
[⑦] 陕西省考古研究所隋唐研究室:《西安西郊热电厂二号唐墓发掘简报》,《考古与文物》2001 年第 2 期。
[⑧] 中国社会科学院考古研究所编著:《唐长安城郊隋唐墓》,文物出版社 1980 年
[⑨] 陕西省考古研究所、富平县文物管理委员会编著:《唐节愍太子墓发掘报告》,科学出版社 2004 年,第 105 页。
[⑩] 甘肃省博物馆文物队:《甘肃秦安县唐墓清理简报》,《文物》1975 年第 4 期。
[⑪] 陕西省博物馆、乾县文教局、唐墓发掘组:《唐章怀太子墓发掘简报》,《文物》1972 年第 7 期。

的怪兽俑……和这相对称的是一个人面兽身,头上长角,颔下生须,身具两翼的怪兽俑……"①从以上描述来看,应是兽面、人面各一,且"生翼"或"身具两翼",与两京地区的相似,可惜没有找到照片,无法与吐鲁番阿斯塔那墓地的相比较。但是,从质地和造型来看,甘肃省天水、敦煌等地出土的镇墓神兽基本可以断定是从中原流传而来的。

以上通过河南、陕西、甘肃等地唐墓中出土的镇墓神兽与新疆吐鲁番阿斯塔那墓地唐墓中出土的镇墓神兽相对比,发现在阿斯塔那墓地出土的镇墓神兽中,仅有 Aa、Ab 型中戴头盔型和 Bc 型能在上述河南、陕西两地找到母型。Bb 型除了与 Bc 型镇墓神兽头部有单、双角之分外,其形制大体相近,而且装饰比 Bc 型更加华丽,可以说是一种时代的表现,盛唐景象显现十足。说明阿斯塔那墓地唐墓中的这种镇墓习俗是随着唐灭高昌置西州后,逐渐传播并占据了西州埋葬习俗的主导地位。而 Ab 型中戴风帽型镇墓神兽目前除了在阿斯塔那墓地出土的以外,在新疆境内其他地区还没有发现,河南、陕西两地也没有发现类似形制的,应该是本地新发展、衍生而来的。

两京地区唐墓中出土了很多脑后带戟形饰的镇墓神兽。戟形饰是北齐镇墓神兽俑的独有特征,经东魏、北齐的继承和发展,加上隋唐时期的规范和推广,使得洛阳、西安地区保持着较高的一致性。但是,在阿斯塔那墓地出土的所有镇墓神兽中,其脑后要么没有这种戟形饰装饰,要么以羽翼作装饰,说明高昌地区的居民只是承袭了这种墓葬习俗,并没有完全照搬中原镇墓神兽的外在形象,而是形成了自己独有的简约、生动的地域特征。

唐朝时期,其上层社会厚葬之风甚盛,《唐会要》中记载,当时"王公百官,竞为厚葬。偶人像马,雕饰如生",而且"风俗流行,下兼士庶"。至武周时期,其装饰逐渐走向繁缛、奢华,并随着唐文化的传播而影响到西州地区,而吐鲁番阿斯塔那墓地出土的镇墓神兽的华丽装饰正是从武周末期开始的。

另外,笔者在整理过程中发现,镇墓神兽皆出土于盛唐时期的墓葬中,而麹氏高昌时期的墓葬中均没有出现。其实,麹氏高昌王国大部分时间内处于一种封闭的割据状态,而与中原建立起日益紧密的文化联系则始于麹氏高昌王国晚期。从大业三年(607)起,高昌向隋朝"遣使贡方物",建立了正式的官方往来。其王麹伯雅携王子麹文泰随西巡河西的炀帝东归,游历中原,逐渐了解了隋朝的礼仪制度及文化习俗等,隋文化开始影响高昌。但是,由于隋朝立国时间较短,其自身的随葬制度还没有形成,承袭的还是北周习俗。加之麹氏高昌王国晚期政局不稳,如"义和政变"、"重光复辟"、"延寿改制"等等,致使文化受到冲击。

唐朝初年,麹氏高昌王国曾多次遣使朝贡,麹文泰也曾亲自入朝,与唐朝保持着非常友好的关系。后来,由于麹文泰的倒行逆施激怒了唐太宗,后者于贞观十三年(639)十一月派侯君集出兵高昌,次年八月平定高昌,旋即于其地立西州。同时,太宗皇帝力排众议,坚决主张在高昌故地建立州县制度,推行中原体制。但是,在西州初期,由于唐太宗投入治理高昌的兵员不多,"每岁调发千余人,防遏其地",及"兼遣罪人,增其防遏"。② 加上西突厥实力雄厚,不时骚扰,西域政局仍然处于动荡不安之中。在这种不稳定的局势下是不可能从根本上来改变西州旧有文化面貌的,这也说明了为什么在唐西州初期的墓葬中仍然出土了很多带有麹氏高昌时期文化特征的遗物。

---

① 夏鼐著,王世民、林秀贞编:《敦煌考古漫记》,百花文艺出版社 2002 年,第 59 页。
② 吴兢:《贞观政要》卷九《安边》第三十六,上海古籍出版社 1978 年。

直到唐显庆三年(658)以后,这种情况才得以改变。是年唐朝平定了阿史那贺鲁叛乱后,唐高宗即今在西域各地广泛设置行政机构,建立了以安西四镇为核心的统治体系,将原由西突厥统治的广大地区转由唐朝控制,从而强化了唐朝对西域的统治。[1] 政治上的控制加强,军事上向长期镇守的镇军转化,[2] 经过近半个世纪的发展,及至盛唐,唐文化对西州的影响渐趋深刻,并最终占据了主导地位,而麴氏高昌王国墓葬文化的遗脉也由此临近尾声,走到了历史的尽头。

四、结 论

上文对吐鲁番阿斯塔那古墓群发掘出土的木质和泥质镇墓神兽的型式、年代、源流进行了综合讨论,可知晋至南北朝时期吐鲁番阿斯塔那古墓群墓葬中出现的这种木质镇墓神兽及随葬习俗应该是由河西地区直接或间接传入的。从目前的考古文化现象看,中原两汉考古文化在新疆大部分地区显示得不很明显,但是从魏晋南北朝时期则发生了很大变化,除了本文讨论的木质镇墓神兽外,其他如陶器、漆器、铜镜、纺织品以及墓葬形制、葬具、葬式等则更多地与东部甘肃河西走廊乃至中原的众多文化相似。同时,作为丝绸之路的要冲,新疆又是东西方文化交流不可逾越的地方,西方文化对其影响也非常明显,如玻璃器皿、毛纺织图案以及佛教等等,这是亚欧古丝绸之路上魏晋南北朝时期新疆考古的一个非常明显的特点。

而泥质镇墓神兽及其随葬习俗则主要是在唐灭高昌至西州后,由唐代中原两京地区逐渐传入的。在这两个时期,通过传承、融合并有所发展、创新,阿斯塔那墓地随葬的镇墓神兽逐渐形成了自己独特的地域特征。

吐鲁番地区是西域和东方交通的门户,为中原王朝和北方游牧民族长期争夺的交通要冲。高昌本为车师人故国,到汉朝时为戊己校尉的驻地,此后被北朝各代先后管辖。640年,唐太宗派侯君集灭麴氏高昌国置西州,并推行与中原相同的军政体制。从此,吐鲁番地区成为唐王朝经营西域的大本营,并处处留下了中原文化的深刻印痕。

---

[1] 吴玉贵:《突厥汗国与隋唐关系史研究》,中国社会科学出版社1998年。
[2] 张广达:《唐灭高昌国后的西州形势》,载氏著《西域史地丛稿初编》,上海古籍出版社1995年。

吐鲁番鄯善洋海墓地出土马球考

陈新勇

(吐鲁番学研究院)

一、新疆鄯善洋海墓地殉马介绍

洋海墓地2号台地三座墓出土四具完整殉马骨架,二号墓地48号墓为竖穴偏室墓,墓口位于环形封堆中央,竖穴口呈长方形,墓口距地表深0.42—0.72米,长2.96米、宽1.24米,墓道深3.02米。墓道底殉葬马一匹,马骨保存完整,呈卷曲侧卧状。位于主墓室北4.02米处有一殉马坑,圆形竖穴土坑,内同样葬马一匹,马骨保存完整,也呈卷曲侧卧状,马尾保存完整,黄白色,编发辫状。

二号墓地49号墓西北邻48号墓竖穴偏室墓。地表有环状土石堆,高0.8米、直径9.5米,中间有凹坑,深0.64米。土堆下压土坯围墙,墙用三层土坯加黄泥砌成。墓口在圆形围墙中间,平面呈梯形,墓口北边围墙内有一椭圆形殉马坑,坑口长径1.32米、短径1.04米、深1.02米。内底有一完整马骨架,呈蜷曲状。

二号墓地212号墓位于墓地西部,该墓葬地表较平坦。为一座东南—西北向竖穴土坑墓葬,北侧0.28米处有一殉马坑。殉马坑平面形状近长方形,四隅圆滑,开口于表土层下。填土为黄沙土,土质松散。上口距地表深0.08米、东西长1.41米、南北宽0.9米、深0.19米。马骨保存较好,侧身屈肢,头向西北,脖颈扭曲,面向下,腹部发现有食物。

除上述完整殉马骨架外,洋海三个墓地均有成对或单个完整或残缺的马镳、马衔、马镳头、马鞍和皮鞭等与马相关的器物出土。

名　称	马镳(对/个)	马衔(对/个)	镳头(个)	马鞍(个)
一号墓地	28	5	19	
二号墓地	15	4	7	2
三号墓地	3	2		1

这些器物的出土都表明当时生活在这片土地上的居民生活中马的广泛驯养及利用很成熟。

二、新疆鄯善洋海墓地出土皮囊

洋海墓地位于新疆鄯善县吐峪沟乡洋海夏村、吐鲁番盆地火焰山南麓的荒漠戈壁地带,北距吐峪沟乡政府4公里,东南距洋海夏村四组2公里,地理坐标北纬42°48′,东经89°39′。墓地主要分布在相对独立并毗邻的三块略高出周围地面的台地上,台地表面为戈壁砂石层,下面为第四纪黄土地层,黄土纯净,结构紧密。

共在1号墓地发掘墓葬218座,编号为2003SAYⅠM1—M218;2号墓地223座,编号ⅡM1—M223;3号墓地80座,编号ⅢM1—M80(均遭到破坏)。大多数墓葬反映的文化特征一致,属于青铜时代、铁器时代,学术界曾命名为"苏贝希文化"。这是该地区发现的文化特征明确、文化内涵丰富、盆地时代最早的考古学文化。[①]

由于吐鲁番特殊的地理环境,洋海墓地大量的有机质文物得到很好的保存,出土了大量的木器及皮革制品,除了人们穿着的皮衣、皮帽、皮鞋(靴)、皮弓箭袋,还有压、刻出精美花纹的皮盒、皮包、皮马鞍、马辔头和皮带、皮条等。出土于1号墓地的三件定名为皮囊的皮质品引起了笔者的注意。

洋海墓地1号墓地ⅠM157位于墓地中部,东北邻ⅠM151,南邻ⅠM149。方向98度,B型,椭圆形竖穴土坑墓。四足木尸床上葬一中年男性,年龄40岁左右,头东脚西,侧身屈肢,双手置于胸前,面朝北。身上着皮衣、毛裤,脚穿皮靴,上缀饰铜扣。头戴冠饰和缀有海贝的彩色毛编织带和假发辫,颈系石串珠,左手臂戴皮射鞲。东南角有木鞭杆、木器柄、木橛、残弓、皮弓箭袋、毛织物和草编饰,胸前有皮囊和木盘,马尾缨络在胫骨处。西北角有绵羊头。随葬品中出土一件皮囊,羊皮缝制,呈椭圆形,束口,底部红色宽线涂成十字纹。直径8.6厘米、厚5.2厘米。[②](图一-1,图版捌-1,图版捌-4墓葬图)

ⅠM209.4 该墓曾被盗掘,填土中有草屑和土坯,土坯面上有用双指所作成排的戳印纹及马蹄形纹。人骨架和随葬器物想来也被挪动了位置,仅残存人头骨、下肢骨斜靠于墓壁,青年男性,20—25岁,双脚都穿着皮靴,身着的毛布衣服也大片残存下来。木弓和木钉在西头,陶器残片和木马鞭在东北角,皮弓箭袋、木弓、皮囊、皮射鞲在东南部。随葬品中出土一件皮囊,羊皮缝制,椭圆体,内装碎皮革。直径7.4厘米、厚4.7厘米。(图一-2,图版捌-2)

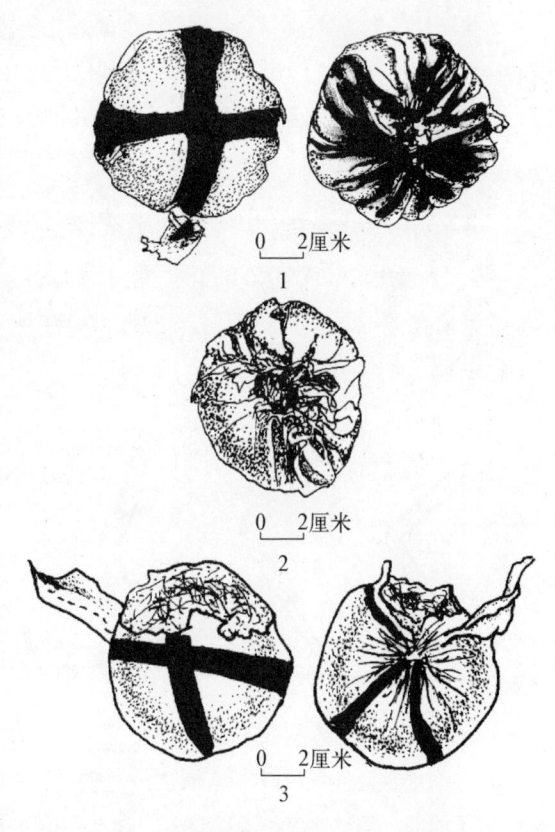

图一 鄯善洋海墓地出土3件皮囊
1. 皮囊(ⅠM157) 2. 皮囊(ⅠM209)
3. 皮囊(ⅠM214)

ⅠM214 墓底有一具无头尸骨,呈东西向,上半身骨骼残缺,下肢上屈,脚穿皮靴,成年男性。随葬品中出土一件皮囊,羊皮革缝制,扁形,内装满碎皮块,底画一红色十字纹。直径9.2厘米。(图一-3,图版捌-3)

三、新疆鄯善洋海墓地出土木旋镖

ⅠM173.4 木旋镖,木板削制而成,表面经打磨光滑,端部呈扁圆弧状,另一边由粗渐细,削刻出手握

---

① 新疆吐鲁番学研究院、新疆文物考古研究所:《新疆鄯善洋海墓地发掘报告》,《考古学报》2011年第1期。
② 同上。

的把手，折角处刻出圆形突起。角度100度。把长47.5厘米、宽4.1厘米，端部长28.8厘米、宽5.5厘米。（图二-1）

ⅡM13.6 木旋镖，依自然形状柽柳木加工而成，扁平，弯曲，短边较宽，长端截面近椭圆形，端部有圆形握手。个体较小而粗糙，夹角115度。长边46.8厘米、短边19厘米、厚2.1厘米。（图二-2）

ⅡM45.1 木旋镖，用自然弯曲的柳木棍削制而成，扁体，一端作圆锥体，易于手握。弯角135度。长端长36厘米、短端长20.8厘米、最大径5.2厘米。（图二-3）

ⅡM72.3 木旋镖，用自然木棍加工而成，扁平，弯曲，器表磨光，弯曲成120度，长端有手柄。长端42厘米，短头28厘米、宽6.4厘米、厚1.5厘米。（图二-4）

ⅡM180.1 木镖旋，圆木刻、削而成，扁平状，较长的一端为手柄，弯角度为130度。长53.36厘米。（图二-5）

ⅡM190.6 木旋镖，用自然弯曲呈100度的柽柳棍削制，柄部较细，端部有瘤结。通长51.5厘米、粗径5厘米。（图二-6）

ⅡM210.2 木旋镖，棍体呈扁平状，弯曲成85度拐角，长端有手柄，靠近拐角处断裂，钻孔穿皮条加固。长56厘米、最大宽5.6厘米、厚1.4厘米。（图二-7）

ⅢM42.3 木旋镖，利用自然弯曲的树杆加工制作，近90度拐角圆滑，握手呈扁圆形，略细于棍体，棍体后端残。残长15厘米、径1.1厘米。（图二-8）

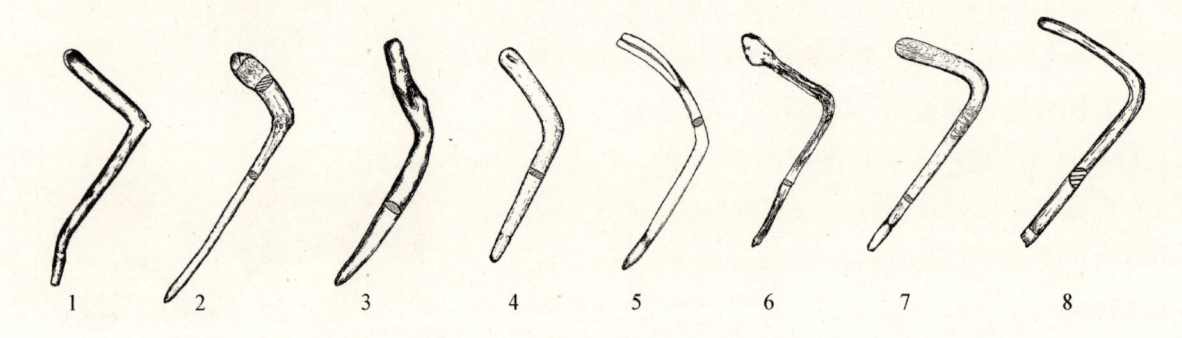

图二　洋海墓地出土完整木旋镖

1. 木旋镖（ⅡM173.4）　2. 木旋镖（ⅡM13.6）　3. 木旋镖（ⅡM45.1）　4. 木旋镖（ⅡM72.3）
5. 木旋镖（ⅡM180.1）　6. 木旋镖（ⅡM190.6）　7. 木旋镖（ⅡM210.2）　8. 木旋镖（ⅢM42.3）

四、马　球

远古时期，我国先民就创造了一种能酿酒的东西称之为"鞠"。而在《诗经·小雅·蓼莪》载："父兮生我，母兮鞠我。"[①]可见"鞠"有养育之意。随后鞠还被认为具有催生化育的巫术功能。由于酿酒过程中谷物发霉之后会发酵，进而谷物上生长虫"毛"，于是，古人把毛发一类东西一律称之为"鞠"，后来又称之为"球"，这也许与球体由毛发制成有关联。长沙马王堆三号西汉墓出土的帛书《十六经·正乱》记载，黄帝与蚩尤战于涿鹿，黄帝取胜之后，擒杀了蚩尤。为了发泄仇恨，黄帝将蚩尤的胃塞满了毛发，制成球供

---

① 朱熹：《诗经集传》，吉林人民出版社2005年，第189页。

士兵踢。1979年,甘肃省文物考古队,在位于敦煌市西北的马圈湾汉代烽燧遗址中发现了一件西汉中期的球形实物(此球现藏于敦煌博物馆)。根据考古报告的记载:"此球体积为5.5 cm,内填丝棉,外用细麻绳和白绢揉成绳捆扎成球。"①所以根据球的形制、结构、大小,结合文献记载等,此球很可能就是当时打马球所使用的球。

东汉(25—220年)末年,曹操的儿子曹植曾写过一篇《名都篇》,其中载:"名都多妖女,京洛出少年。……连翩击鞠壤,巧捷惟万端。"②这首诗描写的是身着华丽服装、佩剑携弓的"京洛少年"们在南山进行狩猎活动和"连翩击鞠壤,巧捷惟万端"的击鞠活动。这里的"连翩"是曹植《白马篇》中"连翩西北驰"的"连翩",是形容词,用来形容"击鞠"姿态的矫健。"击"根据《辞源》、《辞海》注释,本义是打、敲打。"鞠"根据郭璞《三苍解》述:"毛丸,可蹋戏。""壤"即土地、大地、场地的意思。这也是至今能见到的我国有关马球的最早记载。但是,由于证据乏力,加之学者们对《名都篇》中"连翩击鞠壤"有着不同的理解,所以,虽然此观点附和者众多,但需更确凿的资料再加论证。

东汉人李尤曾经著有《鞠城铭》,其内容载:"圆鞠方墙,仿像阴阳。法月衡对,二六相当。建长立平,其例有常。不以亲疏,不有阿私。端心平意,莫怨其非。鞠政犹然,况乎执机。"③文中所提及的"圆鞠方墙"这一词句,意味着此鞠场设围墙。据文献记载,只有马球场地才在三边设墙。同时,作者还详细记载了击鞠比赛的规则,可见在当时,击鞠已广泛流行。

2011年,北京邮电大学的唱婉和中国文物学会陈楠两位先生收藏到江苏睢宁附近出土的六块东汉时期墓葬马球系列浮雕画像砖。睢宁(淮陵),东汉属下邳国管辖。这六块砖画呈长方形,其长、宽、高分别是45厘米、22.5厘米、11.8厘米,采用手工契刻成浮雕将马球画面凸显在砖表上,立体感较强。据有关文物专家对实物从材质、图像、工艺等方面进行鉴定,确认其为东汉时期的画像砖。

东汉时期,下邳国地域环境富饶,农业发达,经济繁荣,道德人文精神又有新的发展,并创造了丰富的生死智慧,解决了人们的生死观问题。而提到人的生死必然会联想到墓葬,它应该是表达生死观最直接的材料,鲜明体现了人们对死后处境的理想。因此,东汉时期盛行厚葬,墓葬设置往往是将墓主人生前日常生活所需要的一切用图像表现出来,力图在有限的墓室建筑空间中复制一个完整的生活场景,以取悦墓主的灵魂,并彰显墓主人的生活爱好。而东汉墓中所出现的反映人间生活的打马球图,实际上反映了人的生命、死亡、升天之间并没有什么冲突,打马球既是墓主生前的喜爱,死后也能继续享受这一乐趣,这样可以满足人的梦想,让美好生活在生命过程中持续,也试图能在死后延续。六块画像砖,都形象地反映了马球手骑着奔驰的马,手执偃月型球杖,高高举至脑前或脑后,正准备伺机挥杖击球,尤其是其中还有一块描绘立在马上挥杖击球的精彩画面,充分展现出马球手驭马的能力和高超精湛的球技。这六块马球砖画是目前遗存最早的实物,也是最有说服力的形象化史料,故而弥足珍贵。

马球大多用球异常精致,大小如同拳头一般,有的用质量轻而有韧性的皮料制成,外涂红色或彩绘花纹。取其坚硬,故唐代女诗人鱼玄机有诗:"坚圆净滑一星流,月仗争敲未似休。"据文献记载,唐代的皇家马球运动应始于唐太宗。《封氏闻见记》卷六载,太宗常御安福门,谓侍臣:"闻西蕃人好为打毬。比亦

---

① 甘肃省博物馆、敦煌县文化馆:《敦煌马圈湾汉代烽燧遗址发掘简报》,《文物》1981年第10期,第1—8页。
② 曹道衡、俞绍初:《魏晋南北朝诗选评》,三秦出版社2004年,第31—32页。
③ (唐)欧阳询:《艺文类聚》卷五四,中华书局1965年,第970页。

况,吐蕃和西域各民族的马球发展历史,马球与胡人的关系等等。[①] 虽然也取得了不少令人瞩目的成果,但始终缺乏可考可信的实证。

　　吐鲁番盆地长期作为华夏文明与中亚西部、南亚、西亚、北非、欧洲大地古老文明交往的陆上通道,为沟通古代中西方经济、文化交流发挥了十分重大的作用。许多古老的民族如塞、匈奴、汉、突厥、回鹘、契丹、蒙古等,曾经在这片土地上东来西走,留下了或浅或深的印痕,华夏文明及古印度、波斯、希腊、罗马文明曾经在这片土地上彼此碰撞,相互吸收,而呈现出绚丽多彩、特色独具的面目。加之气候干燥,许多古代城镇遗址、生土建筑依然屹立,别处无法保存的有机质文物,历数千年风雨,却在这里不朽,器形完整,色泽如新。吐鲁番鄯善洋海墓地墓葬中不但保存有完整的殉马而且有大量与马相关的驭马器物出土。最关键是这三件绘有"十"字的皮囊,制作方法、内部填充、形状大小都与敦煌马圈湾汉代烽隧遗址材料所描述"马球"基本一致;出土的八件完整木旋镖与唐李邕墓、章怀太子李贤墓内马球图壁画、唱婉和陈楠两位先生收藏到的江苏睢宁附近出土的六块东汉时期墓葬马球系列浮雕画像砖中形象及出土于阿斯塔那古墓的打马球俑手持球杖比较来看也极为相似。我们知道,打马球时为免马尾摆动扰乱、遮挡视线,会将马尾捆扎成髻状或辫状挽起,这与洋海墓地出土的殉马挽起的辫状马尾不谋而合。由此证明这三件皮囊就是当时的马球,木旋镖既是狩猎工具又是当时打马球用的球杖。生活在当时的洋海原始居民是存在打马球这项活动的。

　　出土于洋海墓地一号墓地的三件皮囊如果是马球,那可能是迄今为止发现最早的马球实物,吐鲁番洋海一号墓地根据墓葬埋葬形式、相关出土器物类比及相关器物的碳十四测年等综合判断,据考古学家吕恩国认定出土皮囊的墓葬年代当在公元前2300年左右,也就是战国晚期。这样就比东汉最早记录马球的《名都篇》,比唱婉、陈楠两位先生收藏到的六块浮雕画像砖的年代早500多年,那么当张骞凿空西域之前,马球早已在吐鲁番盆地流行,关于它的源流问题我们至少可以断定,中原的马球运动是由西域传入的。

[①] 李重申、李金梅、夏阳:《中国马球史》,甘肃教育出版社2009年,第3页。

吐鲁番出土双头鸟纹样与佛教"共命鸟"无涉

刘 政
(中国国家博物馆)

吐鲁番地区阿斯塔那墓地出土过两件高昌郡时期的彩色双头鸟纹刺绣,皆被称为"鸟龙卷草纹刺绣"。其主题纹样都是双头同体鸟,周围配以各种辅助纹样。这两幅刺绣上的双头鸟图案被命名为"共命鸟"。本文认为这种命名有不妥之处,现详述如下。

一、阿斯塔那墓地出土的双头鸟纹刺绣及命名为"共命鸟"的原因

这两件刺绣,其中一件出土于阿斯塔那一座十六国时期的墓葬(编号79TAM382)。文字说明为"残长34、宽23厘米。采用锁针法在红色绢底上以蓝、绿、黄、黑等颜色丝线绣出图案。中间是一只异首同体的'共命鸟'"。周围有四只展翅飞翔的小鸟。刺绣两边与共命鸟上部有四条龙,右边二龙头部长须,特别是上面的一条,其造型很近似中原传统的龙的形象。左边两条呈蜥蜴状。最上方是五座倒置的山,上绣树。最下面及空隙处为各种样式的花草。画面讲求对称,造型生动。(图一-4)[①]墓室经过盗扰,出土文物除了"鸟龙卷草纹刺绣"外,还有鸡鸣枕一件、绣裲裆、菱形方格纹绢、紫红色绢、素绢、绢面纸鞋一

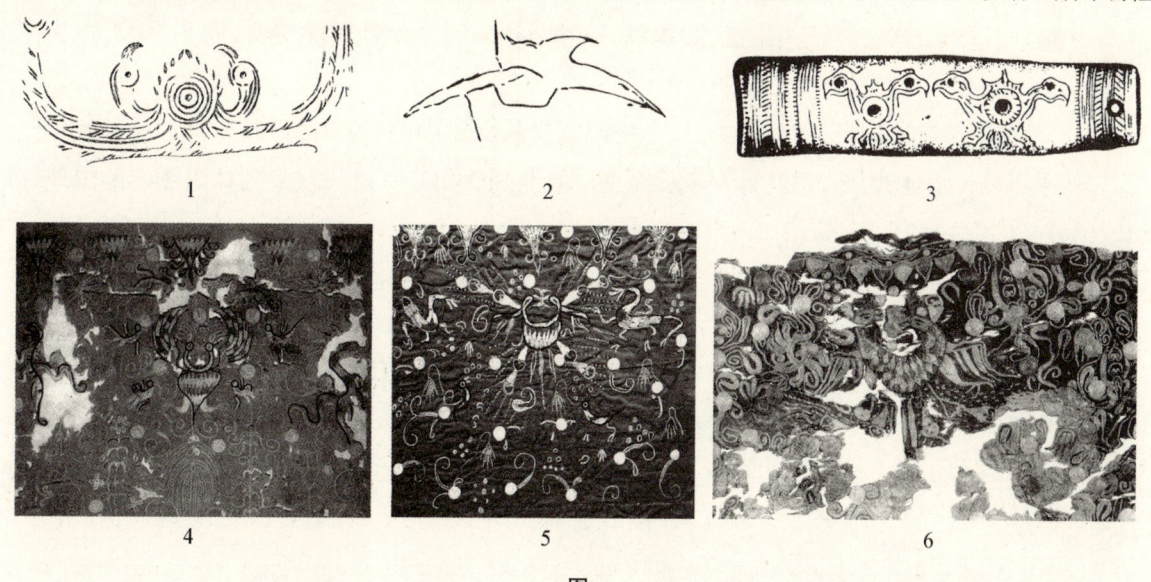

图一

1. 象牙雕刻(T226(3B):79)上的双头鸟图案　2. 良渚文化刻符玉璧上的双头鸟图案
3. 连体鸟纹骨匕(T21(4):18)上的双头鸟图案　4. 鸟龙卷草纹刺绣上的双头鸟图案
5. 鸟龙卷草纹刺绣上的双头鸟图案　6. 扎滚鲁克墓地出土的"鸟草花纹刺绣断片"上的双头鸟图案

---

① 新疆吐鲁番地区文管所:《吐鲁番出土十六国时期的文书——吐鲁番阿斯塔那382号墓清理简报》,《文物》1983年第1期。

双、衣物残片、麻布、苇绳。①

根据从纸鞋中拆出的文书内容,考古工作者判断,墓葬的年代约属沮渠安周盘踞高昌时期(444—460年)。至于"鸟龙卷草纹刺绣"的原用途和出土的具体位置,考古工作者判断其为共出的绣裲裆的前胸部分:"绣裲裆。此件已残,残留部分为裲裆后背部分,出土时粘贴在死者背上,长53、宽17.5厘米。双层,内层是素绢,外层中间缀缝一幅刺绣。刺绣残存大部,长20.5、宽22.6厘米,也是在红色绢底上以黄、黑等各种颜色丝线采用锁针法绣出图案,风格与上件(指"鸟龙卷草纹刺绣")大体一致。构图略有不同,中间没有共命鸟。根据情况判断,上件刺绣应是这件文物的前胸部分。"②考古工作者根据"鸟龙卷草纹刺绣"的大小、材质、图案和风格等,将其判断为裲裆的前胸部分是有相当道理的。

另一件鸟龙卷草纹刺绣,见于《吐鲁番文物精粹》。说明文字为:"高昌郡时期,长38厘米、宽26厘米。吐鲁番阿斯塔那出土。现藏吐鲁番博物馆。在红色绢地上,用蓝、绿、黄、褐色丝线,用锁针法绣出一只两头一体的共命鸟,两侧上方有两条龙。"(图二-5)③刺绣出土于阿斯塔那古墓群西区408号墓,墓葬年代为十六国时期,共出物品有木疏、串饰、陶盘、木器、衣物疏、银钗、铜钱等。这幅绣品为女性墓主人令狐阿婢身上所穿夹层棉背心的前胸所缀缝的刺绣。④

认真分析这两组图案,虽然鸟体造型以及周围满布的花、草、星、云都各具特色,色彩配置也明显不同,但基本风格一致:绢地,均取鲜丽的红色;刺绣主题都是双头同体的鸟纹,并被命名为"共命鸟"。图案要求对称,要具备吉祥、欢乐、幸福的精神,是没有差异的。

刺绣中的双头鸟被命名为"共命鸟",据称是得之印度佛教文化的影响。共命鸟,应该是佛教中传说的耆婆耆婆迦鸟,又称命命鸟、生生鸟等。在《涅槃经》中,译作"命命鸟";《胜天王般若经》中,译作"生生鸟";《阿弥陀经》、《杂宝藏经》中,译作共命鸟;《法华经》、《佛本生经》、《法苑珠林》中也有关于共命鸟的记载。⑤ 按照《佛本生经》中的讲述:"往昔雪山有二头鸟,一头名迦喽茶,一头名忧波迦喽茶。其忧波迦喽茶头,一时睡眠。近彼寤头,有摩头迦树,风吹华落,至彼寤头。其头自念,虽独食华若入腹时,俱得色力,不令彼寤,遂默食华。其睡头寤觉,腹饱满,欬哕气出。问言何处得此美食,寤头具答,睡头怀恨。后时游行,遇毒树华,念食此华,令二头死。"⑥

上述两件刺绣图案中的鸟,一身两头,与上引印度佛教文化中的"二头鸟"概念,似有相通之处。如是命名,似乎可以说得通,因此,也就为大家所接受。但准确性如何?这一双头同体鸟图案的出现,确是与印度佛教文化相关?

这种两头一身鸟的形象最早出现在什么地方?具有什么样的文化内涵?颇值得我们继续研究。

二、华夏大地上有关"双头鸟"的考古和文化遗存

其实,鸟一身而两头的图像,在华夏大地上出现的年代是十分古老的,流布地域也十分广阔,延续时

---

① 新疆吐鲁番地区文管所:《吐鲁番出土十六国时期的文书——吐鲁番阿斯塔那382号墓清理简报》,《文物》1983年第1期。
② 同上。
③ 李萧主编:《吐鲁番出土文物精粹》,上海辞书出版社2006年,第95页。
④ 吐鲁番地区文物局:《新疆吐鲁番地区阿斯塔那古墓群西区408、409号墓》,《考古》2006年第12期。
⑤ 共命鸟,已经有一些学者对这一题材进行过研究,如金申先生的《谈共命鸟》、《共命鸟小考》,赵超先生的《共命鸟与比翼鸟》,陈雪静先生的《迦陵频伽起源考》等。
⑥ (宋)法云编:《翻译名义集》第七卷。

间十分悠长。由于这方面的资料极为分散,因而难以形成鲜明的印象。这一概念随时代、社会环境的发展,多有变化,被赋予了不同内涵。

两头一身鸟的图案,就目前已获资料,最早出现在河姆渡文化遗存之中,距今已有7 000—8 000 年。[1]

河姆渡遗址第一期文化遗存中出土一件骨匕(T21(4):18)。(图一-3)骨匕"正面饰有连体鸟纹图案两组,二鸟同体,鸟头向背而仰,鹰嘴大眼,鸟背呈山峰型,鸟眼均用未钻透的圆窝所替代,鸟身中间也有相同的圆窝"。[2]

除连体鸟纹骨匕外,河姆渡遗址第二期文化遗存中还出土过一件连体双鸟太阳纹象牙雕刻(T226(3B):79)。(图一-4)这件象牙雕"正面磨光后阴线刻图案一组。中心钻小窝一个为圆心,外刻同心圆纹五周,圆外上部刻'火焰纹',似象征烈日火焰,两侧各刻对称的回头顾望的鹰嘴型鸟各一。鸟头中心钻有小圆窝为眼睛,鸟头上部两侧各钻有不等距的小圆孔两个,下侧各钻有小圆孔一个"。[3]

有学者提到,"据发掘河姆渡遗址的参加者介绍,在出土的以及可辨器形而未入编的鸟形器(原称蝶形器)中双鸟连体式为数还不少"。[4] 看来,双鸟连体的图案在河姆渡文化中非常流行。

除河姆渡遗址外,良渚文化遗址也出土过带有双头鸟图案的玉璧。2008 年,余杭博物馆工作人员在建立馆藏文物数据库时,发现一件刻有展翅飞翔的鸟纹样大玉璧。这件鸟纹玉璧直径约 24.6 厘米,孔径约 3.4 厘米,厚约 1 厘米,呈墨绿灰色,夹杂褐色斑,为良渚文化晚期器物,距今约 4000 多年。经浙江省文物考古研究所研究员方向明等考古专家辨识,确认这件玉璧上刻有鸟纹,符号高 1.2 厘米、长 2.8 厘米,鸟首似成双,两翼展开,有倒梯形尾翼。整体上看,似展翅翱翔的双头鸟。(图一-2)

良渚文化与河姆渡文化遗址地域近,同在浙江,良渚崇鸟,双头同体鸟也曾为良渚文化的重要图像,故而可以用为玉之装饰纹。

1981 年初,周原扶风文管所在扶风县黄堆乡强家生产队强家沟抢救性发掘清理了一座西周墓葬。其中出土了一件璜,弧形,为璧的三分之一,两端各有一小穿孔,两面抛光,一面有用阴线刻的双头鸟纹。还有一件椭圆形玉饰,白玉,半透明,体略长,一面较平,一面鼓起并饰双头鸟纹,长 4.5 厘米,宽 2 厘米。[5]

新疆塔里木盆地南缘,阿尔金山北麓且末县境扎滚鲁克一号墓地第 49 号墓曾出土一件"鸟纹刺绣"(M49:9),绣绢满地花草,中心部位为一双头同体鸟,鸟头相向。(图一-6)。其构图、用色与吐鲁番阿斯塔那墓地出土双头鸟图像多出自一个共本。据报告,一号墓地 49 号墓属于扎滚鲁克第三期文化,年代为东汉至南北朝时期。[6]

新疆和静县察吾呼沟古墓出土一件公元前 8—5 世纪的双鸟形铜扣,呈弓形,两侧各有一鸟首,鸟身连在一起,如同交合状。(图二-5)[7]

---

[1] 关于河姆渡遗址的年代,学术界有多种分析说法,本文取黄宣佩先生的观点,见黄宣佩《关于河姆渡遗址年代的讨论》,《上海博物馆集刊》,1996 年。
[2] 浙江省文物考古研究所主编:《河姆渡——新石器时代遗址考古发掘报告》(上册),文物出版社 2003 年,第 116 页。
[3] 同上书,第 284 页。
[4] 唐德中、徐翔:《华夏和合文化的原始雏形——河姆渡先民连体双鸟图腾新释》,《河姆渡文化新论——海峡两岸河姆渡文化学术研讨会论文集》,海洋出版社 2002 年,第 149 页。
[5] 罗西章、王均显:《陕西扶风强家一号西周墓》,《文博》1987 年 4 月。
[6] 新疆博物馆、巴州文管所、且末县文管所:《新疆且末扎滚鲁克一号墓地》,《新疆文物》1998 年第 4 期。
[7] 穆舜英主编:《中国新疆古代艺术》,新疆美术摄影出版社 1994 年,第 47 页图 84。

图二

1. 长沙马王堆一号西汉早期墓出土的帛画上的龙　2. 西汉中期卜千秋壁画墓内壁画上的龙
3. 山普拉汉代墓葬出土的连体双鸟纹木雕　4. 贵族苗族刺绣上的双头鸟图案　5. 察吾呼沟古墓出土的双鸟形铜扣

山普拉,是新疆和田地区洛浦县境的一处大型墓地,与且末县邻近。时代自汉迄晋,延续时间相当长,为古代和阗王国境内的重要墓葬遗存。在这处墓地内的汉代墓葬中,曾出土一件保存十分完好的连体双鸟纹木雕。(图二-3)[①]

这类两头一体鸟,不仅见于考古资料,相关图像至今仍流行于少数民族中。目前贵州苗族刺绣、蜡染中一个很重要的主题就是双头连体鸟。其构图,多为背向的双头鸟,其间有一圆环。(图二-4)[②]这一个要素,与河姆渡文化中骨匕的图案,近乎一致,是一个不能不特别关注的细节。这种形象也出现在苗族的铜鼓上。苗族传说中双头鸟、双头蛇为祥瑞稀罕之物,有人若遇见,则逢吉兆。[③]

上述列举,只是就手边有限的一点图籍稍做检索后,所获的"两头一体鸟"图像,肯定是不全面,甚至可以说是"挂一漏万"的。但即便如此,也可以梳理出下列看法:

1. 这种"两头一体鸟"的图像,在中国出现得很早,最早可以追溯到去今 7 000—8 000 年前的河姆渡文化早期遗存之中;

2. 这种图案,表现为一种文化因素,存在的地域相当广大。从长江下游浙江河姆渡文化、良渚文化遗址,到新疆塔里木盆地(从天山南麓的察吾河沟到昆仑山北麓的山普拉),到西南贵州苗岭地区,均见这一文化因素存在;

3. 这一文化图像,延续的时间十分长,从远古到现代,不绝如缕,足见其文化生命力十分强大,不可忽视。

在这样一个大背景下,考古工作者将公元 4—5 世纪新疆吐鲁番盆地内高昌郡墓这两幅刺绣上的图案命名为"共命鸟",比较简单地将它归之为印度文化因素的影响,或说为佛教文化影响的产物,结论就显得相当简单,甚至片面了。可考虑的文化背景因素是相当多的,判定它有印度文化的影响,虽表面看似

---

① 新疆维吾尔自治区文物事业管理局等编:《新疆文物古迹大观》,新疆美术摄影出版社 1999 年,第 85 页图 186。
② 宋兆麟:《河姆渡骨匕对鸟图案试析》,《中国历史博物馆馆刊》1997 年第 1 期。
③ 戴奎:《西南民族学院馆藏两面铜鼓考略》,《四川文物》1995 年第 3 期。

乎有理,但至少还应交代、说明不少问题。比如,高昌郡时期,吐鲁番盆地内佛教文化影响的深度、广度如何? 出土了相关绣品的两座阿斯塔那古墓,墓葬主人是否为虔诚的佛教徒? 这两件绣品,是作为怎样一种功能的物品,放置在什么位置,与什么文物共出等等,都是应该、甚至必须说明的。

三、"鸟龙卷草纹刺绣"所在历史时期,佛教对高昌郡葬俗影响的不足

这两件绣品,都出土于十六国时期的古墓,其共出文物都看不到佛教的影响。我们就重点对 M382 古墓出土的这件"鸟龙卷草纹刺绣"进行分析。

前文提到,M382 墓葬的年代约属沮渠安周盘踞高昌时期(444—460 年)。出土文物除了"鸟龙卷草纹刺绣"外,还有鸡鸣枕、绣裲裆、菱形方格纹绢、紫红色绢、素绢、绢面纸鞋、衣物残片、麻布、苇绳。这些文物都看不到佛教的影响,皆为汉文化的产物。以其中的鸡鸣枕为例,可以看出中原墓葬习俗的影响。从先秦开始,鸡便被视为吉祥之物,为世俗所信崇。到了汉代,民间开始出现鸡鸣枕。无论是寓意孩子健康成长,还是丧葬文化中的"重生"之说,鸡鸣枕被赋予了人类美好的愿望,并在汉晋时期广为流传。直至今天,河南、山东、陕西等地,依然还有使用鸡鸣枕的习俗。此外,如果我们细审这两件刺绣,会发现刺绣中的"龙"的造型都体长,近似蛇形;头较大,张口吐舌,腭部较长,上下腭等长,上下唇分别向上下翻卷,呈动态奔腾状。这与中原传统龙的形象极为相似。我们把它们跟长沙马王堆一号西汉早期墓出土的帛画上的龙(图二-1),①和洛阳出土的西汉中期卜千秋壁画墓内壁画上的龙(图二-2)比较,②就可以发现这一点。

这一墓葬文物出土情况是符合高昌历史的。高昌居民多为内地迁入者,故史称"汉魏遗黎",经过对出土文书中姓氏的统计研究,汉人最高可能占高昌总人口的 70%—75%,因此,当年中原汉文化是高昌的主体文化。③ 由此可见,中原文化乃至中原葬俗深深影响着高昌人民。

佛教何时传入吐鲁番盆地,尚无法确知。日本羽溪了谛先生的《西域之佛教》,其中有高昌佛教的专门章节,对于传世史料中的高昌佛教进行了归纳总结。④ "故佛教之传入此国(指高昌地区),始于何时,确难以正确言之。但其称为车师前部之时代,则国中已流行佛教矣。第四世纪之下半叶,佛教已成其国教"。⑤ 这样看来,佛教传入高昌地区相当之早,且受到统治者的重视和扶持。但是正如有的学者指出的,"一种宗教所代表的思想体系完全被人接受并不容易,而渗入到受更久传统力量决定的葬俗中就更难",⑥"从吐鲁番出土随葬衣物疏的内容和格式看,直到麴氏高昌前期,高昌民间仍以华夏传统信仰习俗为主,佛教还只是统治者上层的信仰"。⑦ "公元 543 年,佛教在高昌的影响终于在随葬衣物疏中反映出

---

① 《文物》1972 年第 9 期图版一。
② 洛阳博物馆:《洛阳卜千秋壁画墓发掘简报》,《文物》1977 年第 6 期。
③ 田卫疆:《丝绸之路——吐鲁番研究》,新疆人民出版社 2009 年,第 89 页。
④ 孟宪实:《汉唐文化与高昌历史》,齐鲁书社 2004 年,第 254 页。
⑤ 羽溪了谛:《西域之佛教》,商务印书馆 1956 年,第 200 页。
⑥ 孟宪实:《汉唐文化与高昌历史》,第 249 页。孟宪实先生把吐鲁番时期出土的衣物疏分为三个时期:第一期的上限无法确定,下限定在前秦建元二十年(384),这一时期衣物疏是与遣策基本一致的比较简单的衣物疏形式;第二期从前秦建元二十(384)年到高昌章和五年(535),这一时期的衣物疏以财务证明为最主要的性质并且明显受到道教的影响;第三期从高昌章和五年(535)至唐统一高昌,这一时期衣物疏变成了佛教轮回的通行证。按照孟宪实先生的分析,佛教渗入到高昌的葬俗,已经是第三期了,时间已经相当之晚。
⑦ 田卫疆:《丝绸之路——吐鲁番研究》,第 89 页。

来,证明佛教已进入高昌人生活的更深层面"。① 更有学者指出,543年以后,衣物疏的内容一举转入佛教的轨道,佛教进入高昌人生活的更深层面,其原因大概是高昌佛教界有意识地发动了一场移风易俗运动,其结果使高昌佛教开始深入民间。②

如此看来,佛教思想体系渗入到高昌墓葬习俗中应该在公元543年以后。而前文所述的两件双头鸟纹刺绣,都属于十六国时期,两件绣品的年代都早于公元543年。其时,高昌人民的葬俗受佛教影响不大,且M382古墓出土的文物都看不出与佛教的联系。另外,M382古墓出土的这件"鸟龙卷草纹刺绣"是一件红色裲裆,以热烈地祈求夫妇生活幸福美满的裲裆入土,本身就是与佛教观念追求异趣的。

在这种情况下,将这两件刺绣中的双头鸟图案命名为"共命鸟"显然是与当年社会的主体观念、墓主人追求的理想不相统一。

对于这一命名,已有学者表示怀疑,如赵丰先生提出:"用共命鸟来解释西北地区出土的魏晋时期刺绣上的双头鸟并不贴切。"③赵丰先生认为TAM408出土的那幅刺绣中双头鸟之间的三角形装饰物是"胜",并据此判断图像中的双头鸟或与六朝传说中西王母的坐骑希有鸟有关。赵丰先生的看法自然有他的道理,然而我们还可以找到其他的解读。

四、对"双头鸟"图案的解读

"两头一体鸟",这一图像,在中国大地出现那么早,沿袭时间那么久,流布地域那么广大,说明一个问题:这一图像,绝不会是一个随意的偶然选择的文化符号,它应该有比较深厚的文化内涵,这是我们在面对这类文物时必须要认真思考的一个问题。

在魏晋时期(3—5世纪),古代中国已有学者注意到双头鸟这一形象,并对其文化内涵进行过思考。在《博物志》中,张华对这类图像的解读是:"雌雄相视而孕。"④雌雄两鸟相视,意指交合,由是可收生殖繁衍之功。《博物志》全书早佚,但保存在《太平御览·羽族部》中的这条记录,可以清楚地说明:张华当时应该确实观察、注意到实际生活中鸟类交尾的情形,甚至不排除他也注意到了社会生活中流行着的"双头同体鸟"图像的存在,从而对这一图像内涵的文化思想做了判定,它是人们求孕、求育、求子嗣繁衍观念的表现,是对幸福的追求。引申开来,就成为与吉祥、喜庆相关的文化符号。

古代人类曾相信万物有灵,也虔信生生万物之间可以交互感应。取雌雄鸟交尾的实际,设计出"两头一体鸟"的形象,用其孕育繁衍的精神,是不难理解的。《博物志》成书的年代,与高昌设郡的年代略相当。张华在《博物志》中的叙述,十分可能正是当年社会上这一观念相当流行、图像也多有所见的产物。吐鲁番阿斯塔那墓地的主人,主体正是来自中原大地的"汉魏遗黎",他们有这样的文化观念,并绣出这样的刺绣,是十分合理的。从这样的逻辑推理中,我们可以做出这样一个判断:吐鲁番地区出土的这两件"双头鸟"图案的绣品,是在传统思想指导下绣出的纹样,取其生命吉祥的用意,祈求来生的幸福。自然,这也是一种推论。但作为一种文化精神,这是更符合传统文化精神的。

---

① 田卫疆:《丝绸之路——吐鲁番研究》,第89页。
② 钟国发:《也谈吐鲁番晋—唐古墓随葬衣物疏》,《新疆师范大学学报》1995年第3期。
③ 赵丰:《汉晋刺绣与双头鸟纹样》,《丝绸之路:艺术生活》,香港艺纱堂/服饰出版2007年,第107页。
④ 《太平御览·羽族部十二》卷九百二十五。

人们认识世界是从观察自身、观察周边事物开始的，由此出发，分析事物的产生、发展，探求不同事物间的关联，是古代先民的思维方法。以"两头共体鸟"这一图像为例，首先，小鸟交尾、两鸟身体交叠、两头同体的情形，在实际生活中是非常多见的。由交尾而孕育、繁衍，是一个生命的朴素过程。人们对此同样是多有感受的。其次，如有的学者指出的，在相当长的一段时间内，"原始先民在面对自身生存、发展时，子嗣的生殖、繁育，曾是头等重要的问题之一"。① 因为生产工具原始，社会生产力的主要因素就是人类自身。从事物质生活资料生产，无论是农、牧、矿业，主要得靠人。异己力量间的冲突，决胜的根本要素，也在于人。因此，人类自身生产，是人们关注的最重要的问题之一。选取有利于人类自身生殖繁衍的事物、文化符号、图像图案等等，在人们的文化精神世界，也就成为一个重要的任务。在古代文化遗存中，随处可见的有关生命孕育的事物、物象，正显示着这一社会的需要。选择"两头一体鸟"这一图像，作为一种吉祥、幸福、欢乐的文化符号为自身服务，是非常自然的历史文化现象。吐鲁番地区出土的与"鸟龙卷草纹刺绣"近乎同时期的多张伏羲、女娲像也是类似性质的文化符号。②

我们如果仔细观察上文中所提到的"双头鸟"形象，可以发现它们的造型并不相同。有的双头鸟其实是两只鸟尾部相连，有两个头、两个身子，如河姆渡文化骨匕和苗绣上的双头鸟形象；而有的双头鸟看起来像是拥有两个头的一只鸟的形象，如高昌郡绣品上的双头鸟形象。出现这种变化的原因，我们可参考闻一多先生对于"两头蛇"形象变化的精彩分析。闻一多先生在《伏羲考》一文中对两头蛇的形象演变进行了研究，他说："谓之'两头'者，无论是左右两头，或前后两头，不用讲，都是两蛇交尾状态的误解或者曲解。"③ 闻一多考证，"交龙"、"螣蛇"、"两头蛇"其实质都是两蛇相交："在'交龙'一词中，其龙之必为雌雄二龙，是显而易见的。'螣蛇'则不然。若非上揭《淮南子》'雄鸣于上风，雌鸣于下风'那两句话，这蛇之为雌雄二蛇，便毫无具体的对证……说到'两头蛇'那便居然积极地肯定了只有一条蛇。三种名称正代表了去神话的真相愈来愈远的三种观念。"④

双头鸟形象的演变也是如此。《山海经·西山经》："其鸟多鹎，其状如鹊，赤黑而两首四足，可以御火。"⑤ 闻一多分析："鸟有两头，同时也有四足，可见原是两鸟。"⑥ 闻一多进一步分析："《公羊传》宣公五年杨疏引旧说曰：'双双之鸟，一身两尾，尾有雌雄，常不离收。'既雌雄备具，又常不离收，其为两鸟交配之状，尤为明显。"⑦ 直接记载双头鸟的古代文献不易找到，但是我们可以推断，双头鸟也如双头蛇一样，形象经过了一步一步的演变，从两鸟交尾最后变为了拥有两个头的一只鸟的模样，以致于人们已不再清楚它的最初造型和内涵。

五、结　论

诚然，"双头鸟"的形象和概念随着时代和社会环境的变化，已经与其最初的造型和含义有了区别，

---

① 王炳华：《原始思维化石——呼图壁生殖崇拜岩刻》，商务印书馆2014年，第142页。
② 田卫疆：《丝绸之路——吐鲁番研究》，第86页。
③ 闻一多：《伏羲考》，《闻一多全集》（一），生活·读书·新知书店1982年，第21页。
④ 闻一多：《伏羲考》，《闻一多全集》（一），第22—23页。
⑤ 《山海经·西山经》。
⑥ 闻一多：《伏羲考》，《闻一多全集》（一），第22页。
⑦ 同上。

但是其具备的吉祥、欢乐、幸福、辟邪的精神则延续了下来。

　　高昌郡时期出土的这两幅"鸟龙卷草纹"刺绣中的"双头鸟"图案正是这样,它是古代中国人民从求孕、求育、求子嗣繁衍观念引申而来的与祈求夫妇和谐、多子多福有关的文化符号,是高昌人民追求生活幸福的象征。

吐鲁番与丝绸之路经济带高峰论坛暨第五届吐鲁番学国际学术研讨会综述

汤士华

2014年10月20日至22日,"吐鲁番与丝绸之路经济带高峰论坛暨第五届吐鲁番学国际学术研讨会"在吐鲁番博物馆隆重召开。研讨会由新疆维吾尔自治区文化厅、新疆维吾尔自治区文物局、吐鲁番地区行署主办,吐鲁番地区文物局、吐鲁番学研究院、吐鲁番博物馆承办。本次会议主题紧紧围绕丝绸之路经济和贸易进行,吐鲁番是丝绸之路上著名的贸易中转站和交流的集散地,其经济社会发展与丝绸之路密不可分,因而此次会议在国内外学术界反响热烈。

参加研讨会的有来自德国、英国、美国、日本、土耳其、哈萨克斯坦、吉尔吉斯斯坦、土库曼斯坦、蒙古等国和国内包括中国社科院、中国科学院、中国人民大学、中央民族大学、武汉大学、吉林大学、西北大学、西北师范大学、陕西师范大学、澳门理工学院、中华书局、国家博物馆、天津博物馆、河南省社科院、甘肃省社科院、湖南省长沙市文广新局、长沙简牍博物馆、新疆社科院、新疆大学、新疆师范大学、新疆民族古籍办、新疆博物馆、龟兹研究院等大学院校及科研学术机构在内的10余个国家和地区的60余名专家学者齐聚吐鲁番,共享了这次学术盛宴。

新疆维吾尔自治区党委常委、自治区副主席艾尔肯·吐尼亚孜亲临吐鲁番出席开幕式,并发表重要讲话。艾尔肯·吐尼亚孜常委站在贯彻习近平主席"丝绸之路经济带"讲话精神的高度,指出深入挖掘丝绸之路经济带内涵的重大意义,提出了广聚各方人才、广结各界友人的殷切希望,表达了对国内外专家的诚挚谢意。强调吐鲁番要抓住历史机遇,充分发挥自身优势,把提高文化开放水平作为推进文化体制机制创新的重要内容和目标,创新人文交流方式,加强国际传播、交流与沟通。并要求与会代表以这次学术研讨会为契机,围绕各项议题深入研究探讨,不断拓展新疆文化遗产保护与研究事业的深度和广度,为推进新疆文化遗产保护事业的繁荣发展和改革创新积极建言献策,为推动国际文化遗产保护交流合作和"丝绸之路经济带"建设贡献自己的智慧和力量。

本次研讨会的主题是"吐鲁番与丝绸之路经济带",来自国内外的专家学者紧紧围绕丝绸之路经济和贸易这一主题展开研讨,交流学术界最新研究成果。大会共收到国内外学者提交的研究论文52篇(论文集收录28篇),涉及内容广泛,汇聚资料翔实。总体归纳体现在四个方面:一是对丝绸之路经济带作用的理性探讨,二是对丝绸之路沿线文物的发现认识及其在丝路上的经济文化价值,三是对作为丝路枢纽之地吐鲁番出土文献的研究,四是对吐鲁番及其相邻地区文物遗迹的研究。

吐鲁番地区文物局书记赵强以《为吐鲁番参与丝绸之路经济带建设打下坚实的文化基础——交河、高昌故城申报世界文化遗产回顾》为题,第一个作了大会主旨发言。他回顾了从上世纪90年代就开始的吐鲁番交河、高昌故城申报世界文化遗产的过程,重点讲述了从2006年8月世界文化遗产中心在吐鲁番召开丝绸之路申遗协商会后,吐鲁番坚持不懈的申遗努力,以及2014年前半年打响的丝绸之路申遗攻坚战。叙述了吐鲁番地区文物工作者为交河故城和高昌故城申报世界文化遗产所付出的努力与艰辛,同时也表达了吐鲁番地区文物工作者对文化遗产的保护管理和研究、对建设丝绸之路经济带的信心。敦煌吐鲁番学会副会长、秘书长,来自中华书局的柴剑虹先生代表学会向大会召开表示祝贺,同时转达了年过九旬的国学大家冯其庸先生对本次会议的关注和问候,他的《关于"丝绸之路经济带"与吐鲁番学的一点思考》一文,高屋建瓴,从四个方面阐述了丝绸之路经济带与吐鲁番学的观念、视野与研究方法。大会主旨发言的专家学者还有德国柏林勃兰登堡科学院吐鲁番研究所研究员、中央民族大学少数民族语言文学院教授、长江学者阿不都热西提·雅库甫的《古代维吾尔语占星文书残卷与丝绸之路的宗教文化生活》,德国柏林勃兰登堡科学院吐鲁番研究所所长德金的《丝绸之路文化变迁——伊朗语使用者之贡献》,武汉大学历史学院陈国灿教授的《对吐鲁番地名发展演变规律的探讨》和吐鲁番学研究院特聘专家、新疆维吾尔自治区考古所研究员吕恩国的《洋海贝币的历程》,他们从不同的学术角度,在古代宗教、语言、文字、地名和货币等方面阐述了吐鲁番在丝绸之路上发挥的重要作用。

武汉大学历史学院朱雷教授的《跋西州"白涧屯"纳粮帐中的"抌笁数函"》、武汉大学历史学院副院长刘安志教授的《唐代解文的发现及其意义——以吐鲁番出土文书为中心》、中国社科院边疆史地研究中心李方研究员的《唐西州高昌城西水渠》、新疆维吾尔自治区博物馆伊斯拉非尔·玉苏甫研究员的《回鹘文(哈密本)〈弥勒会见记〉新发现的敬品第二叶》、武汉大学经济学院乜小红教授《土地买卖制度由清末到民国的演变——以古峪沟所出尼牙子家族买地契为中心》、西北师范大学历史文化学院刘再聪教授的《吐鲁番出土文书所见中古基层行政体系》、西北大学裴成国副教授的《〈高昌张武顺等葡萄酒亩数及租酒帐〉再研究——兼论高昌国葡萄酒的外销》、陕西师范大学杨荣春博士的《北凉高昌太守隗仁史迹钩沉》等论文,他们利用吐鲁番出土文书所提供的资料信息,对中古时期的吐鲁番及丝绸之路沿线地区的社会、经济、文化、宗教进行了多方位的研究,提出了许多新思考,展现了新成果。

吉林大学边疆考古中心朱泓教授的《小河墓地古代人群的口腔健康与饮食》、新疆维吾尔自治区博物馆王博研究员的《额敏县也迷里古城遗址墓葬出土颅骨的人种研究》、中山大学人类学系刘文锁教授的《洋海墓地研究》、中国科学院蒋洪恩教授《吐鲁番胜金店墓地农业活动研究》、新疆维吾尔自治区博物馆鲁礼鹏研究员的《吐鲁番阿斯塔那墓地出土镇墓神兽研究》、阿丽娅·托拉哈孜研究员的《阿斯塔那187号墓出土的仕女骑马俑所反映丝绸之路经济带文化内涵研究》、中国社科院杨益民研究员的《吐鲁番阿斯塔那墓地出土陶灯燃料的科技分析》、吐鲁番学研究院副研究员祖力皮亚·买买提的《吐鲁番史前皮革制品的考察与研究》、陈新勇馆员的《吐鲁番鄯善洋海墓地出土马球考》等论文,对丝绸之路沿线的最新考古和出土文物进行了科学、深入的研究,其成果斐然。尤其值得一提的是祖力皮亚·买买提和陈新勇的论文,其研究领域是学术界极少有人涉足的,可谓开吐鲁番学研究早期皮革用品之先河,得到了与会学者的称赞。

新疆龟兹研究院霍旭初研究员的《高昌回鹘佛教图像研究补证》、中央民族大学张铁山教授与李刚博士的《吐鲁番雅尔湖千佛洞5号窟突厥文题记研究》、龟兹研究院副院长赵莉研究员的《流失海外吐鲁番大桃儿沟石窟壁画复原》、苗利辉副研究员的《龟兹风佛教艺术及其对吐峪沟石窟的影响》、新疆大学历史系艾合买提·苏莱曼教授的《维吾尔传统文化中的拜火教遗存初探》、中国国家博物馆刘政的《吐鲁番出土双头鸟纹样与佛教"共命鸟"无涉》等论文,从高昌与龟兹的宗教传播与演变到佛教石窟壁画艺术等方面,呈现了丝绸之路上不同时代、不同宗教、不同民族的宗教传播与发展的研究成果。

澳门理工学院谭世宝教授的《单于、可汗、阿干等词源探讨》、新疆师范大学历史与民族学院刘学堂教授的《说"七"》、新疆社科院历史研究所所长贾丛江研究员的《关于西汉时期"西域"概念的几个问题》、甘肃社科院李志鹏的《试论"高昌吉利"钱兼有民俗钱之风韵及其用途》、新疆维吾尔自治区民族事务委员会古籍办副主任艾尔肯·依明尼亚孜编审的《丝绸之路的维吾尔族传统文化与古籍文献简况》、河南省社科院历史与考古研究所副研究员陈习刚的《拓展吐鲁番学军事领域研究大门,助推吐鲁番学迈进中期发展阶段》、西北师范大学魏军刚的《淝水战后河西地域集团政治动向考察——兼述吐鲁番文书"白雀"年号归属问题》、吐鲁番学研究院苟翰林的《基于正史〈西域传〉的西域地域范围演变探微》等论文,根据传世文献和出土文物,从研究丝绸之路历史的角度,对丝绸之路沿线一带的民族、政治、经济、军事等领域,进行了进一步的探讨,为今后拓展吐鲁番学研究视野,提供了许多借鉴。

参加研讨会的国外专家不仅向大会提交了自己的最新研究成果,而且在大会上进行了学术交流。英国伦敦大学亚非学院辛姆斯·威廉姆斯教授的《索格底亚那和巴克特里亚的质量与重量铭文研究》、亚非学院教授苏珊·魏泓女士的《塔里木的贸易》、德国哥根廷科学院西蒙尼·克丽丝汀教授的《藏于伊斯坦布尔Aratestate的一些材料》、美国夏威夷大学教授马克·莫林的《欧亚大陆中部和东部地区先民对麻黄植物的认识和利用》、日本东京农业大学农学部教养分野主任山部能宜教授的《吐峪沟K18壁画的数码复原》、哈萨克斯坦阿拉木图克里米亚修复实验室院长阿勒滕别科夫·克雷姆的《文物考古安全方法》、哈萨克斯坦欧亚大学阿勒泰与突厥研究中心研究员占铁根·哈尔焦拜的《中古早期古代突厥的地下陵墓》、土耳其乌沙克大学现代突厥语方言与文献学院艺术与科学系埃罗尔·撒卡里教授的《丝绸之路:货物与文化交融》、土库曼斯坦马赫图姆库里大学民族考古系谢尔达尔·玛莎里扩夫教授的《浅析古代丝绸之路贯穿土库曼斯坦的路段之史与改线的情况》、吉尔吉斯斯坦比什凯克人文大学萨迪让列娃·高尔杉博士的《丝绸之路上时间概念国家范式》、蒙古国科学院考古研究所中世纪考古学系穆图巴耶尔博士的《蒙古秘史之苏克人注释评介与第二汗国纸币》、蒙古国科学院考古研究所巴图博士的《突厥,回鹘"娑匐"词是否名号?》等论文,从丝绸之路经济带沿线国家的政治、历史、经济、贸易、考古、宗教等方面进行了全面的分析和研究,尤其是几个国家刊布的最新考古资料,引起了参会专家学者的广泛关注,这将会成为今后研究丝绸之路经济带更有利的实物佐证。

参加本次研讨会的代表当中,除了许多德高望重、多年致力于吐鲁番学研究的老一辈专家学者,还有许多年轻的博士生和硕士生,他们或是导师推荐,或是毛遂自荐,看到吐鲁番学研究这门显学已经深深吸引了众多国内外年轻有为的学者,我们深感欣慰。

此次学术研讨会为期三天,除了各参会专家学者结合自己的研究成果从不同的角度论述近年来关于吐鲁番与丝绸之路的科研成果外,他们还参观了2014年在多哈第38届世界遗产大会上确立的"丝绸之路:长安—天山廊道的路网"这一新的世界文化遗产名录中的交河故城和高昌故城两个遗址点。

本次研讨会紧紧围绕吐鲁番与丝绸之路经济带这一主题,结合吐鲁番及丝绸之路经济带沿线国家考古发掘出土的众多实物,通过国内外专家学者的共同研讨,提供翔实可靠的新史料和前瞻性研究成果。正如吐鲁番地委书记张文全总结的那样,系统、全面地开展吐鲁番学的研究,不但突出吐鲁番地区在古代丝绸之路上发挥的巨大作用,以及吐鲁番历史上繁荣的贸易经济和兼容并蓄的社会文化,又将吐鲁番学真正置于东西方文化交流的大背景下进行综合性比较研究,进一步开拓了这门学问的深度和广度,在吐鲁番学历史上具有里程碑式的意义。